인적자원관리

변상우 윤두열 공저

HUMAN RESOURCE MANAGEMENT

무역경영사

머리말

21세기는 지식정보화사회로서 정보혁명시대, 정보창조력시대, 고도의 사업사회로서의 하이테크 시대, 개방화 · 국제화 사회로서의 지구촌시대, 글로벌 경쟁시대, 경제전쟁시대, 다변 · 다원화된 사회로서 국제 감각과 지구촌의 의식이 요구되는 시대가 되었다.

산업 전 분야에 걸쳐 무한경쟁의 시대, 시(時)테크 마인드 시대로 엘빈 토플러(Toffler, A.)의 '제3의 물결'의 시대에서 '제4의 물결'이 밀려오는 시대이다.

글로벌 시대의 도래로 이제 인재관도 달라지고 있다. 1960~70년대 산업화시대에는 명문대학만 진학하면 좋은 직장과 밝은 미래가 보장되었다. 그러나 세계화 · 정보화가 가속화되면서 전문지식뿐만 아니라 다른 사람을 통솔할 수 있는 리더십과 새로운 생각을 해낼 수 있는 창의성이 필요하다. 따라서 글로벌 시대의 필요한 인재는 창의성과 전문성, 인성을 두루 갖춘 사람만이 성장할 수 있다.

흔히 기업은 사람이라고도 한다. 이는 기업경영 활동이 자본중심에서 인간중심으로 이념이 변천하였음을 의미한다. 기업이 인간중심의 경영 활동을 추구할 때 그 성장과 발전의 조건들도 인간중심이 된다. 기업을 움직이는 핵심 요소는 인적자원이므로 인적자원을 필요한 양만큼 필요한 때에 확보 · 유지 · 개발함으로써 기업목적 달성이 가능하다.

기업의 경영 성과는 구성원이 자신의 기능과 기술을 숙달시켜 능력을 향상시키고, 스스로 일을 하고자 하는 마음이 생기도록 하느냐의 여부에 달려 있다. 이는 곧 기업경영의 성패는 인적자원의 성공적 관리결과에 달려있다는 것을 의미한다. 인적자원의 중요성이 증대되면서 인적자원관리의 개념이 확대되었다.

본서는 글로벌 시대의 변화에 필요한 인적자원관리의 이론과 실제를 집중적으로 다루었다. 본서의 내용은 총 15장으로 구성하였으며, 다음과 같은 특색을 가지고 있다.

제1장은 글로벌 시대의 인적자원관리의 환경에 관한 내용으로 글로벌 시대의 인적자원관리 방향, 글로벌 시대의 인적자원관리 환경 변화, 인적자원관리 시스템의 변화에 미치는 상황 요인, 인적자원관리 패러다임의 변화에 대해 살펴보았다.

제2장은 인적자원관리의 본질에 관한 내용으로 인적자원관리의 개념, 인적자원관리의 특성, 인적자원관리의 조직, 인적자원관리의 중요성, 인간관과 인적자원관리 이념, 인적자

원관리의 영역과 체계에 대해 살펴보았다.

제3장은 직무연구에 대한 내용으로 직무연구에 대한 정의와 직무분석, 직무평가, 직무설계에 대해 살펴보았다.

제4장은 인적자원계획에 관한 내용으로 인적자원계획의 의의, 인적자원 소요계획, 인적자원 확보계획에 대해 살펴보았다.

제5장은 채용과 배치에 관한 내용으로 채용과 배치의 의의, 채용관리, 채용절차, 선발시험, 면접에 대해 살펴보았다.

제6장은 인사고과에 관한 내용으로 인사고과의 개념, 고과 요소의 선정, 인사고과의 방법, 인사고과 실시상의 문제점, 인사고과의 새로운 방향에 대해 살펴보았다.

제7장은 교육훈련에 관한 내용으로 경영환경의 변화, 교육훈련의 의의와 특징, 교육훈련의 중요성, 교육훈련의 목적과 효과, 교육훈련의 필요성분석, 교육훈련의 내용 결정, 교육훈련의 체계, 최근 교육훈련의 방법에 대해 살펴보았다.

제8장은 경력개발에 관한 내용으로 경력개발의 의의, 경력 닻, 경력개발제도의 목적, 경력개발의 유효성, 경력개발의 모형, 경력개발의 기본원칙과 성공요건, 경력개발의 과정에 대해 살펴보았다.

제9장은 인사이동에 관한 내용으로 인사이동의 의의, 인사이동의 목적, 인사이동의 유형, 징계에 대해 살펴보았다.

제10장은 임금관리에 관한 내용으로 임금관리의 개념, 임금결정의 이론, 임금 수준의 결정, 임금체계, 임금의 지급 형태, 임금관리의 쟁점에 대해 살펴보았다.

제11장은 근로시간관리에 관한 내용으로 근로시간의 개념, 근로시간의 성격, 근로시간의 동향, 단시간근로, 근로시간 결정의 법규, 근로시간의 합리적 조정에 대해 살펴보았다.

제12장은 작업환경관리에 관한 내용으로 작업환경관리의 의의, 안전관리, 보건위생관리, 컴퓨터 노동과 건강, 환경관리의 대책에 대해 살펴보았다.

제13장은 복리후생관리와 여가관리에 관한 내용으로 복리후생의 개념, 복리후생의 역사적 변천, 복리후생의 내용, 복리후생제도의 관리와 설계, 복리후생관리제도의 효과, 여가관리에 대해 살펴보았다.

제14장은 인간관계론에 관한 내용으로 인간관계론의 의의, 인간관계론의 생성배경과 발전, 조직과 인간관계, 인간관계 개선 방안에 대해 살펴보았다.

제15장은 인사감사에 관한 내용으로 인사감사의 의의, 인사감사의 내용, 인사감사의 기준, 인사감사의 절차, 인사감사의 방법에 대해 살펴보았다.

본 저서의 내용구성은 기업의 인사 활동 순서에 맞추어 전개되었다. 그리고 인적자원관리의 기본이론을 중심으로 실무적 내용을 보완하였으며 기업목표달성을 위한 조직구성원의 능력신장에 비중을 두고 꾸몄다.

여러 가지 어려운 여건임에도 불구하고 본 저서의 출판을 허락해 주신 무역경영사 관계자 여러분께도 진심으로 감사드린다.

2019년 8월 3일

저자씀

차 례

제11장 근로시간관리

제12장 작업환경관리

제13장 복리후생과 여가관리

01

글로벌 시대의 인적자원관리의 환경

1절 - 글로벌 시대의 인적자원관리의 방향

2절 - 글로벌 시대의 인적자원관리의 환경 변화

3절 - 인적자원관리 시스템의 변화에 미치는 상황 요인

4절 - 인적자원관리 패러다임의 변화

제1절 글로벌 시대의 인적자원관리의 방향

1. 글로벌 경제체제 하에서의 인적자원관리

현대사회는 산업사회이고 그 핵심은 기업이다. 기업은 단순한 이윤추구의 수단이 아닌 가치창출의 원천으로서 다양한 생산 요소를 결합하여 새로운 재화나 부가가치를 창출하고, 일자리를 만들어내는 주체이며, 국민의 소득을 증대시켜 생활 수준을 향상시키는 등 중요한 역할을 담당하고 있다.

또한 기업은 한 나라의 국부창출의 원천이고 고용의 주체이며, 주요한 담세자(擔稅者)이고 국민경제 성장과 지역사회 개발의 주역을 맡고 있다. 뿐만 아니라 기업은 국민들의 문화창달의 지원체이며, 최근에는 사회적 책임을 다하는 중요한 사회적 기관이다.

우리나라의 기업은 지난 1960년대 이후 끊임없는 노력으로 수 천년 동안 내려오던 가난의 역사를 극복하고 세계 유례를 찾아보기 힘든 경제발전의 신화를 창조했다. 이런 성과를 달성하기까지에는 부지런히 일하고 알뜰히 저축을 한 국민들의 생활 자세가 중요한 역할을 했다.

그러나 1987년의 6 · 29선언 이후 민주화 과정에서 노사는 대립과 갈등으로 우리 경제를 불안하게 하였다. 즉, 오랫동안 억눌렸던 계층 간의 갈등이 심각하게 노출되어 정치불안, 사회불안, 경제불안으로 이어졌다. 이러한 가운데 투기로 부를 축적한 일부 사람들의 과소비 행태는 고급 사치품의 수입을 부추기고, 해외여행의 자유화로 인한 무분별한 해외여행자들의 싹쓸이 쇼핑은 세인의 빈축의 대상이 되기도 하였다.

1980년대 3저 현상으로 호황을 누렸던 기업들은 기술투자를 등한시하고, 재무구조 개선에는 소극적이면서 기업 본래의 목적을 소홀히 한 채 부동산 투기에만 열중한다는 비난을 받았다.

우리나라 경제는 다른 경쟁 국가에 비해 해외의존도가 높기 때문에 수출을 증대하지 않고는 경제발전을 기대할 수 없다. 따라서 기업이 계속 성장 · 발전하기 위해서는 적극적인 해외진출을 통해 글로벌화를 추구해야 한다. 지난 1997년 외환위기를 맞게 된 이유도 저임금을 바탕으로 추격해 오는 중국을 비롯한 개발도상국과 첨단기술의 이전을 꺼리는 선진국 기업들에게 빠른 속도로 경쟁우위를 잃었기 때문이다.

우리 기업들이 선진국 기업들의 견제를 뿌리치고 산업구조를 첨단산업으로 더욱더 빨리 이전하기 위해서는 선진기업과의 전략적 제휴, 해외 연구법인의 활용, 해외 인수 · 합병을 통한 기술 및 브랜드 획득이 필요하다. 또한 후진국 기업의 추격을 따돌리고 노동집약적 산업에서 경쟁력을 유지하기 위해서는 부가가치가 높은 생산 활동 부문만 남기고 임금이 비용을 크게 좌우하는 생산 활동은 저임금국가로 이전하여 가격경쟁력을 확보해야 한다.

21세기 글로벌 경제체제 하에서 기업이 글로벌 경영을 하기 위해서는 먼저 우리 기업이 처해 있는 글로벌 경영환경에 대한 철저한 이해가 선행되어야 한다. 즉, WTO(세계무역기구)로 대표되는 새로운 국제무역환경 및 글로벌 금융환경, 각국의 상이한 정치적 · 문화적 환경에 대한 이해가 필요하다. 이와 같은 글로벌 경영환경에 대한 이해 하에 구체적인 글로벌 전략을 수립해야 한다. 전반적인 글로벌 전략 수립과 함께 수출, 해외직접투자, 국제합작투자와 전략적 제휴, 해외 인수 · 합병과 같은 다양한 해외시장 진출 방법 등을 고려해야 한다. 이러한 글로벌 전략을 통해서 전세계적으로 배치된 자회사와 본사 간의 효과적인 통합과 조정이 필요하다. 즉, 인적자원, 마케팅, 생산, 연구개발, 재무 및 회계기능을 전세계적으로 효과적으로 통합 및 조정하는 방법을 모색하여야 할 것이다.

성공적인 글로벌 경영을 위해서는 사업전략, 브랜드 이미지, 제품개발력, 마케팅 역량 등 여러 요인이 뒷받침 되어야 하겠지만, 무엇보다 중요한 것은 치열한 글로벌 경쟁에 맞설 수 있는 인적자원 역량을 확보하는 것이다. 즉, 국가나 지역을 넘어 글로벌 사업을 이끌 수 있는 역량을 갖춘 글로벌 인재의 확보 · 육성이 중요하다는 의미다.

2. 인재육성을 통한 기업목적의 추구

오늘날 기업은 정치적 상황과 경제적 여건, 사회동향과 시장환경의 변화, 고객의 욕구와 수요의 다양성 등 다양한 경영환경의 영향을 받으면서 활동하고 있다.

다시 말해 기업은 사회 속의 존재로서 수많은 사회주체들과 영향을 주고 받으면서 목적 달성을 위해 노력하게 된다.

선진국들의 적극적인 공세와 개발도상국들의 세찬 추격을 받고 있는 우리나라의 기업은 무한경쟁체제 하에서 생존을 위한 경영체질의 개선과 사업구조조정을 통해 위기를 극복해 나가고 있다. 더욱이 고학력, 능력주의, 고령화사회의 도래는 기업에게는 새로운 인력자원 관리 방안을 요구하고 있다.

기업은 이와 같은 다양하고 복잡한 상황에 대응할 새로운 전략이 필요하다. 이러한 기업 행동의 대책을 경영전략이라고 하는데, 경영전략이 경영환경의 변화에 적절하게 대응할 수 있을 때 그 기업은 살아남을 수 있다. 따라서 경영환경을 정확히 파악 · 분석해서 적절한 대응을 위한 경영전략을 수립하는 것이 무엇보다도 중요함을 인식해야 한다.

그리고 수립된 경영전략을 조직구성원들에게 골고루 침투시켜 기업 전체의 행동으로 전략화하지 않으면 기업의 생존이 위태로울 수도 있다. 그런데 경영전략 · 경영목표 · 경영계획 등이 제대로 실행되기 위해서는 담당업무를 잘 이해하고 신속하게 수행할 수 있는 탁월한 인재가 없이는 불가능하다. 따라서 경영이념 · 경영방침 · 경영전략 · 경영목표 · 경영계획 등과 담당부서의 방침 · 계획 · 규칙 · 규정 등을 잘 이해하고 일상업무를 능률적으로 수행할 수 있는 인재를 보유하고 있는 기업은 경영체질이 강한 기업이며, 기업성장 · 발전의 기본조건을 갖추고 있다고 할 수 있다.

사람 · 자금 · 물자 · 정보 등은 현대의 기업경영에 있어 가장 필요한 자원이다. 이러한 자원을 합리적으로 관리하는 주체가 바로 인간이며, 이러한 우수한 인재가 많을수록 글로벌 경쟁체제 하에서 생존할 수 있다.

오늘날 수많은 기업이 성공하고 실패하여 도산하는 것은 바로 인적자원의 확보 여부에 달려 있다. 따라서 자질이 뛰어난 인재를 확보하여 육성 · 활용하는 기업만이 오늘날의 치열한 경쟁사회에서 살아남을 수 있다. 채용한 한 사람 한 사람의 종업원이 도전적이고 목표지향적이며 업무의 의욕이 넘치며, 특히 정보화사회 · 국제화사회에 창조적으로 적응할 수 있는 지식 · 정보 · 기능 등을 두루 갖춘 인재들로 구성되었을 때 기업이 성장 · 발전하게 한다.

3. 경영체질개선을 통한 변화에의 적응

21세기의 우리는 급변하는 시대에 살고 있다. 과거에는 10년이면 강산이 변한다고 하였는데, 요즈음은 1년에도 몇 번씩 변할 정도로 빠르게 변하고 있다. 기업을 둘러싼 급격한 환경의 변화는 필연적으로 기업의 행동에도 변화를 요구한다.

톰 피터스(T. J. Peters)는 혼돈이나 경쟁은 오늘날에는 일시적인 현상이 아닌 언제나 존재하는 현상으로 보고 기업이 존속 · 성장할 수 있는 열쇠는 변화하는 환경에 기민하게 대응해야 한다고 강조하면서, 고객중심 · 품질개선 · 시장세분화 · 기업분할과 축소 그리고 조직계층의 단축 등을 강조하였다.

지금까지의 경영관행은 규격화 · 표준화 · 단순화에 의한 소품종 대량생산 시스템을 기반으로 하여 인력을 확보 · 조직하면 목표달성이 가능하였다. 그러나 글로벌 경제체제 하에서 이러한 방법은 이제 더 이상 실효를 거두기가 점점 어렵게 되었다.

저임금과 대량생산에 의한 가격경쟁만으로는 국경 없는 세계경제에서 더 이상 살아남을 수가 없다. 따라서 우리 기업도 이제는 변하지 않으면 안 된다. 치열한 경쟁과 다양하고 급격한 변화를 신속히 감지하고 수용하여 역동적으로 대응해 나가기 위해서는 기업전반에 걸친 혁신이 필요하다. 즉, 기업의 조직 메커니즘 속에 경직된 사고와 관료적 권위주의를 과감히 탈피하고 창조적이고 혁신적인 활동을 지향하는 개혁이 필요하다.

기업이 창조적이고 혁신적인 활동을 하기 위해서는 구체적으로 어떻게 변해야 할 것인가? 지금까지는 우리 신체의 손과 발이 기업에서 생산적인 일을 담당했다. 그러나 이제부터는 종업원의 손과 발에 의존하는 기업이 아니라 머리와 창의성에 의존하는 기업으로 바뀌어야 한다. 공장자동화가 이루어지고 있는 기업들은 생산현장의 단순 육체노동자보다 상상력과 창의력을 지닌 지식근로자 수가 필요하다.

따라서 기업은 소비자의 다양한 욕구와 급격한 환경의 변화에 역동적으로 대응할 수 있고 기술과 조직의 순발력이 능률적으로 발휘될 수 있도록 체질을 변화시켜야 한다. 따라서 조직을 축소하고 계층을 단축시키는 과감한 구조개혁이 필요하다.

제2절 글로벌 시대의 인적자원관리의 환경 변화

1. 노동의 질적 변화

1) 정보화와 노동

오늘날 지식정보화사회에서 급격한 변화를 가져오게 한 것이 바로 정보화라고 할 수 있다. 지식정보화사회에서 가장 중요한 것이 정보의 획득 · 가공 · 활용이다. 오늘날 공장자동화, 사무자동화는 근로자의 근무 환경이나 근무형태의 변화를 가져왔으며 근로자에게 요구되는 기본적인 능력이나 자격의 변화를 요구하고 있다.

정보화는 단지 일의 대상이나 작업 방법의 변경만을 의미하는 것이 아니고 산업구조 면에도 큰 변화를 가져왔다. 즉, 지식이라고 하는 무형재를 다루는 제4차산업이 새로운 영역으로 급속히 확대되고 있다. 동시에 지식집약적인 고부가가치산업이 발달되고 그와 관련된 새로운 분야에 취업인구가 급증하고 있다.

생산공정의 자동화도 노동 형태나 근로자의 능력 및 자격요건 등에 많은 변화를 가져 왔다. 그러나 오늘날 컴퓨터를 중심으로 한 정보화가 가져오는 변화와 영향은 상상을 초월할 정도로 빠르고 강력하다. 특히 인공지능 및 로봇을 비롯하여 종래의 공장자동화와 정보화에 의한 시너지효과는 상상을 초월할 정도로 매우 크다. 따라서 이로 인한 노동의 질적 · 양적 변화가 불가피한 실정이다.

2) 지식경영시대와 지식근로자

지식경영시대란 지식이 중요한 생산 요소로 등장하고 지식을 소유한 사람이 생산의 결과를 대부분 차지하게 된다는 것을 의미한다. 여기서 지식은 대학교수나 연구실의 연구원들이 갖고 있는 학문으로서의 지식만 의미하는 것이 아니다. 오히려 우리의 일상생활에 도움을 주고, 제품이나 서비스를 창출할 수 있는 것이면 그 어느 것도 모두 새로운 지식이다. 최근 신지식인의 사례로 소개된 호텔 청소부, 중국집 배달부, 우체부 등이 좋은 예이다.

지식사회에서의 근로자도 달라져야 한다. 산업화시대에는 근로자가 블루칼라와 화이트칼라로 이원화되었다. 화이트칼라는 계획기능을 담당하고 블루칼라는 화이트칼라가 계획한 것을 실행하는 기능을 담당했다. 그리고 분업의 원칙에 따라 주어진 일을 성실하게 수행하면 되었다. 그러나 이제 지식이 중시됨에 따라 근로자의 구분도 화이트칼라와 블루칼라 대신 지식근로자와 비지식근로자로 구분되고 있다. 21세기 지식사회에서 지식근로자는 자신의 업무를 개선하고 개혁하면서 부가가치를 창출할 수 있느냐가 중요하다.

지식사회에서 기업의 경쟁력은 사람에 의해 결정된다. 사람의 경쟁력이란 바로 지식근로자(knowledge worker)의 출현을 의미한다. 한 나라의 지식근로자의 비중이 높을수록 경쟁국가와의 지식격차를 줄일 수 있다. 우리나라가 선진국으로 진입하기 위해서는 지식혁명이 일어나야 한다. 지식근로자는 "자신의 가치를 올바르게 깨닫고 자신의 업무를 통해 지속적으로 부가가치를 창출함으로써 기회임금(opportunity wage)을 높여 가는 사람"이다.

지식사회를 선도하려면 기업의 근로자는 지식근로자가 되기 위한 노력이 요구된다. 동시에 경영자는 기업의 인재상을 지식시대에 걸맞도록 설정하고 유도해야 한다. 기업이 원하는 지식근로자의 조건을 제시하고 모두가 지식근로자가 될 수 있도록 지원해야 한다. 경영자는 지식사회에서 기업경쟁력의 원천은 지식근로자의 확보 여부에 달려 있다는 점을 인식하고 지식근로자가 탄생 · 성장 · 발전할 수 있도록 제도와 관리로서 뒷받침해 주어야 한다.

3) 서비스화와 노동

최근 들어 서비스 산업의 발전은 눈부실 정도이다. 즉, 도소매업 · 부동산업 · 운수 · 통신업과 같은 유통 관련 업종에서부터 이 · 미용업이나 주차장업과 같은 개인 서비스 업종, 정보 서비스, 광고 등과 의료와 보험, 교육 등의 전문 서비스 업종에 이르기까지 다양한 노동과 노동형태가 창출되고 있다. 특히 프로그래머와 시스템 엔지니어 등 컴퓨터 관련 업종과 경영 컨설턴트와 같은 전문 서비스 업종이 유망업종으로 각광 받고 있다.

이와 같은 경제의 서비스화 현상의 배경을 보면 다음과 같다.

첫째, 핵가족화로 인한 서비스의 자가생산 노동력이 감소되어 서비스 수요의 외부화가 이루어졌다.

둘째, 여성의 사회진출에 의한 직업여성의 증가와 세대당 가처분소득의 증대로 서비스 수요의 외부화가 진전되었다.

셋째, 도시화에 따라 비교적 수요가 적은 서비스에 대해서도 일정량의 수요에 적합한 서비스가 제공되고 있다.

기업 차원에서의 서비스화 배경도 들 수 있다. 연구개발과 정보 부문 등의 간접 부문 비중이 커짐에 따라 서비스의 수요가 점차 증대되고 또한 정보처리, 기술개발, 경비나 청소와 같은 기업 내부 서비스를 외부에 위탁함으로써 조직의 효율화를 도모하고 있다. 이와 같은 산업사회의 구조 변화와 그 결과로서 일어나는 노동의 질적 변화는 새로운 지식과 새로운 자격요건을 필요로 하게 된다.

4) 여성의 사회진출증대

과거는 직장은 남성의 것이고 여성은 그 보조자라는 통념이 지배적이었는데, 이것은 남성은 바깥 일, 여성은 가정이라는 전통적인 관념이 뿌리깊게 이어져온 결과라 할 수 있다.

그러나 산업화가 이루어지면서는 남성과 여성의 고용비율이 6 대 4에 이르고 있다. 이것은 여성의 높아진 교육 수준, 고용 분야에서 남녀의 균등한 기회 및 처우의 보장, 여성 근로자의 직업능력개발과 향상, 가정생활과 직장생활의 조화, 여성 근로자의 복리증진과 지위향상 등에 기인한 바가 크다. 뿐만 아니라 산업구조의 변화에 따른 여성에게 적합한 직업의 증대와 의식구조의 변화가 큰 영향을 미쳤다.

특히 우리나라는 급격한 인건비의 상승, 힘들고 어렵고 더러운 일을 하지 않으려는 근로자들의 이른바 3D 기피현상은 생산현장에서 노동력 부족이라는 심각한 문제를 유발하였으며, 이로 인해 여성의 취업기회 증대와 처우개선을 가능하게 하였다.

5) 노동력의 고학력화

우리나라는 OECD 국가 중 인구에서 대졸자의 비중이 가장 높은 나라로 이는 1980년대 이래 대졸 노동력의 공급이 크게 확대되어 온데 기인한다. 이러한 대졸 노동력의 공급이 확대되는 것은 국민의 전반적인 높은 교육열과 이러한 교육열을 실현시킬 수 있는 국민소득의 증가가 중요한 요인이라고 할 수 있다. 이러한 고학력화는 최근의 대학 정원 자율화와 학생 수 감소로 인하여 대학 진학률의 상승으로 지속될 것으로 보인다.

학력 간의 임금격차와 생활 수준의 향상으로 인한 의식의 변화는 생산직보다는 사무직을 선호하는 경향으로 노동집약적인 기업은 생산직 근로자의 모집 · 채용에 많은 어려움을 겪고 있다. 이와 함께 노동력 공급에 있어 고학력의 근로자가 많아지면서 고학력 실업자의 문제와 함께 학력보다 낮추어 취업하는 하향취업의 경우가 발생하고 있다. IMF 이후 고학력 실업자가 많다 보니 취업에 있어 학력파괴 현상이 곳곳에 나타나고 있다. 하향취업의 경우 현재 받고 있는 대우와 근로조건에 대해 점차 불만이 생기게 되고 의욕도 떨어지게 되어 생산성도 낮은 편이다. 따라서 직무와 학력의 불일치로 발생할 수 있는 문제에 대해 기업은 나름대로 그 해법을 강구해야 한다.

노동력 공급상의 변화는 인적자원관리에 있어 많은 문제를 야기하며 산업 간 · 직종 간 취업구조와 기업의 인적자원관리와 경영관리에도 많은 영향을 미치게 된다. 이는 기업에 있어 보상관리와 유지관리 등에 많은 영향을 미칠 것으로 예상되기 때문에 이에 대한 적절한 대응책이 마련되어야 한다.

최근 정부에서는 대졸과 고졸 간 임금격차를 해소하기 위한 방안을 수립하고 있으며 고졸 취업자를 위한 다양한 지원을 하고 있다.

6) 노동력의 고령화

한 사회의 활력도를 가늠하는 잣대인 노령화지수(65세 이상 인구를 14세 미만의 인구로 나눈 지수)에서 2000년세계 23위를 기록했던 우리나라는 2050년에는 2위로 올라설 전망이다. 고령화사회에 대한 UN의 정의에 따르면, 65세 이상의 노인인구가 전체 인구에서 차지하는 비율이 7% 이상인 사회를 고령화사회(aging society), 14% 이상은 고령사회(aged society)로 분류하고 있다. 스웨덴 및 독일(1972), 영국(1976), 프랑스(1979), 이탈리아(1988), 일본(1994)에 이어 우리나라도 2002년에 노인인구의 비율이 7.9%로 높아져 우리나라도 고령화국가가 되었다. 일본이 현재까지 가장 빠른 속도로 고령화가 진전되었으나 향후 우리나라의 고령화 속도가 일본을 능가하여 2018년에는 고령인구가 전체 14.3% 이상으로 늘어나 고령사회로 진입하였다. 특히 우리나라는 2019년에는 총인구 감소를 거쳐 2050년에는 노인인구 비율이 38.2%로 세계 최고 수준에 이를 것으로 보인다.

이러한 인구의 고령화는 사회적 차원에서 보면 생산인구의 부양부담이 가중되고 여러 다양한 사회보장제도가 필요하게 된다. 이와 같이 고령자 수의 절대적인 증가와 전체 인구에서 차지하는 고령자 비율의 상대적 증가는 예측할 수 없었던 수많은 현실적 문제 및 제도적 문제를 야기시킨다. 따라서 우리나라의 고령화가 심화되면서 산업현장의 인력들의 고령화는 가속화되고 있다.

통계청은 '세계 및 한국의 인구현황'에서 2010년 세계 인구의 노령화지수는 28이며, 선진국은 97, 개도국은 20으로 전망했으며, 대륙별로는 유럽이 106으로 가장 높으며, 아프리카가 9로 가장 낮을 것으로 예상했다. 2010년 한국의 노령화지수는 68로 선진국 97보다 낮았지만 2020년에는 126으로 선진국 117보다 높을 것으로 예상했다. 또한 2010년 한국의 인구 중 65세 이상 비율은 11%, 2050년에는 38.2%로 크게 증가할 것이며, 80세 이상 노령인구의 비중은 2010년 1.9%에서 2050년에는 14.5%로 선진국 9.5%를 상회할 것으로 전망했다. 이에 따라 정년이나 고용기간을 연장시키되 임금을 조정하는 '임금피크제'의 도입이 시급하다는 주장이 제기되어 신용보증기금, 한국컨테이너부두공단, 대우조선해양(주), 한국수자원공사, 우리은행, 기업은행, 서울신문 등 많은 기업들이 현재 시행하고 있다.

한국 노인부양 비율 증가속도 OECD 국가 중 최고

생산가능인구 2050년 54% 감소 재정적자 가속

급속한 고령화의 진전과 출산율 저하 등으로 우리나라의 노인부양 비율이 경제협력개발기구(OECD) 회원국 가운데 가장 빠른 속도로 증가, 대책 마련이 시급한 것으로 나타났다.

재정경제부의 '인구 고령화가 경제에 미치는 영향' 보고서에 따르면 우리나라의 노인부양 비율은 2000년 10.0%에서 2050년 69.4%로 7배나 급증할 것으로 예상됐다.

노인부양 비율은 65세 이상 노인인구를 생산가능인구인 15~64세 인구로 나눈 수치다. 이에 따라 노인 1명을 부양하는 데 필요한 생산가능인구는 2000년 10명에서 2050년 1.4명으로 줄어들 것으로 예측됐다. 이 같은 현상은 노령화가 급속하게 이뤄지면서 노령층은 두터워지는 반면 저출산 등으로 생산가능인구는 줄어들기 때문이다.

통계청에 따르면 지난 2000년 65세 이상 인구가 총인구의 7%를 넘는 고령화사회로 진입한 우리나라의 경우 고령사회(14%) 진입까지 18년이 걸리고 초고령사회(20%)까지는 8년이 걸릴 것으로 전망됐다.

일본이 고령사회까지 24년 · 초고령사회까지 12년, 미국이 고령사회까지 73년 · 초고령사회까지 21년이 걸린 점을 감안하면 선진국에 비해 대단히 빠른 속도다.

하지만 생산가능인구는 2016년(73.2%)을 고비로 감소, 2050년에는 53.7%까지 떨어질 것으로 전망됐다.

OECD 회원국의 평균 노인부양 비율은 2000년 20.6%에서 2050년 48.9%로 2.4배 상승할 것으로 예측됐다.

주요 나라별로 미국은 18.6%에서 34.9%, 일본은 25.2%에서 71.3%, 영국은 24.1%에서 47.3%, 프랑스는 24.5%에서 46.7%로 1.9~2.8배로 각각 상승할 전망이다.

이 같은 노인부양 비율 증가와 노인 관련 재정지출의 증가로 우리나라는 2050년 국내총생산(GDP) 대비 7.7%의 재정적자를 기록할 것으로 추산됐다. IMF(국제통화기금)는 고령자인구가 1% 증가하면 1인당 실질GDP는 0.041%포인트 감소하고 재정수지는 GDP 대비 0.46%포인트 악화하는 것으로 분석하고 있다.

재경부 관계자는 "고령화는 총수요와 총공급에 다각적인 영향을 미치는 한편 미래소득에 대한 불안감, 과다한 예비적 저축 등 여러 가지 부정적 현상을 가져온다"며 이 문제 해결을 위해서는 실효성이 없는 단편적인 개혁보다 노동 · 의료 · 연금시장 등을 포괄하는 방안을 체계적으로 수립해야 한다고 지적했다.

2. 노동의 양적 변화

1) 인재파견과 노동

급속하게 진행되는 산업구조의 변화는 노동시장에도 커다란 영향을 미치고 있다. 정보화사회와 경제의 서비스화는 새로운 형태의 노동과 그것을 수행하기 위한 새로운 지식과 기능을 필요로 하며, 이에 따라 새로운 자격요건을 갖춘 근로자를 필요로하게 되었다.

인재파견업은 파견계약에 의해 자신이 고용한 근로자를 다른 사용자에게 보내 일하도록 하는 사업을 말한다. 이미 19세기 초 미국과 영국 · 프랑스 등지에서 시행되었던 제도로, 19세기 중엽 이후에는 다른 여러 나라에서도 이 제도를 받아들였다. 그러나 근로자의 권익에 대한 논의가 활발해지면서 문제점들이 발견되어 선진국에서는 이를 폐지하거나 제한하는 추세로 나아가고 있다.

미국에서는 이것이 단독법이나 노동협약의 대상이 되지 않고, 유럽 여러 나라에서도 이 제도의 축소와 폐지를 방침화하여, 법으로써 일정한 기준을 마련하여 통제하고 있다. 우리나라에서는 1997년 노동법 개정에 즈음하여 경영자 측에서는 이 제도의 도입을 주장한 반면, 근로자 측에서는 이를 반대함으로써 큰 사회적 이슈가 되었다. 1998년 외환위기 극복을 위해 정리해고제와 함께 근로자파견제를 법제화 했다. 참여정부시절에 파견사업이 가능한 업무를 종전 26개 업무에서 32개로 확대했다.

근로자파견제도가 문제가 되는 것은 계약에 의해 다른 사업장으로 파견되는 근로자에게 여러 가지 불리한 조건이 따를 수 있기 때문이다. 파견지 사업장이 자신이 고용된 사업장에 비해 작업환경이나 작업강도가 불리할 수 있고, 보수나 복리후생 등의 면에서 파견지 작업자에 비해 불리할 수도 있다. 이러한 문제점을 해결하기 위해서는 가능한 한 인재파견의 범위를 축소하고, 파견대상 근로자의 여러 가지 권리를 법적으로 보장하며, 파견근로자의 단결권을 허용하고, 파견지 기업의 책임을 확대하는 등의 법적 조치가 필요하다.

뿐만 아니라 경영의 다각화에 따라 신규사업을 착수하는 기업은 그에 적합한 인재가 많이 필요하게 된다. 특히 간부사원의 경우는 빼내오기, 즉 헤드헌팅(head hunting)이라는 방법으로 인재를 스카웃해 올 필요가 생겼다.

헤드헌팅은 기업의 최고경영자 · 임원 · 기술자 등 고급 · 전문인력을 이들을 필요로 하는 업체에 소개해 주는 것으로 이런 일을 하는 회사를 '서치펌(search firm)'이라 하고, 이런 일에 종사하는 민간 소개업자들을 '헤드헌터(head hunter)'라고 하는데 이들은 대개 서치펌

헤드헌트 1순위, '정보통신 분야 3~5년 경력자'

기업에서 가장 필요로 하는 인재는 '정보통신 분야의 경력 3~5년차'인 것으로 집계됐다. 이는 취업 · 인사포털 인크루트가 자사 헤드헌팅몰(http://chief.incruit.com)에 채용공고를 분석한 결과이다.

기업에서 가장 많이 찾는 경력연수는 3~5년차 대리급과 5~10년차의 과장급 등 업무에 대한 전문성을 갖춘 인재로 헤드헌팅 채용공고 중 경력 3~5년차 비중이 39.3%로 가장 높았고, 그 뒤를 이어 경력 5~10년차(38.5%)였다. 헤드헌팅 채용공고 10건 중 약 8건(77.8%)이 경력 3~10년차인 셈이다. 특히 경력 5~10년차의 전문가집단에 대한 수요가 가장 많이(10.9%P) 증가한 반면, 경력 3년 미만자는 2.5%P 줄어든 것으로 나타났다.

헤드헌팅 업체를 통해 '비용'을 지불하면서까지 영입하고 싶어하는 인재인 만큼, 입사와 동시에 바로 실적을 낼 수 있는 사람을 원하고 있는 의미로 해석된다. 직종별로는 빠르게 변하는 산업환경 속에서 경쟁력을 확보하기 위해 연구개발에 적극 투자하려는 기업이 많은 정보통신직(17.7%)의 수요가 가장 많았다. 정보통신 직종 가운데서도 회계관리, 메일 발송 시스템, 통계처리 등과 같이 기업들의 업무 효율을 높일 수 있는 각종 관리 솔루션(시스템)을 개발하는 '응용 프로그래머'(23.8%)의 인기가 높았고 그 뒤를 이어 시스템 분석 · 컨설팅(13.7%), 모바일 · 통신 분야(13.0%) 등에 대한 인력 수요도 높았다. 또한 매출신장과 연결되는 영업직(12.5%)도 많이 찾는 것으로 조사됐으며, 연구개발(11.5%), 경영/기획/전략 분야(11.2%)도 많이 찾는 것으로 조사됐다. 이는 차세대 수익창출을 위해 기업의 사업방향과 전략, 향후 사업 아이템 등을 발굴하기 위한 투자로 풀이된다.

학력은 대졸(81.8%)을 요구하는 비중이 월등히 높았다. 헤드헌팅은 현장에서 쌓은 업무 전문성, 경력을 가장 중요시하기 때문에 연구직 등의 분야를 제외하고는 대부분 대졸학력을 선호하는 것으로 풀이된다. 외국어를 요구하는 기업들도 늘어 전체 채용공고 중 절반 이상(52.8%)이 외국어를 요구했으며 이는 2005년보다 11.5%나 늘어난 것이다. 외국어 중 세계 공통어인 영어를 요구하는 곳이 45.7%로 가장 많았으며, 일본어 4.8%, 중국어 2.0% 등의 순이었다. 특히 중국과의 교류가 확대되면서 현지 공장관리, 해외영업 및 무역 등 분야를 중심으로 중국어 가능자의 인기가 높아지고 있는 상황인 것으로 나타났다.

에 소속되어 있다.

헤드헌터들이 가장 선호하는 인물은 기업의 특정 분야에 대한 경험이 풍부한 사람, 외국어능력과 국제적 감각의 소유자, 유연하고 능동적인 사고를 하며 리더십을 갖춘 사람, 인간관계가 원만한 사람 등이다.

반면 환영 받지 못하는 사람은 자신에 대한 객관적 평가를 할 줄 모르는 독불장군형, 하는 일 없이 회사나 동료에 대한 불평과 불만이 많은 사람, 과거 5년 동안 3번 이상 직장을 옮긴 사람 등이다.

2) 단시간 근로(파트타임)

기업 측으로서는 종업원을 하루종일 기업에 매어둘 필요없이 하루 중에 가장 필요로 하는 시간대에만 활용할 수 있는 단시간 근로자를 고용함으로써 인건비 절감과 고용량 조정을 용이하게 할 수 있다.

개인적으로는 자투리 노동시간을 활용할 수 있어 편리하다. 하루의 생활 가운데 한가한 시간대에 짬을 내어 단시간 근로에 고용된다는 것은 여러 가지 측면에서 이로운 점이 많다. 특히 여성 근로자들에게는 가사나 육아 등 가정생활과 양립시킬 수 있어 매력적이라 할 수 있다.

이와 같이 근로자와 기업 양측의 이해관계가 맞아 단시간 근로는 앞으로 더욱 증대될 것으로 전망된다.

그러나 단시간 근로의 문제는 현실적으로 매우 다양한 형태로 나타나는데 주당 몇 시간밖에 근로하지 않는 경우가 있는가 하면 정규직 근로자와 다름없는 장시간 근로도 있다.

단시간 근로는 더욱 활성화될 것으로 전망되며 우리나라 노동시장을 감안할 때 단시간 근로가 고용확대와 유휴인력의 활용에 있어 잠재력도 큰 것으로 평가된다. 그러나 단시간 근로는 정규직 근로자에 비해 법률적 체제나 제도적 미비로 임금, 고용보험, 복리후생 등의 각종 혜택에서 배제되어 있는 등 소홀히 취급되어 왔다. 이러한 현상에 대한 기업 측과 정부의 대책마련이 있어야 한다.

3) 노동력 부족과 외국인 근로자

우리나라는 1990년대에 들어와서 인건비 상승과 함께 이른바 3D 기피현상까지 겹쳐 생산현장에 근로자 부족현상이 심화되고 있다. 이러한 틈을 타서 관광여권이나 방문여권을 가지고 입국한 외국인 근로자들이 불법취업하는 사례가 많아지고 그에 따라 여러 가지 문제가 야기되고 있다.

외국인 근로자의 증가는 여러 측면에서 많은 문제를 발생시키고 있다. 외국인 근로자 고용에 있어 제도적 결함, 취업에 따른 산업재해의 증가, 노동관계를 둘러 싼 다양한 갈등의 증대 등 노동력 관리상의 문제와 문화, 종교, 생활관행 등의 여러 가지 문제가 나타나고 있다. 더 나아가 근로의 분야에 그치지 않고 여러 가지 다양하고 폭넓은 사회문제를 야기시키고 있다.

외국인 근로자에 대한 처우 문제, 산업재해 발생 시의 처리 문제, 국내 근로자와의 차별 문제, 출입국관리법상의 문제 등 정치 · 경제 · 사회적 문제로까지 이어지고 있다. 최근 외국인 근로자들이 독자적인 노동조합을 결성했다.

한편, 이들의 취업기간은 짧게는 2~3개월, 길어야 1년 미만인 경우가 대부분이고 또 취업 분야도 주로 단순 육체노동 분야이고, 약간의 기능을 갖춘 경우라 하더라도 근무기간이 짧기 때문에 생산성 향상이라든지 기술축적이 어렵다는 문제도 생긴다.

이와 같이 외국인 근로자의 취업증대는 인적자원관리적 측면에서 많은 대책을 필요로 한다.

1980년대 중반부터 외국인 근로자를 도입하기 시작한 이후 그 수는 계속적으로 증가되어 전체 근로자의 1% 이상을 차지하고 있다. 상당규모의 외국인 근로자를 고용하고 있음에도 불구하고 현재의 중소기업에서의 인력난을 고려할 때 외국인 근로자의 국내유입은 앞으로도 계속 증가추세를 보일 것이다.

한편 외국인 근로자를 고용하고 있는 기업들은 다음의 문제를 가지고 있다.

첫째, 채용 방법에 있어 산업기술연수생을 배정받는데 관리 문제의 비효율이 대두 되고 있다.

둘째, 체계적 교육훈련의 미비로 산업재해를 포함한 인적자원의 활용 측면에서의 문제가 있다.

셋째, 근로조건의 열악한 상태와 산업재해상의 문제가 있다. 임금 수준, 근로시간, 작업환경 등 근로조건의 열악한 상황과 임금체불과 장시간 근로로 인해 발생하는 산업재해보상체제의 미비 등에 문제가 있다.

넷째, 생활관습의 차이와 의사소통의 장애 등에 의한 노무관리상의 문제 등이 있다. 국내 기업의 외국인 근로자에 대한 관리는 아직 체계적이지 못하다. 따라서 단기적 개선책과 더불어 장기적 · 종합적 측면에서의 대응책이 강구되어야 한다.

CASE STUDY

외국인 고용허가제(외국인 인력정책의 변천 과정)

정부는 외국인의 국내취업은 해당 직종의 전문성과 특수성으로 인해 국내에서 인력을 구하기 어려운 특정 직종의 전문기술인력에 한하여 허용하였다.

출입국관리법에 의거 교수(E-1), 회화지도(E-2), 연구(E-3), 기술지도(E-4), 전문직업(E-5), 예술흥행(E-6), 특정 활동(E-7) 등 전문기술인력에 대해서는 고용계약체결 등 일정한 체류자격 요건을 갖춘 경우 취업을 허용하였다.

단순기능인력에 대해서는 원칙적으로 금지하되 1992년부터 개발도상국과의 경제협력 도모 등을 위해 외국인 산업연수생제도를 도입 · 운영하였다. 산업연수생제도는 산업연수생으로 일정 기간 연수 후 취업자로 전환하는 체제로 종전에는 연수취업기간은 「연수2년+취업1년」이었으나, 출입국관리법 시행령(2002. 4. 18) 및 시행규칙(2002. 4. 27) 개정으로 「연수1년+취업2년」으로 조정되었다.

2002년 12월부터 서비스 분야에 외국국적동포를 대상으로 취업 활동을 허용하는 취업관리제를 도입하였고, 2003년 8월 16일에 "외국인 근로자의 고용 등에 관한 법률" 제정 · 공포로 고용허가제 도입, 1년간 준비기간을 거쳐 2004년 8월 17일부터 합법적인 단순기능 인력도입제도인 고용허가제를 시행하고 있으며, 2005년 7월 27일 외국인력정책위원회에서 노동, 법무부 등 16개 관련 부처 합의를 통해 산업연수제 폐지, 고용허가제의 일원화(2007. 1. 1) 방침을 확정하였다.

고용허가제는 국내인력을 구하지 못하는 우리 기업이 정부(노동부)로부터 인력부족확인서를 발급받아 합법적으로 외국인력을 근로자로 고용할 수 있는 제도로 그간 합법적으로 외국인력제도가 마련되어 있지 않아 연수생을 근로자로 편법 활용하거나 불법체류자를 고용하고 있는 문제 해소의 계기가 되었다.

자료 : 고용노동부

4) 사회의 다원화와 가치관의 변화

경제규모가 작고 환경의 상호의존성과 상호작용 과정이 단순한 기업경영의 경우 제품의 다양성이나 인적자원의 다원화에 대해서는 거의 관심을 기울이지 않았다. 그러나 경제성장에 의한 소득증대와 규모의 경제는 국민의 의식 수준과 참여의식을 높여 다양한 이익집단이나 이해관계자 계층을 형성하게 되었다. 기업에 대해 사회일반과 다양한 이해관계자 집단의 관심과 요구가 많아지고 이에 대한 대응도 다양한데 이에 대해 살펴보면 다음과 같다.

첫째, 노동조합의 활동강화와 함께 근로자들의 단결권이 강화됨에 따라 내부 이해관계자인 근로자들의 복리향상, 적정임금, 노동의 인간화 등에 관한 요구가 증대하였다. 이에 대한 기업의 대응전략으로 근로자들의 참여적 · 자주적 활동의 확대, 경영참가, 인간성 회복대책 등 제도적 · 경영적 대응책을 마련하게 되었다.

둘째, 소비대중의 교육 수준과 의식 수준의 향상으로 소비자 주권사상이 높아짐과 동시에 발언권이 강화되었다. 동시에 그들의 주장과 요구가 다양화되고 고급화되는 추세에 있다. 이에 대해 기업은 사회와 조화 속에서 사회적 책임을 다하며 기업발전을 도모하게 되었다.

셋째, 전반적인 생활 수준의 향상으로 삶의 질을 추구함에 따라 자원과 생태계 보전에 대한 사회적 요구가 증대하고 윤리적 경영 활동에 대한 압력이 커지고 있다. 이에 대해 기업은 사회적 책임을 다하며 지역사회 발전에 최선의 노력을 다 해야 한다.

최근 기업의 구성원들에 대한 인간적 존중과 노조와의 원만한 관계, 그리고 협력업체와의 공동체 의식과 경쟁업체와의 기술협력 등 보다 전략적 활동을 요구함으로 인적자원관리의 중요성이 증대되고 있다.

특히 가치관은 사회의 구조와 문화형성에 중요한 요소가 되어 공동체의 형성과 그 과정에서의 갈등과 조화에 결정적 영향을 미치게 된다. 사회구성원의 가치관이 지나치게 다원적인 경우 조직체는 합의도출이 어려워진다. 구성원들의 가치가 공유되면 될수록 사회나 조직은 더 강한 일체감과 목적의식이 뚜렷하게 된다.

급속한 환경 변화는 노동력을 필요로 하는 기업과 노동력을 제공하는 근로자의 특성이 변하고 있다. 이는 조직이 요구하는 소요인력의 규모나 능력요건이 변하고 있으며 근로자의 노동의식이나 가치관도 달라지고 있음을 나타낸다.

과거, 조직발전과 개인의 목표를 위한 책임감과 조직을 위해 몰두하던 태도는 사라지고 조직보다 개인을 우선하는 방향으로 가치관이 변화하고 있다. 개인주의적 성향이 강하고 자신의 능력과 흥미에 맞는 일에 대해서는 남을 의식하지 않고 자신이 원하는 생활 스타일을 추구하는 신세대들의 등장은 신선한 자극제가 되고 있다.

최근 가치관의 변화와 개인주의적 성향의 태도 변화에 대한 기업의 과제는 개인중시, 인간중심의 직무재설계, 인간관계 개선 방안의 도입, 공정한 평가제도, 승진 · 보상기준의 확립을 실현시킴으로써 근로자의 근로생활의 질(QWL)을 향상시킬 수 있다.

제3절 인적자원관리 시스템의 변화에 미치는 상황 요인

1. 인적자원관리의 혁신의 필요성

최근 기업 내 · 외의 상황 요인이 복잡해지고 급격히 변화됨에 따라 인적자원관리도 전략적 차원에서 많은 변화가 요구되고 있다. 기업의 국제화와 다각화, 여성인력 및 중 · 고령층의 증가, 사회가치관의 변화와 다양화, 급격한 기술혁신과 조직구조의 변화 등과 같은 상황변화는 기존의 인적자원관리의 양상과는 전혀 다르게 전개되고 있다. 이에 따라 경쟁력 강화를 위한 인적자원관리혁신과 인적자원관리전략 차원에서 신인적자원 시스템의 도입이 당면과제로 부각되고 있다.

많은 기업들이 앞 다투어 신인사제도와 기법들을 실무에 도입하여 적용하고 있다. 이러한 변화는 인적자원관리의 혁신을 앞당기는 결과로 이어지고 있다.

2. 인적자원관리 시스템의 변화에 미치는 상황 요인

최근 인적자원관리 시스템이 크게 변화되고 있다. 이러한 인적자원관리의 혁신을 자극하는 여러 상황 요인들에 대해 구체적으로 살펴보면 다음과 같다.

첫째, 국내 · 외 경기상황의 불확실성이다. 세계 경기는 물론 국내경기의 호황과 불황은 기업의 인적자원관리에 많은 영향을 미친다. 특히 21세기에 접어들면서 세계 경제는 한치의 앞도 예상을 할 수 없을 정도로 불안하다. 이러한 가운데 경기가 호황 국면에 접어들거나 호황이 될 징조가 보이면 생산 활동이 활발해지면서 이에 따른 인력의 확보가 요구되어 보다 유능한 인력을 확보하기 위한 임금, 승진, 복지후생 등의 고용조건들이 향상된다. 반면 경기침체는 유휴인력의 문제를 야기시키며, 사회적으로 실업이라는 커다란 문제를 발생시키게 된다. 이처럼 경기변동 사이클을 예측하기 힘든 상황에서는 인적자원관리상 여러 어려운 문제들이 야기될 수 있기 때문에 이에 대한 기업의 적극적인 대응전략이 요청되고 있다.

둘째, 오늘날 기업의 구성원들 중 신세대 또는 X세대들의 비율이 점증하고 있다. 이들은 기성세대들과 상이한 가치관을 갖고 있으며 세대 간의 가치 차이로 갈등이 야기될 수 있다. 신세대들은 직장을 생계유지의 수단으로 여기기보다는 자아실현의 장으로 여기며, 비전이 없는 직장에서 한평생을 보내려 하지 않는다. 이들은 비전이 없다고 판단되면 과감히 비전이 있는 직장을 찾아 나서는데 주저하지 않는다. 또한 짧은 근로시간과 레저를 선호한다. 소신 있고 당당하지만 자신의 주어진 의무와 책임을 소홀히 하는 경향이 있다. 은근과 끈기가 부족하여 어려운 문제가 닥치면 쉽게 포기하고 만다. 이처럼 오늘날의 신세대들은 강점과 약점을 동시에 지니고 있다. 따라서 강점은 살리고 약점은 보완하는 방향으로 신세대들을 새로운 차원에서 관리할 필요가 있다. 나아가 가치관의 다양화라는 당면과제도 비전과 이념을 공유하는 기업문화 차원에서 현명하게 해결해야 한다.

셋째, 기업의 노동력 구성이 변화하고 있다. 중 · 고령자들이 늘고 있어 중 · 고령자의 능력개발 대책이 요구되고 있다. 또한 여성 인력이 점증하고 있어 남녀 기회균등이나 여성 인력의 활성화 방안 등이 모색되어야 한다. 파트타임이나 용역업체의 직원들도 증가하고 있어 이들에 대한 관리의 효율화도 요구된다. 나아가 무국경화, 즉 세계화의 추세에 편승한 기업의 해외진출에 따른 현지인의 활용도 늘고 있어 현지인의 전략적 확보 및 개발과 활용에 적합한 인사와 교육도 요구된다. 이상에서 보듯이 노동력구성의 변화를 극복하기 위한 기업 측의 과거와 다른 노력이 기회균등이나 공정성, 합리성 측면에서 요구된다.

넷째, 기술의 변화가 급격히 이루어짐으로 인하여 기업의 조직구조와 과정 그리고 직무의 내용과 성질이 과거와 많이 달라지게 되었다. 유연하고 수평적인 유기적 조직의 등장과 시스템화 · 복합화 되어지는 직무의 등장에 적극 대응해야 한다. 이에 따라 우리나라 기업들은 이러한 신조직과 신직무에 적응할 수 있는 인재를 전략적인 안목에서 양성해야 한다. 이처럼 정보통신기술의 발달, 하이테크화와 소프트화의 가속화에 따라 과거와 다른 방식의 인사기준과 방법이 요구되고 있다.

다섯째, 21세기는 3C시대이다. 고객(Customer), 경쟁(Competition), 변화(Change)로 대변되는 21세기는 먼저 시장구조가 공급자시장에서 소비자시장으로 변함에 따라 고객이 중요하게 되었다. 뿐만 아니라 기업 간의 치열한 경쟁이 이루어지고 있으며, 총체적인 변화가 물밀듯이 밀려오고 있다. 이러한 3C시대에 부응하기 위해서 기업들은 기존의 방식을 과감히 버리고 새로운 신개념의 관리 방식과 조직문화를 도입하지 않으면 안 된다. 특히 고객만족, 양보다 질의 추구, 치열한 경쟁에서 살아남기 위한 경쟁력의 함양 등 인적자원관리 측면에서 요구되고 있다.

여섯째, 오늘날 우리는 국경이 없는 세상에 살고 있다. 이제는 국가의 경계가 무의미하고 세계가 하나인 지구촌 시대가 도래했다. 기업들은 글로벌 시대를 맞아 이제는 세계와 경쟁해야 한다. 세계 일류기업과 경쟁하기 위해서는 자신감을 갖고 세계와 상호작용 해야 한다. 우리나라 기업들이 세계와 상호작용하기 위해서는 힘을 길러야 하며 힘을 기르기 위해서는 과거와 다른 새로운 개념의 인적자원관리를 해야 한다.

오늘날 글로벌 기업들은 현지화전략을 추구하고 있다. 현지화전략에 따른 세계 어느 곳에도 적용 가능한 인사의 보편성을 최적의 수준으로 갖추도록 해야 한다. 현지인과 내국인을 동시에 관리할 수 있는 인적자원관리 시스템의 구현을 위해 현지화와 세계화를 조화시키는 차원에서 노력해야 한다.

제4절 인적자원관리 패러다임의 변화

1. 인적자원관리의 전략화

오늘날 전략적 인적자원관리(SHRM: strategic human resources management)의 개념이 도입되어 기업의 전략과 인적자원관리의 연계성이 강조되고 있으며 경영철학과의 연계성도 강조되고 있다. 즉, 인적자원관리의 전개방향, 제도 및 기법의 도입이나 인적자원관리의 개선과 설계가 대내 · 외적 여건과 경영철학이 반영되어 기업 특유의 독특한 색깔이 형성되도록 하는 노력이 이루어지고 있다. 이에 대해 구체적으로 살펴보면 다음과 같다.

첫째, 기업의 비전(vision) 및 이념(philosophy)에 입각한 인적자원관리가 이루어지고 있다. 특히 인간존중 이념의 실천, 개인목표와 조직목표의 조화 추구, 고비용 저효율구조의 타파, 사업계획과 연계된 전략적 인적자원관리, 상황적합적 인적자원관리, 비전과 이념을 중심으로 한 정합성의 제고가 존중되고 있다.

둘째, 장기안목에서 공정하고 합리적이며 일관성 있는 인적자원관리가 필수적이다. 왜냐하면 이러한 인적자원관리는 예측가능성을 높일 수 있다. 먼저 일관성의 원칙이 준수됨으로써 구성원들의 기대를 충족시켜 주는 반면, 일관성 없는 인적자원관리로 인하여 불이익을 받는 집단이 발생하지 않게 된다. 또한 공정성의 원칙이 준수 되어야 한다. 인적자원관리의 공정성의 원칙은 절대적인 기준에 근거하는 것이 아니라 상대적인 기준에 근거한 것이다. 비록 절대적인 기준에서 볼 때 개인적으로 만족할 수 있는 경우라도 다른 사람과 비교한 상대적인 기준에서 보면 불만족일 수도 있다. 인적자원관리는 기회가 비록 적더라도 그 기회가 공정하게 주어지도록 이루어져야 하며 인적자원관리 기준 또한 객관적이고 공정하게 설정되어야 한다. 그리고 합리성의 원칙이 인적자원관리의 원칙으로 준수되어야 한다. 합리성의 원칙이란 주관이나 우연이 아닌 논리적인 필연이나 근거에 따라서 인적자원관리를 하는 것이다.

따라서 기업은 업무수행이나 목표달성을 위해 연공과 능력을 조화시키는 방향으로 인적자원관리 기준을 합리적으로 설정할 필요가 있다. 그리고 이러한 기준은 직능별 · 계층별로 세분화되어야 한다.

셋째, 인적자원관리 시스템의 복선화도 추구되고 있다. 이러한 복선화의 기본배경은 생활 수준 향상에 따른 의식의 다양화에서 비롯되었다. 그러나 원래는 인건비 합리화 등 기업측의 필요에 의해서 생겨났다.

인적자원관리 시스템의 복선화는 고용 형태의 복선화와 근무 형태의 복선화로 구분할 수 있다. 먼저 고용 형태의 복선화에는 정사원, 파트타이머, 아르바이트 사원, 인재회사 파견사원, 전문직무에 종사하는 특별계약사원 등이 이에 속한다. 다음으로 근무 형태의 복선화는 하루 8시간 근무하는 사원, 단시간 근로자, 폭넓은 업무에 종사하는 사원과 특정 분야 및 한정적인 업무에 종사하는 사원 등으로 구분하는 복선화가 해당된다.

넷째, 연공주의에서 능력과 업적중시의 인적자원관리로 전환되고 있다. 명예퇴직제, 선택정년제, 조기퇴직제 등이 보편화되고 있다.

다섯째, 경쟁과 창조의 지식창출형 인적자원관리가 이루어지고 있다. 노동, 자본이 20세기에 있어서는 중요했지만 21세기에는 지식이 중요한 자원이 되었다. 지식이란 일하는 방법을 개선, 개발, 혁신함으로써 부가가치를 높이는 것이다. 노동생산성은 한국이 100이면 미국은 311, 일본은 171, 독일은 280으로 우리나라의 노동생산성은 매우 낮다. 자신이 원하는 결과를 창조하기 위해 종업원들이 지속적으로 자신의 능력을 배양하고 이를 통해 조직의 열망을 이루어나가며 서로 지식을 공유하는 학습조직을 구축해야 한다. 스스로 배우고 혁신하는 지식인, 즉 Knowledger가 되어야 한다.

2. 인적자원관리의 라인(line)화

오늘날 기업 현장에서는 유기적 · 평면적 조직(팀제 등)과 연계하여 인적자원관리의 라인화가 추구되고 있다. 미래형 조직으로서 팀제조직, 가상조직, 수평조직, 네트워크조직, 학습조직과 연계하여 볼 때 라인 중심의 인적자원관리가 되어야 한다.

관리자의 O.J.T. 리더화가 추구되어야 한다. 비전과 이념의 전파와 비전과 이념에 입각한 업무수행을 유도하고, 일(Job)과 인간(Man)의 조화를 추구하는 리더가 되어야 한다. 부하들에게 직무요건을 충족시키기 위한 능력개발을 유도하고, 총체적 보상을 통한 다양한 욕구충족으로 동기부여시켜 성과를 높임과 동시에 디자이너(designer)와 멘토(mentor)로서 관리자가 되어야 한다.

조직경력(organization career)과 대조적인 개념으로 무경계 경력(boundaryless career)이 중시되고 있다. 수평조직, 팀제, 네트워크조직, 가상조직으로 조직의 경계가 약화되고 있다. 회사의 경계를 넘나드는 무경계 경력은 조직 내의 상사에 의해서가 아니라 경력시장에서 평가받는다. 무경계 경력은 외부의 네트워크와 정보에 의해서 유지된다. 무경계 경력의 공통적인 특성은 기존의 조직에 의한 경력에 관한 통제와 제약으로부터 개인들이 보다 독립적으로 변화할 것이라는 점이다. 개인은 경력구축과 관리를 조직에 의존하기보다는 자신의 책임 하에 발전시켜야 한다.

3. 인적자원관리의 정보화

정보화의 진전으로 아웃소싱(outsourcing)이 확산되고 있다. 아웃소싱의 대상이 생산 위주에서 영업, 관리 등 다양한 기능 부문으로 확대되고 있다. 고부가가치 업무를 중심으로 정규인력을 집중 배치하고, 부가가치가 낮고 정형화된 업무는 자동화, 외주화를 통한 효율화를 추구함과 동시에 파트타임직, 계약직 등과 같은 비정규인력을 배치하여 담당하게 하고 있다.

컴퓨터를 중심으로 한 첨단매체를 활용한 인적자원관리 정보 시스템 구축이 이루어지고 있다. 이에 따라 구성원들의 다양한 욕구충족이 가능하고 정보공유와 의사결정 참여로 신뢰회복이 이루어지고 있다. 나아가 첨단매체를 활용한 원격교육으로 자율학습과 열린 교육의 활성화가 촉진되고 있다.

4. 인적자원관리의 세계화

인적자원관리도 이제 지역중심주의에서 세계주의로 나아가고 있다. 글로벌 경영에 따른 세계화가 진전됨에 따라 본국생산보다 해외생산의 비중이 높아지고 전세계 차원에서 생산비용의 최소화와 개별시장에서의 고객만족도의 제고를 위해 지역중심전략에서 세계화전략을 추진하고 있다.

국제적 시야에서 인적자원관리의 보편성을 추구하고 있다. 세계화 차원에서 국내 · 외에 통용되는 보편적인 인사관리 시스템이 개발되어야 하고, 국내에서 일하는 외국인 사원에게도 통용되는 인사관리 시스템의 개발, 해외에 진출할 때 통용되는 인사관리 시스템을 개발하는 것이 주요 과제가 되고 있다. 보다 구체적으로는 직무수행능력, 직무 나아가서 업적 따위의 요소를 중심으로 이러한 인적자원관리 시스템을 구성하게 된다.

5. 인적자원관리의 문화화

제도의 인적자원관리에서 조직문화의 인적자원관리로 나아가고 있다. 고객만족, 대립적 노사관계에서 협력적 노사관계로 전환되었다.

가족친화적 인적자원관리가 중시되고 있다. 클린턴 전 대통령은 기업의 사회적 책임을 강조하였다. 포드재단의 조사결과 조사대상 사원의 60% 이상이 스트레스나 장시간 노동이 가족에게 악영향을 미친다고 느끼고 있으며, 업무압박이 가족생활에 영향을 준다고 여성의 80%가 응답했다. 이제 기업들도 가정친화적 제도(예: 플렉스타임, 재택근무, 잡쉐어링 등)를 적극 도입하기에 이르렀다.

가정친화적 제도가 종업원들 뿐만 아니라 기업에게도 이익을 가져온다는 결과가 속속 나오고 있다. 한 컨설팅회사의 조사에 의하면, 고용수의 70% 이상이 직장에 탁아소가 있으면 종업원의 결근이 줄어든다고 응답한다.

포드재단 조사에 의하면, 플렉스타임을 도입하자 결근율이 30% 줄었다는 예도 있다. 듀퐁사의 사원대상 조사에 의하면, 가정친화적인 제도를 이용하는 사원은 이용하지 않는 사원에 비해 훨씬 애사심이 강한 것으로 나타났다.

02

인적자원관리의 본질

제1절 인적자원관리의 개념

1970년대 후반부터 자본, 기술 등의 물적자원과 비교하여 인적자원의 중요성이 강조되면서 인적자원의 개발에 역점을 두는 의미에서 인사관리 대신 인적자원관리로 부르게 되었다. 1980년대 중반부터는 인적자원관리를 전략적 관점으로까지 중요시하여 전략적 인적자원관리(SHRM)라고 부르고 있다.

기업을 구성하는 요소는 자본과 기술, 정보 그리고 제도와 조직 등이 있으나 이들을 활용하는 주체인 인간의 창조력과 지혜가 없으면 기업의 존속과 성장은 기대할 수 없다.

기업은 한 사람의 인간에 의해 운영되는 것이 아니라 수많은 사람들의 협력 활동을 통해서 경영되는 것이 보통이다. "기업은 사람이다"라는 말도 있듯이 모든 기업에 있어서 인재의 확보와 활용은 경영에 주어진 최대의 과제라고 할 수 있다.

경영체가 영리기업이든 비영리기업이든 간에 제대로 운영하기 위해서는 탁월한 인재 없이는 불가능하다. 왜냐하면 모든 경영체의 활동은 사람, 즉 인재를 통해서 이루어지기 때문이다.

그러므로 인적자원관리는 사람이라는 자원, 즉 인적자원을 특정 재화나 용역의 생산과 배분이라는 목적에 적합하도록 관리하는 활동이라고 할 수 있다.

경영 요소 중 사람을 대상으로 하는 부문관리로서의 인적자원관리는 주로 인사스탭 활동으로 중요시되는 반면, 일반관리로서의 인적자원관리는 부서의 장(長)인 라인관리자가 부하인 종업원과 과업수행을 위해 일상적인 대면접촉을 통해 이루어진다.

따라서 인사스탭의 관리 활동이 간접적이라면 라인관리자의 인사 활동은 직접적이라고 할 수 있다. 그러므로 라인관리자에 의한 인적자원관리는 개별 종업원에 대해 각각 구체적인 활동으로서 행해지기 때문에 일상성과 개별성이 강조된다.

인적자원관리(Human Resource Management: HRM)는 경영관리의 한 부문관리인 인사관리(personnel administration ; personnel management)에서 비롯된다.

1. 인적자원관리의 의의

인적자원관리는 조직의 목적을 보다 잘 달성하기 위한 것이므로 결국 생산에 필요한 양질의 노동력을 확보하여 이들을 효율적으로 이용해서 생산능률을 향상시키는 것이다. 따라서 경영자는 근로자의 효율적인 활용을 위한 시스템개발에 노력해야 하며, 한편으로는 노동력의 소유자인 근로자의 근로의욕을 북돋아주어야 한다.

그러므로 인적자원관리란 조직의 목적달성을 위해서 조직에 필요한 인재를 획득 · 육성 · 유지하는 동시에 협동체계를 확립하여 각자의 능력을 최대한 발휘시키는 일련의 과정이라고 할 수 있다.

따라서 인적자원관리란 종업원의 직무만족 및 능력개발과 조직목적을 달성하기 위한 인적자원의 효율화에 대한 수단을 강구하는 여러 기능이라고 정의할 수 있다.

경영이란, 인재를 계발 · 육성하는 것이지 물자를 관리하는 것이 아니다. 그러므로 경영이란 바로 인적자원관리를 뜻하는 것이다.

기업경영이란 재무관리, 생산관리, 판매관리, 연구개발관리, 회계관리, 사무관리 등 수많은 부문관리로 이루어져 있는데, 이러한 부문관리의 최적화를 통해 경영목표를 능률적으로 달성하기 위해서는 제반 업무의 담당자들이 목표지향적이고 능률적으로 업무를 수행할 수 있도록 해야 한다.

결국 인적자원관리란 [그림 2-1]과 같이 질적 · 양적 측면에서 일할 능력관리와 개별적 · 집단적 차원의 일할 마음관리라고 할 수 있다.

이러한 기능을 주로 담당하는 것이 인적자원관리라고 하면, 바로 경영관리 = 인적자원관리라는 등식이 성립된다.

그림 2-1 인적자원관리의 의의

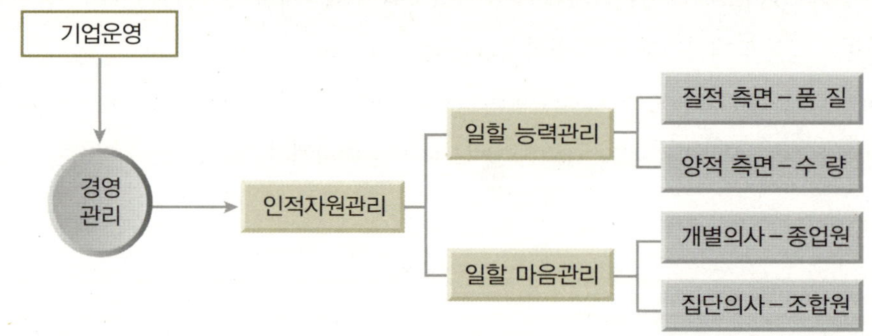

2. 인적자원관리의 목적

인적자원관리는 조직목적을 달성하기 위한 관리 활동이다. 모든 조직체는 조직체로서의 목적을 가지고 있다. 그러므로 목적을 달성하기 위해서 자금, 물자, 사람 등의 제자원을 유효하게 배분하기 위한 경영관리가 이루어져야 한다.

이 중 인적자원관리는 인간의 활동을 조직목적의 실현을 위해 공헌시키는 활동이다. 따라서 인적자원관리가 유효하게 기능하는지 여부는 조직의 성원이 각각 조직목적 달성을 위해 얼마나 바람직하게 행동하느냐의 여부에 달려 있다. 인적자원관리의 목적을 달성하기 위한 주요 내용을 살펴보면 다음과 같다.

1) 인재확보

"사업은 사장이 하고 돈은 종업원이 벌어 준다"는 말과 같이 인적자원관리는 조직에 필요한 사람을 확보하는 것으로부터 시작된다. 즉, 조직의 목표를 달성하기 위해서는 필요한 인재를 채용해야 한다.

현대 기업경영은 다양한 투입자원을 들여 변환 과정을 거쳐 부가가치를 창출하고, 생산성을 향상시켜 마케팅 활동으로 적절한 이윤을 창출하는 일을 지속적으로 수행한다. 이 중 인적자원은 기업 활동으로부터 받아들여지는 물적자원, 재무자원, 정보 등을 효율적으로 활용하는 데 필요한 기능을 수행한다.

조직에는 조직의 목적을 달성하기 위한 많은 다양한 업무가 있으며, 각 업무를 수행하기 위해서는 그 업무에 합당하고 유용한 종업원의 확보 여부가 매우 중요하기 때문에, 인적자원관리는 기업의 주요 활동 부문으로서 그 첫 걸음이 채용이다.

2) 인재육성

인재육성이란 조직에서 채용한 종업원을 유능한 인재로 육성·개발하는 것이다. 많은 노력과 비용을 들여 엄격한 선발절차를 거쳐 채용된 종업원이 훌륭한 인재로 성장하느냐의 여부는 채용 이후의 교육훈련에 의해 좌우되는 경우가 많다.

인적자원은 다른 자원에 비해 능동적이고 반응적이다. 그리고 개발성과 전략성을 갖고 있기 때문에 다른 어느 자원보다도 더 많은 부가가치를 창출해 낼 수 있다. 이러한 부가가치창출을 위해서는 기술을 체계화시켜야 하는데 그 주체가 바로 인간이다.

어떤 사업체든 신규채용 직원은 채용 후 조직적인 연수가 행해지는 것이 보통이다. 이때 행하는 집단훈련은 기본적인 경영정책이나 조직의 개요 등 업무상의 기본 지식이 중심 내용이 되기 때문에 조직원으로서의 본격적인 훈련은 현장에 배치되어 이루어진다.

이런 의미에서 관리자에 의한 개별지도, 이른바 직장연수 또는 사내훈련이 중시되는 것이다. 따라서 모든 종업원에 대해 그가 담당하는 직무에 걸맞는 능력을 몸에 익히도록 하는 활동 또한 인적자원관리의 중요기능이 된다.

3) 근로조건 정비

근로조건 정비는 인재로서 잘 육성된 종업원이 조직 내에 정착하여 적극적인 의욕을 가지고 직무에 정진할 수 있도록 근무조건과 근무환경을 정비하는 것을 의미한다. 이 중 가장 중요한 것이 임금이다. 왜냐하면 임금은 취업동기 중 가장 중요하기 때문이다. 즉, 근로에 대해 어느 정도의 보수가 주어지느냐 하는 것은 종업원의 최대 관심사가 된다. 종업원의 대다수는 임금에 의해 가계(家計)를 영위해가고 있다.

따라서 임금이 적정하여 가계를 제대로 꾸려갈 수 있을 때 종업원은 그 조직체에 정착할 수 있지만 그렇지 못할 경우에는 조직으로부터 이탈하게 된다.

이러한 근로조건에는 급여나 근로시간, 작업환경 이외에도 승급(昇給), 승진, 복리후생 시설과 제도 등이 있다. 이러한 근로조건과 근무환경 등을 제대로 정비함으로써 유능한 종업원을 조직에 오래 머물게 할 수 있다.

4) 근로관 확립과 산업민주주의 실현

근로자나 노동조합이 사용자와의 교섭과 협약을 통해 기업경영에 자신의 의사를 반영시키는 제도적 기반이 마련되어 있을 때 산업민주주의는 이루어질 수 있다.

좁은 의미에서 협의나 자문이 아닌 노 · 사 대등의 입장에서 상호주의와 상호협력에 바탕한 기업경영에 대한 공동의사결정을 하고 그 실행에 있어 같이 책임과 의무를 다하는 것이 산업민주주의로 향하는 지름길이 된다.

산업민주주의를 실현하는 데 있어 다음의 전제요건이 충족되어야 한다.

① 노 · 사 대등의 원칙
② 공동의사결정
③ 종업원의 경영참가
④ 업무집행에 대한 의무와 책임
⑤ 노동소외의 극복
⑥ 성과배분에 있어서의 갈등배제

산업민주주의의 실현을 위해서는 사용자와 근로자 간에 건전한 근로관이 확립되어야 한다. 근로를 통한 재화와 용역의 창출에 대해 정당한 경제적 보상의 방법으로 근로자는 자신의 욕구와 만족감을 충족하려고 한다. 건전한 근로의 실천을 위해서는 경제적 · 사회적 측면에서의 상호 믿음과 신뢰가 이루어져야 하고 자아실현과 같은 심리적 측면도 충족되어야 한다.

기계중심의 노동이 아닌 인간중심의 노동을 통해 잃어버린 인간성을 회복하고 근로생활에 있어 보람을 찾아야 한다.

5) 근로생활의 질 향상

종업원이 직무수행을 통한 직무만족은 조직에 대한 귀속의식의 향상과 조직몰입을 가져온다. 자신이 몸 담고 있는 조직에서의 생활이 즐겁고 일에 보람을 느낄 때 직무만족이 가능하다.

경영 성과의 적정한 배분과 인간성 회복을 위한 새로운 직무설계가 이루어져 환경 요인에 대한 충족과 종업원에 대한 합리적인 배려가 이루어지면 경영목표 달성도 가능하다.

종업원은 근로생활에 있어 스스로의 존재를 인식하게 되고 인간답게 사는 것에 대한 보람을 느끼게 되면 자연스럽게 근로생활의 질이 향상된다.

3. 인적자원관리의 주체와 객체

1) 인적자원관리의 주체

인적자원관리는 경영관리의 한 부문관리인 동시에 경영관리 그 자체이기 때문에 그 주체는 경영주체라고 할 수 있다. 원래 관리란 계획 → 조직 → 지휘 → 조정 → 통제의 과정을 거치는 하나의 체계이다. 인적자원관리도 그 관리의 대상인 인적자원에 대한 계획 → 조직 → 지휘 → 조정 → 통제하는 체계적인 시책이라고 할 수 있다.

경영주체가 인적자원에 대해 실시해온 개별적인 관리에서 조직적 · 체계적 · 분석적으로 그 대상을 파악하게 된 것은 최근의 일이다.

이때부터 경영직능이 분화되어 인사전담부서가 생기고, 전문경영자가 출현하여 인적자원에 대해서도 관리객체를 보다 세밀하게 관리하여 조직목적을 달성하려는 움직임이 일반화되기에 이르렀다.

한편 관리객체에 대해서 기업가가 일방적으로 정한 근로조건으로 일을 시키는 것이 곤란하게 되었으며, 어떠한 형태로든지 '인간적인 요소'를 고려하지 않으면 안되게 되었다. 이것은 19세기 후반에 있어서 노동조합의 발전, 근로자의 사회적 지위향상에 기인한 것이라고 할 수 있다. 따라서 인적자원관리의 주체인 경영주체도 인적자원에 대한 합리적인 관리목적을 달성하기 위하여 최고경영자, 인사전담자(personnel staff), 각 부서장(line의 장)으로 분화되게 되었다. 이것을 요약해서 표시하면 다음과 같다.

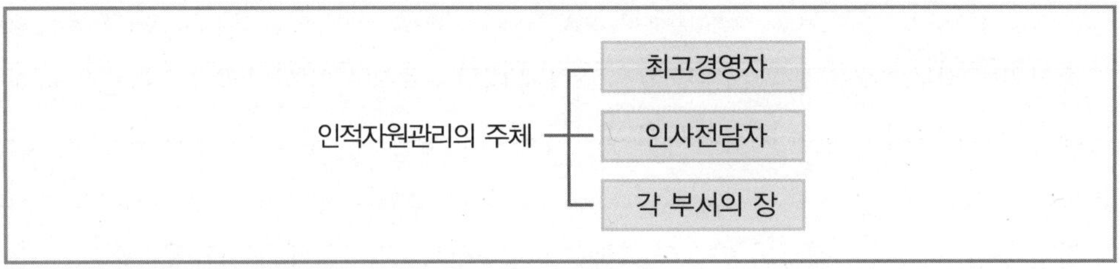

2) 인적자원관리의 객체

인적자원관리의 객체는 인적자원으로 그 대상은 경영에 고용된 근로자이다. 근로자가 경영에 고용되는 것은 중요한 생산 요소인 노동력을 가지고 있기 때문이다. 따라서 인적자원관리의 객체인 노동에 대해서 여러 가지 측면에서 파악해야 한다.

첫째, 기능을 가진 직능인적 측면에서 노동력으로 파악해야 된다. 인적자원관리가 '노동력관리'라는 측면을 가지고 있기 때문에 노동력의 최고능률적인 이용을 위한 것이 인적자원관리 성립의 중요한 계기가 된다. 그러나 노동력이라는 생산 요소는 현실적으로 볼 때 기계나 원자재처럼 독자적으로 존재하는 것이 아니라 반드시 그 주체인 인간 또는 인격과 결부되어 있다.

그렇다면 여기서 말하는 인간, 인격이라는 말은 무엇을 의미하는가? 한마디로 말하면 사물과 달리 감정과 사고력을 가지고 있으며 스스로 여러 가지 태도를 취하게 된다. 예를 들면, 자발적으로 일하려는 태도라든가, 마지못해 하려는 태도, 안 하면 안 되기 때문에 하려는 태도, 반항적인 태도 등이 있다.

둘째, 노동을 함에 있어서 하나의 분업속에 수직 · 수평적 인간관계 하에 있으므로 여러 가지 대인적인 감정이나 태도를 갖게 되는 사회적 존재이다. 그러므로 객관적 · 잠재적으로는 아무리 뛰어난 노동력을 가지고 있더라도 그 능력을 발휘하는 정도는 인간의 태도에 의해 결정된다.

셋째, 경영주체인 고용주의 입장에서 보면 근로자는 '일손'이고 노동력이기 때문에 고용을 하게 되는데, 근로자 측에서 보면 일을 함으로써 임금을 받고, 그것에 의해 생활을 영위하고 있다는 측면에서 보면 근로자는 노동력을 파는 사람으로서 임금근로자라는 요인을 갖고 있다.

이와 같이 경영에 고용된 근로자는 노동력, 인간, 임금근로자라는 세 측면이 복합된 형태로 존재하는 복잡한 생산 요소이다.

근로자	
노 동 력	……기능인 내지 직능인
인 간	…… 생리적 · 사회적 욕구를 가진 인간
임금근로자	……노동력의 제공자로서의 근로자

이러한 의미에서 인적자원관리 주체와 객체 간의 상호관계를 다음의 [그림 2-2]와 같이 나타낼 수 있다.

그림 2-2 | 인적자원관리의 주체와 객체 간의 관계

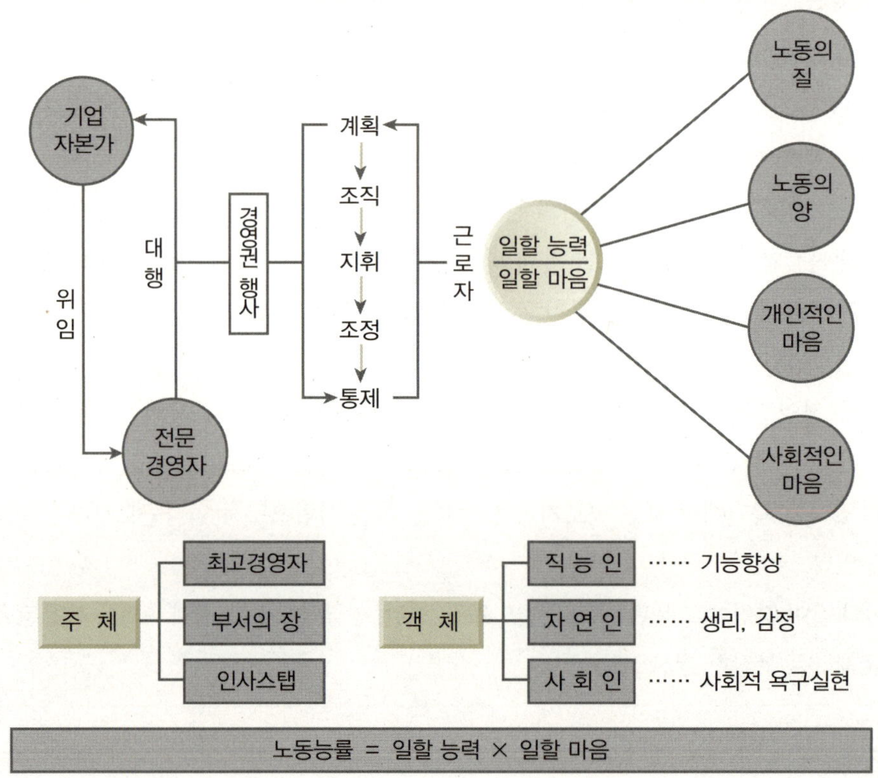

제2절 인적자원관리의 특성

경영체에 있어서는 마케팅, 생산관리, 재무관리 등의 부문관리가 중요한 기능을 하고 있지만, 인적자원관리는 다른 부문관리에 비해 다음과 같은 특성을 가지고 있다.

1. 전인격적 인간 대상

인적자원관리의 특징은 대상이 전인격적 인간이라는 점이다. 전인격적 인간이라는 뜻은 단순히 숨쉬고 움직인다는 의미가 아니라, 감정과 이성을 가지고 사물을 인식하고 비판하며 사유(思惟)하는 인격체로서 활동하는 인간이라는 뜻이다.

관리의 대상이 물적인 생산관리나 자재관리는 그 관리를 얼마든지 합리화 할 수 있지만 인적자원관리는 인간에 의한 처리에서 기계화로 대체할 수 없다. 예를 들면, OR(operations research)에 의해서 물적인 여러 조건을 신속 · 정확하게 처리할 수 있으며, 자동화에 의해 생산현장의 무인화가 가능한 것과 같이 인적자원 이외의 모든 자원은 계량적인 예측이 비교적 용이하다. 다시 말하면 인적자원관리 이외의 부문관리는 예측가능성에 따라 일정한 방정식을 만들 수 있으며, 그것을 바탕으로 자동화, 시스템화가 가능하게 된다.

이에 반해 '사람'이라는 인적자원은 매우 복잡한 존재이며 예측하기가 어렵고 주어진 상황에 따라서는 전혀 예상할 수 없는 행동도 일으키는 특성을 가지고 있다. 우리 인간은 나이, 교육 정도, 성장 과정, 생활환경, 남녀 등의 차이에 따라 동일한 자극을 주어도 각각 다르게 반응할 수 있다.

그렇다고 인적자원관리 기능의 일부를 컴퓨터화하는 것이 전혀 불가능한 것은 아니다. 예를 들면, 지나간 개개인의 인사자료를 수집하여 필요에 따라 특정한 직무에 소요되는 자격요건을 갖춘 인물을 찾아내기 위한 인사정보 시스템을 활용할 수 있다.

그러나 개인의 과거 데이터를 가지고 그 사람의 장래 행동을 정확하게 예측한다는 것은 불가능하다. 비록 과거 자료를 통해 그 사람이 가지고 있는 잠재력을 판단할 수 있다고 하더라도, 그 잠재력을 발휘하는 데 적합한 상황이 갖추어져 있지 않는 경우도 있고, 반대로 그러한 상황에 놓여 있다 하더라도 그 당시 그 사람의 컨디션이 능력을 발휘하는 데 적합하지 않을 수 있기 때문이다. 이것은 인간이 전인격적으로 통합된 존재로서 자기의 의사에 따라 행동하기 때문이다.

인적자원관리 이외의 부문관리에서는 의사결정의 표준화가 가능하고 궁극적으로 컴퓨터에 입력함으로써 관리업무를 수행할 수 있는데 반해, 인적자원관리 분야는 오직 인간의 판단에 의해 장래를 예측하지 않으면 안 된다.

모든 분야의 부문관리가 경영에 있어 중요하지만, 그 중에서도 관리스탭과 라인관리자에 의한 판단을 필요로 하는 분야가 인적자원관리 분야이다. 이와 같은 점에서 인적자원관리가 다른 관리 분야에 비해 중요한 이유이다.

2. 경영 활동의 기반

인적자원관리는 모든 경영 활동의 기반이다. 즉, 경영에 있어서 모든 성과는 인간의 활동을 통해서 달성되며, 관리는 타인의 노력을 통해 목적이 활성된다는 것이다.

조직체의 경영관리 기능은 그 대상 부문에 따라 재무관리, 생산관리, 판매관리, 조직관리 등의 많은 부문관리로 나누어진다. 재무관리는 자금조달과 운영 측면의 수단을 중심으로 관리되며, 생산관리는 우수한 제품을 빠르고 값싸게 생산하는 데 목표를 둔다. 판매관리는 마케팅 활동에 전념하고, 조직관리는 조직목적을 달성하기 위해서 직무체계의 합리적인 배분을 목표로 하는 데 반해, 인적자원관리는 이들 모든 부분 활동을 담당하는 인간을 대상으로 한다는 점에서 다른 모든 부문관리 기능의 기반이 된다.

왜냐하면 직무체계가 합리화되고 작업의 흐름을 기계화하더라도 그 직무를 능률적으로 수행하고 그 작업을 효율적으로 달성하기 위해서는 그것들을 담당하는 인간의 활동이 목표지향적이고 능률적으로 수행될 수 있도록 하지 않으면 안 되기 때문이다. 그러므로 인적자원관리 기능은 곧 경영관리 기능 그 자체라고도 할 수 있다.

즉, 경영의 모든 활동은 궁극적으로는 인간의 활동을 통해서 이루어진다고 해도 과언이 아니다. 따라서 인사관리담당자는 구성원들이 목표지향적으로 행동하도록 동기를 부여하고 유인(incentive)을 제공하는 등의 인적자원관리 기능을 충실히 수행하여야 한다.

3. 통합적 · 미래지향적 경영대상

조직목표뿐만 아니라 개인적 목표도 중요시하는 현대적 인적자원관리는 개인과 조직의 욕구의 조화, 개인목표와 조직목표가 통합될 수 있는 관리 방식을 택하고 있다.

인적자원관리는 조직구성원의 적절한 자질, 능력, 협조, 참여를 고려하여 조직의 목표를 효과적으로 달성함은 물론 구성원 개개인의 욕구충족, 만족, 동기부여, 사기진작, 복지 등을 중요시하여 조직목표 실현을 통한 개인적 목표가 자연스럽게 이루어지도록 한다. 더 나아가 단기적 안목에서 인적자원을 활용하고 보전하는 것이 아니라 보다 장기적 안목에서 인적자원을 육성하고 기술개발을 통한 개개인의 능력과 가치를 높이는 데 목표를 두고 있다.

오늘날 경영환경이 가변적이고 동태적이며 매우 불확실하기 때문에 인적자원관리의 대상이 되는 인적자원은 통합적이고 미래지향적 경영대상이 되어야 함을 보여준다.

제3절 인적자원관리의 조직

1. 인적자원관리 전문스탭의 등장

어떤 경영체든 구성원에 대한 임명이나 면직 혹은 승진, 퇴직 등 인적자원관리에 대한 최종적인 책임을 지는 것은 조직의 정점에 있는 경영자이다. 그러나 이러한 인적자원관리 기능은 종업원들의 이해관계와 밀접하게 관련되는 것으로서 각 라인의 부 · 과에 공통하는 횡단적 기능이라고 할 수 있다.

인적자원관리 기술이 전문화됨에 따라 라인 부문에서 행하는 것이 바람직하지 못 하다는 이유로 조직의 장(長)의 통제권을 보좌하는 입장에서 인적자원관리 전문부서가 생기게 되어 업무를 담당하게 되었다. 따라서 인적자원관리라고 하면 제도적 측면이 중시되어 인사부나 인사과 등 인적자원관리 전문스탭이 생겨나게 되었다.

인적자원관리 전문스탭이 생기게 된 이유는 다음과 같다.

첫째, 관리자의 임의적인 인사처리는 인적자원관리의 객관적인 공정성과 균형 유지를 어렵게 하였다.

둘째, 조직의 각 부문 간에 파벌주의가 만연하게 되면 유기적인 인재활용이 어렵다.

셋째, 관리자로서는 인적자원관리의 전문적인 기술을 습득하는 데 한계가 있고 부단한 개선과 연구에 전념하지 못하게 된다.

넷째, 주어진 고유의 직무수행으로 인해 인적자원관리를 위한 개선과 연구시간이 부족하다.

다섯째, 자칫 빠지기 쉬운 정실주의 폐해를 사전에 예방하기 위해 인적자원관리 전문스탭이 생겼다.

이와 같은 이유에서 인사관리 전문 과 · 부의 필요성이 강조되고 있다. 따라서 일반적으로 경영체의 장을 보좌하는 전문스탭으로서의 인사과 · 부가 설치되고 있는 실정이다.

그런데 실제 종업원과 일상 대면접촉을 통하여 업무를 수행하는 것은 라인관리자이다. 그러므로 인적자원관리 분야의 제도적인 측면이 아무리 과학적으로 설계된다 하더라도 라인 부문의 일반관리자가 잘 실행하지 못하면 소용없다.

또한 종업원에 대한 인적자원관리는 타 업무관리와 분리해서 생각할 수 없기 때문에 업무관리자는 인적자원관리의 여러 제도에 대해 충분한 이해를 가지고 종업원의 능력을 유효하게 활용할 수 있는 수단을 발휘해야 한다. 그렇지 않으면 인적자원관리의 기능은 제대로 발휘될 수 없다. 따라서 효율적인 인적자원관리, 즉 인적자원관리의 제도적 측면에 대한 실제적 측면은 라인 부문의 관리자에게 맡겨야 한다.

이와 같이 인적자원관리는 부문관리로서의 스탭에 의해 처리될 뿐만 아니라 라인관리자의 일반관리업무 가운데 중요한 부문을 차지하고 있다는 것에 주의해야 한다.

2. 인적자원의 개별적 관리

개별 종업원들로 하여금 기업의 목적달성에 바람직한 행동을 하도록 유도하는 것은 쉬운 일이 아니다. 왜냐하면 인적자원관리의 대상이 되고 있는 인간의 존재는 천태만상이기 때문이다.

인간은 다양한 관리 활동에 대해서 개인의 개성에 따라 각각 다르게 반응한다. 즉, 반응하는 형태는 사람의 심리적 태도에 의해 결정된다. 심리적 태도는 사람의 개인적인 내력, 즉 가정환경, 학교 및 직장 등 경험에 의해서 학습한 사회적 학습의 총계와 현재 놓여 있는 환경에 의해서 결정된다.

따라서 다양한 인간들로부터 동일한 태도를 기대 할 수 없다. 이러한 의미에서 인간을 개별적이며 개성적인 존재라고 한다.

그럼에도 불구하고 개별적이고 개성적인 존재로서 인간집단에 대해서 인적자원관리제도는 동일척도(원리)를 적용하려고 한다. 급여제도나 인사고과와 같은 인적자원관리의 제도적 측면은 집단통제의 수단으로서 합리적인 하나의 단일원리를 가능한한 광범위하게 사람들에게 적용하려고 한다. 왜냐하면 그것이 효율적이라고 보기 때문이다.

그리하여 적용된 원리가 합리적인 것이라고 인식되면 대다수의 사람들은 그 적용을 수용한다. 대다수 사람들이 그 적용을 수용하게 되면 그 제도는 운용되며 정착된다. 그러나 개성이 강한 사람 중에는 그 원리를 수용하지 않는 경우도 있다. 인적자원관리가 전적으로 제도적 측면에 의해서만 행해질 수 없는 것이 이러한 이유 때문이다.

실제로 인간과의 접촉을 통하여 업무를 추진해 가는 관리자가 인적자원관리의 역할을 담당하지 않으면 안 되는 이유가 여기에 있다고 하겠다. 흔히 인적자원관리라고 하면 인사과나 인사부와 같은 전문 부 · 과의 전담사항인 것처럼 생각하는 경우가 많으나, 이것은 제도만 형성되면 사람이 저절로 일하게 된다는 생각이 전제되어야 한다. 그러나 사람은 감정과 개성을 가진 개개의 구체적인 존재이기 때문에 동일한 제도를 적용하는 데는 한계가 있으므로 궁극적으로는 개별적 관리를 위한 대응책이 필요하다.

제4절 인적자원관리의 중요성

기업은 개방시스템으로서 환경으로부터 다양한 자원(인적, 물적, 재무, 정보 등)을 투입하여 변환 과정을 통하여 재화와 서비스를 창출하여 그것을 소비자에게 공급한다.

다양한 자원 중에서 인적자원은 다른 자원들을 효율적이고 효과적으로 활용하도록 하는 핵심자원이 되며 기업의 성과에 가장 큰 영향을 미친다. 이와 같은 인적자원관리의 중요성에 대해 구체적으로 살펴보면 다음과 같다.

1. 인적자원의 능동성

인적자원이 다른 자원에 비하여 가장 특이한 점은 인적자원의 능동적 성격에 있다. 즉, 자본과 기계, 설비, 자재 등 물질적 자원은 성과에 기여하는 정도에 있어서 이들 자원 자체의 양과 질에 의하여 지배됨으로써 수동적인 성격을 지니고 있다. 그러나 인적자원으로부터의 성과는 인적자원의 욕구와 동기, 태도와 행동 그리고 만족감 여하에 따라 결정되고, 인적자원의 행동동기와 만족감은 경영관리에 의하여 조건화된다. 따라서 인적자원은 능동적이고 반응적인 성격을 지니고 있다.

이와 같은 인적자원의 능동적 성격은 기업의 성과, 인적자원의 양과 질, 경영관리에 많은 영향을 준다. 만약 인적자원이 부족하더라도 이들을 효율적으로 활용하면 좋은 성과를 거둘 수 있지만, 인적자원이 아무리 풍부하고 수준이 높다 하더라도 이들에 대한 경영관리가 부실하면 좋은 성과를 거둘 수 없다. 그뿐 아니라 인적자원의 능동성이 기업 성과에 주는 영향은 정태적 환경보다 동태적 환경에서 더욱 크게 나타나므로 오늘날 기업에서 인적자원의 능동적·적극적 성격은 매우 중요하다.

2. 인적자원의 개발가능성

자본과 물질적 자원에 비하여 인적자원의 특이점은 인적자원의 개발가능성이다. 자본이나 물질적 자원은 자체의 주어진 양과 질이 제한되어 있으므로 이들 자원의 확장과 개발이 불가능하다. 그러나 인적자원은 자연적인 성장과 성숙은 물론, 오랜 기간 동안에 걸쳐서 개발될 수 있는 많은 잠재능력과 자질을 보유하고 있다.

오늘날 기업에 있어 인적자원에 대한 개발가능성은 환경 변화와 이에 따른 조직 변화가 심할수록 인적자원관리에서 차지하는 중요성이 더욱 커진다. 기업의 핵심자산인 인적자원의 가치를 더욱 확대시키기 위해 투자와 지원을 아끼지 말아야 한다.

3. 전략적 자원

조직의 성과는 인적자원, 물적자원, 재무자원, 정보자원 등을 효과적이고 능률적으로 활용하는 데 달려 있는데, 이러한 자원들을 효과적이고 능률적으로 활용하는 것이 바로 사람, 즉 인적자원이다. 따라서 인적자원은 다른 어느 자원보다도 전략적 자원으로서 그 중요성이 강조되고 있다.

제5절 인간관과 인적자원관리 이념

1. 인간관과 경영관리 시스템

인적자원관리는 경영관리의 기반이기 때문에 인적자원관리 기능이 발휘되는 형태는 경영자의 철학이나 이념에 따라 다르다. 이념이라는 것은 인적자원관리 방식에 대한 철학과 신념이다.

인적자원관리는 경영에 있어 다른 관리 기능들의 밑바탕이 되기 때문에 당연히 경영이념과 분리해서 생각할 수 없다. 그러므로 인적자원관리의 이념을 경영이념과 인간관으로 볼 수 있다.

인간의 본성을 탐구하고 인간상을 유형화하려는 시도는 동 · 서양의 많은 학자들에 의해 이루어져 왔다. 인성에 관한 동양적인 학설로는 맹자의 성선설, 순자의 성악설, 한비자의 이기적 인성론 등이 있다.

서구 학자들이 제시한 인간의 유형으로는 테일러(F. Taylor)의 경제인 · 기계인과 메이요(E. Mayo)의 정서인 · 사회인, 마치와 사이몬(J. G. March and H. A. Simon)의 의사결정인 · 자주인, 맥그리거(D. McGregor)의 X · Y이론적 인간관 등을 들 수 있다.

여기서는 매슬로우(A. H. Maslow)의 욕구단계설을 기반으로 인간을 유형화하고 그에 대응한 경영관리 시스템을 구상해보고자 한다. 매슬로우는 인간을 동기화할 수 있는 욕구수준은 계층을 형성하고 있는 것으로 파악하였다. 즉, 인간의 욕구는 저차원의 욕구에서 고차원의 욕구로 계층을 이루고 있는데, 저차원의 욕구가 일단 충족되면 그 단계에서 동기 요인으로서의 작용이 약화되고, 상위단계의 욕구가 동기 요인으로 더 강하게 작용한다고 가정하였다. 매슬로우는 인간의 욕구를 생리적 욕구, 안전의 욕구, 사회적 요구, 존경의 욕구, 자아실현의 욕구의 다섯 단계로 구분하였다.

1) 서구적 인간관과 경영관리 시스템

(1) 경제인 · 기계인관과 통제에 의한 관리

인간의 욕구 중 가장 기초적인 욕구는 의 · 식 · 주 등 생존에 관한 욕구, 즉 생리적 욕구이다. 인간의 욕구가 이러한 저차원이 수준에 있을 경우에는 물질적 · 금전적인 유인이 가장 효과적인 동기부여 요인이 된다. 따라서 근로자는 오직 임금이라는 물질적 자극에 의해 동기화되어 행동한다고 보는 견해가 바로 경제인관 또는 기계인관이다.

이러한 인간관을 가진 근로자를 다스릴 때는 당근과 매로써 통제에 의한 관리기법이 가장 효과적이라고 보았다. 이러한 견해와 사고 방식은 임금을 통한 자극으로 능률증진을 도모하고자 한 테일러의 과학적 관리법에 잘 나타나고 있다. 테일러는 인간을 물적 · 경제적 욕구충족만을 위해 기계적으로 행동하는 것으로 파악하였으며, 따라서 물질적인 유인, 즉 임금(고임금, 차별적 성과급)을 수단으로 하여 작업자를 통제할 수 있다고 보았던 것이다.

(2) 정서인 · 사회인관과 인간관계론에 의한 관리

조직구성원은 물적 · 금전적 욕구 이외에도 사회적 · 정서적 욕구를 가지고 있어서 그러한 욕구의 충족 정도가 구성원의 활동과 일의 성과에 큰 영향을 미친다고 보는 것이 정서인관 혹은 사회인관이다.

인간은 이웃과 서로 사회적 관계를 맺으며 더불어 살아가고 있으므로 동료집단과 같은 비공식적 사회적 요인에 민감하게 영향을 받는다는 것이다. 인간의 욕구가 이러한 사회적 욕구단계에 있을 경우에 경영관리는 조직 밖의 사람을 어떻게 조직에 참여시킬 것이며, 이미 조직에 참여한 구성원에게 어떻게 동기를 부여하여 생산성을 높일 것인가, 그리고 조직에서 개인목표와 조직목표를 어떻게 조화시킬 것인가 하는 점에 초점을 맞추게 될 것이다. 이 경우 종업원에게 동기를 부여하여 기업 성과를 달성하는 데는 물질적 · 금전적 유인보다는 정신적 · 심리적 유인이 더 효과적이다. 이러한 인간관에 의한 관리 방식은 메이요의 인간관계론에서 잘 나타나 있다.

(3) 의사결정인 · 자율인관과 목표에 의한 관리

조직구성원은 자유의지를 가지고 있어서 자기책임 하에 자주적으로 의사결정을 하며, 환경의 변화에 대해서도 주체성을 갖고 스스로의 의사결정에 따라 행동한다고 보는 견해가 의사결정인관 또는 자율인관이다.

이러한 인간관에 의한 관리에서는 효율적인 의사소통망의 구축과 의사결정에 조직구성원을 효율적으로 참여시킬 수 있는 관리 시스템의 설계 등에 주안점을 두어야 한다. 따라서 이때 효과적인 동기부여 방법은 조직구성원의 자율성과 창의성을 존중하여 구성원이 자신의 직무에 대해 계획 · 실행 · 평가에 보다 적극적으로 참여허용 하는 것이다.

이것은 피터 드러커(Peter Drucker)가 처음 언급하고 맥그리거가 구체화시킨 이른바 목표에 의한 관리(MBO) 또는 참여적 관리에서 잘 나타나는 관리사상 혹은 관리기법이다.

(4) 복합인관과 상황적합론에 의한 관리

조직구성원은 조직의 여건, 즉 대내 · 외적 상황에 따라 변동하는 다양한 특성과 욕구를 지녔다고 보는 것이 복합인관이다. 구성원이 자아실현의 욕구단계를 넘어 복합적 욕구단계에 있고 조직의 대내 · 외적 상황과 환경이 동태적으로 변화하는 경우에는 컨틴전시이론에 의한 상황적합적이고 상황적응적인 관리 시스템이 효과적이다.

즉, 어떤 특정적이고 고정적인 관리 시스템보다는 변화하는 상황과 여건에 알맞은 유연하고 융통성 있는 관리 시스템을 구축하는 것이 바람직하다.

2) 동양적 인간관과 경영관리 시스템

서구적 인간관 및 경영관리 시스템에 대응하는 동양적인 인간관과 경영관리 시스템을 살펴보기로 한다.

(1) 이기적 인간관과 법에 의한 관리(법치)

한비자는 인간을 이기적이고 타산적인 존재로 보았다. 인간의 본성은 이기적이고 타산적이며 악에 기우는 경향이 있으므로 덕이나 예의, 사랑과 어짐(仁)으로써가 아니라 엄격한 법과 상벌로써 통제하고 제어하는 것이 효율적이라고 주장하였다. 즉, 사람의 이해타산적인 본성과 이기적 성향 때문에 다툼이 생기고 사회질서가 문란해지기 때문에 그것을 다스릴 최선의 방법은 바로 법치라고 본 것이다.

구체적으로 한비자는 관리의 두 가지 수단으로 후한 상과 엄한 벌을 들었다. 우리 인간은 이익을 추구하고 손해를 피하려는 속성과, 상을 좋아하고 벌을 싫어하는 속성을 지니고 있기 때문에 오직 후한 상과 엄한 벌만이 사람을 움직이게 하는 힘과 수단이 된다고 보았다. 그러므로 바람직한 행위를 유발시키기 위해서는 남들이 부러워할 정도의 후한 상을 주고 바람직하지 못한 행위를 금지하기 위해서는 엄한 벌로 다스려야 한다는 것이 한비자의 법치사상이다.

(2) 성악설과 예에 의한 관리(예치)

순자는 인간의 타고난 본능적인 감정이나 욕망을 성이라 지칭하고, 인간이 그것만을 따라서 이익이 되는 것만을 추구하거나 오관으로 느끼는 여러 가지 욕망의 충족만을 위해서 행동한다면 다툼이 생기고 사회질서가 문란해진다고 보았다. 그러므로 예의로써 그러한 본능적인 감정이나 욕망을 교화해 나가야만 원만한 인간관계가 이루어지며 사회와 국가의 질서가 바로 서고 평안해질 수 있다는 것이 순자의 예치사상이다.

순자가 성악이라고 할 때의 성은 생각하고 선택하여 의사결정을 하는 마음을 제외한 감정만을 지칭한 것으로 사람이 만일 기쁨, 분노, 슬픔, 즐거움, 사랑, 미움, 그리고 욕심내기 등 희노애락애오욕(喜怒哀樂愛惡欲)의 감정만을 따르고, 인간관계를 규정하는 절도의 표준인 예를 따르지 않는다면 그런 행위는 쟁탈과 다툼, 사회적 혼란을 초래하게 되어 결과적으로 악한 것이 된다는 것이다. 그러므로 모름지기 옛 성인들의 예의법도를 본받아 사양하는 마음과 공경하는 마음을 갖도록 사람들을 교육시킴으로써 원만한 인간관계를 이루고 사회질서를 바르게 할 수 있다는 것이 순자의 이른바 예치인 것이다.

(3) 성선설과 덕에 의한 관리(덕치)

맹자는 공자의 사상을 계승·발전시켜서 인간의 도덕적 기준으로서 사랑과 어짐(仁), 바르고 의로움(義)을 중요시하고 도덕성립의 근거로서 성선설을 내세웠다. 또한 도덕에 기초한 정치, 즉 덕치를 주장하였다.

맹자는 도덕성이 인간의 특성을 이루고, 따라서 도덕성을 인간과 짐승을 구별하는 척도가 된다는 의미에서 인간의 본성이라고 규정했다.

인간의 본심 혹은 마음 속에 선천적으로 자리잡고 있는 네 가지 도덕적 단서 혹은 근거(四端)가 인간의 본성을 특징지우며, 이것이 인간에게 올바르게 살고자 하는 방향성을 내재적으로 지니게 한다는 것이 맹자의 주장이다.

네 가지 도덕적 단서 혹은 근거는 사랑과 어짐(仁), 바르고 의로움(義), 예의(禮), 그리고 슬기로움(智)을 말하는데, 구체적으로 살펴보면 다음과 같다.

첫째, 곤경에 처한 사람을 차마 볼 수 없는 마음과 그런 사람을 볼 때 자연히 우러나오는 측은히 여기는 마음(측은지심: 惻隱之心).

둘째, 자신이 부당한 일을 했을 때에는 부끄러워 하고 남이 부당한 일을 하였을 때에는 미워할 수 있는 마음(수오지심: 羞惡之心).

셋째, 자기보다 나이든 사람을 보면 공경하며 사양하게 되는 마음(사양지심: 辭讓之心)

넷째, 옳고 그름을 분별하는 마음(시비지심: 是非之心).

맹자는 사람의 본심 혹은 마음 안에 천부적으로 내재되어 있는 인의예지의 네 씨앗을 싹트고 자라게 함으로써 자기완성과 국가·사회의 평화를 이룰 수 있다면서, 이러한 도덕성을 바탕으로 한 정의사회 구현의 구체적인 방법으로 덕치를 내세웠다. 즉, 힘으로 사람들을 복종시키는 것이 아니라 덕으로 감복시키고 감화시키는 덕치를 주장했다.

(4) 최적화와 중용에 의한 관리(중용)

중용(中庸)의 개념에 대해서는 여러 가지 정의와 설명이 있다. 주희는 "중용이란 치우치지 않고 기울지도 않으며, 지나침도 못 미침도 없는 평상의 도리"라고 정의하였다. 순자는 "중용은 하나의 도(道)인데, 그 본체는 불변하고, 그 쓰임은 무궁한 변화에 다 적용된다"고 설명하였다.

따라서 하나의 불변의 원리로서 개개의 상황에 두루 적용할 수 있는 것이 바로 중용이라는 말로 이해할 수 있다. 또한 중용은 "저울대가 수평을 이루도록 저울추를 움직여 가운데에 놓는 것"과 같다고도 한다. 한편, "중용은 수시처중(隨時處中)하는 것"이라고도 하는데, "때와 장소에 따라 중을 택한다"는 수지처중은 단순한 산술평균적인 중을 취한다는 뜻이 아니라 인간관계나 처신 혹은 의사결정이나 사물처리에 있어서 모든 상황과 형편을 고려하여 가장 바람직하고 가장 알맞은 최적의 처리를 한다는 뜻으로 보아야 한다. 그러므로 중용은 시간과 장소, 여러 가지 상황을 고려하여 최적화를 구하는 개념으로 이해할 수 있다.

이렇게 중용은 기계적 · 폐쇄적이거나 정태적 · 고정적인 개념이 아니고 유기적 · 개방적이고 동태적 · 융통적이며 상황적응적인 최적화 개념으로 파악해야 한다. 그러므로 오늘날과 같이 급변하는 경영환경에서는 중용에 의한 관리가 가장 바람직하다.

2. 인적자원관리 이념과 인적자원관리 유형

인적자원관리 이념의 변천이라는 관점에서 인적자원관리 스타일을 유형화하여 경영관리 시스템의 유형에 대응시켜 보기로 한다.

1) 전제적 인적자원관리

이것은 비계획적 · 전근대적 인적자원관리라 할 수 있다. 이러한 유형의 인적자원관리는 주종관계, 지배와 피지배, 명령과 복종의 논리가 지배하는 것으로 권력에 의한 통제가 중심이 된다.

유럽의 경우 15~16세기로부터 산업혁명을 거쳐 19세기 중엽까지 전제적 인적자원관리가 통용되었다고 볼 수 있다. 우리나라의 경우는 1960~1970년대에 통용되었던 것으로 볼 수 있다. 그러나 오늘날에도 권력지향적이고 독선적인 경영자에게서 그 특성을 찾아볼 수 있다.

이러한 유형의 인적자원관리가 통용된 시기는 노동력의 공급이 수요를 초과하는 구매자 시장의 시기이기 때문이다. 따라서 이러한 인적자원관리를 일컬어 경영자가 임의대로 하는 관습적 · 인습적 관리라고도 한다. 이러한 전제적 · 독선적 인적자원관리는 인적자원관리라기보다는 인습적인 관리라고 할 수 있다.

2) 온정적 인적자원관리

산업혁명으로 사회가 급진적으로 발전하고 생산 방법의 급격한 변화로 인해 수공업 노동자층이 급격하게 몰락 되었다. 그리하여 미숙련 여성 노동자와 미성년 노동자들이 다량으로 산업사회에 유입되면서 근로조건은 상대적으로 열악하게 되었다. 이에 따라 노동자들은 직업별 노동조합을 결성하여 기업주의 독선적 통제에 대항하게 되었다. 그 결과 지금까지의 채찍과 매에 의한 위협적인 혹사나 기업주의 일방적이고 임의적인 전제적 관리 방법은 점차 통제수단으로서의 기능을 상실하게 되었다. 그 결과 사용자는 노동자들의 강력한 반발에 대한 일종의 회유책으로 시혜적(施惠的) · 온정적인 관리 방법을 도입하게 되었다.

영국인 오웬(R. Owen)은 기업주의 입장에서 비인도적인 노동조건에 시달리는 근로자들에게 동정심을 가지고 측은한 마음에서 종업원에게 온정적인 인적자원관리를 시행한 최초의 사람이라고 할 수 있다.

온정적 인적자원관리의 대표적 방법이 가부장적 인적자원관리이다. 가부장적 인적자원관리는 기업주가 근로자에 대해 엄부(嚴父)와 같은 태도를 취해 권위와 온정으로 다스리며, 가족을 대하듯이 여러 가지 혜택을 은혜적으로 베푸는 것이 특징이다.

이러한 가부장적 인적자원관리는 특히 유교적 전통문화가 강한 한국과 일본에서 볼 수 있는데, 근로자의 충성심과 귀속의식이 강조된다.

오늘날 우리 주변에서도 "기업을 가정처럼, 종업원을 가족처럼"이라는 구호를 종종 볼 수 있다. 그런데 어버이로서 자식에게 베푸는 진실된 사랑이 자칫 기업가의 이윤추구수단으로 위장될 때, 자식에게 효도만을 강요하는 어버이와 같이 종업원에게 충성심만을 강요하게 되는 독선적인 관리가 되기 쉽다.

3) 과학적 인적자원관리

근대적 인적자원관리는 이른바 과학적 관리법을 기반으로 하는 과학적 인적자원관리에서 비롯되었다고 할 수 있다. 테일러의 과학적 관리법은 직무를 중심으로 하는 공학적인 관리를 지칭하는데, 그것은 인적자원관리 분야에 있어서도 인간 활동을 공학적으로 관리하는 경향을 초래했다.

복률성과급제도에서 볼 수 있는 바와 같이 경제적 자극에 의해 능률증진을 도모하려는 테일러의 방법은 인간이란 마치 자동판매기와 같이 오직 경제적 동기에 의해서만 행동한다고 여기는 기계인관 · 경제인관이 그 배후에 깔려 있다.

그러나 인간은 경제적 동기에 의해서만 기계적으로 일하는 것이 아니라, 전인격적인 존재로서 자주적으로 사유(思惟)하고 행동하며 보다 고차적인 욕구의 충족을 위해 부단히 노력한다.

테일러는 이와 같은 인간적인 측면을 소홀히 하고 기계적인 측면에서만 인간을 보았기 때문에 결국 현대사회에서 인간성 소외라는 결과를 초래하게 되는 실마리를 제공하게 되었다고 할 수 있다.

4) 인간관계론적 인적자원관리

인간관계론적 인적자원관리는 호손실험(Hawthorne Experiment)의 결과를 토대로 하는 인적자원관리를 말한다. 근로조건과 생산능률 사이에는 근로자의 근로의욕과 감정 같은 주관적 태도가 내포되어 있으며, 그러한 요인들은 직장 내 비공식조직에서의 인간관계에 의해서 영향을 받는다는 것이 인간관계론파 학자들의 주장이다.

과학적 인적자원관리가 일만을 주 대상으로 하는 관리 방식이라고 한다면, 인간관계론적 인적자원관리는 감정을 가진 인간의 상호작용적 측면을 중시하는 것이다. 즉, 인간관계론적 인적자원관리는 인간의 감정적 측면을 중시하게 된다. 따라서 과학적 관리법이 공학적 기법에 기반을 둔 것이라면 인간관계론적 인적자원관리는 심리학적 · 사회학적인 기법을 토대로 하고 있다.

과학적 인적자원관리가 직무를 중심으로 하는 채용과 배치, 능률자극적인 임금제도 등의 근로조건을 중시하는 데 반하여, 인간관계론적 인적자원관리는 조직에 있어서 직장이라 상호작용적인 구조를 중요시하고, 인간을 단순히 경제적 동기에 의해서 노동을 하는 존재로 보지 않고, 집단에 귀속하여 집단규범에 따라 행동하는 존재로 보는 것이다. 그리하여 인간노동의 생산성은 물적 요인에 의해 좌우되기보다는 근로자의 감정이나 태도와 같은 심리적 · 인간적 요인에 의하여 좌우된다고 보았다. 따라서 직장에서의 원활한 인간관계가 중요시된다.

따라서 조직의 공동목표 달성을 위해 조직구성원을 어떻게 하면 보다 협동적이게 할 수 있을까 하는 관점에서 조직 내부의 커뮤니케이션 문제와 관리자의 리더십 발휘에 의한 조직의 균형유지의 문제를 중심으로 하는 새로운 인적자원관리 기능이 필요하게 되었다.

5) 행동과학적 인적자원관리

비공식적인 인간관계를 중요시하는 인간관계론에서 한발 더 나아가, 공식적인 인간관계와 비공식적인 인간관계를 모두 포함하여 조직 전체를 하나의 집단체계 혹은 협동체계로 파악하고, 조직목표와 개인목표를 조화시키기 위한 관리 방법을 모색하게 되었다.

조직목표와 개인목표를 동시에 만족스럽게 달성하기 위해 효과적으로 동기를 부여하기 위해서는 어떤 관리 방법을 이용해야 할 것인가에 대해 연구가 필요하다. 이와 같은 연구경향은 인간행동 전반에 관해서 여러 학문 분야에서 이룩한 연구 성과를 토대로 학제적 방법에 따라서 조직 내에서의 인간관계, 조직과 개인의 대립과 통합, 그리고 조직의 의사결정자로서의 인간에 관한 연구 등 인간행동을 전체적 · 통일적으로 파악하려는 행동과학적 접근에 이르게 되었다. 이러한 행동과학적 접근법은 인적자원관리에 지대한 영향을 주어 행동과학적 인적자원관리론을 탄생하게 하였다.

행동과학적 인적자원관리의 구체적인 내용으로는 목표에 의한 관리(MBO), 직무확대, 직무충실화 등의 직무설계, 경영협의회와 같은 종업원의 경영참가제도 등을 들 수 있다. 그리고 인간의 욕구충족을 위한 유인(誘因)에 대한 연구는 동기부여이론을 발전시켰고, 인적자원관리의 궁극적인 목적이 종업원의 자아실현을 완성시키는데 있다고 보아 관리자에 의한 개별관리의 필요성을 강조하기에 이르렀다. 그리하여 조직환경의 변화 속에서 개인과 집단의 효율성을 높이고 전체 환경적 관점에서 조직체를 통합시키기 위한 갈등관리나 인적자원의 능력개발과 경력개발, 그리고 환경변화에 대한 계획적 조직변화나 조직개발 등 새로운 인적자원관리의 기능과 기법이 개발되어 발전하게 되었다.

6) 창조적 인적자원관리

오늘날 행동과학적 접근법에서 한걸음 더 나아가 상황적응적 접근 방법이 대두하게 되었다. 상황적응적 접근 방법은 어떤 상황에서도 항상 최상의 효과를 거둘 수 있는 보편적이고 최적의 관리 방법, 즉 유일최선의 관리 방법이 존재하지 않기 때문에 각각의 상황에 따라 그에 알맞은 적절한 방법을 선택해야 한다는 논리에 기반을 두고있다.

이러한 접근 방법은 인적자원관리에 상당한 영향을 미쳐서 창조적 · 혁신적 인적자원관리론을 필요로 하게 되었다.

창조적 · 혁신적 인적자원관리론에서는 기업은 단지 결과적인 측면에서 재화와 용역을 생산하는 생산 시스템 · 성과 시스템으로만 인식하는 것이 아니라, 과정적인 측면에서 다양한 욕구와 인격을 지닌 많은 사람들이 협동하여 가치를 창출하는 하나의 사회 시스템, 생명을 지닌 인간 시스템으로 파악하는 것이다.

따라서 창조적 · 혁신적 인적자원관리는 구성원들의 창의성과 자주성, 적극성과 성취성 등을 중요시하고 구성원들이 자기의 잠재능력을 최대한 발휘할 수 있도록 하는 시스템이라고 할 수 있다. 다시 말하면, 비용의 논리가 아니라 인간의 논리가 지배하는 인간존중, 인간중심의 인적자원관리 시스템이라고 할 수 있다.

지금까지 살펴본 인적자원관리 유형에서 과학적 관리법은 경제적 동기에 초점을 맞추었지만, 인간관계론은 상호의존의 인간특성에 초점을 두며, 행동과학적 접근법은 자아실현 욕구를 동기 요인으로 보았다면, 창조적 · 혁신적 인적자원관리는 구성원의 무한한 가능성, 자주성, 의사결정능력을 이론적 토대로 하고 있다.

따라서 인적자원관리의 이념은 시대적 배경에 따라 변천을 거듭해 왔다. 이것은 곧 각기 다른 이념을 바탕으로 행해지고 있는 구체적인 인적자원관리의 방안이 변천해 왔음을 의미한다. 이러한 인적자원관리 이념의 변천은 구체적인 인적자원관리 방안에 상당한 영향을 미치게 된다.

그림 2-3 동 · 서양의 경영관리 시스템과 인적자원관리 유형

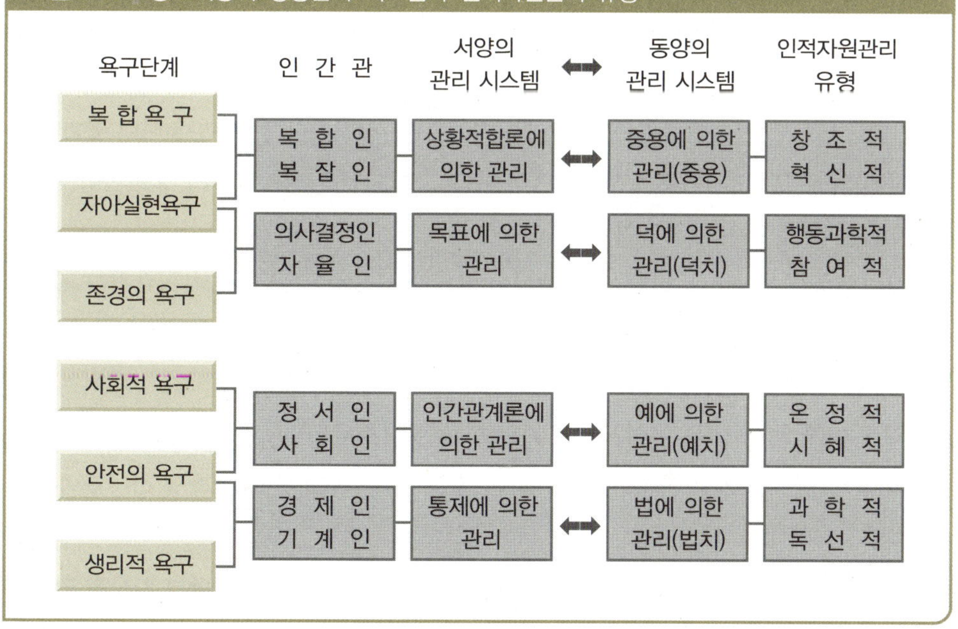

이상에서 살펴본 인간의 욕구단계, 인간관, 동 · 서양의 경영관리 시스템과 인적자원관리 유형의 관계를 요약하면 [그림 2-3]과 같다.

제6절 인적자원관리의 영역과 체계

1. 인적자원관리의 영역

인적자원관리는 장기적이며 지속적으로 노동능률을 증진하는 것이 직접적인 목적이다. 노동능률은 일할 능력 × 일할 마음의 결과에 의해 나타난다. 여기서 일할 능력이란 근로자의 기능적인 측면을 뜻하는 것이고, 일할 마음은 개개인에 있어 생각의 문제로서 자연인적 측면과 사회인적 측면에서 고려해 볼 수 있다.

기업은 조직구성원의 활동을 통해서 목적을 추구하므로 기업이 요구하는 활동은 조직구성원이 어떤 지식과 기능을 가지고 맡은 업무를 얼마나 능률적으로 수행하느냐에 따라서 그 결과가 결정된다. 따라서 기업이 추구하는 목적을 달성하기 위해서는 수많은 직무를 능률적으로 수행하기 위한 기능을 가진 노동력의 확보와 개발 및 활용이 우선되어야 한다.

인적자원관리를 노동력의 확보라는 측면에서 볼 때 인적자원관리 활동은 어떤 사람을 몇 명 선발할 것인가를 확정하기 위해서는 어떤 일이 얼마만큼 있느냐가 우선 결정되어야 한다. 다시 말하면 필요로 하는 노동력의 질과 양이 결정되어야 한다. 노동력의 질과 양을 결정하기 위해서는 직무연구가 선행되어야 한다. 그러므로 인적자원관리 대상 영역으로서 선행되어야 할 것이 바로 직무연구이다.

직무연구를 통해서 노동력의 질과 양이 결정되고 채용해야 할 인적 자격요건이 확정되면 채용관리를 통해서 인적자원을 구체적으로 모집(recruit)하고, 선발(selection)하고, 배치(placement)하게 된다.

따라서 인적자원관리에 있어서 노동력의 확보 영역으로는 직무연구, 모집 · 선발, 배치 활동을 들 수 있고, 노동력의 유지 개발 영역으로는 교육훈련과 인사고과 및 신상필벌을 들 수 있다.

기업의 인사 활동이 전개되는 과정적인 측면에서 보면 기업은 목적달성 활동을 담당하고 수행해야 할 노동력을 조달하고 개발하여 지속적으로 활용할 수 있도록 해야 한다.

다음으로 인적자원관리 대상을 자연인으로서의 경영조직 내에 있는 근로자가 바라는 적정한 근로조건의 요구에서 볼 때에는 임금, 근로시간, 작업환경 등을 들 수 있다. 사회인으로서 일할 생각의 형성과 증진을 대상으로 한 근로의욕의 증진이라는 측면에서 볼 때 복리후생, 인간관계, 노사관계 등 경영사회관계를 들 수 있다.

미래는 경영환경의 급격한 변동과 치열한 경쟁 속에서 근로조건을 노사 간의 흥정대상으로 하여 노사가 대립하는 기업조직은 살아남을 수 없다. 따라서 사용자들은 종업원들의 능률적인 업무 활동을 통해서만 경쟁에서 살아남을 수 있다는 신념 하에서 조직구성원들의 참여와 화합에 노력해야 한다. 이와 같은 내용을 그림으로 나타내면 [그림 2-4]와 같다.

그림 2-4 인적자원관리의 영역

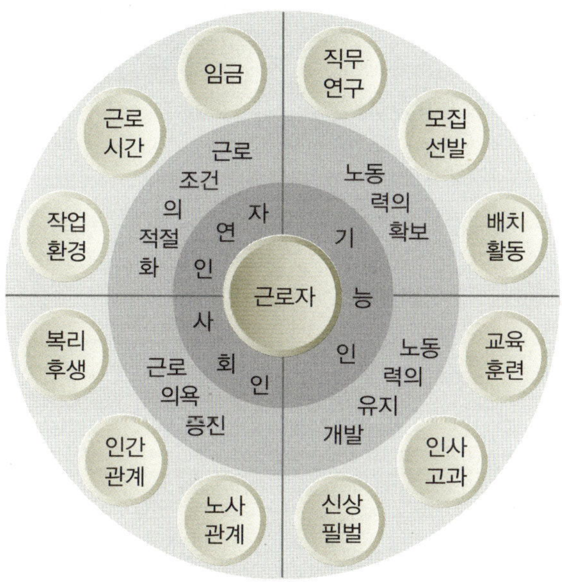

2. 인적자원관리의 체계

인적자원관리는 생산 과정이나 경영목적의 추구 과정에서 노동력의 조달, 개발, 보전, 소비라는 측면에서 볼 때 어떻게 하면 경영목적의 달성에 가장 적절한 노동력을 획득 · 유지 · 발전시킬 수 있으며, 확보한 노동력을 어떠한 조건에서 적절하게 활용하며, 구성원 상호간의 인간관계를 유지 · 개선하며, 노사의 협력을 통해 경영능률을 향상시키는 것이 기본적인 목표라고 할 수 있다. 이와 같은 인적자원관리의 내용을 인적자원관리가 행해지는 차례에 따라 체계화하면 [그림 2-5]와 같다.

그림 2-5 인적자원관리의 체계

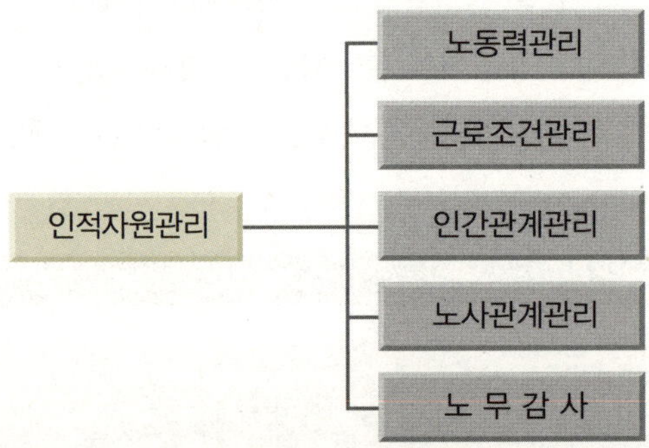

03

직무연구

제1절 직무연구

인적자원관리란 조직체 내의 직무담당자를 대상으로 하기 때문에 일과 사람과 환경과의 관계를 이해해야 한다. 오늘날 우리 사회는 환경이 급변하기 때문에 일이나 사람도 환경의 변화에 영향을 받는다.

일의 측면에서는 국제화나 급격한 기술혁신, 산업구조의 변화와 같은 환경의 변화가 질적 · 양적 측면에서 일을 변화시키고 있다. 일의 변화는 과업의 변화를 가져오고 과업 변화는 과업 간의 상호관련성을 변화시키게 된다.

일을 담당할 사람의 측면에서는 생활의 풍요에서 오는 가치관의 변화, 교육기간의 연장에 의한 노동력의 고급화, 치열한 세계경쟁 속에서의 노사관계의 새로운 정립 등 지금까지의 근로자에 대한 인식과는 차원이 다른 방법을 모색하지 않을 수 없다.

일의 양적 · 질적 변화는 그 일을 수행하게 될 사람에 대해 그 일의 수행에 적합한 지식과 기능과 태도를 필요로 한다. 이들의 관계를 요약 · 표시하면 [그림 3-1]과 같다.

그림 3-1 일과 사람과 환경과의 관계

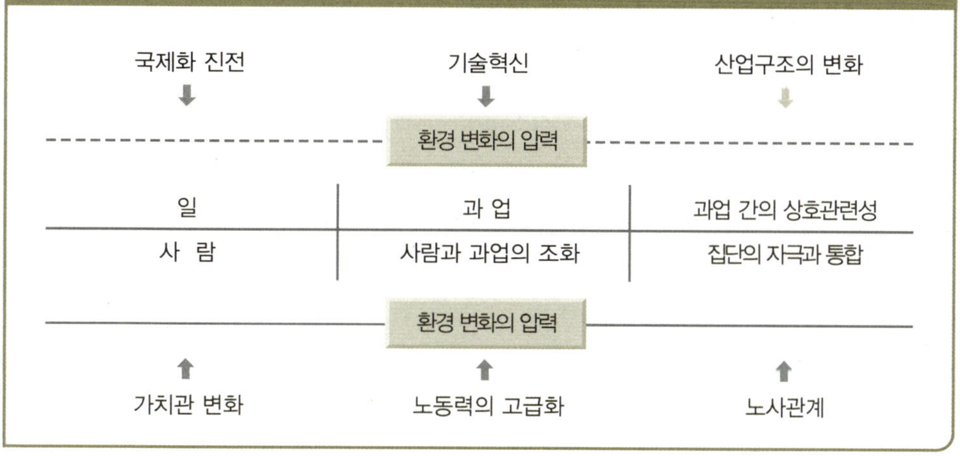

한편 조직체(경영체)의 업무수행에 필요로 하는 가장 유능하고 적합한 인재를 확보(충원)하기에 앞서 우선 어떠한 일(직무)이 얼마만큼 있는가를 알아야 한다.

어떤 일이라고 하는 것은 노동의 질적 측면에 관한 것으로 그 일을 수행하기 위해 필요로 하는 노동의 자격요건을 뜻하며, 일이 얼마만큼 있느냐는 것은 노동의 양적 측면에 대한 것으로 그 일을 하기 위해서는 몇 사람의 근로자가 필요한가를 의미하는 것이다.

일의 성과는 인간과 직무의 함수로서 인적자원관리를 합리적으로 수행하기 위해서는 인간과 직무에 대한 체계적인 이해가 필요하다.

성과 = f (인간 × 직무)

따라서 종업원이 경영체 내에서 어떤 역할을 하며, 담당하는 직무의 성질이 어떤 것이며, 직무수행에 요구되는 숙련이나 지식과 능력 및 책임 등이 어떠한가를 분석 · 평가 · 설계하지 않으면 안 된다. 이와 같이 직무를 분석 · 평가 · 설계하는 것을 직무연구(job study)라고 한다.

제2절 직무분석

1. 직무분석의 의의

어떤 사람이 어떤 일을 얼마만큼 몇 시간 걸려서 하는 것이 가장 효율적인가 하는 문제는 매우 중요하다. 그렇기 때문에 해당 직무를 완수하기 위해서는 시간이 얼마나 필요하고 어떤 과업이 그룹화되어야 직무로 간주할 수 있을까? 종업원의 업적 향상을 위해서 직무는 어떻게 설계되어야 할까? 그리고 그 직무는 어떤 행동을 필요로 하고 그 직무를 능률적으로 수행하기 위해서는 어떤 자격요건을 갖춘 사람이 가장 적합할까? 이러한 문제에 합리적으로 대응하기 위해서 직무를 분석하고 분석결과에서 얻은 자료를 인적자원관리 프로그램 개발에 적절히 활용해야 한다.

직무분석(job analysis)이란 직무에 관한 사실을 수집하는 방법 또는 그 과정을 말한다. 따라서 직무분석의 자료는 기업목적 달성에 필요한 종업원의 채용, 교육훈련, 작업 방법의 개선, 표준작업량의 결정, 임률의 결정, 직무평가, 인사고과 등의 기초자료를 제공하게 된다. 직무분석 자체는 자료수집의 기법 또는 과정이지만, 직무분석을 통해 얻은 자료는 인적자원관리 활동의 여러 부문에 이용된다.

직무분석은 수행업무의 분석과 수행요건의 분석으로 나눌 수 있다. 수행업무의 분석이란 종업원 개개인의 직위에서 수행하고 있는 직무들에 대한 사실을 명확히 나타내는 것으로 다른 직무와 비교하여 일의 종류와 난이도가 구별되게 분석하는 것을 말한다. 여기에서는 작업의 목적, 내용, 방법 및 작업을 하는 장소 · 시간 등이 분석 된다.

수행요건의 분석에서는 수행업무의 분석에서 밝혀진 제반 사실에 입각해서 그 직무의 담당자에게 요구되는 책임과 노력 및 그 직무가 수행되는 작업조건이 어떠한가가 밝혀진다. 업무책임과 감독책임의 정도와 능력과 기능에서는 지식, 훈련, 숙련, 정신적 · 신체적 요구 등이 밝혀지고 작업조건에서는 화재위험이나 불쾌조건의 정도 등을 알 수 있다.

이와 같이 직무분석이란 경영목적 달성을 위해 수행되어야 하는 직무의 양과 그 성질에 대한 적절한 정보를 관찰이나 연구에 의해 결정하는 과정이다. 즉, 특정한 직무를 구성하는 작업 및 직무를 수행하는 데 요구되는 근로자의 숙련, 지식, 능력 및 책임을 결정하는 과정으로서 직무에 관한 종합적인 정보수집 과정이 바로 직무분석이다.

2. 직무분석의 목적

개인은 직무를 통해서 조직에 공헌하게 되고, 조직의 목적달성은 조직구성원의 직무 활동을 통해서만 가능하기 때문에 개인과 직무의 합리적인 결합은 인적자원관리의 기초가 된다. 그러므로 직무분석은 조직구성원인 개인의 목적과 조직의 목적을 조화시켜 직무를 담당할 종업원으로 하여금 능률적인 직무 활동을 통해 목표지향적인 행동으로 조직에 공헌할 수 있도록 해주는 가장 기초적인 일이라 할 수 있다.

또한 직무분석은 직무의 내용과 직무요건을 명백히 하는 것에만 있지 않고 각종 인적자원관리 활동에 필요한 객관적인 자료를 제공하게 된다. 그러므로 직무분석은 인적자원관리와 조직관리 전반에 있어서 가장 기초적인 자료를 제공해주기 때문에 매우 중요하다.

특히 인적자원관리 부문에 있어서 종업원의 최대 관심사인 급여문제, 승진 · 승급 및 배치 · 이동과 같은 사항들을 합리적으로 관리할 수 있는 기초자료를 제공해주는 데 가치가 있다.

직무분석이 경영관리에 있어 어떤 용도에 이용되고 있는가를 보면 직무분석의 목적을 보다 용이하게 이해할 수 있다.

1) 채용관리

직무분석을 통해 얻은 자료는 과학적으로 종업원을 모집 · 선발 · 배치하는 데 중요한 기초 자료가 된다.

2) 적정배치

직무분석을 통해 얻은 자료는 적재적소의 원칙에 입각한 적정배치가 가능하다. 어떤 직무에 어떤 자질이 요청되는지 직무분석 자료를 활용할 수 있다.

3) 교육훈련관리

각 직무수행에 필요한 지식과 기능도를 직무분석을 통해 알 수 있으므로 직무수행에 적합한 교육훈련을 효율적으로 수행할 수 있다.

4) 직무급제도의 도입

직무급을 실현하기 위해서는 직무평가가 이루어져야 하는데 그 평가요소와 평가기준은 직무분석 결과로 자료를 작성하게 된다.

5) 정원산정

정원산정은 일의 질량에 따라 표준인원을 산정할 수 있다. 일의 질을 명백히 하기 위해서는 직무분석을 이용해야 한다.

6) 인사이동

인사이동이나 승진을 과학적이고 합리적으로 행하기 위해서는 직무분석에 의한 직무의 질적 내용과 자격요건을 명백히 해야 한다.

7) 안전관리

직무분석을 통해 밝혀낸 직무수행에 있어 사고위험과 안전사고를 예방할 수 있어 노동력을 보전하는 기초자료가 된다.

8) 조직관리

작업 방법 및 공정개선의 기초자료로 활용하여 감정적인 노사대립을 방지하고 원만한 노사관계를 유지하게 한다.

3. 직무분석의 방법

직무분석의 방법에는 여러 가지가 있으나 직무의 성질이나 분석기간 등에 따라 달라지게 된다. 일반적으로 다음의 방법들이 있다.

1) 면접법

면접법은 면접과 관찰을 통해서 직무를 분석하기 때문에 설문을 통해서 조사할 때 종업원들이 임의대로 기입하는 자의성(恣意性)을 배제할 수 있고, 작업에 대한 자료의 경중(輕重)도 용이하게 파악할 수 있으며, 작업의 표준적인 분류가 가능하다는 장점이 있다.

그러나 다양한 직무를 분석할 때에는 많은 시간과 노력이 소요되며, 면접비용이 많이 들고, 광범위하게 실시할 수 없다는 단점이 있다.

2) 설문지법

설문지법은 그 직무를 수행하는 데 필요로 하는 기능, 지식, 작업환경, 신체적 조건 등에 대한 조사설문지를 만들어 작업담당자들에게 배부하여 기입하게 한 후 회수해서 그것을 분석하는 방법이다.

설문지법은 면접법에 비해서 광범위하게 자료를 수집할 수 있으며 조사한 자료의 정리

표 3-1 직무분석을 위한 질문지(예)

개인별 업무명세서					
소속부서	부(실) 과	직 위		작 성 자	
생년월일				직속상관	
입사일자				전직상관	
전직부서		현 직 기 간			
최종학력	학교 전공	* 분류번호			
직무개요:					

업무수행절차 및 방법				
1. 일상업무: 일상업무에서의 개별업무 소요시간은 하루의 근무시간 중 소요되는 시간임.				
담당업무명	업무수행절차 및 방법	사용하는 문서 및 결재절차	직무책임: 관리 및 감독내용	타직무와의 관계: 관련부서와의 업무내용
1) (시간/일)				
2) (시간/일)				
3) (시간/일)				
2. 기타 업무는 발생되는 빈도에 따라 소요시간을 표시할 것(예: 0.5시간/주, 1시간/월 등)				
담당업무명	업무수행절차 및 방법	사용하는 문서 및 결재절차	직무책임: 관리 및 감독내용	타직무와의 관계: 관련부서와의 업무내용
1) (시간/일)				
2) (시간/일)				
3) (시간/일)				

자격요건조사표(I)		
지술 · 지식 등의 자격요건		정 도
1. 지 식	① 학력: ② 전문지식 :	
2. 숙 련	① 숙련기간: ② 숙련내용:	
3. 난 이 도	① 정신적 부하(부담): ② 육체적 부하(부담):	

자격요건조사표(II)					
자격요건	매우 필요하다	조금 필요하다	보통이다	거의 필요없다	전혀 필요없다
① 전문적 지식					
② 사전경험					
③ 문서작성능력					
④ 계량적 분석능력					
⑤ 개념적 분석능력					

도 쉽고 분석하는 데 비용이 적게 든다는 장점이 있다.

그러나 조사설문지의 설계가 어렵고 설문지를 기입하는 종업원들의 자의성을 배제하기가 곤란하며, 정확성을 기하기 어렵다는 단점이 있다.

3) 관찰법

관찰법은 직무분석 담당자가 해당 직무의 담당자가 맡고 있는 직무를 수행하는 것을 관찰하고 이를 체계적으로 기록하여 직무기술서를 작성하는 방법이다. 직무분석자의 주관이 개입될 수 있다는 단점이 있지만 분석자가 풍부한 경험을 가지고 있을 때에는 예리한 통찰력으로 여러 가지 조건을 관찰할 수 있다.

4) 작업일지법

종업원들이 기록하는 일상의 업무 활동에 대한 일지를 분석하는 것으로 관리직 또는 사무직을 그 대상으로 할 때 많이 사용한다. 작업일지를 통해 그 직무의 내용이나 빈도 등을 측정하는 데 유용하다.

5) 중요사건법

직무행동 가운데 보다 중요하고 가치가 있는 일에 대한 정보를 수집하는 것을 말한다. 주로 감독자에 의해 수행되며 먼저 중요사건이 포착되어지고 전체로서의 직무에 대한 난이도, 빈도, 중요성 또는 기여도가 평가된다.

6) 종합적 방법

종합적 방법은 면접법과 설문지법을 병용해서 서로의 장 · 단점을 절충한 것이다. 즉, 이들 방법은 장 · 단점이 있기 마련이다. 직무를 분석하는 사람이 그 경영체의 특성과 업무의 성질을 잘 감안하여 적절한 방법을 선택해서 사용하게 된다.

직무분석에 의해 파악된 자료들은 직무기술서에 기록되고 직무명세서에서 체계화 되어 직무의 특성이 규정된다. 직무분석표를 예시하면 다음과 같다.

표 3-2 직무분석표의 예(감독자)

<table>
<tr><th colspan="6">직무수행상 필요한 조건</th><th colspan="5">각 조건이 요구되는 정도</th></tr>
<tr><th colspan="5">조건</th><th>정의</th><th>(1)
아주
불필요</th><th>(2)
약간
필요</th><th>(3)
보통
정도</th><th>(4)
상당히
필요</th><th>(5)
매우
필요</th></tr>
<tr><td rowspan="9">1. 숙련</td><td rowspan="9">(1) 지적 조건</td><td colspan="3">① 지 식</td><td>이 일을 표준 정도로 하기 위해서 필요한 일반적 지식과 학문적 기초지식</td><td></td><td></td><td></td><td></td><td></td></tr>
<tr><td rowspan="8">② 정신적 조건</td><td colspan="2">기획력</td><td>주어진 방침에 따라 계획을 세우고 그것을 구체적으로 실시할 수 있도록 일의 순서, 공정 등에 대해 기획하는 능력</td><td></td><td></td><td></td><td></td><td></td></tr>
<tr><td colspan="2">독창력</td><td>창의적으로 노력해서 새로운 것을 창출하거나 일의 새로운 기법을 고안해서 능률을 증진시키는 능력</td><td></td><td></td><td></td><td></td><td></td></tr>
<tr><td colspan="2">응용력</td><td>학문적 지식, 과거의 경험, 기타 사례 등을 실제 작업상에 응용하고 활용해 가는 능력</td><td></td><td></td><td></td><td></td><td></td></tr>
<tr><td colspan="2">판단력</td><td>일의 전반적인 측면에 대해 좋고 나쁨과, 적당·부적당 등을 판단할 수 있는 능력</td><td></td><td></td><td></td><td></td><td></td></tr>
<tr><td colspan="2">순응력</td><td>다양한 변화에 따라서 정확히 사물을 정리하는 능력 및 다른 사람과 협력해 가는 능력</td><td></td><td></td><td></td><td></td><td></td></tr>
<tr><td colspan="2">섭외력</td><td>다른 사람과 교섭하여 유효한 결과를 이끌어내는 능력</td><td></td><td></td><td></td><td></td><td></td></tr>
<tr><td colspan="2">지도·감독력</td><td>다른 사람과 교섭하여 유효한 결과를 이끌어내는 능력</td><td></td><td></td><td></td><td></td><td></td></tr>
<tr><td rowspan="6"></td><td rowspan="6">(2) 기능도</td><td rowspan="4">① 운동력</td><td rowspan="3">협응력</td><td>눈과 손의 협응</td><td>눈으로 본 것에 의해 손의 운동을 정확히 통제하는 능력</td><td></td><td></td><td></td><td></td><td></td></tr>
<tr><td>눈과 손과 발의 협응</td><td>눈으로 본 것에 의해 손과 발 운동을 동시에 정확히 조정·통제하는 능력</td><td></td><td></td><td></td><td></td><td></td></tr>
<tr><td>양손의 협응</td><td>양손을 각각 별개로 동시에 움직이며 각각 상이한 동작을 정확하게 하는 능력</td><td></td><td></td><td></td><td></td><td></td></tr>
<tr><td colspan="2">조화력</td><td>손가락, 손발, 다리 등을 빠르고 정확하게 움직이는 능력</td><td></td><td></td><td></td><td></td><td></td></tr>
<tr><td rowspan="2">② 감각지각력</td><td colspan="2">시각</td><td>제품이나 재료 등 대상물의 크기나 양, 운동속도, 형태, 색상 등을 시각으로 측정하여 판단할 수 있는 능력</td><td></td><td></td><td></td><td></td><td></td></tr>
<tr><td colspan="2">촉각</td><td>제품이나 재료 등 대상물의 굳고, 연하고, 반들거리고, 거칠고, 윤곽이나 온도, 습도 등을 촉각에 의해 정확히 판단할 수 있는 능력</td><td></td><td></td><td></td><td></td><td></td></tr>
</table>

			청각	제품, 재료, 기기, 기구 등 대상물의 기능상태를 귀로 정확하게 판단할 수 있는 능력					
			운동감각	근육의 긴축을 수반한 운동감각에 의해 판단할 수 있는 능력					
		③ 자 격		그 일을 하는 데 필요한 면허검정, 국가시험 등 일정한 자격					
	(3) 연습기간			그 일에 전혀 경험이 없는 표준적인 사람이 그 일을 일류로 할 수 있을 때까지 요하는 기간					
2. 작업의 강도	(1) 육체적 작업강도	① 신체 피로도		그 일은 그 일을 하는 작업자에게 어느 정도의 육체적 피로를 주는가? 해당하는 것에 ○ 표하라.	경노동	중간 중노동	비교적 중노동	중노동	최고 중노동
		② 체력	손의 힘	손가락이나 손목의 강한 힘을 이용해 작업하는 힘					
			팔의 힘	팔을 써서 하는 힘					
			등의 힘	등이나 어깨의 강한 근육을 써서 일하는 힘					
			다리 힘	발과 다리의 강한 근육을 써서 일하는 힘					
	(2) 정신적 작업강도	① 긴장도		그 일을 정확하게 하기 위한 주의력의 집중도와 전환의 필요 정도					
		② 단조감		일의 변화가 적어 단조감으로 인해 생기는 정신적 피로와 권태					
		③ 감각적 피로		시각, 청각 등 감각의 사용으로 인해 생기는 정신적 피로의 정도					
3. 책임	(1) 지도감독에 대한 책임			부하를 지도 · 감독하여 그 일을 계획대로 성취시키는 데 대한 책임					
	(2) 타인의 안전에 대한 책임			그 일을 하려는 데 있어 타인에게 위해를 주지 않도록 주의해야 하는 책임					
	(3) 물품보관에 대한 책임			기계, 기기, 공구, 물품, 문서, 금전 등을 관리 · 보전하는 책임					
	(4) 공정과 성과에 대한 책임			예정기간 내에 계획대로 완성하거나 일의 성과를 올리지 않으면 안 되는 책임					
	(5) 공동작업에 대한 책임			다인과의 협조를 확보해서 직업을 원활히 운영해 가는 책임					
4. 작업환경	(1) 재해 위험도	① 위험도		수반되는 각종 위험의 정도					
		② 유해도		수반되는 직업병이나 질병 등 위생상의 유해의 정도					
	(2) 환경	③ 불쾌도		온도, 습도, 음향, 진동, 냄새, 조명, 통풍, 먼지 등 물리적인 조건에 의해 작업자가 느끼는 불쾌의 정도					

4. 직무기술서와 직무명세서

직무분석을 토대로 하여 직무기술서와 직무명세서를 작성한다. 직무기술서는 직무분석을 통해 얻을 수 있는 직무의 작업양식, 즉 작업 방법, 순서, 조건 등을 기술 한다.

직무명세서는 종업원의 채용관리를 목적으로 해당 직무를 수행하는 데 필요한 인적 자격요건, 즉 육체적 · 정신적 자격요건, 기능의 종류와 정도, 책임, 지식, 교육 정도, 경험 등을 상세히 기록한 것이다.

1) 직무기술서

(1) 직무기술서의 의의

직무기술서는 직무담당자가 수행하는 직무와 그 직무의 수행 방법, 그리고 직무수행조건 등에 관한 서면보고서로서 해당 직무를 성공적으로 수행하는 데 필요한 지식 · 능력 · 기능을 기술한 것이다.

(2) 직무기술서의 요건

직무기술서가 갖추어야 할 요건은 다음과 같다.

① 표현이 명료해야 한다.

직무를 잘 모르는 사람도 쉽게 알아볼 수 있도록 명확하게 작성되어야 한다.

② 간결해야 한다.

직무기술서는 간결한 용어를 사용하여 기술되어야 한다. 동시에 단순하고 정확한 표현으로 직무를 기술하여야 한다.

③ 구체적이어야 한다.

일의 종류, 복잡성의 정도, 요구되는 기능의 정도, 표준화의 정도, 작업자의 책임의 정도, 보고의무의 정도와 종류, 조립한다 등의 행동을 나타내는 단어를 사용한다.

④ 안전성이 있어야 한다.

해당 직무에 관한 모든 중요한 정보가 빠짐없이 포함되어야 한다.

⑤ 일관성이 있어야 한다.

직무기술서상에 상호 모순된 진술이 없어야 하고 의미 및 용어가 일관성 있게 기술되어야 한다.

(3) 직무기술서의 내용

직무기술서는 특정의 양식이 있는 것은 아니지만 활용목적에 따라 내용과 양식이 달라지게 된다. 그러나 직무기술서의 필수적 사항은 다음과 같다.

① **직무확인사항**: 직무명, 직무번호, 부서명, 공장명, 직급 등 기술

② **직무의 개요**: 담당하는 일의 목적, 성질 및 범위를 명확히 정하고 다른 직무와 어떤 차이가 있는지 전체적으로 이해하도록 작성

③ **직무내용**: 직무개요를 상술한 것으로 직무에 따른 작업이나 업무의 처리 방법이나 절차를 간결하고 명확하게 기술. 작업단위로 구분하여 기술하고, 직무의 내용은 읽는 사람이나 이용하는 사람에게 알기 쉽고 이용하기 좋게 배열

④ **감독책임관계**: 직무수행상 타인에게 지시하는 내용 및 감독의 정도, 임무수행에 수반하여 다른 사람과 접촉하는 책임의 정도, 취급하는 보안에 관계되는 업무내용 정도 등을 기술

⑤ **타 직무와의 관계**: 수행하는 직무와 상호교류 등의 관계를 갖는 타 직무의 내용에 대해 책임과 권한에 대해 기술

⑥ **사용하는 장비, 공장, 재료**: 작업수행에 사용되는 기계장비, 설비, 공장, 비품, 자재 및 소모품 등의 종류 기술

⑦ **작업환경**: 직무수행자에게 주는 불쾌의 정도, 위험의 정도 평가. 온도, 습도, 조명, 소음, 진동 등의 내용과 화재, 유독성 등의 위험의 정도 기술

⑧ **직무수행요건**: 직무를 수행함에 필요로 하는 최소요건 기술. 성별, 적정연령, 교육 정도, 자격, 면허 및 특기사항, 실무경험 및 훈련기간, 신체적 특성 등 기술

표 3-3 직무기술서의 예

1. 직무명	인사관리원	2. 직무번호	2000
3. 직군	사 무	4. 직조	인 사
5. 직급	3 직급 12 등급	6. 근무사업장	본 사

7. 직무개요

회사원의 채용 · 훈련 · 배치 · 승격 · 퇴직에 관한 업무를 수행하고 인사운영방침과 종합관리 계획을 입안하며 정원관리 · 안전관리 · 임금관리 · 직무분석 · 훈련개발 등 인사관리 전반에 대한 업무를 수행하며 보조원의 업무수행을 지도한다.

8. 직무내용

① 연간 인원수급계획을 입안하고 종업원의 채용 · 배치 · 승격 · 퇴직에 관한 업무를 수행하여 관계규정을 관리 · 유지한다.
② 표준업무량을 조사하여 적정정원을 책정관리하며 기구의 신설 · 개폐에 따른 증감 변동요건을 조사 · 검토한다.
③ 종업원의 능력개발을 위하여 부문별 교육훈련 계획을 입안하여 이를 실시하며 연수원을 운영 · 관리한다.
④ 안전관리와 산업재해보험 업무를 수행하며 사원의 보건 · 위생에 관한 업무를 수행한다.
⑤ 노사협의회 운영에 관한 업무를 처리하고 노동관계법령 및 노동사정조사에 관한 업무와 사원의 인간관계에 대한 업무를 행한다.
⑥ 노무비의 연간계획을 입안하고 이를 분석 · 관리하며 임금제도와 적정노무비를 조사 · 검토한다.
⑦ 사원표창 · 징계에 관한 업무를 수행한다.
⑧ 기타 위에 관련된 업무를 지시에 따라 수행하며 보조원의 업무수행을 지도한다.

9. 자격요건

교육경험	학교교육	경영대학 졸업자
	기타교육	
	실무경험	인사실무 3년 이상
	자격면허	
학술적지식	경영학	경영학원론, 인적자원관리론, 경영조직론의 일반적 지식
	법률학	법학개론, 민법, 노동조합법, 노동쟁의조정법, 노동기준법, 행정법 등에 관한 일반적 지식
	경제학	경제학원론에 관한 일반적 지식
	통계학	기초적 지식
	심리학	사회심리, 산업심리의 일반적 지식
	행정학	기초적 지식
실무적지식	인사제도	사내인사관리에 적용되는 제도의 원칙과 변천 과정에 대한 지식
	인사통계	주요 인사통계에 관한 구체적 지식
	직무분석	사내 제직무의 직무내용과 자격요건에 관한 개괄적 지식
	규정	사내의 인사규정, 급여규정, 복무규정, 퇴직금지급규정, 여비규정, 취업규칙, 교육관리규정, 인사고과규정, 징계위원회규정 등 제반인사분야에 필요한 규정에 대한 일반적 지식

성 별	남	최적연령	30~35세

10. 작업조건

노력책임	신체적 노력	비교적 적다.
	정신적 노력	지도, 기억, 계획, 창의에 대한 노력이 크다.
	감독책임	보조원에 대한 감독책임이 크다.
	물적책임	보통이다.
작업환경		좋다
위험도		없다
직업병		없다
특기사항		

2) 직무명세서

(1) 직무명세서의 의의

직무명세서는 직무중심적인 직무분석에 의해 얻어지는 직무기술서와는 달리 사람중심적인 직무분석에 의해 작성된다. 즉, 인적요건에 맞추어 작성된다.

직무명세서는 직무분석의 결과에 의거하여 직무수행에 필요한 인적요건을 강조하여 기술한 서식으로 종업원의 행동, 기능, 능력, 지식 등을 일정한 양식에 기록한 문서이다.

자격요건으로는 성별 및 연령의 구분, 신장과 체중의 한계, 행동의 기민성, 기술과 경험의 정도, 교육 수준과 이해력의 수준, 훈련기간의 요건, 기타의 인적 조건 등이 기술되어 있다.

(2) 직무명세서의 내용

직무명세서는 다음의 내용으로 기술된 서식이다.

① 직무확인

직무기술서와 동일하게 직무명, 직무코드번호, 부서명, 직위 등 명시

② 직무수행요건

직무를 효과적으로 수행하기 위해 필요한 조건을 말한다.

- 성별: 남자(또는 여자)만 수행 가능한 직무는 '남(또는 여)'로 표시하고 남녀 모두 수

행 가능한 직무는 '공통'으로 표시

- 교육 정도: 해당 직무를 효과적으로 수행하는 데 요구되는 학력 표시
- 전공: 해당 직무를 수행하는 데 가장 적합한 전공 분야 표시
- 자격 및 면허: 직무수행에 필요한 자격이나 면허 의미
- 최적연령: 직무수행에 가장 적합하다고 판단되는 연령 의미

③ 직무특성

해당 직무의 특성 및 직무수행과 관련된 제반 사항을 명시한다.

- 기초지식 정도: 직무수행에 필요한 소양으로 단순기능, 요령 및 직무 관련 지식
- 전문지식 정도: 직무수행에 필요한 전문 분야에 대한 지식의 정도
- 숙련기간 정도: 기초지식을 교육받은 사람이 그 직무를 수행하는 데 필요한 경험, 업무관련 지식, 기능 등을 습득하는 데 소요되는 기간
- 창의적 판단 정도: 직무수행에 있어 야기되는 문제를 독자적으로 이해하며 처리하는 데 필요한 종합기획력, 정보수집분석력, 미래지향적 사고, 문제해결능력, 의사결정력, 추리력 등 포함
- 집중력 정도: 직무수행에 요구되는 정신적 노력 정도
- 육체적 부하: 직무수행에 요구되는 육체적 노력 정도
- 작업환경: 직무수행에 수반되는 재해위험 및 직업병의 정도와 직무환경 조건을 나타낸다.

3) 직무분석의 과제

직무기술서는 직무내용과 직무요건에 동일한 비중을 두고 있지만 직무명세서는 직무내용보다 직무요건에 더 많은 비중을 두고 있으며 그 중에서도 인적요건에 가장 큰 비중을 두고 있다.

직무기술서는 조직구성원에게 직무에 관한 개괄적 자료를 제공하는 반면에 직무명세서는 개개 직무의 능력, 성질, 기타 인적 요건을 기술하고 있다.

따라서 직무분석은 정원제를 마련하는 고용관리의 일환으로 실시되고 있다. 직무분석의 과제를 살펴보면 다음과 같다.

표 3-4 직무기술서의 예

직무명	일반회계과장	작성일자	2019년 1월 20일
소속부문	재무	소재지	본사-서울
소속부서	경리부	승인	
직위담당자	○○○	직무담당자	
차상위직무	경리부장	차상위자	

※ 직무수행요건

1. 회사의 회계제도와 일반적인 기업회계기준을 이해하고, 회사의 회계절차 및 기준 등을 개선 · 보완할 수 있는 세부적인 지식과 실무경험을 필요로 한다.
2. 일반회계는 물론 세무회계, 관리회계 등 관련 회계 영역에 대한 세부적인 지식과 아울러 회계관리와 직 · 간접적으로 관련되는 모든 경영 활동 및 단기경영목표 등에 대해 포괄적인 지식을 갖추어야 한다.
3. 각 사업별 거래회계 및 결산회계업무, 고정자산 및 자재거래회계업무 및 인건비회계업무 등을 담당자별로 적정하게 배정하고, 효율적인 업무수행이 이루어질 수 있도록 지원 · 점검하여야 한다.
4. 회계처리에 있어서 부서별 상충되는 의견을 회계원칙 및 전사 관점에서 조정 · 설득할 수 있는 자질과 능력을 갖추어야 한다.
5. 업무수행상 발생되는 제반 경영 문제를 전사적 관점에서 해결하려는 적극적인 자세와 치밀한 일처리를 할 수 있는 자질과 능력을 갖추어야 한다.
6. 일반회계과장으로 업무수행을 해서 다음의 일반적인 자격요건을 갖추어야 한다.

연령	학력	전공	경력	자격/면허
35세 이상	대졸	상경계	경리부 근무경력 최소 5년 이상	–

① 직무기술서 작성

직무의 구성 요소로서 직무의 부문과 위치, 명칭, 책임과 통제의 계통, 직무의 성질, 장비, 작업조건, 보수, 훈련, 승진경로 등을 상세히 기록한다.

② 직무명세서 작성

직무수행에 요구되는 인적 자격요건으로서 성별, 나이, 체력 · 체격, 지식의 정도, 교육, 개인적 자질, 성격 등을 분석하여 상세히 작성한다.

따라서 직무분석은 직무에 관한 정보를 인적자원관리 부문에 집중시킴으로써 작업 방법의 개선이나 작업조건의 개선을 가능하게 한다. 특히 각 직무의 요소작업을 명확히 함으로써 경영자는 불필요한 작업량을 줄이고 인적 자격요건을 확정함으로써 그 직무에 적합한 근로자의 선택을 가능하게 하며 노동이동을 줄이고 근로자의 불만을 해소하게 한다.

그러므로 직무분석은 직무평가와 함께 오늘날 인적자원관리에 있어 중요한 기초 자료이다.

제3절 직무평가

1. 직무평가의 의의

직무평가(job evaluation)란 각 직무가 가지는 난이도와 기업에 대한 기여도, 중요도를 대조 · 평가해서 직군으로 분류하는 기술적인 절차이다.

즉, 직무분석에 의해 확정된 직무와 직무를 서로 비교하여 그 가치를 상대적으로 평가하는 절차이다. 그러므로 직무평가는 직무 간의 노동의 질과 양에 따른 정상적인 임금격차를 확립하여 동일노동 동일임금(equal pay for equal work)의 원칙을 구현하여 직무급제도를 실시하는 기초가 된다. 따라서 직무평가는 직무 자체의 성질, 내용 등을 조사 · 분석하는 직무분석과는 구별된다.

그림 3-2 직무평가

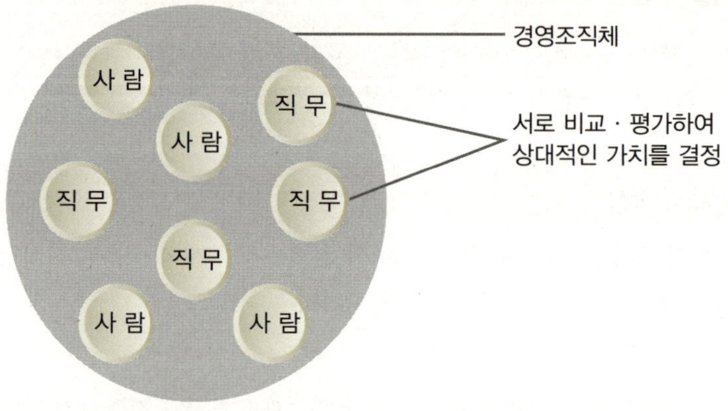

2. 직무평가의 요소

직무평가의 요소는 산업별 · 기업별로 직무의 성격과 내용이 다르기 때문에 일률적으로 적용될 수 있는 통일된 평가 요소는 없다. 따라서 조직에 적합한 평가 요소가 선정되어야 한다.

직무평가에 있어서 각 직무가 조직 내에서 갖게 되는 상대적인 가치(relative work of variable jobs)를 체계적으로 평가하기 위해 고려해야 할 사항으로 현재 널리 이용되고 있는 직무평가의 요소를 예시하면 다음과 같다.

1) 국제직무평가회의

1950년 쥬네브에서 열린 국제직무평가회의에서 독일이 제안한 안을 보면 16개 항목으로 구성되어 있다.

① 정신적 요건
- 전문지식
- 판단력

② 신체적 요건
- 숙련
- 근육부상
- 주의력

③ 책 임
- 생산수단과 제품
- 타인의 안전과 건강
- 생산공성

④ 작업환경
- 온도
- 물 · 습도 · 산
- 더러운 것 – 유지 · 오염 · 먼지
- 가스 · 증기

- 소음 · 진동
- 눈부심 · 어두움
- 한기의 우려 · 옥외노동
- 재해위험

2) 라이틀(C. W. Lytle)

현재 거의 표준화되어 있는 평가 요소로서 다음과 같이 들고 있다.

① 기능(skill)
- 지적 기능(intellectual skill)
- 육체적 기능(physical skill)

② 노력(effort)
- 정신적 노력(mental effort)
- 육체적 노력(physical effort)

③ 책임(responsibility)
- 대인적 책임(responsibility for others)
- 대물적 책임(responsibility for equipment & material)

④ 작업조건(working conditions)
- 위험도(hazards)
- 불쾌도(uncomfortableness)

3. 직무평가의 목적

직무평가의 주된 목적은 조직 내의 많은 직무를 비교 · 평가하여 상대적인 가치를 결정함으로써 기업 내의 임금구조와 체계를 확립하고 인적자원관리 전반의 합리화를 기하기 위해 직무평가제도를 활용한다. 즉, 직계제도를 확립하고 동일노동 동일임금의 원칙을 실현할 수 있는 직무급체계를 확립하며, 조직 내의 임금격차를 합리화함으로써 종업원 간의 이해를 증진시켜 노사협력체제의 발전에 기여하며 단체교섭의 자료를 제공하는 데 있다.

따라서 직무평가는 속인적인 사항을 완전히 배제하고 순수한 직무요건만을 비교 · 평가해서 직무가 쉽거나 어렵거나 중요하거나 그렇지 못한지를 결정하기 때문에 인적자원관리에 있어 중요한 자료가 된다.

직무평가의 일반적인 목적은 다음과 같다.

(1) 공정한 임금체계의 확립

직무평가는 해당 직무의 상대적 가치에 따라 직계제도를 확립하여 임금관리의 불균형을 시정하고 공정한 보상체계를 수립하는 데 판단자료를 제공한다.

(2) 인적자원관리의 합리화

직무의 상대적 공헌도와 중요성 및 이질성을 파악하여 구조조정을 위한 자료로 활용하며 채용, 배치, 승진과 전환, 보상, 교육훈련, 직무재설계, 상담 등 인적자원관리의 합리화로 조직의 효율성을 높일 수 있다.

(3) 단체교섭의 기초자료 제공

직무평가는 임금협상, 근로조건개선 등 노사 간의 단체교섭 협상에 필요한 기초자료를 제공함으로써 원활한 단체협약의 체결에 도움이 된다.

4. 직무평가의 방법

직무평가 방법은 평가결과를 계량화할 수 있느냐 없느냐에 따라서 계량적 방법과 비계량적 방법으로 크게 분류할 수 있다. 비계량적 방법은 직무를 종합적이고 포괄적인 판단에 의하여 그 직무의 중요성과 순서를 평가하는 것으로서 대표적인 방법에는 서열법과 분류법이 있다.

한편 계량적 방법은 개별 요소에 기초를 두고 이를 분석적으로 평가하려는 방법으로서 대표적인 방법에는 점수법과 요소비교법이 있다.

각각의 직무 평가 방법은 제각기 서로 다른 결론에 도달할 수 있으므로 기업특성과 평가목적에 맞는 평가 방법을 선정해야 한다.

그림 3-3 직무평가 방법

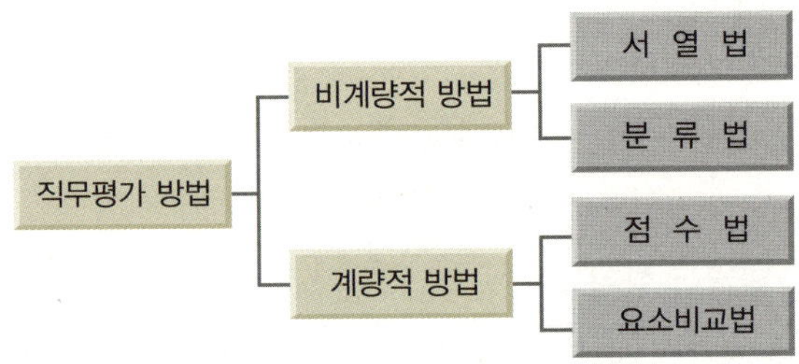

1) 서열법

서열법(ranking method)이란 직무수행에 요청되는 의무, 책임 및 필요조건의 차이를 최하위에서 최상위에 이르기까지 그 중요도에 따라 등급을 매겨 평가하는 것이다.

서열법은 간편하여 등급을 신속하게 매길 수 있어 직종과 종업원이 적은 사업장에 적합하다. 그러나 등급을 매기기 위한 표준이 애매하고 너무 단순하여, 유사 직종 간의 구분이 곤란하며 직종과 종업원이 많은 사업장에는 부적당하다.

2) 분류법

분류법(classification method)은 우선 직무를 1급, 2급, 3급, … 10급 등과 같이 직급으로 분류해서 정해놓고 해당 직무를 해당 직급에 삽입하여 평가하는 방법이다.

서열법과 마찬가지로 그 방법이 간단하여 이해하기 쉬우며, 직종과 종업원이 많지 않은 사업장에 적합하다. 그러나 직급을 분류하는 기준이 애매하여 정확성을 기하기 힘들고 직종이 다양한 복잡한 사업장에는 부적합하다.

■ 장점

① 해당 직무를 평가할 때 주어진 등급에 분류만 하기 때문에 다른 직무평가 방법보다도 실시 과정이 간단하고 용이하다.

② 분류법은 기업에서 도입하는 데 비용이 별로 발생하지 않는다.

③ 평가대상 직무들이 가지고 있는 자격요건의 수준 등급이 몇 개 되지 않는 경우 이 방

법은 매우 효과적으로 적용된다.

■ 단점

① 개별 등급에 대한 정의를 내리는 것이 어렵다. 특히 평가대상 직무를 어느 등급에 분류시키기 위해서는 개별 등급에 대한 정의가 명확해야 하는데 특히 중간 등급(전체 6등급 중 3~4등급의 경우)을 하위 등급과 상위 등급에 대한 차별화 하는 데 어려움이 있다.

② 개별 등급들은 여러 직무들이 갖고 있는 가치를 공통적으로 포함해야 되기 때문에 그 정의가 넓은 일반성을 지닌 개념을 사용할 수밖에 없는데 이렇게 되면 기술한 정의에 대한 해석상의 논란이 생길 수 있다.

표 3-5 직무등급표–생산직종의 예

등급	정의
1급	매우 단순하고 반복적인 과업들을 수행하거나 혹은 비반복적인 과업이라 하더라도 사고(思考)의 필요성이 거의 없는 경우.
2급	사전에 간단한 학습(훈련)을 필요로 하는 과업들. 직무를 수행하면서 일하는 방법을 배울 수 있기 때문에 사전 직무경험이 반드시 필요하지는 않음. 엄격한 감독 하에서 직무가 수행됨.
3급	과업들은 다양하지만 본질적으로 반복적인 것임. 그러나 직무수행의 절차는 회사의 방침이나 작업규칙에 의해 결정되어 있음. 직무수행에 대한 간단한 지시와 같은 업무감독 하에서 직무가 수행됨. 직무를 수행하는 데 특히 제한된 의사결정 권한이 드물게 부여됨. 직무수행에 있어 약간의 판단력이 요구됨.
4급	과업들이 다양하며 이를 수행하기 위해서는 어느 정도의 직무경험이 필요함. 직무수행에 있어 자주 판단력을 필요로 하며 독자적인 사고(思考)가 요구됨. 직무는 보통 정도의 감독 하에서 수행됨.
5급	과업들이 특정 분야에서 기술적 수준을 어느 정도 요구하며 특화되어 있음. 작업자 자신의 독자적 판단력이 작업수행에 빈번하게 발생함. 직무는 보통 정도의 감독 하에 수행됨. 해당 직무수행자는 몇 명의 하위직급 작업자들을 지휘할 수도 있음.
6급	과업들에 높은 수준의 책임이 부여되어 있으며 직무수행 시 독자적인 판단을 해야함. 또 높은 수준의 전문기술이 요구됨. 직무는 보통 정도의 감독 하에 수행됨. 소규모의 하위 작업집단을 지휘하고 조정하는 업무가 있을 수 있음.

3) 점수법

점수법(point rating method)은 기업에 대한 공헌도에 의해 직무의 상대가치를 결정하고, 그것에 따라 평가 요소별로 점수화하여 양적으로 직무의 경중(輕重)을 표시하며, 그 결과에 따라 등급을 정하는 방법이다.

이 방법은 앞의 두 방법에 비해 비교적 신빙성이 높고, 직무의 상대적 가치결정이 용이하며 이해하기가 쉽다. 하지만 평가자의 고도의 숙련이 요구되며, 평가 요소에 대한 비중의 결정과 점수화가 어렵고 시간과 비용이 많이 든다.

중소기업의 경우 점수법의 예를 들면 〈표 3-6〉과 같다.

4) 요소비교법

요소비교법(factor-comparison method)은 기업이나 조직에 있어서 핵심이 되는 몇 개의 기준직무를 선정하고 각 직무의 평가 요소를 기준직무의 평가 요소와 비교함으로써 모든 직무의 상대적 가치를 결정하는 방법이다.

요소비교법은 직무의 상대적 가치를 임금액으로 평가하는 것이 특징이다. 말하자면 임금액을 가지고 바로 평가하여 점수화할 수 있다는 것이다. 이와 같은 방법은 점수법을 개선한 것으로서 점수법이 각 평가 요소의 가치에 따라서 점수를 부여하는 데반하여, 요소비교법은 각 평가 요소별로 직무를 등급화한다. 구체적인 평가 과정은 아래와 같다.

① 몇 개의 기준직무를 선정한다. 기준직무는 업무내용이 명확하고 지급되는 급여액이 적절하다고 인정되는 것이어야 한다. 기준직무의 수는 예정하는 직무등급수와 같게 해야 한다.

② 평가 요소를 결정한다. 일반적으로는 정신적 노력, 기능, 육체적 노력, 책임, 작업환경의 5개 요소가 많이 사용된다.

③ 기준직무가 각 평가요소에 대하여 요구하는 중요도에 따라 평가 요소별로 임금을 배분하는 것을 뜻하며, 실제로는 수 명의 평가위원이 몇 차례에 걸쳐 배분한 결과를 종합 · 평균하여 모든 기준직무에 대한 최종적인 순위를 평가 요소별로 결정한다. 예컨대, 평가위원 A가 각 기준직무의 시간당 현재임금(또는 평균임금)을 요소별로 배분한 것(〈표 3-7〉)과 같은 방법으로 수 명의 평가위원이 수 회에 걸쳐 배분한 결과를 요소별로 종합, 평균하여 기

표 3-6 직무평가기준(중소기업의 예)

평가 요소		평가 요소의 개념	평가척도	단계해석	평가 기준
숙련 (40)	지식 (10)	직무의 자격요건으로서 요구되는 전문지식	평가되는 전문지식 범위와 깊이에 의해 평가	• 누구라도 된다. • 상당한 지식을 요한다. • 고도의 지식을 요한다.	3 7 10
	경험 (25)	직무의 자격요건으로서 연구되는 경험년수	요구되는 경험년수의 정도에 의해 평가	• 경험이 필요없다. • 상당한 경험을 요구한다. • 고도의 경험을 요구한다.	5 10 25
	응용 판단력 (5)	직무의 자격요건으로서 연구되는 판단력 · 응용력	직무의 복잡성과 곤란성의 정도에 의해 평가	• 판단력 · 응용력을 전혀 요하지 않는다. • 상당한 판단력과 응용력을 요한다. • 고도의 판단력과 응용력을 요한다.	1 3 5
노력 (30)	육체적 피로도 (10)	작업수행상의 육체적 노동의 강도	대사율로써 작업의 밀도를 고려해서 평가	• 경(輕)작업 • 중(中)작업 • 중(重)작업	3 7 10
	긴장도 (20)	주의력의 집중 지속 때문에 요하는 정신적 노동강도	작업의 단조, 변화속도, 복잡성, 정밀도에 의해 평가	• 긴장을 전혀 요하지 않거나 약간의 긴장을 요함 • 상당한 긴장을 요함 • 극도의 긴장을 요함	10 15 20
책임 (20)	공정 책임 (16)	작업수행상 속도 등에 대한 공정관리의 책임	회사에 미치는 손해의 빈도와 정도에 의해 평가	• 보통 • 상당히 필요하다. • 고도로 필요하다.	5 10 16
	눌석 책임 (4)	원재료, 공구, 기구, 기계설비 등의 보수 · 보전에 대한 책임	회사에 미지는 손해의 빈도와 정도에 의해 평가	• 파손, 소모, 손실이 극히 적다. • 보통 정도 • 파손, 소모, 손실이 극히 크다.	1 2 4
작업조건 (10)	위험 재해 (5)	재해발생의 가능성이 우려되므로 이에 대한 주의경계에 의한 정신적 피로의 정도	상해의 정도와 빈도를 고려해서 평가	• 상식적으로 재해발생이 전혀 없다. • 재해가 발생하더라도 정도가 미미 • 재해가 발생했을 때 그 정도가 크다.	1 3 5
	보건 위생 (2)	작업수행상 신체 제기관에 미치는 유해의 정도	유해차이와 그 발생으로 얻는 빈도를 고려해서 평가	• 전혀 해가 없다. • 상당히 해가 있다. • 극도로 해가 있다.	0 1 2
	정오(淨汚) (3)	작업수행상 정오에 의한 불쾌감	정오의 정도에 의해 평가	• 더러워지지 않는다. • 신체, 피복의 일부가 더러워진다. • 전체적으로 더러워진다.	0 2 3

표 3-7 평가위원 A의 평가 요소별(임금) 배분의 예

기준직무	횟 수	정신적 노력	기능	육체적 노력	책 임	작업조건	임금 (시간당)
기계공	1 2 3	30 27 26	33 32 33	9 11 11	14 15 16	6 7 6	92(원)
수위	1 2 3	6 4 5	3 5 4	16 17 18	5 4 4	12 11 12	42(원)

준직무요소별 임금배분표를 작성하게 된다.

〈표 3-7〉은 예컨대 기계공의 시간당 임금 92원 중 기능에 대하여 얼마가 지급되고 있으며 책임에 대해서는 얼마가 지급되고 있는가를 일목요연하게 표시한 것이다. 이 경우에 임금의 요소별 배분에는 일정한 기준이 있는 것이 아니고 평가자의 판단에 의한다. 그러므로 수 명의 평가위원이 평가한 결과를 종합 · 평균할 필요가 있다.

④ 평가하고자 하는 직무를 요소별로 기준직무 요소별 배분표에 위치하는 장소를 찾아 요소별로 임금액을 결정한다. 그리하여 이들 요소별 임금액을 합계하여 그것을 그 직무의 임금액으로 한다. 따라서 결정된 임금은 동시에 그 직무의 상대적 가치를 표시하게 되는 것이다.

요소비교법은 복잡하고 그 실시에 있어 노력이 많이 드나 기준직무만 적절히 선정되면 점수법보다도 훨씬 합리적이어서 널리 사용되고 있다. 그러나 기준직무의 정확성이 결여되거나, 그 내용에 변화가 생긴다면 자연히 평가결과에 영향을 끼치게 되므로 전체의 측정척도는 변경되지 않으면 안 된다.

점수법은 주로 기능직에 국한하여 사용되지만, 요소비교법은 기능직은 물론 사무직, 기술직, 감독직, 관리직 등 상이한 직무에도 널리 이용될 수 있다. 뿐만 아니라, 이 방법은 임금결정과 직결되므로 기업에 있어서 현행 임금액이나 그 결정 방법의 타당성을 검토하는 데 활용될 수 있는 동시에 직무급제도의 실시에 기여하게 된다.

표 3-8 기준직무 요소별 임금배분표의 예

평가 요소 / 배분임금 및 순위 / 기준직무	정신적 노력		기 능		육체적 노력		책 임		작업조건		시간당 임금
	임금	순위	임금	순위	임금	순위	임금	순위	임금	순위	
기계공	26.8	1	33.4	1	10.2	7	15.8	2	5.8	8	92
공구공	21.7	3	32.1	2	12.2	5	13.8	3	8.2	7	88
동력공	24.9	2	21.1	3	4.1	9	27.7	1	4.2	9	82
조립공	11.1	4	20.1	4	14.0	4	12.2	4	10.6	4	68
재료공	10.1	5	18.8	5	10.8	6	10.6	5	9.7	5	60
목 공	5.5	7	7.3	7	19.2	2	6.9	7	13.1	2	52
운전공	8.8	6	14.2	6	8.2	8	10.5	6	8.3	6	50
운반공	3.2	9	4.2	8	21.9	1	5.0	8	13.7	1	48
수 위	5.0	8	3.5	9	17.7	3	4.0	9	11.8	3	42

제4절 직무설계

1. 직무설계의 의의

고도화된 산업사회에서는 기계와 인간의 관계에서 인간이 생산현장에서 주체가 되어 생산공정을 관리하는 것이 아니라 기계가 주체가 되고 인간은 기계의 하나의 톱니바퀴가 되어 부분품으로 변하는 종속적 존재가 될 수 있다.

결국 인간의 행복을 실현하기 위한 수단으로 기계화 · 분업화 · 합리화 · 자동화가 이루어진 노동 과정이 오히려 인간을 의지나 감정으로부터 독립된 실체로 만들기 때문에 인간의 노동은 살아 있는 개성이 표현될 수 없고, 주체적 창의성 발휘가 극도로 제한되게 된다.

이렇게 되면 인간으로서의 근로자는 생산공정의 비인간화에 의하여 주체성을 잃고 근로생활에 대한 만족감을 찾기가 어렵게 된다. 조직체 속의 한 개인은 복잡한 분업체계 속에서 세분화된 단순한 부분작업을 수행하기 때문에 근로자 상호 간의 인격적 접촉이나 인간적인 관계가 제대로 성립할 수 없게 된다.

여기에 필연적으로 나타나게 되는 것이 작업 과정에 있어서 노동의 비인간화, 인간성 소외, 인간성의 상실 등이다. 따라서 노동자는 인간의 고차원적인 자아실현의 욕구를 저지당하게 되고, 이로 인하여 근로의욕 상실과 생산성의 저하를 가져오게 되는 것이다.

이러한 '합리화 → 비인간화'라는 이율배반적인 관계를 극복하기 위하여 조직의 성과와 더불어 개인의 창의성과 자발성 그리고 본래의 인간다움을 되찾기 위한 경영 활동의 노력이 직무설계(job design)이다.

따라서 직무설계란 직무를 수행하는 사람에게 일의 의미를 부여하고 만족감을 주어 조직체가 목표를 보다 능률적으로 달성할 수 있도록 일련의 직무량과 직무단위 및 직무내용과 작업 방법을 조화있게 결합하여 직무를 설계하는 활동이다.

데이비스(L.F. Davis)는 "직무설계란 기술 · 조직면의 요청과 직무를 수행하는 인간 측의 요청을 조화시킬 수 있도록 직무내용이나 직무 방법을 결정하는 과정"이라고 하였다.

즉, 직무분석을 통해 밝혀진 직무의 내용을 중심으로 그것에 영향을 미치는 인간적 측면과 조직적 측면, 나아가 기술적 측면의 요소를 조화시켜 전체 공정의 작업자들에게 직무만족을 부여하고 조직체 속에서 개인과 조직이 추구하는 목표가 다같이 실현될 수 있도록 관리의 체계를 수정하는 절차라 할 수 있다.

그러므로 직무설계는 개인과 조직이 다함께 만족스럽고 행복할 수 있도록 조직의 목적과 개인의 목적을 통합하려는 조직개혁, 직무개혁 혹은 노동의 개혁이라고 할 수 있다. 따라서 직무설계의 기본목적을 다음과 같이 요약할 수 있다.

① 종업원의 모티베이션 향상
② 작업의 능률향상과 생산성향상
③ 원가절감
④ 이직과 훈련비용의 감소
⑤ 새로운 기술에 신속한 대응

2. 직무설계의 접근 방법

1) 전통적 직무설계

전통적 직무설계(traditional job design)는 효율성의 논리(logic of efficiency)에 바탕을 둔 직무설계 방법으로 인간이 기술과 생산조건에 적응하도록 설계되어 인간을 결국 기계와 설비에 종속되게끔 하였다.

아담 스미스(Adam Smith)는 직무를 작은 부분으로 분업화시키고 전문화된 과업을 수행하게 하면 경제적 능률이 향상될 수 있다고 주장하였다.

바베지(C. Babbage)는 핀(pin)의 제조공정에서 분업의 효과를 실험하여 분업에 따른 전문화는 바로 효율성임을 입증하였다.

테일러(F. W. Taylor)의 과학적 관리법의 토대는 전통적 직무설계에 근거하고 있다. 테일러는 모든 직무(일)를 단위작업(operations)들로 분할하여 숙련공이 아니라도 쉽게 일할 수 있게 하고 이런 작업단위들을 결합시키면 어떠한 유형의 직무라도 완성할 수 있고 능률을 극대화시킬 수 있다고 보았다.

전통적 직무설계는 결국 작업자의 내면적 욕구가 아닌 정형화된 과업을 효과적으로 수행하느냐에 관심을 두었으며 경제적 효과와 공학적 단순화를 위한 전문화 원리에 바탕을 두고 있음을 알 수 있다.

따라서 직무는 전문화(specialization)되고, 단순화(simplification)되며 표준화(standardization)되고 일상화되어야 한다는 것이다. 이러한 직무설계의 방법(과학적 관리 방법)은 능률중심적 경영관리, 생산 시스템의 기계화 및 자동화의 촉진을 가져왔으며 오늘날까지도 경영자들의 사고에 영향을 미치고 있다.

표 3-9 전통적 직무설계의 장 · 단점

장 점	단 점
• 직무의 능률 향상 • 교육훈련의 비용 절감 • 작업자의 배치전환 용이 • 직무의 양과 질에 대해 관리자에게 통제권 부여	• 과도한 전문화로 직무에서의 단조로움과 소외감 유발 • 공정을 기초로 설계된 직무는 직무수행자에 대한 불만족과 무관심 초래 • 기계적 관리 방법에 대한 비판 • 태업, 높은 이직률과 결근율

2) 현대적 직무설계

현대적 직무설계는 전통적 직무설계를 인간적 차원으로 승화시킨 것으로 직무설계에 있어 인간적 요소가 중요한 것으로 인식되어 이 요소가 직무설계에 반영되게 되었다.

1940년대 말부터 시작하여 1950년대 초에 심리학자, 행동과학자 그 밖의 사회과 학자들이 직무와 관련하여 인간적 요구에 대한 연구를 활성화함으로써 직무설계의 성격에 큰 변화를 가져왔다.

현대적인 직무설계는 전통적인 직무설계에 대한 대안적인 방법으로 등장하였는데 전통적인 직무설계가 인간성을 경시하고 전문화원리에 따라 생산성을 추구하는 효율성의 원리에 근거한 공정지향의 직무설계(process-oriented job design)라면 현대적 직무설계는 직무설계에 인간존중의 사고를 투입시킨 작업자지향의 직무설계(worker-oriented job design)이다.

이것은 인간을 직무에 적응시키는 전통적인 직무설계에서 직무를 인간에게 맞게끔 하는 직무설계로 그 성격이 변화되었음을 의미한다.

이러한 변천 과정에 따라 직무순환, 직무확대, 직무충실화, 직무특성화 모형 등 다양한 직무설계 방안이 발전되어 왔다.

현대적 직무설계는 다음의 기반을 두고 있다.

① 대부분의 직무는 개선 가능하다. 그러므로 효율성을 높이기 위해서는 계속적 연구와 개선이 이루어져야 한다.
② 직무의 내용과 성과는 직무만족과 연관된다.
③ 동기부여는 직무수행의욕과 자율적 행위와 함수관계를 가진다. 그러므로 생산성과 관계가 있다.
④ 인간은 일을 통해서 자기의 보람(창의, 성취, 행복 …)을 추구한다.
⑤ 모든 자원은 효율적으로 이용되어야 한다.

현대적 직무설계는 행동과학에 근거를 둔 동기부여에 초점을 두고 직무가 사람에게 적합하도록 구조화하고 종업원들이 자아실현의 기회를 높이도록 동기부여하는 데 있다. 즉, 이것은 기술적인 면과 인간적인 면, 그리고 자원이용 면을 조화시키고, 인적자원을 효과적으로 활용함으로써 생산성을 증대시키는 데 목적을 두고 있다.

3. 대표적 직무설계 방안

1) 직무순환

직무순환(job rotation)이란 조직구성원에게 여러 가지 직무를 돌아가면서 수행하게 하여 다양한 경험을 쌓게 하는 것이다. 직무 자체의 내용은 변화가 없으나 작업자는 직무순환에 의한 이동으로 지금까지 담당했던 직무와는 성격이 다른 직무(기능, 책임, 권한, 작업조건)를 번갈아 수행하는 방법을 말한다.

다양한 작업 및 직무경험을 통해서 개인의 적성에 가장 알맞은 직무를 발견하고 개발함으로써 종업원의 능력을 극대화시키기 위한 목적을 가지고 있다. 주로 수평적 인사이동인 배치전환적 성격을 띠고 있다. 직무순환은 1920년 이후 각광을 받기 시작했으며, 제2차세계대전 이후 종업원의 능력개발 · 적재적소의 배치 · 후계자 양성 · 인력조달 등 여러 목적을 가지고 실시되었다.

직무순환은 인적자원관리 측면에서 볼 때 직무를 계속적 · 고정적으로 수행하는 데서 오는 단조로움 · 권태감 · 무력감 등을 제거시킬 수 있는 동기부여의 기법으로서 매우 유용한 가치를 가지고 있다. 그리고 관리자의 능력을 개발시키기 위한 사내교육훈련방법(OJT)이 될 수 있으며, 한 사람이 여러 기능의 능력을 배양함으로써 유사시에 인력을 효율적으로 활용할 수도 있다. 뿐만 아니라 하급관리자를 승진시키기전, 보다 완숙한 단계로 이끌어 주는 승진훈련프로그램으로도 활용될 수 있다.

2) 직무확대

직무확대(job enlargement)란 과업의 수를 증가시키는 것을 말한다. 즉, 종업원으로 하여금 자신이 수행하고 있는 중심과업(central tasks)에 다른 관련직무(other related tasks)를 추가하여 수행하게 함으로써 개인의 직무를 늘려서(enlarge) 넓게 확대하는 것을 의미한다.

전통적 직무설계에서 하나의 과업만을 수행했거나, 한 작업의 일부분만을 취급했던 종업원으로 하여금 기타 관련업무를 동시에 수행하도록 함으로써 일련의 완성감 · 성취감을 갖도록 하고 직무에 대한 몰입과 만족을 기하도록 하는 방법이다.

확대된 과업은 중심과업과 같은 수준에 속하므로 직무확대는 수평적 직무부과(horizontal job loading)라고 할 수 있다.

직무확대는 같은 수준의 것이기는 하지만 다양한 일들을 하게 함으로써 반복성, 단조로움에서 오는 권태감을 제거하는 데 도움을 주고 과업완성에 대한 만족감, 도전감, 몰입을 촉진시킨다. 이로 인하여 결근이나 이직률이 감소되는 효과가 있다. 그러나 종업원들에게 적극적으로 동기부여하여 높은 성과를 달성하도록 하는 데는 한계가 있다. 즉, 직무의 범위가 확대된 만큼 동기요인도 강하게 부여되는 것이 아니고 직무확대로 경영층은 생산성을 증대시키고 노동력을 감소시키는 등 인원을 감축하기 위한 방법으로 채택한다는 비판을 받게 되었다.

직무확대가 단지 작업자가 수행해야 할 일만 증가시켜 놓았다는 주장에 대해 그 미비점을 보완하도록 제시된 방안이 직무충실화이다.

3) 직무충실화

직무충실화(job enrichment)는 직무확대보다 더 포괄적인 것으로 구성원들에게 더 많은 책임과 더 많은 선택의 자유를 부여한다.

관리기능의 일부인 계획과 통제를 작업자에게 위임하는 것이다. 즉, 작업자가 담당하는 기본직무는 변하지 않으나 작업자 스스로가 직무를 계획하고 통제하는 부문을 담당하게 된다.

직무충실화의 이론적 근거는 작업동기유발에서 찾아볼 수 있는데, 특히 매슬로우의 욕구단계이론 중 상위 수준의 욕구와 허즈버그의 2요인이론 중 동기요인, 그리고 맥클리랜드가 제시한 성취욕구 등에 근거하고 있다.

직무충실화는 특히 다음과 같은 두 가지 측면을 고려하고 있다.

(1) 수평적 측면

수평적 측면은 직무충실화에도 과업의 수와 다양성의 증가가 포함된다. 이것을 가리켜 수평적 충실화(horizontal enrichment)라 하는데 이것은 질적 개선에 따른 양의 증가를 의미한다.

(2) 수직적 측면

수직적 측면은 직무충실화의 본질적 측면에 해당되는 것으로 직무의 질적 개선을 목적으로 하는 수직적 충실화(vertical enrichment)이다. 직무의 질적 개선은 주로 상사가 하는 일을 위임맡아 직무를 능동적으로 수행한다는 점에 초점이 맞춰져있으며, 따라서 이것을 가리켜 수직적 직무부과(vertical job loading)라 한다.

계획, 통제, 의사결정에 참여를 통해 완전한 직무를 수행하도록 관리적 기능까지 위임하는 것이므로 직무확대와는 그 속성이 다르다.

직무내용에 있어 계획 · 통제부문에 대해 구성원 및 팀의 참여가 얼마나 보람 있는 내용으로 구성되어 있느냐에 따라 직무충실화의 정도가 달라진다. 이러한 과업 요소의 비중이 높을수록 직무의 기술 수준과 중요성은 높아지고 직무는 충실화된다. 직무충실화의 정도가 높을수록 책임 · 성취 · 인정 · 성장과 진취성이 높다.

직무충실화는 다양한 작업내용이 포함되고, 보다 높은 수준의 지식과 기술을 요하며, 작업자에게 자신의 성과를 계획 · 지휘 · 통제할 수 있는 자주성과 책임을 보다 많이 부여하고, 개인적 성장과 의미 있는 작업경험에 대한 기회를 제공할 수 있도록 직무의 내용을 재편성한다.

직무충실화는 직무를 보다 인간적인 것으로 재설계하여 직무만족과 모티베이션의 기회를 제공함으로써 생산성을 높이는 데 크게 기여하고 있다. 또한 직무충실화는 하급자에게 관리능력을 길러주는 기회를 제공하고, 상급자에게는 하급자들에 대한 일상적인 감독 활동으로부터 벗어날 수 있는 기회를 제공해 준다.

직무충실화의 이러한 장점에도 불구하고 많은 훈련비용이 들고, 이에 상응하는 보수도 지급하여야 하며, 변화저항자들의 저항, 부하의 넓어진 재량권으로 상급자의 권한 영역이 축소되었다는 상급자들의 불만 등 실시에 따른 어려움도 적지 않다.

표 3-10 직무확대와 직무충실화의 관계

직무확대화	• 수평적 확대(양적 증가) • 수직적 확대(양적 증가에 따른 질적 개선)	수평적 직무부과
직무충실화	• 수직적 충실(질적 개선) • 수평적 충실(질적 개선에 따른 양적 개선)	수직적 직무부과

4) 직무특성이론

1970년대 직무설계이론을 주도한 직무특성이론(job characteristic approach)은 핵크만과 올드햄(J. R. Hackman & G. R. Oldham)에 의해 직무충실이론의 문제점들을 보완하여 그것을 이론적으로 더욱 정교화하고 그에 따른 실천적 전략까지 제시한 직무설계이론으로서 많은 이론적 · 실증적 연구가 이루어져 왔다.

직무특성이론은 핵심직무특성(차원), 중요심리상태, 개인 및 직무 성과의 세 부분으로 이루어져 있다.

직무설계이론에서 얻고자 한 개인 및 직무 성과는 중요심리상태에서 얻어지며, 중요심리상태는 핵심직무 차원에서 만들어진다는 것이 직무특성이론의 개요이다.

(1) 핵심직무특성

핵심직무특성(core job characteristics)을 기능다양성, 과업정체성, 과업중요성, 자율성, 피드백의 다섯 가지 차원으로 나누었다.

① 기능다양성(skill variety)

작업자가 직무수행에 있어서 다양한 기능과 재능이 요구되는 정도

② 과업정체성(task identity)

직무가 전체 단위의 완성을 요구하는 정도(작업자가 자기의 작업내용을 확인할 수 있는 정도, 즉 어디서 어디까지가 자신의 작업범위라고 확인할 수 있는 작업 상의 특징)

③ 과업중요성(task significance)

직무가 다른 사람의 작업이나 생활에 또는 전체 직무에 실질적인 영향을 미치는 정도(기능 수준이 비슷한 나사 조이는 일도 우주항공기의 나사를 조이는 일을 하는 사람은 자전거 조립에서 나사를 조이는 사람보다 자기 일에 더 많은 중요성을 부여한다)

④ 자율성(autonomy)

직무일정이나 직무수행 방법 및 작업절차 결정에 있어서 직무담당자에게 실질적인 재량권부여정도

⑤ 피드백(feed back)

직무가 요구하고 있는 활동을 수행결과에 대해 작업자가 직접적이고 명확한 정보를 얻을 수 있는 정도이다. 작업자는 이에 따라 그가 행한 일의 결과를 알게되고 자기가 행한 방

법에 대해 수정하거나 개선을 할 수 있게 된다.

이상에서 제시한 다섯 가지 직무특성은 작업자의 중요 심리상태에 영향을 미친다. 이러한 다섯 가지의 직무특성 수준은 MPS(Motivating Potential Score)라는 단일지 표로 결합할 수 있다.

MPS = [(기능다양성 + 과업정체성 + 과업중요성)/3] × 자율성 × 피드백

(2) 주요 심리상태

다섯 가지 핵심직무 특성이 유발하는 주요 심리상태(critical psychological states)로는 다음과 같다.

① 작업의 의미감(experienced meaningfulness)

개인이 직무를 수행함에 있어서 그 일이 의미 있고 해볼만한 가치가 있다고 느끼는 정도

② 작업결과에 대한 책임감(experienced responsibility)

직무수행결과에 대해 개인적으로 느끼는 책임감 또는 의무감의 정도

③ 작업결과에 대한 인식(knowledge of the actual results)

자기가 행한 성과가 얼마나 유효한가를 알고 있는 정도

이러한 세 가지 심리상태를 만족시킬 때 내면적으로 동기부여 되어 작업의 질도 높아지고, 이직률 및 결근율은 낮아지게 된다. 그러나 직무특성이론은 종업원의 성장욕구 강도를 매개변수로 설정하고 각 개인의 성장욕구가 다르기 때문에 직무의 특성과 그 결과 사이에는 언제나 동일한 결과가 나타나지 않을 수 있음을 밝혀주고 있다. 즉, 높은 성장욕구를 가지고 있는 사람은 직무특성의 정도가 높을 때 높은 결과를 나타내지만, 성장욕구가 낮은 사람은 직무가 아무리 높은 동기부여를 할 수 있는 잠재력을 갖고 있다 하여도 좋은 결과를 얻을 수 없다.

직무특성모형은 이처럼 기능의 다양성, 과업의 정체성, 과업의 중요성, 자율성, 피드백과

같은 직무의 특성들이 작업의 의미감, 작업결과에 대한 책임감, 작업결과에 대한 인식과 같은 심리적 상태를 불러일으켜 종업원들에게 내재적으로 동기부여를 하게 됨으로써 보다 높은 성과를 달성하게 한다.

여러 연구결과에 의하면 성장욕구가 높은 사람은 다양성, 자율성, 피드백, 과업 정체성이 높은 직무에 모두 호의적으로 반응하고, 핵심적 직무특성의 점수가 높은 직무를 수행하고 있는 사람들은 그렇지 않은 사람들보다 더 만족해 하며 생산적인 반응을 보였다.

직무특성모형은 직무설계 프로그램에 있어서 맹목적으로 모든 종업원들의 직무를 확대하거나 충실화하기보다 여러 가지 직무의 특성과 종업원의 반응 및 개인적 차이를 고려해야 한다는 것을 제시함으로써 진일보한 직무설계라 할 수 있다.

4. 기타 직무설계

이상의 직무설계 방안 외에도 통합적 작업팀, 자율적 작업팀, 품질관리분임조 등을 들 수 있다.

1) 통합적 작업팀

통합적 작업팀(integrated team)에서는 직무확대가 집단 수준에서 실시되는 것으로 한 집단에 다수의 과업이 할당된다. 팀에서는 구성원들에게 구체적인 과업할당을 하게 되고 그 과업은 성질에 따라 구성원들 간에 직무를 교대하여 수행하도록 한다. 팀으로써 작업이 설계될 때는 더욱 큰 의미가 있고 도전감을 불러일으킨다. 그리고 팀으로써 작업을 하게 되면 서로 간에 더욱 밀접하고 만족스러운 관계를 가질 수 있다.

팀워과 협동이 요구되는 직무의 경우 이 방법이 사용되며 작업 과정에 대한 책임은 팀 전체에 있다. 다양하고 많은 과업들을 수행해야 될 필요성이 있을 때 개인이 아닌 작업팀에게 과업을 할당하여 이를 수행하게 하며 통합적 작업팀의 유효성은 직무 성과의 질과 양, 집단 구성원의 만족 등에 의하여 판단된다.

2) 자율적 작업팀

자율적 작업팀(autonomous work team)은 직무충실화 프로그램을 집단 수준에서 실시하는 것이다. 팀이 수행하고 있는 작업을 수직적 통합을 통해서 심화시키는 기법이다.

작업팀에게 달성해야 할 목표만 제시하고 공정상의 모든 직무 활동은 작업팀에게 일임한다. 즉, 달성해야 할 목표가 부여되면 작업할당, 작업절차, 생산일정계획, 검사절차, 일과시간, 휴식시간 등을 자유로이 결정하도록 작업팀에게 일임한다.

완전자율작업팀(fully autonomous work team)의 경우는 자기 팀의 구성원 각자의 성과를 서로 간에 평가를 하게 한다. 그 결과 별도의 감독직책이 필요 없는 경우도 발생한다.

3) 품질관리분임조

품질관리분임조(QC: quality control circle)는 미국에서 시작하여 일본에 전파된 것인데 그 후 일본은 품질관리를 소집단(작업단위별)이 주도하는 품질관리분임조 형태로 발전시켜 품질관리에 대혁신을 가져오면서 큰 성과를 거두었다.

QC분임조는 각 작업단위별로 10명 내외로 구성되는 소집단으로 이들은 제품의 질과 직무상의 문제점들을 분석하고 개선점을 제안하고 그 해결 방안까지 모색해 가는 자주적 · 자발적인 모임이다.

품질관리분임주에서 행하게 될 주제는 품질개선 문제, 비용절감 문제, 지무개선 문제 등 다양하게 정할 수 있다. 구성원 모두가 직무재설계와 품질관리 활동, 경영관리 활동에 참여하게 되어 협동심의 발휘와 직장분위기 개선이 이루어지고 경제성과 생산성향상에 기여하게 된다.

04

인적자원계획

1절 - 인적자원계획의 의의

2절 - 인적자원 소요계획

3절 - 인적자원 확보계획

제1절 인적자원계획의 의의

인적자원계획(human resource planning)은 인력계획 또는 인사계획이라고도 한다. 기업이 필요로 하는 인적자원의 수와 질, 시기를 계획하고 필요시에 충당할 수 있는 기업 내·외의 공급을 예측하여 인적자원의 수급을 조절하는 과정이다.

오늘날 기업경영은 높은 임금의 욕구와 시장개방에 따른 치열한 경쟁, 고급기술인력의 확보, 인력개발투자의 확대, 정보통신의 급격한 발달, R&D 투자의 미흡, 고객의 욕구와 수요의 다양성 등으로 점점 어려워지고 있는 실정이다.

이러한 상황에서 기업에게 요구되는 것은 중·장기 종합경영계획에 의한 전략사업의 수행과 창조적이고 과학적인 경영관리이다. 이를 위해서는 기업의 모든 구성원이 전문적인 지식과 기술을 갖추고 인재로서 능력을 충분히 발휘할 수 있어야 한다.

특히 고도산업화사회에서 일어나는 근로시간 단축과 젊은 노동력의 부족, 노동력의 고령화·고학력화 및 고임금의 추세에 능동적으로 대처하기 위해서는 적정한 인적자원계획이 중요시되고 있다.

인적자원계획은 현재 및 미래에 조직이 필요로 하는 인적자원의 수를 사전에 예측·결정하여 이에 따른 조직 내·외의 공급인력을 예측·계획하는 것이다.

이와 같은 기업의 현재 실정과 장래의 발전을 감안한 종합경영계획을 바탕으로 경영목적이 순조롭게 달성될 수 있도록 인적자원의 적정소요에 대한 질적·양적인 예측과 그에 따른 인력확보가 가능하도록 계획을 수립해야 한다.

제2절 인적자원 소요계획

인적자원 소요예측(personnel demand forecasting)은 미래에 소요되는 인적자원을 예측하는 것으로 주로 양적인 변화를 다루고 있지만 작업 방법이나 절차의 변경으로부터 발생하는 생산성의 변화·자동화나 기계화에 따른 변화 등을 고려한 질적 측면에서의 변화도 함께 예측할 필요가 있다.

인적자원의 양적 계획이란 필요로 하는 근로자의 수에 대한 계획을 의미하는 것으로, 소요인력에 대한 양적 예측과 계획은 기업이 현재 또는 미래에 필요로 하는 소요인력의 크기를 알아내는 것으로 노동시장을 중심으로 한 노동인력구조, 교육 수준, 사회적 · 문화적 배경 등 노동의 장기적 공급원의 분석이 필요하다.

인적자원의 질적 계획이란 필요로 하는 근로자의 자격요건을 뜻하는 것으로, 소요인력에 대한 질적 예측과 계획을 수립하기 위해서는 종업원이 갖는 능력과 자질, 숙련과 적성, 그리고 태도 등을 감안한 인격적 특성이란 관점에서 고려해야 한다. 이러한 요인들은 일정한 직무를 능률적으로 수행하기 위해 필요한 직무성공의 기준 요건들로 직무명세서에 명시되어 있다.

소요인력의 질적 변화는 기술혁신에 따른 기업의 구조적 변화로 작업의 기계화 · 자동화, 하이테크와 첨단기술 등 노동의 질적 향상을 의미한다. 산업의 구조적 변화로 인해 기존의 육체적 노동력의 수요는 점점 줄어들고 앞으로는 고급기술인력에 대한 수요가 지속적으로 늘어나게 될 것이며, 취업구조도 상당히 빠른 속도로 변화될 것이다.

1. 인적자원 수요예측

인적자원 수요예측을 하기 위해서는 여러 가지 방법이 사용된다.

1) 영기준예측

지난해의 예산을 기준으로 얼마만큼의 팽창 또는 축소예산을 편성하는 것이 아니라 백지상태에서 어떤 사업들을 하는데 얼마만큼의 경비가 필요한가를 계산하여 예산을 수립하는 방법이 영기준예산이다.

인적자원 수요예측 방법인 영기준예측(zero base forecasting)은 앞으로 필요하게 될 인적자원을 예측함에 있어 과거 연도의 자료를 참고하지 않고, 현재의 시점에서 필요한 인원수의 적정함을 분석하는 방법이다. 종업원이 퇴사하여 빈자리가 생길 때 또는 새로운 직위가 필요할 때 자동적으로 새로운 사람을 채용하여 채우는 것이 아니라 그 자리를 채우는 것이 정당화될 수 있는가를 분석하여 충원 여부를 결정하게 된다.

2) 상향적 접근법

상향적 접근법(bottom up approach)은 필요한 인적자원은 각 부서의 관리자가 가장 잘 알 수 있다는 논리에 기초한 방법이다. 조직계층을 따라 최하층부터 순차적으로 상층부로 올라가면서 하층부에서 예측한 인적자원을 종합하여 조직 전체의 인적자원 수요를 예측하는 방법이다.

3) 회귀분석

인적자원의 필요량에 영향을 미친다고 밝혀진 예측변수, 즉 예를 들어 매출액, 생산량, 예산 등을 사용하여 통계기법인 회귀분석(regression analysis)을 통하여 인적자원수요를 예측할 수 있다. 이때 매출액과 같은 단일의 예측변수를 가지고 인적자원 필요량을 예측하는 경우에 단순회귀분석(simple regression) 방법을 사용하며, 여러 개의 예측변수를 사용하여 예측할 경우에는 다중회귀분석(multiple regression) 방법이 사용된다.

4) 시계열분석

시계열분석(time-series analysis)이란 시간의 흐름에 따라 변동상황을 표시해 놓은 통계분석으로서 이러한 변동에는 추세변동, 계절적 변동, 순환변동, 불규칙변동으로 나눌 수 있다. 이 가운데 인적자원예측에 많이 사용하는 것은 추세변동을 다루는 추세분석(trend analysis)이다.

이러한 추세분석은 과거의 자료를 가지고 미래를 예측하는 기법으로 과거의 추세가 미래에도 계속된다는 것을 전제로 하고 있다. 예를 들면, 과거의 자료를 가지고 판매원의 수요를 월별 · 분기별 또는 연도별로 작성하고 그 추세를 그래프로 나타내는 추세선(trend line)을 수학적으로 구하고 일정 시점에서 요구되는 판매원의 수를 예측하는 것이다.

5) 시뮬레이션

시뮬레이션(simulation)은 현실세계를 반영하는 수학적인 모델을 통하여 실제의 상황에서 실험을 하는 기법이다. 그리고 모델은 현실세계의 축소판이다. 앞에서 살펴본 방법들은 현실을 너무 단순화하는 것으로 현실을 제대로 반영하지 못할 수도 있다. 또한 현실세계는 여러 변수들이 상호 작용하여 결과가 일어난다고 볼 수 있다. 따라서 시뮬레이션은 현실세계를 나타내는 수학적 모델을 도출하고 컴퓨터의 도움을 받아 여러 변수들이 변화할 때, 어떤 결과가 발생하는가를 밝히는 것이다. 예를 들어 "현재 인력의 10%가 시간외근무를 하면 어떻게 될까?"라든가 "공장이 2교대 3교대로 운영된다면 어떻게 될까?" 등 관심 있는 변수들의 변화가 어떠한 결과를 가져오는가를 밝히는 것이다.

6) 델파이법

델파이법(delphi technique)은 인적자원관리 전문가들에게 최종 결론에 도달할 때까지 인적자원 수요예측에 관한 질문지를 보내 그들의 경험과 판단에 기초하여 인적자원 수요를 예측하는 방법이다. 이 방법은 전문가들이 한 자리에 모여 직접 대면을 하지 않고, 다른 사람들의 의견이 익명으로 전달되기 때문에 창의적이고 점진적인 사고를 하는데 장애를 받지 않는다.

2. 인적자원의 공급예측

인적자원 수요예측을 통해 미래에 필요하게 될 인적자원이 기업 내부 및 외부에서 활용 가능한가를 살펴보아야 한다. 즉, 인적자원의 공급예측은 내부 공급예측과 외부 공급예측으로 나누어진다.

1) 내부 공급예측

미래에 조직에서 필요로 하는 인적자원이 현재 조직에서 일하고 있는 현직 종업원일 수도 있다. 따라서 미래에 필요한 인적자원을 조직 내부에서 구할 수 있는지를 먼저 살펴보아야 한다. 조직의 규모가 작은 경우에는 경영자가 모든 종업원의 기능과 자질 등을 잘 알고 있지만 대기업의 경우에는 사실상 불가능하다. 그런 경우에 사용 할 수 있는 기법을 소개하면 다음과 같다.

(1) 관리자목록

조직 내의 모든 관리자들의 관리능력을 포함하여 그들에 대한 자세한 정보를 수집한다. 이러한 정보는 전직, 승진 등에 활용된다. 그리고 이러한 관리자목록(management inventory)에는 관리자의 직무능력, 교육경력, 장점 및 약점, 경력목표, 승진가능성, 전공분야, 인적사항 등이 포함되어 있다.

(2) 기능목록

기능목록(skill inventory)은 생산직 종업원을 대상으로 기능을 포함하여 그들에 관한 정보를 입력하여 승진 및 전환에 사용하는 정보모음을 말한다. 기능목록에 포함되는 내용에는 일반적으로 보유기능, 조작 가능 기계 · 장비 · 도구, 현재 담당하고 있는 직무의 내용 및 책임 정도, 교육 수준, 경력, 교육훈련, 직무 성과, 강점 및 약점 등이 포함된다. 조직의 필요성에 따라 기타 다양한 정보들이 추가될 수 있다.

관리직 기능목록은 이에 추가하여 감독하는 부하직원의 수, 감독하는 부하직원들의 유형, 책임을 지고 있는 예산의 규모, 부하직원의 임무, 과거 관리경력 등을 포함하기도 한다.

기능목록은 일반적으로 전산화되어서 주기적으로 갱신해야 하며 최근에는 개인 및 조직에 관한 각종 정보와 기능목록이 담고 있는 정보를 연계시켜서 보다 폭넓은 용도로 활용 가능한 인사정보 시스템으로 통합하고 있다. 기능목록의 예는 다음 [표 4-1]과 같다.

(3) 대체도

대체도(replacement chart)는 종업원의 승진과 같은 인적자원의 공급예측을 위해서 특히 전문직이나 관리직의 업무성과, 승진잠재력, 개발필요성 등을 기록한 차트이다. 대체도는 조직의 중요 직위에 있는 사람들의 임무수행능력이나 성과평가, 잠재능력 등이 요약되어 있다. 즉, 현재 어떤 직위에 누가 어떻게 근무하고 있고, 누가 승진을 위해 대기하고 있는지를 한 눈에 알 수 있다.

대체도는 인적자원 공급예측을 위한 중요한 도구로써 역할을 할 뿐만 아니라, 중요한 인재의 부족을 미리 알려주는 역할을 하기도 한다. 만일 중요한 직위에 있는 경영자가 갑작스럽게 사직하였음에도 불구하고 신속하게 대체할 인재에 관한 정보가 없다면 회사는 인재공급 예측의 어려움에 직면할 것이며, 인재공급의 지연이나 실패로 인한 직무수행에 큰 어려움에 봉착하게 될 것이다. 대체도의 예는 [그림 4-1]과 같다.

표 4-1 기능목록의 예

기능목록	
성명: 김동규 사번: 12378	작성일자: 2019. 3. 1 부서코드: 100

핵심 직무			경 력
직무	내용	활동	1. 2006~2012 채용관리 2. 2013~2015 노무관리 3. 2016~현대 교육훈련
1. 인사 2. 교육 3. 노사관계	데이터분석 기획 노무관리	계획 계획 감독 및 분석	

학 력	특별연수	회 원
1. 학사 경영학 2003 2. 석사 인사조직 2005	1. 인사관리세미나 2012 2. 경력개발 2017	1. 한국경영학회 2. 한국인적자원관리학회

자격증	외국어 능력	희망직위	희망근무지	취 미
1. 공인노무사	1. 영어 상 2. 일어 중	1. 인사관리 2. 노무관리	1. 서울 2. 울산	1. 테니스 2. 등산

종업원서명: 김 동 규 날 짜: 2019. 3. 1	인사부서담당자서명: 이진규 날짜: 2019. 3. 1

그림 4-1 | 대체도의 예

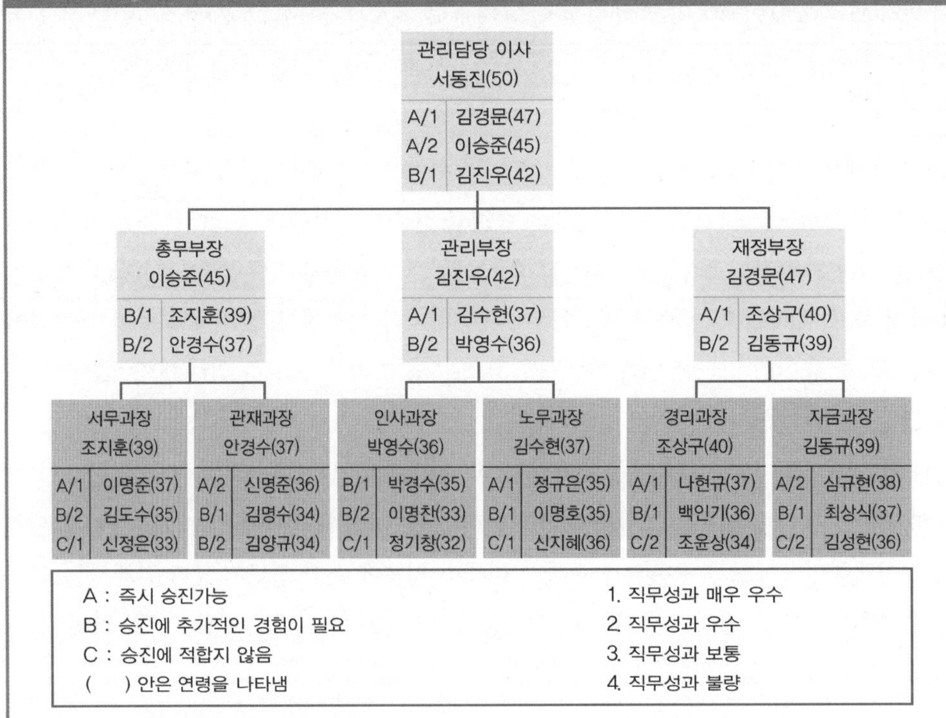

(4) 마코브체인분석

마코브체인분석(Markov chain analysis)은 미래의 어떤 시점에서 종업원이 현 직무에 머무르거나, 승진 또는 이동하거나, 조직에서 이직할 확률인 이동확률매트릭스(transition probability matrix)를 이용하여 인적자원공급을 예측하는 기법이다. 여기서 이동확률매트릭스는 매년 초 각 직무에 종사하는 사람들의 숫자에 이동예상률을 곱하여 계산한 숫자로서 이는 매년 말 각 직무에 종사할 것으로 예상되는 사람들의 숫자를 나타내는 지표로 사용된다. 이동확률매트릭스를 개발하는 단계는 다음과 같다.

첫째, 인적자원이 이동하거나 퇴직(사직 · 사망 · 해고 등)할 가능성이 있는 직무를 상황에 따라 분류한다.

둘째, 과거 몇 년 동안 각 상황에서 발생한 이동률에 관한 자료를 수집한다.

〈표 4-2〉에서 보여주는 바와 같이 이 회사의 과거 자료에 의하면 연초에 근무하던 생산직(A직무) 종업원들의 1년 사이에 이동률은 마케팅(B직무)으로 5%, 연구(D직무)으로 5%가 이동했고 퇴직자는 15%로 나타났다.

셋째, 과거의 이동률 정보를 연초의 인원에 대입시켜 〈표 4-2〉와 같은 이동확률매트릭스를 계산하여 미래의 인적자원 공급을 예측한다.

표 4-2 직군별 이동예상률

직군	인원 (연초)	이동률(연중)				
		생산(A)	미케팅(B)	사무(C)	연구(D)	퇴 직
A직무(생산)	100	(0.70)	0.05		0.05	0.15
B직무(마케팅)	80	0.10	(0.80)	0.05		0.10
C직무(사무)	60		0.05	(0.85)	0.05	0.05
D직무(연구)	40	0.10		0.10	(0.75)	0.10

* ( ) 안은 종업원 재직률 임.

〈표 4-3〉에서 설명하고 있는 바와 같이 생산직 종업원은 연초에 100명이었으나 5명(5%)은 마케팅직으로, 5명(5%)은 연구개발직으로 이동할 것으로 예상되고, 15명(15%)은 퇴직할 것으로 예측된다. 그러나 마케팅직 근무자(80명) 중 8명(10%)과 연구개발직 종업원(40명) 중 4명(10%) 이 생산직으로 이동할 것이 예측되므로, 결국 연말에 생산직 근로자 총수는 87명(100－5－5－15＋8＋4＝87)으로 줄어들 것이므로 생산직 근로자의 순공급예측은

표 4-3 이동확률매트릭스에 의한 인적자원 공급예측

직군	인원(연초)	이동률(연중)						
		생산(A)	마케팅(B)	사무(C)	연구(D)	퇴 직	인원유출 합계	순공급 예측
A직무(생산)	100	70(0.70)	5(0.05)		5(0.05)	15(0.15)	25	13
B직무(마케팅)	80	8(0.10)	64《(0.80)》	4(0.05)		18(0.10)	20	12
C직무(사무)	60		3(0.05)	51《(0.85)》	3(0.05)	13(0.05)	9	1
D직무(연구)	40	4(0.10)		4(0.10)	30《(0.75)》	12(0.10)	10	2
인원유입합계		12	8	8	9		64	28

* 《( )》 안은 재직률, ( ) 안은 이동률 임.

13명(100－87)이 될 것이다. 이러한 산출 방식을 이용하여 이 회사의 직군별 인적자원 공급예측을 계산하면 생산직 13명, 마케팅직 12명, 사무직 1명, 연구개발직 2명으로 총합계 28명이 된다.

마코브체인분석은 이해하기 쉽고 적용하기 편리하여 널리 이용되고 있다. 조직의 상황이 과거에서부터 안정적이고 변화하지 않는 상태에서는 정확한 이동률의 예측이 가능하다. 그러나 조직의 구조조정이나 새로운 기업인수 같은 급격한 조직상황의 변화로 인한 이동률이 높아진 경우에는 이동확률치로서의 의미를 갖지 못하기 때문에 미래의 공급예측에 어려움이 따르게 된다.

제3절 인적자원 확보계획

인적자원 소요계획이 마련되면, 양적 · 질적 측면에서 필요한 노동력의 확보를 위한 구체적인 실행계획을 수립해야 한다. 필요 부분의 인적자원 확보는 내부원천과 외부원천에서 찾을 수 있다.

내부원천에 의한 것은 기업 자체 내에서 배치전환, 사내공모, 승진 또는 정규 노동시간 외의 잔업노동과 같은 작업조건의 변경 등에 의하여 충원하는 방법이다.

외부원천에 의한 것은 기업 밖에서 확보하는 방법으로 신규고용계약에 의한 노동력 확

보와 '인력리스계약'에 의한 인력임대차계약, 파트타임제와 인턴사원제 등을 통해 확보하는 방법 등을 들 수 있다. 인력리스계약의 경우 계약기간이 끝나면 리스회사로 돌아간다. 계절적으로 또는 불규칙적으로 인력이 필요한 경우 빠른 시일 안에 임시로 고용할 수 있는 장점이 있다. 이를 요약 · 표시하면 다음과 같다.

그림 4-2 인적자원 확보의 원천

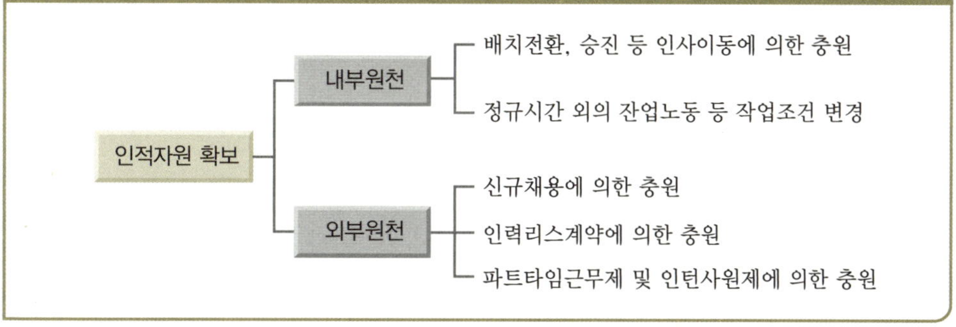

표 4-4 인적자원의 내부원천과 외부원천의 장 · 단점 비교

	인적자원의 내부원천	인적자원의 외부원천
장점	• 승진자의 사기앙양 • 동기유발 • 능력개발강화 • 정확한 능력평가 • 비용절감 • 하위계층은 외부채용	• 많은 선택가능성 • 새로운 충동과 자극 • 조직의 동태성과 활력 • 새로운 정보 · 지식 제공 • 인력개발용 절약
단점	• 모집범위 제한 • 인력개발비용 필요 • 조직투시력 부족 • 유동성 결여 • 안이한 조직 분위기	• 부족한 정보로 부적격자 채용가능성 • 안정을 위한 적응기간필요 • 내부인력의 사기저하 • 높은 인원조달 비용

1. 기업 내부원천

기업 내부의 인적자원 확보 방법은 배치전환, 사내공모, 승진, 노동시간의 연장과 같은 작업조건의 변경 등을 통해 필요한 인력을 보충하는 것이다. 근로자의 사기앙양과 귀속의

식의 증대, 동기부여와 능력발휘, 경력관리와 적정배치 등에 의해 근로자들의 노동능률을 최대로 높임으로써 부족한 노동력을 외부로부터의 충원 없이 자체 내에서 흡수할 수 있다.

이를 위해서는 근로자들에 대한 경력관리에 있어 객관성이 유지되어야 하며, 승진과 승급이 항상 공평하게 적용되어야 하고, 지나치게 승진이 강조되어 승진정책이 연공주의(年功主義)에 의존하여 조직의 분위기가 안일하게 흐르지 않도록 각별히 유의해야 할 것이다.

2. 기업 외부원천

기업 외부의 인적자원 확보 방법으로는 신규 고용계약과 인력리스계약 그리고 파트타임 근무제 및 인턴사원제에 의한 것이 있다. 이 중에서 우리나라 기업들이 일반적으로 이용하는 것은 고용계약에 의하여 노동력을 외부로부터 신규채용하는 것이다.

1) 신규 채용

필요한 노동력을 외부에서 신규 채용하여 근무부서에 배치하여 근무하게하는 것으로 가장 보편적인 방법이다.

2) 인력리스계약

경영 외부로부터의 인적자원확보의 방법으로는 인력리스회사로부터 임대계약에 의한 방법이 있다. 이는 일시 부족되는 특정 분야의 인력을 일정 기간 동안 보충하여 활용하고, 그 대가를 인력회사에 지급하는 방법이다. 그리고 계약기간이 끝나면 인력은 리스회사로 돌아간다.

이 방법을 사용하는 기업은 불규칙적으로 필요한 인력에 대해 장기고용의 부담없이 활용할 수 있다.

최근 전산처리업무, 분석업무, 조사업무, 설비업무, 회계업무, 판매업무, 교육훈련, 통역 및 번역, 기타 사무 등이 인력리스계약에 의해서 인력을 활용하고 있다.

3) 파트타임 근무제

인적자원확보의 외부원천으로써 사회유휴인력의 파트타임제 활용이나 인턴사원제 또는 현장실습교육생의 활용을 들 수 있다.

사회의 유휴인력은 고령자, 가정주부, 장애자, 아르바이트 학생 등이 있으며 이들의 기능 및 숙련 정도에 따라 매일 근무시키지 않아도 가능한 일, 정상근로자 대신에 틈틈이 근무시켜도 되는 일에 활용할 수 있다.

4) 인턴사원제

인턴사원제는 기업이 장래에 필요한 노동력을 공급받기 위해 일정 기간 동안 고용해보고 직무수행능력이나 적응 · 적성이 있다고 평가될 때 정규직사원으로 채용한다든가 혹은 각급 학교에서 현장실습 교육 과정을 개설하고 있어 이를 활용하는 제도이다.

기업이 산학협력으로 대학 재학 중인 학생을 대상으로 하여 방학 중 일정 기간 동안 현업부서에 배치하여 현장실습의 기회를 제공한 후 특별한 하자가 없는 한 정식사원으로 채용하는 제도이다.

기업의 입장에서는 산학협동에의 참가, 적재적소의 인재배치, 우수인력의 조기 확보, 기업 이미지 제고, 기업에 대한 친근감과 신뢰감 조성, 학생들에게 건전한 기업관주입, 기업홍보 등 여러 가지 장점이 있다. 또한 실습기간 동안 각 개인의 기업관과 능력, 인성을 파악할 수 있다는 점과 다른 방법으로 채용된 사람보다 이직률이 낮다는 이점도 있다.

학생의 경우는 막연하게 생각하고 있던 해당 기업의 분위기나 업무를 미리 파악함으로써 자신의 적성에 맞는 직장을 선택할 수 있다. 그리고 입사 후 빨리 직장생활에 적응할 수 있다.

3. 인적자원의 과잉 문제의 해결 방안

소요인력과 그 활용에 있어 인적자원의 부족현상이 일어나면 기업은 모집을 위한 노력을 해야 한다. 반대로 인적자원의 과잉현상이 나타나면 적정인력을 보유하기 위한 다음의 조치를 강구하여야 한다.

1) 신규 채용 제한

기업이 신규 채용을 제한하는 방침을 가지고 있을 때 조직 내 결원이 생겨도 신규 사원을 채용하지 않기 때문에 노동력의 전반적 보유 수준은 증가하지 않는다. 이런 경우 신규 채용은 조직의 전반적 성과가 지나치게 저조하거나, 결정적 필요가 생겼을 때에만 활용하게 된다.

2) 근로시간 단축

소요인력에 대한 수요가 감소할 때 이에 대처할 수 있는 다른 방안으로 전종업원의 근로시간을 일괄적으로 단축하거나 라인을 조정하는 일이다. 시간급의 종업원에게 직접적으로 적용 가능한 방법이다.

3) 조기퇴직

정년이 되기 전에 퇴직시키는 방법으로 우선적으로 본인의 희망에 의해 적용하거나 노동조합과의 협의에 의하거나 또는 기업의 형편상 부득이하게 적용하는 노동력 축소 방안이다. 기업은 조기퇴직을 위한 총괄퇴직 패키지를 도입하여 퇴직자에 적절한 보상대책을 강구하여야 한다.

4) 일시해고

보유인력의 과잉현상이 나타나면 일정 비율의 근로자에게 일시해고조치를 할 수 있다. 완전해고와는 달리 그 성격이 구분되지만 단기적으로는 해고와 동일하다. 노동조합과 이에 대한 사전협의가 있어야 한다.

일시해고는 대부분 하위직을 대상으로 일시해고가 이루어지지만 그 선정에 있어 신중해야 한다. 그 기준에 있어 연공서열이나 능력, 업적 등 객관적인 자료에 의해 이를 실행하여야 한다.

05

채용과 배치

제1절 채용과 배치

1. 채용과 배치의 의의

직무분석에 의해 노동의 질과 양이 확정되고 직무평가에 의해 각 직무의 공헌도에 따른 상대적인 가치가 결정되면 충원계획의 수립과 동시에 채용 활동이 전개된다. 따라서 채용 활동은 기업이 필요로 하는 요건을 갖춘 노동력을 필요로 하는 양을 필요한 시기에 조달하는 일이라 할 수 있다.

채용배치의 구체적인 내용으로는 기업이 필요로 하는 노동의 양을 산정하고 필요 노동력의 질적 요건을 설정한 다음 필요노동의 질과 양에 상응한 노동력의 공급원을 확보하고, 질적 요건의 기준에 맞추어 근로자를 선발 · 채용하여 그들의 능력을 보다 잘 발휘할 수 있는 직무에 배치하는 것이다.

2. 적정배치의 방법

적정배치는 적재적소(the right man, the right place)가 기초적인 원리라고 할 수 있다. 적재는 곧 직무를 수행해야 할 사람을 뜻하며, 적소는 적재가 수행해야 할 직무를 의미한다. 그러므로 적재적소에 입각한 배치를 하려면 이 양자가 꼭 합치될 수 있는 점을 찾아야 한다. 배치상 적소(직무)와 적재(사람)가 지니는 요건을 살펴보면 다음과 같다.

1) 직무요건

직무의 요건이란 직무를 올바르게 수행함에 있어서 종업원에게 요구되는 신체적 · 정신적 특질을 의미한다. 이것을 구체적으로 분류하면 다음과 같다.

① 직무가 요구하는 능력 수준
② 직무가 요구하는 인격특성

③ 직무수행이 구체화 될 조직의 환경

④ 직무의 조직상의 직위

2) 인적 요건

인적 요건은 맡은 바 직무를 수행할 수 있는 능력으로, 즉 신체적 · 인격적 특질을 파악하는 일이다.

① 작업원의 신체적 특성
   ㉠ 건강 ㉡ 역량 ㉢ 신장 ㉣ 신체허용한계

② 정신적 특성
   ㉠ 감각과 정확성 ㉡ 기능이나 특수능력 ㉢ 기질, 성격상의 특성

③ 배경
   ㉠ 일반적 교육 ㉡ 전직 경력 ㉢ 직무상의 훈련

이상과 같은 직무 요건과 인적 요건이 일치되는 점을 발견하게 되면 적정배치의 문제는 자동적으로 해결될 수 있다.

직무 요건을 규명하기 위해서는 직무분석, 직무평가, 시간 및 동작연구 등이 있으며, 인적 요건을 규명하기 위하여 인사고과, 적성검사, 각종시험 등이 있다.

그림 5-1 적정배치를 위한 요건

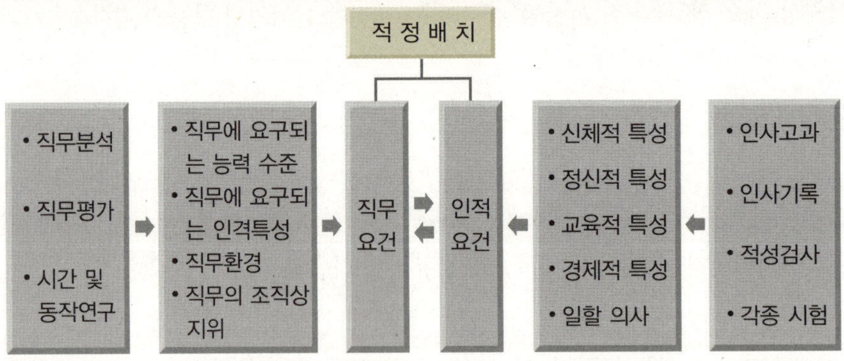

3. 적재적소 배치의 이점

합리적인 선발 못지않게 합리적인 배치의 문제도 중요하다. 능력 있는 종업원을 자신의 재능에 가장 적합한 일을 수행하게 함으로써 높은 성과를 기대할 수 있다.

적재(適材)란 직무를 가장 능률적으로 행할 수 있는 사람을 뜻하며, 적소(適所)는 사람에게 가장 적합한 직위 내지 직무를 의미한다. 그러므로 적재적소에 입각한 배치를 하려면 직무가 요구하는 자격 요건과 인적인 적성이 잘 조화를 이룰 수 있는 연구가 선행되어야 한다.

직무 요건이란 직무를 올바르게 수행함에 있어서 종업원에게 요구되는 신체적 · 정신적 특질을 의미하고, 적재로서의 인적 요건이란 종업원이 맡은 바 직무를 충실히 수행할 수 있는 능력, 신체적 · 정신적 특질을 의미한다.

이와 같이 직무상의 요건과 인적 요건이 정확히 파악되면 이 두 요건의 합치점을 찾는 일은 용이한 것이므로 적정배치의 문제는 쉽게 해결될 수 있다. 이를 정리하면 [그림 5-2]와 같다.

그림 5-2 적정배치를 위한 요건

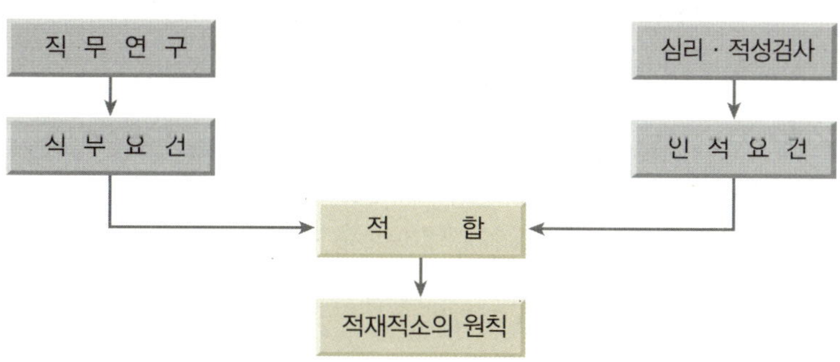

적재적소의 원칙은 다음과 같은 이점을 가지고 있다.

① 적재는 기술상의 훈련이 용이하고 숙련에 요하는 기간이 짧고 훈련의 효과가 크다.

② 적재의 여부는 일을 처리하는 능력에 관계되므로 적정배치를 통해 작업의 양과 질의 향상을 기할 수 있다.

③ 적재의 적소배치가 이루어지면 작업에 흥미를 가지기 때문에 감독이 용이하다.

④ 작업현장에서는 적정배치를 통해 산업재해를 미연에 방지할 수 있으며, 사무직에 있

어서도 적재의 적소배치는 사무상의 오류를 예방할 수 있고 능률도 향상 된다.

⑤ 적재의 적소배치는 일에 흥미를 갖게 되어 작업능률향상과 원가절감이 달성된다.

⑥ 적재를 선발해서 적소에 배치함으로써 개인의 자질을 향상시켜 능률을 향상시켜 개인과 사회발전에 기여하게 한다.

4. 부적격자 조치

신중히 고려하여 배치를 하더라도 시간이 경과함에 따라 부적격자가 발생할 수 있다. 이러한 경우 적절한 조치를 하지 않으면 본인은 물론 기업경영에 있어서도 바람직스럽지 않을 뿐만아니라, 비효율적인 결과를 초래 하게된다. 이런 경우 다음과 같은 조치들이 필요하다.

1) 재교육훈련

현재 배치되어 있는 직무를 검토하여 문제점을 분석하고 대책을 수립한다. 그 후에 교육일정에 따라 필요한 교육내용을 선정하여 실시하여야 한다.

2) 생활지도

부적격자는 직무에 대한 불만족, 대우에 대한 불평, 상사 · 동료와의 인간관계가 좋지 않은 이유 등에서 오는 경우가 많다. 따라서 그 원인을 철저히 조사하여 적절한 조치를 취하는 것이 필요하다.

3) 직장환경의 개선

본인의 성격이나 신체상황에 의한 경우, 환경이 원인이 되는 경우 등에 의해 발생할 수 있다. 이러한 경우 명암 · 온도 · 기계공구와 같은 직장환경개선 조치에 따라 그 원인을 제거하는 방법도 있다.

4) 배치전환

업무의 내용을 변경하는 것과 업무의 내용은 같으면서 부서이동을 하는 것이 있다. 이때 직무의 내용, 각 직무 간의 공통성 · 연관성을 고려하여 당사자에 대한 납득 · 이해 혹은 주위의 사람에 대한 영향을 충분히 고려하여 실시하는 것이 필요하다.

제2절 채용관리

1. 채용계획

오늘날 기업의 경영 활동은 급격한 내 · 외환경의 변화로 인하여 그 어느 때보다 어려운 상황에 직면하고 있다. 따라서 이러한 어려움을 극복하고 기업 본래의 목적을 달성하기 위해서는 무엇보다도 유능한 인적자원의 확보와 효율적 활용방안을 강구하지 않으면 안 된다.

이를 위해서 채용계획의 수립은 기업의 현실성과 장래의 발전을 감안하여 일의 양과 질을 명확히 한 다음 정원을 책정하고 자격 요건을 결정하여 인적자원 확보계획을 마련해야 한다. 인적자원 확보계획이 마련되면 구체적으로 채용실시계획을 수립해야 한다.

여기서 제출서류의 종류와 양을 합리화하고 시험실시에 있어서 필기시험의 과목과 구술시험의 기준을 설정해야 한다.

그림 5-3 | 채용계획의 수립

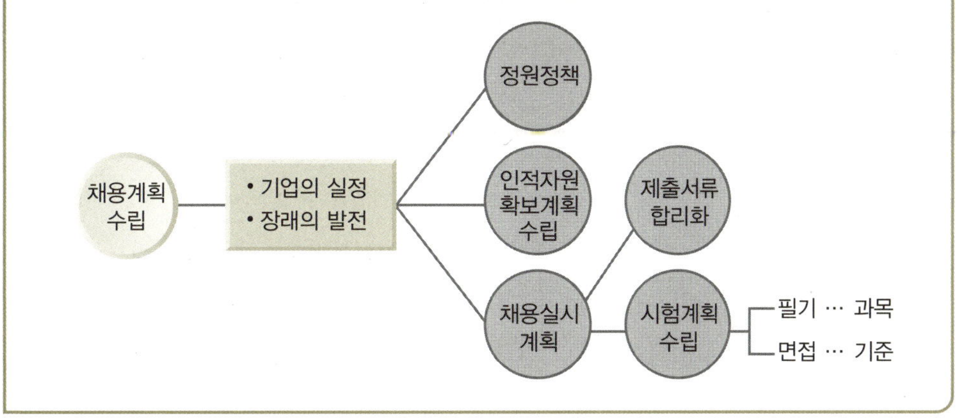

2. 채용기준의 합리적 설정

기업이 필요로 하는 적재(適材)를 확보하기 위해서 무엇보다 필요한 것이 노동력의 질적 기준을 설정하는 것이다.

질적 기준으로는 신체적 · 생리적 능력의 측면에서 건강도, 체격(인물), 체력(운동능력), 감각(시 · 촉 · 청각), 기능 정도 등을 들 수 있으며, 지적 능력 면에서 학력과 경력을 들 수 있고, 소질로서의 지능으로는 일반지식과 특수지능을 들 수 있으며, 성격상으로는 내향성 · 외향성 · 적응성과 흥미 등을 들 수 있다.

제3절 채용절차

채용절차는 고용관리를 효율적으로 하기 위한 일련의 과정으로서 본질적으로는 지원자로부터 보다 정확한 정보를 얻어내는 데 있다.

이러한 절차에 관해 일반적으로 기업에서 행해지는 채용 테스트는 서류전형 → 필기시험 → 면접 → 적성 · 인성검사 → 신체검사의 순으로 진행된다.

이런 채용 과정이 어느 것이 바람직한가 하는 문제는 채용 프로그램이 기업의 실정에 맞게 직무수행에 적절한 적임자를 선발하고 있는가 하는 문제를 연구해야만 해결될 수 있다.

그것은 기업의 방침, 직무의 성질, 준비와 비용, 응모자의 정도 등에 따라 추가되거나 생략될 수 있으며 순서도 바뀔 수 있기 때문이다.

선발은 응모자를 선발절차상의 모든 단계를 거치게 한 후, 각 단계에서의 점수를 합산하여 선발 의사결정을 하는 종합적 접근법과, 선발절차의 각 단계마다 응모자의 특성이 그 단계의 합격점에 미달되면 탈락시켜 다음 단계로 넘어가지 못하게 하여 최종 단계까지 탈락하지 않고 남아있는 응모자만을 선발하는 단계적 제거법이 있다.

기업은 어떤 절차를 거쳐 응모자 가운데 적임자를 선발하고 있는가에 대해 기업마다 모집직종, 응모자의 특성에 따라 다르기 때문에 일률적이지는 않다. 우리나라 대기업의 경우 과거에는 서류전형 → 필기시험(영어, 상식(한자), 전공) → 검사 → 면접 → 신체검사 등의 절차를 거쳐 신입사원을 선발하는 기업이 많다. 그러나 최근에는 서류전형 → 인성 · 적성 검사 → 면접의 과정을 거쳐 선발한다. 서류를 모든 지원자로부터 받지 않고 추천을 통해서

그림 5-4 적정배치를 위한 요건

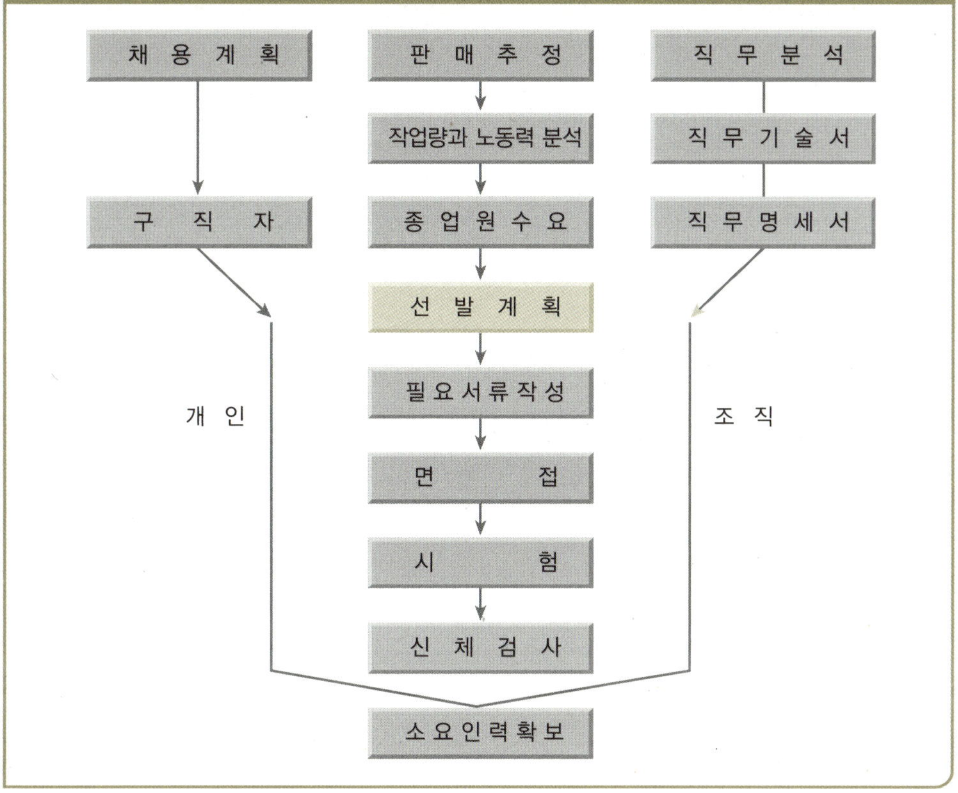

만 받는 기업이 있으며, 직무능력평가 등 적성검사를 도입하며 면접의 비중을 높이는 기업이 늘고 있는 추세이다.

(1) 예비면접

모집 분야의 자격요건에 명백하게 일치하지 않는 지원자를 초기에 가려내는 단계이다.

(2) 입사원서의 접수 및 평가

입사원서 및 자기소개서를 포함한 각종 서류를 접수하고 검토하여 평가하는 단계이다. 이를 서류전형이라 부른다. 서류전형에서 가장 중시하는 항목은 전공학과성적, 자기소개서, 출신학교, 학교추천 및 외국어능력, 자격증 소유 등이다.

입사원서의 항목들을 평가하여 지원자의 성공가능성을 판가름하는 것은 쉬운 일이 아니지만, 기업은 과거의 자료를 토대로 성공가능성과 상관관계가 높은 항목을 가지고 평가하게 된다.

(3) 선발시험

입사원서와 각종 서류를 통해 얻을 수 없는 지원자에 대한 정보를 얻기 위해 각종 선발시험을 치르게 된다. 선발시험에는 영어시험, 전공시험, 상식시험 등의 필기시험과 지능검사, 적성검사, 인성검사, 직무능력검사 등 선발을 위해 실시되는 각종 시험 및 검사를 지칭한다.

(4) 면접

면접은 최근 들어 비중이 높아지고 있는 선발도구로서 지원자를 직접 대면한 상태에서 응모자에 대한 정보를 획득하는 과정이다. 면접이 채용 여부에 있어 그 중요성이 가장 커지고 있다.

(5) 경력 및 신원조회

입사원서에 나타난 학력 및 경력이 사실과 다른지 조회하고 지원자의 과거행적, 사상, 태도, 교우관계를 파악하는 신원조회를 하기도 한다.

(6) 신체검사

선발에 대한 최종 의사결정을 하기 전에 신체적으로 조직 및 직무의 요구조건에 부적합하거나 전염성이 있는 질병이 있는 사람을 가려내는 단계이다.

이러한 제 절차 가운데서 우리나라 기업체들의 선발 과정을 개괄하여 볼 때 가장 중요시되고 있는 것은 선발시험과 면접이라고 할 수 있다.

인상 · 직종, 궁합 맞춰라

기업 인사담당자들은 신입사원 전형에서 지원자의 인상을 중요하게 생각하는 것으로 나 타났다. 잡코리아가 사원면접에 참여한 경험이 있는 면접관 1,056명에게 조사한 결과 응답자의 85.9%(907명)가 '인상을 채용 기준으로 고려한다'고 답했다.

대한항공 A팀장은 "채용업무를 오래 담당하다보니 인상만 봐도 지원자의 특성을 알 수 있어 점쟁이 소리를 듣는다"며 "단정하면서 신뢰감을 주는 사람이 우리 회사와 잘 맞는 것 같다"고 말했다. 신세계백화점의 B부장은 "서비스업의 특성상 지원자의 인상이 당락에 큰 영향을 미친다"며 "외모가 튀거나 개성이 너무 강한 지원자는 탈락시키는 경우가 많다"고 말했다.

이에 비해 구직자들은 인상의 중요성을 잘 모른다는 것이 취업전문가들의 지적이다. 인크루트 C 국장은 "지원서에 붙이는 증명사진도 아무렇게나 찍어 보내는 구직자가 많다"며 "기업은 서류전형 때부터 지원자의 인상을 평가한다는 사실을 명심해야 한다"고 말했다. 하지만 인상이 좋지 않더라도 이를 극복할 방안은 많다. 병원 서비스직에 취업한 D 모씨(30)는 눈꼬리가 위로 올라가고 입술이 얇아 주위에서 "첫 인상이 차가워 보인다"는 말을 들어 왔다. D씨는 채용면접에서 자신을 인상을 거꾸로 이용했다. 그는 면접관들에게 "인상은 차가워 보이지만 성격을 싹싹하다"고 말했다. 이 씨는 "솔직하게 알리고 이를 극복하려 노력한다는 점이 좋은 평가를 받은 것 같다"고 말했다. 건설회사 기술영업직에 취직한 H(28) 씨는 면접장에서 팔굽혀펴기를 했다. 갸름한 얼굴에 마른 체형인 그는 "인상과 달리 성격이 활발하고 체력도 좋다"고 말해 취업관문을 뚫었다. K 본부장은 "인상이 좋지 않은 지원자가 자신의 노력으로 이를 보완하면 더 좋은 점수를 받는다"며 " 자신의 인상을 잘 분석한 뒤 그에 맞는 취업 전략을 짜는 것이 중요하다"고 강조했다.

면접관들이 감점을 준 인상은?

■남성지원자

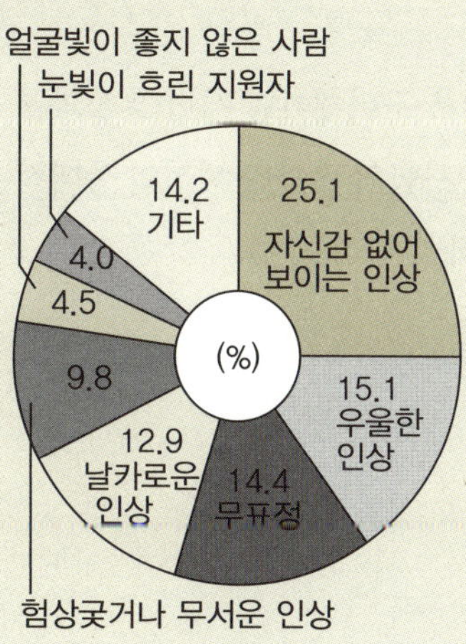

자료 : 잡코리아

제4절 선발시험

1. 선발시험의 유형

선발시험은 선발을 위한 정보를 얻는 수단으로 매우 유용하기 때문에 대부분의 기업이 선발도구로 활용하고 있다. 선발시험은 직무수행에 필요한 전문지식, 지능, 지적능력, 적성 등을 평가하여 이것을 근거로 공정한 선발을 하려는 데 목적이 있다.

선발시험으로 어학실력을 테스트하는 어학시험, 전공지식을 테스트하는 전공시험, 상식 · 한자 · 논문 등의 교양시험과 같은 필기시험과 심리학을 바탕으로 한 적성검사, 인성검사, 지능검사, 성취도검사, 흥미검사, 상황검사, 감정검사 등의 각종 방법이 활용되고 있다.

종전의 선발시험은 대부분 학문적 지식이나 기술을 다루는 시험이 대부분이었으나 오늘날 급변하는 내 · 외환경에 적응하기 위해서는 직무와 관련된 적성과 능력을 중시하는 선발시험이 적합하다. 따라서 다음과 같은 사항에 유의하여 선발시험을 실시해야 한다.

첫째, 시험항목은 가능한 한 최소화하고 합목적적으로 구성되어야 한다. 그리고 능력, 적성 및 태도 등 직무수행 요소와 관련이 있는 항목을 선정해야 한다.

둘째, 기존에는 일반적인 학력이나 상식을 필기시험을 통해 측정하였으나 앞으로는 직무에 필요한 학력, 지식, 기능 등을 측정하여야 한다.

셋째, 시험 방법은 타당성과 신뢰도, 객관성의 조건을 구비해야만 시험의 성과를 기대할 수 있다. 모든 검사의 방법이 가지는 한계를 인식하고 시험의 평가나 해석의 상대적 의미를 부여하여 면접 등의 보완적 선발도구를 활용하도록 해야 한다.

선발시험의 유형은 다음과 같다.

1) 필기시험

"필기시험 사라진다"라는 신문기사에서처럼, 그 중요성이 과거에 비해 많이 줄어들고 있는 추세에 있다. 필기시험 중 가장 큰 비중을 차지하고 있는 것은 영어시험이다. 그런데 이러한 영어시험도 외부의 공인된 시험(TOEIC, TOEFL 등)으로 대체되고 있다. 그리고 필기시험에는 영어시험 외에도 전공지식을 테스트하는 전공시험, 상식시험, 한자시험, 논문 등이 있다.

2) 적성시험

적성은 어떤 직무에서의 성공가능성을 의미하는 것으로서 어떤 일을 수행할 경우, 빠른 시간 내에 특정 수준으로 도달가능성과 더 높은 수준의 성취가능성을 말한다.

따라서 적성검사는 한 개인이 가지고 있는 기본능력을 과학적인 기법을 동원하여 진단하는 것이다. 필기시험이 지원자가 가지고 있는 지식을 측정하는 것이라면 적성검사는 지식과는 다소 무관한 그 사람이 기본적으로 소유하고 있는 기본적인 능력 측면, 즉 잠재력에 해당하는 측면과 성격적인 기질을 진단한다.

기업체에서는 적성검사를 위해 외부 전문가들과 함께 자체 개발한 기법을 사용하고 있다. 삼성그룹은 삼성직무검사(Samsung Aptitude Test: SSAT)를 개발하여 사용하고 있다. 또한 LG그룹은 기초직무능력평가를 자체 개발하여 사용하고 있다. 이러한 기초직무능력평가는 신입사원이 기업에 입사하여 업무를 수행하는데 필요한 기본적 자질을 얼마나 보유하고 있는가를 종합적으로 평가하기 위한 것으로 평가항목은 크게 언어적 능력, 상황판단력, 사회적 상식 등이다. 따라서 삼성직무적성검사 및 LG그룹의 기초직무능력평가, SK 종합적성검사는 능력검사와 인성검사를 종합한 적성검사라고 볼 수 있다.

CASE STUDY

삼성의 직무검사(SSAT)

SSAT(Samsung Attitude Test)는 삼성그룹에서 신입사원 채용 시 실시하는 직무적성능력검사로 PI(지적능력)와 AI(인성)로 구성되어 있다. PI의 경우 언어력, 수리력, 추리력, 고사성어, 상식 등 약 16개 영역에서 각 영역당 약 25문항이 출제되며 AI는 약 180문항이 출제된다.

SSAT 해결 방법으로는 먼저 PI(지적능력)는 각 영역의 문제가 대략 25문항에 시간이 5분 가량 주어지므로 정확성뿐만 아니라 신속성이 요구된다. 일반적으로 문항이 늘어날수록 어려워지므로 1번부터 차근차근 풀어나가야 하며, 해결이 어려우면 다음 문항으로 넘어가야 한다. AI(인성) 부분은 시간이 넉넉하고 문제는 비교적 쉬운 편이나 질문이 반복되는 경우가 있으므로 대답에 일관성을 지녀야 한다.

SSAT 진행절차로는 입실 → 시험안내 및 설명 → 문제지 배부 → PI 실시(소요시간 3시간 30분) → 휴식(10분) → AI 실시(소요시간 40분) → 퇴실 순으로 진행된다.

프리젠테이션 내용으로는

- 당신이 신규 브랜드를 발족시키고자 하는 사장이라면 어떠한 전략으로 신규 브랜드를 시장에서 인지도를 얻고 발전시킬 것인가?
- 21세기의 유망산업을 전망하고, 그 발전방향에 관하여 논하시오.
- 고객만족, 소비자만족, 종업원만족의 개념에 관하여 논하시오.
- 전자상거래 시장의 발전방향과 전망은?
- 실버산업의 발전 전망은?
- 신입사원의 향후 진로는?
- 시그마 운동의 적용에 관한 문제
- 인터넷 사업을 한다면 어떤 것을 하겠는가?
- 쓰레기매립장 건설을 추진하고 있는데, 그 지역주민의 반대로 공사가 난관에 봉착해 있다. 당신이 실무자라면 어떻게 이 문제를 해결할 것인가?
- 당신이 인터넷 창업을 한다면, 기존의 인터넷 몰과는 다른 어떤 전략을 사용하여 사업을 벌릴 것인가?

3) 인성검사

성격검사, 기질검사(temperament test)라고도 부르며, 개인의 내향성 · 외향성, 사회성, 정서적 안정성, 충동성, 인내 등 개인의 성격적인 측면을 측정하는 방법이다.

4) 지능검사

개인이 갖고 있는 지적 능력을 검사하는 것이다. 이는 IQ(intelligence quotient)검사라고도 한다. 지능이란 즉각적으로 문제를 해결하기 위해서 자신의 경험을 활용할 수 있는 능력 또는 미래에 발생할지도 모를 문제의 특성과 그의 해결에 대한 예견능력을 말한다.

지능검사에 있어서는 대개 언어능력, 기억력, 추리력, 계산능력, 어휘구사력, 지각력 그리고 판단능력 등이 측정된다.

5) 흥미검사

지원자의 관심, 기호, 취미를 측정하는 것으로 개인이 어떤 직무 유형에 적합한가를 판가름하는 데 도움을 준다. 예를 들면, 영업에 적성이 맞는 사람을 사무실에 붙잡아 두면 능률이 오르지 않는다. 또한 똑같은 조건이라면 자신이 하는 일에 흥미를 느끼는 사람과 그렇지 않은 사람의 성과는 다르다.

2. 선발시험의 요건

최근 인재선발의 핵심은 채용 후에 맡게 될 직무의 수행능력보다도 그 사람이 가지고 있는 잠재력을 더 중시한다.

그러나 오늘날 기업조직의 대규모화 · 국제화에 따라 급속히 진행되는 기술진보는 결코 이와 같은 방법에만 의존할 수 없게 되었다.

따라서 직무와 연결하여 기업 내에서의 노동효율을 높이고 소수정예주의를 지향하기 위해서는 적성과 능력을 기준으로 하는 근로자의 채용과 배치를 위한 제 기법의 활용이 절실한 과제가 되고 있다.

1) 신뢰성

신뢰성(reliability)은 시험 방법이 하나의 능력측정수단으로서 정확한 측정기능을 가졌느냐의 여부를 말한다. 즉, 어떤 한 가지 시험을 동일한 환경에서 동일인에게 반복적으로 시행하였을 때 그 결과의 일관성(consistency)을 의미한다.

2) 객관성

이것은 채점결과의 객관성을 말한다. 신뢰성의 다른 측면이기도 한 객관성은 시험의 성적이 채점자가 누구냐에 따라서 크게 영향을 받지 않는 것을 말한다.

3) 타당성

타당성(validity)은 시험이 측정하고자 하는 내용과 대상을 장래의 직무성과의 기준에 얼마만큼 예측타당도를 높이느냐 하는 정도를 의미한다. 즉, 시험에서 우수한 성적을 얻은 사람이 채용 후에도 근무성적이 예상한 대로 우수하게 나타나면 그 선발도구는 타당성이 인정된다.

흔히 "사람은 많으나 우수인력을 확보하기는 힘들다"라고 하는 말은 직무를 유능하게 수행할 사람에 대한 명확한 선발기준의 결여에서 비롯된 것이다.

4) 선발비율

이것은 총지원자 수에 대한 선발예정인원 수의 비교(선발인원/총지원자 수)로서 선발비율(selection ratio)이 높을수록 선발도구가 높은 타당성을 가져야 유효하게 되며, 반대로 선발비율이 낮을수록 기업은 선택할 여유가 많기 때문에 바람직하다. 그러므로 신뢰성과 타당도가 높은 객관적인 선발도구의 적용 노력은 직무 성과와의 상관관계를 전제로 한 기업경영의 의사결정전략의 하나이다.

제5절 면 접

면접은 선발시험과 더불어 가장 보편적으로 사용되는 선발도구이다.

최근의 각 기업들이 이용하는 면접시험은 산업심리학의 발달과 선발기법의 개발 · 발전에 힘입어 면접에 대한 신뢰도와 의존도가 점점 더 높아지고 있는 실정이다.

이러한 면접의 목적은 선발정보수집을 위한 탄력적인 선발도구로서 필기시험만으로는 확인되지 않는 응시자의 용모, 경력, 가정환경, 성격, 판단력, 사고능력 등 특정 분야에 대한 흥미와 이해, 지식의 정도 등을 보충적으로 파악하는 데 있다.

한편 면접은 면접자와 피면접자 간의 쌍방적 의사전달이기 때문에 면접자는 일방적으로 피면접자가 지니고 있는 정보를 얻어내려고 할 것이 아니라, 면접 과정에서 피면접자와의 적극적인 대화를 통하여 동기유발이 될 수 있도록 노력하여야 한다.

제한된 시간 내에 효율적인 면접을 하기 위해서는 선발면접의 형태를 다음과 같이 구분 · 실시하는 것이 바람직하다.

1. 면접 형태

면접의 형태는 기법과 구조 또는 참가자 수에 따라 다음과 같이 구분된다.

1) 정형적 면접

정형적 면접은 직무 유형에 따라 면접내용을 세부적이고 면밀히 표준화시켜 놓고 순서대로 진행하는 것이다.

이 방법은 편견이 개입할 소지가 적고, 훈련받지 않은 면접자가 실시하는 데는 도움이 되지만 경험이 풍부한 면접자는 좋아하지 않는다.

2) 비정형적 면접

비정형적 면접은 면접내용에 대한 정형적 패턴이 없고, 면접자가 일반적이고 광범위한 질문을 하면 피면접자가 자유롭게 자신을 표현하는 방법이다.

이 방법은 면접자의 편견 또는 선입견을 반영한 결과가 나오지 않도록 하기 위한 고도의 질문기법과 훈련이 필요하다.

3) 스트레스면접

스트레스면접은 피면접자에게 어려운 질문을 하여 당황하게 하거나 좌절하게 하여 감정의 안정성과 좌절에 대한 인내심 등을 관찰하려는 특수한 면접기법이다.

이 방법은 제2차세계대전 중에 전략기관요원을 선발하기 위하여 고안된 기법으로 긴장상태의 행동이 직무의 필수 요소인 직무 형태에서 그들의 행위에 대한 지배력을 유지할 수 있는가를 알아보는 방법으로서 일반적인 산업이나 기업에서는 부적합하다.

4) 패널면접

패널(pannel)면접은 위원회면접이라고도 하며, 한 명의 피면접자를 다수의 면접자가 질문하는 형태이다.

이 방법은 면접이 끝나면 피면접자에 대해 서로 의견을 교환하며, 서로 의견을 모아 지원자를 보다 포괄적으로 판단할 수 있다는 장점은 있으나, 피면접자와의 우호적인 분위기가 형성되지 않으며 피면접자를 긴장된 상태에 놓이게 할 위험이 있다.

5) 집단면접

집단면접은 개별적인 면접과는 달리 면접자 한 명 또는 수 명과 피면접자 수 명이 동시에 면접하는 형태이다.

이 방법은 동시에 여러 사람을 면접할 수 있어 시간절약이 가능하고, 피면접자에게 긴장을 덜어 주고 서로간 비교를 통하여 우수한 인재를 발견할 수 있다는 장점이 있다.

6) 집단토의

이것은 면접대상자를 집단단위(5~8명 정도)로 특정 주제에 따라 자유토론의 기회를 균등하게 부여한 후 토의 과정에서 개별적으로 적성 여부를 심사 · 결정하는 방법이다.

이 방법에는 회사에서 별도의 사회자를 미리 선임하고 과제를 선정하여 그 과제에 대해 토론하는 방법과, 회사에서 과제만 내고 피면접자 중에서 사회자를 정해 토의하는 방법, 사회자도 과제도 제출하지 않고 완전히 자유롭게 토의하는 방법 등이 있다.

특히 집단면접 방식은 적극성, 협조성, 표현력, 이해력, 지도력 등을 종합적으로 평가할 수 있다는 장점이 있다.

위와 같이 다양한 유형에 따라 개별기업이 어떤 면접 방법을 선택하여 사용할 것인가는 기업의 특성에 따라 선택하게 된다.

2. 면접 시의 유의점

1) 면접자

성공적인 면접자는 피면접자로 하여금 편안한 마음으로 자유롭게 피면접자의 경험과 희망 등을 발표할 수 있게 하는 사람이다. 따라서 면접자는 주관과 편견이 개입되지 않고 적임자를 선발할 수 있도록 다음과 같은 규칙을 지키도록 유의하여야 한다.

① 면접자는 피면접자의 개인적 성격과 존엄성을 존중하여야 한다.
② 면접 시에 피면접자에게 제시할 면접의 내용들을 사전에 명확하게 준비하여야 한다.
③ 면접의 질문내용은 피면접자가 쉽게 이해할 수 있도록 명료하고 정확한 언어를 구사해야 한다.
④ 피면접자를 안심시키고 격려함으로써 진실을 말하도록 유도하여야 한다.
⑤ 면접의 내용은 개인적 경험과 지식에 의거, 체계적이고 논리적이어야 한다.
⑥ 개인적인 결점을 크게 지적하거나 비판해서는 안 된다.
⑦ 면접자는 피면접자와의 대화에서 개인의 자존심을 상하지 않도록 유의해야 한다.
⑧ 면접내용은 당사자 간에 비밀이 유지되어야 하며, 어떠한 경우이든 채용 이외의 다른 목적에 이용되어서는 안 된다.

이와 같이 면접자는 면접기술에 대한 숙련이 필요하며, 피면접자가 사용하는 언어를 잘 이해하고 귀를 기울일 줄 알아야 한다.

따라서 면접에는 고도의 기술이 필요하며 면접사항을 기록하는 면접평가기준표 및 인물관찰표는 [표 5-1]과 같다.

2) 피면접자

면접을 할 때 피면접자는 상당히 긴장을 하여 침착한 성격을 가진 사람임에도 불구하고 자신을 제대로 표현할 수가 없게 된다.

이러한 행동은 직무를 맡아 실제로 수행을 할 때 하는 행동과는 다를 수 있다. 따라서 면접자들이 제한된 상황 하에서 비정형적인 행동으로 인하여 잘못 판단할 수가 있다.

이와 같은 오류와 편견을 줄이기 위해서 피면접자는 면접기술을 개발할 필요가 있다.

표 5-1 면접평가 기준표

수험자 성명		수험번호		응시직종	

평정사항	착안점(적합한 곳에 ✔ 하시오)	평정척도			
		최우수	우 수	보 통	불 량
용모 및 태도	① 복장이 단정하다.				
	② 자세가 좋다.				
	③ 표정 · 인상이 좋다.				
	④ 침착하다.				
	⑤ 태도가 진지하다.				
표현력	① 음성이 맑다.				
	② 말이 유창하다.				
	③ 용어는 적절하다.				
	④ 간결 · 정확하게 말한다.				
	⑤ 생각을 충분히 전달한다.				
판단력	① 바르게 이해하고 있다.				
	② 즉시 이해하고 있다.				
	③ 판단이 빠르다.				
	④ 적절한 판단을 한다.				
	⑤ 사고 방식이 건전하다.				
적극성	① 패기가 있다.				
	② 정의를 위한 실천적 성격이다.				
	③ 남이 싫어하는 일을 자진하여 실행한다.				
	④ 어려운 일을 극복할 수 있는 성격이다.				
인생관 · 직업관	① 사물을 보는 눈이 원만하다.				
	② 장래에 대한 비전이 있다.				
	③ 생활태도가 건실하다.				
	④ 시류(時流)에 휩쓸리지 않을 신념이 있다.				
상식	① 일반상식이 있다.				
	② 시사상식이 있다.				
	③ 올바른 판단력을 지녔다.				

이런 행위를 기업 측에서 비난할는지 모르지만, 그것은 피면접자의 능력과는 상관없이 편견과 오류에 의해 탈락되는 것을 예방하고자 하는 소극적인 의도에서 나온 것이다.

이를 위하여 질의응답이 어떤 것부터 시작되어 어떻게 전개되는가는 각 기업과 상황에 따라 달라질 수 있겠지만 일반적으로 자주 질문되는 항목들은 다음과 같다.

즉, 회사의 지식도 · 지망동기 · 희망근무지 및 직종 · 지방근무가능성 · 가정환경 · 부친의 직업 · 학창생활 · 서클 활동 · 성적 · 대학학과 선택 이유 · 좋아하는 과목 · 전공지식 · 시사 문제 · 영어회화능력 · 군대생활 · 자기의 장점 · 성격의 장단점 · 취미 · 오락 · 특기 · 자격 · 입사 후의 포부 · 장래의 희망 · 최근에 읽은 책 · 스포츠 · 교우관계 · 건강상태 · 생활신조 · 주량 · 이성관계 등이다.

이와 같이 면접 시 자기능력을 충분히 발휘할 수 있도록 사전에 훈련을 시키는 효과적인 방법으로 역할연기법(role play)이 있다.

역할연기법은 피면접자들 가운데서 면접자를 선출하여 모의면접을 실연하는 것이다. 역할연기의 가장 큰 효과는 상대방의 역할을 맡아 봄으로써 실연자 자신과 이것을 관찰하는 다른 피면접자가 면접에 대한 정확한 이해를 할 수 있으며, 실제로 피면접자 전원이 순번으로 할 수 있으면 효과는 더욱 크다.

CASE STUDY

면접 전문인력 양성

아무리 평가절차와 도구들을 잘 개발해 놓아도 개발취지와 목적에 충실하게 활용할 수 있는 사람이 없으면 아무런 소용이 없다. 외부 전문기관들과 협력하여 모형, 절차와 도구 등은 개발할 수 있겠지만 이를 활용할 수 있는 전문인력을 육성해 놓지 않아 활용에 실패하는 경우가 많다. 이런 이유로 대부분의 기업들은 사내 면접전문가 Pool을 지원 분야별로 구축하고 있으며 면접참여도나 실적을 인사에 연계하기도 한다. 이는 채용이 회사 전략에서 차지하는 비중이 그만큼 커지고 있다는 증거이다.

삼성전자의 경우 신입사원 면접전문가들을 육성하고 이들의 면접참여 활동을 업적평가에 반영하고 있다. 포스코와 CJ, 국민은행, LG전자 등은 짧게는 하루에서 길게는 3박4일에 이르는 다양한 교육을 통해 면접전문가들을 양성하여 면접에 주도적으로 참여케 하고 있다.

이와 같이 최근의 국내 채용 트랜드는 단순히 일시적인 유행이라고 보지는 않는다. 기업의 많은 부문이 아웃소싱되고 분야별로 전문업체들이 활발하게 활동하며 시장을 통해 물리적 자원을 과거보다 쉽게 확보할 수 있다. 그렇기 때문에 사람이야말로 진정한 경쟁우위의 원천이며 채용은 이를 위한 출발점이고 뿌리에 해당한다는 근본적인 인식의 전환이 뒷받침된 결과이기 때문이다.

06

인사고과

1절 - 인사고과의 개념

2절 - 고과 요소의 선정

3절 - 인사고과의 방법

4절 - 인사고과 실시상의 문제점

5절 - 인사고과의 새로운 방향

제1절 인사고과의 개념

1. 인사고과의 의의

기업은 종업원의 공헌을 통해 목적을 추구하고 종업원은 직무수행능력을 통해 기업에 이바지하게 된다. 따라서 기업이 추구하는 목적의 효과적인 달성은 종업원의 직무수행능력의 보유도와 발휘 정도에 의존하게 된다. 그러므로 일단 기업에 고용된 종업원이 일정 기간 근무하는 동안 자기가 가진 능력을 얼마만큼 발휘해서 업적을 얼마나 올렸느냐 하는 것은 아주 중요한 일이다.

따라서 기업은 종업원의 근무성적을 정확히 평가하여 그에 상응한 대우를 해줌으로써 근로의욕을 고취시키고, 새로운 지식과 기능을 개발하여 종업원의 직무수행능력을 향상시키는 것이 무엇보다 중요하다.

그러므로 인사고과(merit rating, employee rating)란 종업원의 능력과 태도와 업적을 과학적으로 평가하는 것이다. 직무평가가 일과 일의 상대적인 가치의 비교 · 평가인데 반해 인사고과는 근무평가라고도 하여, 직능의 담당자로서의 종업원을 평가하여 그 가치를 결정하는 것이라고 할 수 있다.

이와 같은 인사고과를 실시함으로써 평가자로 하여금 종업원을 적극적으로 세밀하게 관찰하도록 하여 종업원을 관리하는 데 있어서 사사로운 감정에 치우치지 않고 이성적으로 대하게 되며, 또한 종업원들은 근무성적과 근무상태가 과학적으로 충분히 공평하게 검토되고 있으므로 자신들도 정확하고 공정하게 평가받을 수 있다는 안정감을 갖게 된다.

뿐만 아니라 인사고과는 종업원과의 이해가 깊어지며, 종업원을 평가하는 데 있어서 관리자 자신이 항상 공정한 입장에 있는가를 반성하게 되어 사견(私見)이나 편견이 시정될 수 있다. 특히 평가 방법에 따라 종업원의 능력개발에 이바지할 수 있다는 장점이 있다.

한편 인사고과는 인간이 인간을 평가하기 때문에 평가자의 개성, 능력, 경험 등이 평가에 영향을 미치는 경우가 많으며, 종업원들의 직무가 복잡하고, 그들의 개성이 다양한 것을 일정한 기준에 의해 통일적으로 평가하기가 곤란하고, 관리자의 평가능력, 평가태도에도 정확성을 기하기 어렵다는 단점이 있어 새로운 평가 방법들이 개발되고 있다.

2. 인사고과의 목적

인사고과는 종업원의 가치를 객관적으로 정확히 측정하여 인적자원관리상의 문제해결에 필요한 기초자료를 마련함과 동시에 종업원의 자질향상과 동기유발을 꾀하는 데 있다. 인사고과의 평가결과는 승진, 승급, 상여, 배치전환, 급여, 해고순위, 복직순위, 능력개발 등 다양하게 활용된다.

인사고과제도는 종업원의 가치를 공정하게 평가하는 것을 목적으로 하는데 그 중에서도 조직적으로 평가하는 것이 최우선 과제였다. 그런데 이러한 인사고과의 목적은 최근 점차 그 비중과 관점이 달라지고 있다.

과거에는 주로 조직 내 각 종업원의 가치를 상대적으로 비교 · 평가하여 우열의 판단이나 순위를 매기는 실적중심의 통제 목적이었지만 최근에는 종업원의 업무수행능력을 개발하고 향상시켜 종업원의 자기발전을 통해 조직 성과를 달성하는 데 있다.

통제 목적에 근거한 전통적 인사고과는 성과측정에 의한 임금관리나 상벌의 결정자료로 뿐만 아니라 적재적소의 배치원칙에 의한 배치 · 이동 · 승진 · 복직 · 채용 · 해고 등의 이동관리의 자료로 활용되게 된다.

비통제적 목적에 근거한 현대적 인사고과는 종업원의 능력을 정확히 파악하여 인력개발 및 경력개발의 자료로서 뿐만 아니라 직무담당자의 직무조건 결함의 개선을 위한 조직개발과 근로의욕의 증진을 목적으로 한다. 그 예로 교육훈련, 성취동기의 부여, 배치전환, 조직개발 등이 중심이 되고 있다.

인사고과의 목적에 대해 구체적으로 살펴보면 다음과 같다.

1) 인력확보 활동에 중요한 정보 제공

기업이 인력을 확보하기 위해 우선 인력의 수요 및 공급예측을 실시해야 하는데 종업원의 능력을 평가하는 인사고과는 해당 기업의 보유인력에 대한 질적 수준을 판단하는 기준이 된다. 뿐만 아니라 인력선발 활동에 투입된 선발도구에 대한 타당도(validity)를 측정할 때 기준이 된다.

2) 인력개발을 위한 계획 활동으로서 역할

인력개발을 위한 직접적인 방법인 교육훈련 프로그램을 도입할 때 교육훈련 참가자의 현재 가지고 있는 능력과 잠재능력은 교육훈련의 내용 및 효과를 결정하는 데 주요한 자료가 된다. 또한 인력개발을 위한 간접적인 방법인 종업원의 배치 · 이동에 대한 의사결정을 할 때 인사고과결과는 그 기준이 된다. 즉, 종업원의 능력과 적성에 맞는 배치 · 이동이 이루어질 때 성과의 극대화 및 해당 종업원의 만족극대화가 가능해진다. 특히 인사고과는 승진에 대한 의사결정에 결정적인 기준이 된다.

우리나라 종업원들의 경우 직장생활에서의 가장 중요한 목표 중의 하나가 바로 '승진'인데 기업이 잘못된 승진의사결정을 했을 때 이에 대한 종업원의 심리적 저항은 매우 크다. 따라서 인사고과는 승진에 대한 공정성을 확보하기 위해 필요하다.

인사고과는 경력개발에 있어서 종업원의 경력욕구와 조직의 욕구를 조정하는데 중요한 도구가 된다. 예를 들어, 은행의 경우 관리직에 대한 자질이나 적성이 부족함에도 불구하고 해당 종업원이 다른 직종을 마다하고 관리직만 고집할 때 이를 해결하기 위해 필요한 것이다. 즉, 능력 면이나 적성 면에서 맞지 않는 직종을 해당 종업원이 택할 때 본인뿐만 아니라 기업 측에도 바람직하지 않기 때문이다.

3) 임금결정의 기준

임금이란 기업이 종업원이 제공하는 노동에 대한 기업의 보상이기 때문에 노동의 질과 양(성과)은 임금결정의 당연한 기준이 된다.

우리나라 기업의 경우 이제까지 연공에 입각한 임금체계를 유지하고 있으나, 1990년대 이후 이를 능력(업적)을 기준으로 전환하려는 시도를 하고 있다. 서양 선진국 기업에서는 임금이 종업원의 성과에 기준을 두어야 한다는 것을 종업원은 당연한 사실로 받아들이고 있다.

4) 기업의 인력유지에 중요한 정보 제공

인력유지 활동을 종업원의 신체적 측면과 정신적 측면으로 구분해 볼 때 인사고과는 종업원의 정신적 측면에 대한 정보를 제공해 준다. 즉, 종업원의 사기(士氣), 조직에 대한 커미트먼트(애사심) 등에 대한 정보는 인력유지 활동을 위해 중요한 정보가 된다.

5) 인력방출 활동의 자료

기업이 과다인력을 보유하게 되면 인력 감축이 불가피한데 이때 누구를 방출시켜야 할 것인가에 대한 의사결정을 하는데 중요한 기준을 제공해 준다.

6) 직무설계의 자료

예를 들어, 특정 직무를 담당하고 있는 종업원의 성과가 낮을 때, 낮은 성과의 원인이 종

그림 6-1 | 인적고과의 목표

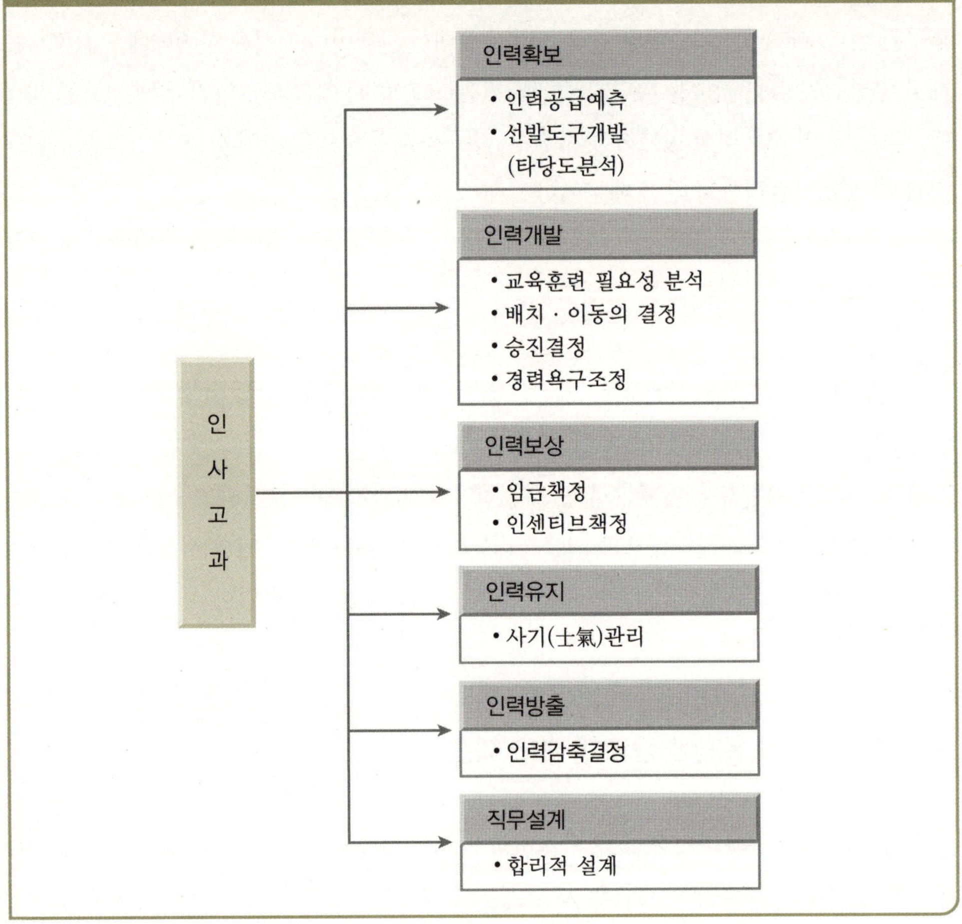

업원의 능력 부족이 아니라 직무구조 및 환경 문제일 수 있다. 이럴 경우에는 종업원의 교육훈련을 통한 생산성향상보다는 직무재설계를 하는 것이 바람직하다.

이상에서 제시한 인사고과의 목적은 인사고과의 제 기능에 대한 양질(良質)의 의사결정을 하는 것으로 요약할 수 있으며 이러한 양질의 의사결정은 기업뿐만 아니라 종업원에게도 매우 유익하다. [그림 6-1]은 인사고과의 목적을 인사관리의 제 기능별로 정리한 것이다.

제2절 고과 요소의 선정

1. 고과 요소의 구성

인사고과는 고과대상이 되는 종업원을 종합적으로 평가하는 것이므로 먼저 그 전제로서 고과목적이 어디에 있느냐 하는 기준이 설정되지 않으면 안 된다.

고과할 때 어떤 요소에 대해 고과하느냐의 문제는 아주 중요한 것으로 다음 사항에 유의해야 한다.

1) 업적평가

종업원에게 주어진 직무의 내용과 책임에 대하여 어느 정도를 수행하였는가 하는 업적과 성과에 대해 평가하는 것이다. 조직의 일원으로서 업적을 직무 활동의 결과에 착안하여 그 성과와 성적에 대해 평가하는 것이다.

이때 종업원의 업적평가는 현재의 업무성적만으로 판정하는 데 그치지 않고 발휘하는 형태 및 과정에도 주목해야 한다. 구체적으로 일의 질과 양, 기획, 연구, 지도, 통솔 등을 관찰하는 것이다.

2) 근무태도평가

평가대상에서 다루는 근무태도는 직무 활동의 결과뿐만 아니라 그 결과를 낳는 능력이나 태도의 보유도나 발휘도에 의하여 판정할 수도 있다. 직무수행상의 근태나 성실성 등 근무태도는 근무 성과와 관련이 있기 때문이다.

직무수행과 관련이 없는 것은 당연히 제외되고 업적에 관계되는 것에만 한정되어야 한다. 일반적으로 소유적 성격과 발휘적 성격은 서로 다르기 때문에 종업원의 평가는 능력에 있어서는 소유도를, 태도에 있어서는 발휘도를 중심으로 평가해야한다.

3) 능력평가

종업원의 능력평가는 잠재능력과 기대가능성이 있는 능력을 포함한 현재적(顯在的) 능력에 따라 평가할 수 있다.

이 경우 직무수행능력이란 현재화된 능력뿐만 아니라 현재적으로 활용되지 않는 잠재능력까지도 포함된다. 일반적인 평가 요소는 직무지식, 관련 지식, 식견, 판단력, 기획력, 실행력 등이다.

직무수행 과정에서 나타나는 능력의 발휘는 다음의 경우에 그 해결능력이 있다.

① 이례적인 일이나 대단히 곤란한 일에 직면할 경우,
② 상사의 부재 시에 직무를 대행할 경우,
③ 직무순환(job rotation) 시 새로운 직무에 배치되어 업무를 처리할 때,
④ 부하나 후배, 신입사원에 대한 지도교육 또는 훈련을 시행할 경우 등 이에 대한 해결능력이나 대처방안을 강구하는 능력이다.

4) 적성평가

개개 종업원의 성격을 판정하여 적합한 방향을 예측하기 위한 고과이다. 종합력에 의한 고과를 통해 종업원이 어느 직무에 적합한지를 대체로 파악할 수 있다. 어느 정도의 능력과 여건을 갖추었다 하더라도 성격적으로 특정 직무에 적합하지 않을 때 업무수행에 있어 그 성과는 저조하게 된다.

성격의 판정에는 각종 적성검사법을 활용하면 그 성격의 특성을 알 수 있다. 적성고과의 항목으로는 성실성, 기민성, 인내성, 협조성, 사교성, 적극성, 계획성, 정확성, 치밀성 등이 있다.

2. 고과 요소의 선정

분석적 평가에 있어서는 고과 요소의 선정이 무엇보다도 적절하여야 하는데 고과 요소를 선정함에 있어서 지켜야 할 사항은 일반적으로 다음과 같다.

① 객관적이고 잘 정비된 요소로 구성

객관적이라고 하는 것은 작업의 양이나 출근율과 같은 것을 의미하는 것은 아니다. 외부에서 관찰할 수 있는 것으로 구성되어야 한다.

② 타당성과 신뢰성을 바탕으로 한 객관적인 직무분석에 의한 근거

일반적으로 고과목적, 직무의 성격, 평가대상자의 질 등이 상이하여야 하고 각 요소에 대한 가중치도 달라야 한다.

예컨대 직무별 성질에 대하여 생산, 판매, 사무, 기술, 연구 등에 따라서 고과 방법 및 고과 요소는 달라져야 하며, 동일기업 조직 내에 있어서도 직급별에 따라 관리직, 감독직, 일반직, 생산직 등에 준해서 달리 설계되어야 한다.

③ 직무와 관련된 요소

고과 요소의 수는 일정하지 않으나 고과 요소의 수가 너무 많으면 고과가 오히려 부정확하기 쉽고, 너무 적으면 피고과자의 가치를 충실히 반영하기가 곤란하다. 이때 주의해야 할 점은 '극히', '매우', '때때로' 등과 같이 애매한 추상적 고과 요소를 피하고, 고과 요소 간의 상호 중복되는 점이 없도록 해야 한다.

이러한 인사고과의 요소들을 크게 보면, 결국 과거에 나타난 능력이나 장래에 나타날 잠재능력 혹은 직무에 대한 태도나 적성에 관련되는 요소들이다.

여기서 유의할 사항은 인사고과 요소가 모두 동일하지 않다는 것이다. 왜냐하면 인사고과를 위하여 선정되는 요소들의 내용은 업종, 규모, 고과의 목적, 피고과자의 직종 · 직위에 따라 다르고, 상황에 따라 요구되는 특성이 다르기 때문이다.

3. 인사고과자

1) 고과자의 선정

인사고과는 사람이 사람을 평가하기 때문에 평가자의 주관성을 완전히 배제할 수는 없다. 그러므로 인사고과제도가 아무리 잘 갖추어져 있다 하더라도 올바른 인사고과자를 확보하지 못하면 그 고과는 실패할 수밖에 없다.

왜냐하면 인간의 성장 과정이나 학습, 개인지능의 차이, 선입관, 편견 등에 의해서 동일한 면이 평가자에 따라 다르게 판단될 수 있기 때문이다. 따라서 고과자를 선정할 때는 다음과 같은 점에 유의해야 한다.

첫째, 고과자와 피고과자는 상호밀접한 관계를 맺고 있어야 한다. 고과자는 피고과자에 대한 여러 가지 평가 요소들에 대하여 누구보다 잘 알고 있어야 한다.

둘째, 고과자는 종업원이 수행하는 직무내용과 그에 필요한 제반 자격요건들에 대해 잘 알고 있어야 한다.

셋째, 고과자는 종업원을 항상 지도 · 감독할 수 있는 위치에 있어야 한다.

넷째, 고과자는 종업원의 인간성을 평가하는 것이 아니고 조직 내의 직무와 관련하여 종업원의 직무수행능력과 기업에 대한 공헌도 및 잠재적 유용성 등을 평가하는 것이다. 그러므로 기업경영이라는 공적 차원에서 일정한 평가기준과 객관성을 띠고 시행할 수 있어야 한다.

다섯째, 고과자는 고과와 관련된 경영자, 관리자, 종업원 등의 상호이해와 지지를 확보할 수 있어야 한다. 그 결과 조직이 기대하는 목표대로 종업원의 행위와 방향을 변경시키고 고과에 대한 불안과 불신이 초래되지 않도록 해야 한다.

2) 고과자의 지위와 수

인사고과는 수직적 평가와 수평적 평가로 구분되며, 전자는 상위자에 의한 평가와 하위자에 의한 평가로 나눌 수 있다.

그러나 수평적인 평가와 하위자에 의한 수직적인 평가는 특수한 목적 외에 일반적으로 널리 이용되지 않는다.

인사고과는 주관적 평가의 오차를 가능한 최소화할 수 있도록 한 사람보다는 2인 이상의 복수평가자에 의한 결과가 보다 정확하다. 이때 1차 고과자는 피고과자 해당 직속상사가 평가하는 것이 원칙이다. 이는 고과자와 피고과자가 상호밀접한 관계를 맺고 있으므로 피고과자에 대한 여러 가지 평가 요소에 대하여 누구보다 잘 알기 때문이다.

한편 2차, 3차의 고과자는 또다른 입장에서 부하직원의 객관적 평가가 가능하기 때문에 평가오차를 줄일 수 있다는 장점이 있지만, 고과자의 수가 너무 많으면 비능률과 혼란을 초래하기 쉽다.

그러나 이러한 제 견해는 각 기업의 특성 및 현실적인 조건을 고려해서 결정하여 실시하는 것이 바람직하다.

3) 고과자의 훈련

인사고과는 인적자원관리의 중요한 분야로서 제도 그 자체도 중요하지만 운용이 더 중요하다. 아무리 합리적인 인사고과제도를 갖추었다고 하더라도 올바른 인사고과자를 확보하지 못한다면 인사고과제도는 본래의 목적을 달성할 수 없다. 여기에 각 고과자에 대한 인사고과에 대한 교육훈련의 필요성과 방법에 대한 문제점이 제기되는 것이다.

따라서 표준화된 고과 시스템에 의해 고과자의 주관적 요인에 따라 발생될 수 있는 현혹효과, 중심화경향, 관대화경향, 항상적 오류, 논리적 오류를 줄일 수 있도록 해야 한다.

그러므로 고과자에 대한 충분한 교육이 없다면 피고과자는 고과자와 고과 내용에 대한 불신감과 불화가 생기게 되고, 이것이 심화되면 조직의 활성화는 물론 기업의 발전에 중대한 악 영향을 끼치게 된다.

따라서 이러한 불신감과 불화를 방지하기 위해 고과 방법과 운용 방법을 올바르게 이해시키고, 고과자 자신이 고과를 어떻게 시행해야 하는가에 대한 교육훈련이 반드시 필요하다.

4) 고과 과정에서의 요건

올바른 인사고과를 할 수 있는 고과자를 양성하였다 하더라도 인간이 인간을 상대로 한 고과이기에 예기치 못한 난관에 봉착할 수 있다. 고과자가 실제로 고과를 하는 과정에서 준수해야 할 요건을 살펴보면 다음과 같다.

① 사실에 입각한 고과이어야 한다.
② 고과를 할 수 있는 조용한 장소와 충분한 시간이 주어져야 한다.
③ 인간의 판단기준은 시간이 경과함에 따라 변하므로 2~3일 이내의 단기간에 고과가 이루어져야 한다.
④ 감정에 사로잡히지 않아야 한다.
⑤ 피고과자에 대해 인사고과가 완전무결한 방법은 아니라 하더라도 인적자원관리의 기본 자료임을 인식하여야 한다.
⑥ 타당성과 합리성을 갖춘 방법임을 인식하여야 한다.
⑦ 인사고과의 여러 한계점에 대해 인식하여야 한다.
⑧ 인사고과를 실시함으로써 얻게 되는 이점 등을 이해해야 한다. 특히 사용목적을 인식시켜 정확한 고과가 이루어지도록 하여야 한다.

제3절 인사고과의 방법

인사고과는 사람이 사람을 평가하는 것이기 때문에 평가자의 속성이 평가에 많이 영향을 미치므로 평가목적에 따라 가장 객관적으로 평가할 수 있는 방법을 선택해야 한다.

즉, 고과에 사용되어지는 척도를 가능한 한 객관적 · 과학적 · 합리적 · 합목적적으로 작성할 필요가 있다. 고과목적에 맞고 실시 가능한 고과 방법을 선택하기 위해서는 먼저 기업의 특성에 적합한 여러 가지의 경우를 고려해야 한다.

구체적인 고과 방법은 상당히 다양하지만 기본적인 몇 가지 방법이 복합적으로 사용된다. 일반적으로 개별기업에 적합한 고과 방법을 선택하기 위해서는 다음과 같은 점에 유의해야 한다.

① 피고과자의 직종 차이 고려(사무직, 기술직, 영업직 등)
② 급여 형태 차이 고려(정액급제, 직무급, 능률급, 연공생활급)
③ 조직 형태와 규모, 특히 지역적 분산 상황 고려(중앙통제, 지방분권)
④ 인사관리 실적(연봉제의 채택 정도, 채용관리의 근대화 정도, 적정배치의 유무, 노사관계의 상황) 측면

한편 구체적인 인사고과의 방법은 여러 기준을 중심으로 다양한데 기본적 고과 방법에 대해 〈표 6-1〉과 같이 분류할 수 있다.

표 6-1 인사고과 방법

유 형	고과 방법
• 기록에 의한 방법 • 업무보고에 의한 방법 • 신고에 의한 방법 • 지도기록에 의한 방법 • 척도에 의한 방법 • 인물명세표에 의한 방법 • 종합적 평가에 의한 방법	• 산출기록법, 근태기록법 • 자유기재식 업무보고법 • 자기신고법 • 지도기록법 • 연속척도법, 비연속척도법 • 프로브스트법, 오드웨이법 • 다항목 종합평가법

1. 기록에 의한 고과법

이 방법은 종업원의 근무성적을 객관적인 사실에 기초로 고과하는 것이다. 그러나 이 방법을 채택하는 데는 직종의 제한이 있다는 단점이 있다. 따라서 기록에 의한 고과법은 보조적인 방법으로 이용되는 경우가 많다.

기록에 의한 고과법은 구체적으로 산출기록법과 근태기록법 등이 사용되어질 수 있다.

1) 산출기록법

이는 근로자가 수행한 업무의 양을 고과의 대상으로 하는데, 가장 단순한 형태의 고과 방법 중에 하나이다. 고과 방법은 정확한 수량적 파악을 기초로 하기 때문에 주관적 요소가 개입될 수가 없다. 그러나 산출기록법이 인사고과의 방법으로 사용되기 위해서는 직종을 제한하고 업무의 질과 수행 방법, 태도 등의 요소를 가미하는 것이 보통이다.

근로자가 수행한 업무의 양을 파악하는 방법으로는 첫째, 단위시간당 평균생산량을 기록하는 방법과, 둘째 일정량의 업무를 완성하기 위해 필요로 하는 시간을 기록하고, 이를 표준작업시간과 비교함으로써 성적을 결정하게 된다.

2) 근태기록법

지각 · 조퇴 · 결근 등의 근태기록에 의한 근무상태를 고과하는 것으로 객관적 자료를 활용하여 고과를 한다. 이러한 근태기록들은 분명히 객관적인 사실이기는 하지만, 이를 직접 근무성적과 연관짓기에는 다소의 어려움이 따르게 된다. 실제로 이들 근태기록만으로 고과를 했을 경우 본래의 고과목적을 달성하지 못하는 경우도 많다. 따라서 근태기록을 근무성적과 결합하여 평가하는 것이 바람직한데, 이를 위해서는 근태의 원인을 규명해야 한다는 문제가 생긴다. 이러한 이유들로 해서 근태기록법은 다른 고가 방법의 부수적인 방법으로 이용되는 경우가 많다.

2. 업무보고에 의한 고과법

우리나라의 기업에서 자주 쓰이는 방법으로서, 고과 중에 피고과자의 업무 성과를 구체적으로 상세히 보고하는 방법이다. 업무보고에 의한 방법은 고과자가 종업원의 장 · 단점을 구체적으로 또한 자유롭게 기술하기 때문에 종업원을 지도 · 감독하기 위한 경우 또는 상사가 부하에 대한 고과를 실시할 때 자주 이용된다. 이 방법의 구체적인 것으로 근무성적, 장래성, 적성 등에 관해서 자유롭게 기재하는 자유기재식 업무보고법이다.

표 6-2 자유기재식 고과의 예

피고과자 성명:	소속부서 및 직급:
1. 피고과자의 근무성적에 관해서 기술해 주십시오. 2. 피고과자의 성격에 관해 생각하는 바를 적어 주십시오. 3. 피고과자는 현재의 직무가 적합다고 생각하십니까 4. 피고과자의 장래성에 대해 생각하는 바를 적어 주십시오. 5. 피고과자는 본사의 사원으로서 적합한지에 대해서 구체적으로 기술해 주십시오.	
	20×× 년 ×× 월 ×× 일 평가자: 조정자:

3. 신고에 의한 고과법

자기신고법은 종업원 자신의 흥미, 경향, 성격 그리고 기질에 관한 심리적 검사법으로서, 타인으로부터는 파악될 수 없는 심층적 측면을 고과하는 것이다. 특히 본인의 희망이나 현 직무에 대한 만족 정도 등을 파악하는 데 좋은 방법으로서 일반적인 고과를 행하기 전에 이용되는 경우가 많다.

이러한 자기신고법은 정확한 신고가 어렵다는 점에서는 한계가 있지만 인적자원관리상 개개 종업원의 희망 등을 알 필요가 있거나 고과제도 가운데 종업원 자신의 신고를 고려한다는 면에서 민주적이며, 또한 고과제도에 대한 신뢰성을 높이는 데 바람직하다.

표 6-3 자기신고식 고과의 예

소속	직위	성명	연령	급호	근속년수	학력	전공	현직무	현 소속발령일자

1. 현직 무적 응도	① 현 담당직무의 양 1) 매우 많다( ) 2) 많은 편이다( ) 3) 적당하다( ) ② 나의 능력에 비하여 현 담당직무의 질 1) 매우 어렵다( ) 2) 어려운 편이다( ) 3) 적당하다( ) 4) 쉬운 편이다( ) 5) 아주 쉽다( ) ③ 나는 현 담당직무 1) 대단히 만족한다( ) 2) 만족한다( ) 3) 약간 불만스럽다( ) 4) 아주 불만스럽다( ) 불만 시 이유는? ( ) ④ 동료와 부서 간의 협조 1) 매우 잘 되고 있다( ) 2) 잘 되는 편이다( ) 3) 잘 안되는 편이다( ) 4) 전혀 안되고 있다( )	관리자 확인
2. 희망 직무	① 앞으로 담당하고 싶은 직무 1희망( ) 2희망( ) 이유 ( ) ② 희망 근무지역 1희망( ) 2희망( ) 이유 ( ) ③ 희망 이동시기 년 월경 이유 ( )	
3. 자기 개발	① 최근 6개월간 자기개발을 위하여 관심을 갖고 연구한 실적 ② 향후 6개월간 자기개발을 위하여 관심을 갖고 연구할 목표	

4. 성격	① 나의 성격 중 장점 ② 나의 성격 중 단점	
5. 업무 실적	① 최근 6개월간 수행한 업무실적 (중요도 순으로 기입할 것)	
6. 특기 사항	① 최근 6개월간 업무수행 중 가장 보람있었던 일 ② 최근 6개월간 업무수행 중 특히 곤란했던 일	
7. 기타	① 회사에 대한 건의사항	

4. 지도기록에 의한 고과법

인사고과의 목적은 단순히 고과자가 피고과자의 근무성적을 평가하는 것만이 아니라, 이를 통해서 감독자가 일상적으로 부하의 근무상황을 관찰하게 하고, 지도교정을 위한 측면도 고려되어야 한다. 여기에 착안한 것이 바로 지도기록법으로서 감독자가 단순히 부하의 근무성적만을 평가하는 것이 아니라 개개 종업원의 장 · 단점을 찾아내고 감독자로서 언제 어떻게 지도를 했느냐 또 그 결과로서 종업원이 어떻게 변했는가에 대해서 구체적으로 보고하는 것이다.

표 6-4 지도기록법에 의한 고과의 예

<table>
<tr><th>피고과자
성 명</th><th></th><th>소속 및 직무</th><th></th><th>지도책임자
(고과자)성명</th><th></th></tr>
<tr><td colspan="2">• 직무수행상 나타난 부하의 단점 (구체적으로)</td><td colspan="2">• 그것을 교정하기 위해서 어떤 조치가 필요했는가?</td><td>조치의 결과 부하의 현상</td><td>효과 정도</td></tr>
<tr><td colspan="2">(능력에 관해서)</td><td colspan="2"></td><td></td><td></td></tr>
<tr><td colspan="2">(태도에 관해서)</td><td colspan="2"></td><td></td><td></td></tr>
<tr><td colspan="2">• 직무수행상 나타난 부하의 장점 (구체적으로)</td><td colspan="2">• 그것을 조장 또는 활용하기 위해 어떤 지도 또는 조치가 필요했는가?</td><td>그 결과 부하의 현재상태는?</td><td>효과 정도</td></tr>
<tr><td colspan="2">(능력에 관해서)</td><td colspan="2"></td><td></td><td></td></tr>
<tr><td colspan="2">(태도에 관해서)</td><td colspan="2"></td><td></td><td></td></tr>
<tr><td colspan="2">고과자의
종합적 소견</td><td colspan="2"></td><td></td><td></td></tr>
</table>

실제에 있어서 지도기록의 작성을 강제하는 경우는 적지만, 다른 고과 방법에 부수적으로 사용되는 경우는 많다.

5. 척도에 의한 고과법

척도에 의한 고과 방법은 종업원의 근무성적을 분석적으로 평가하기 위해 성격, 능력, 기타 다른 특성에 관한 고과 요소를 몇 단계로 나누어 각 단계에 있어서 우열을 표시하게 한다. 이때 우열을 표시하는 방법은 기호나 각종의 형용사 또는 직선상에 해당되는 곳에 체크함으로써 평가하게 된다.

이러한 척도에 의한 인사고과 방법에는 연속척도법, 비연속척도법 등이 있다.

1) 연속척도법

이 평가 방법은 가장 오래되고 널리 쓰이는 것으로서 평가대상 종업원의 능력이나 업적 등을 각 평가 요소별로 평가할 때 그 평가범위를 연속적으로(0~10) 정해 놓고 그 범위 내에서 평가하도록 하는 것으로, 도식평가척도법(圖式評價尺度法)이라고도 한다.

표 6-5 연속척도법에 의한 고과의 예

평가 요소	평가 요소의 내용	평가척도				가중치	평점	합계
1. 직무 기능 지식	일에 필요한 지식과 기능을 갖고 있는 정도	10 직무지식에 정통하여 최고의 능률을 올린다	8 필요한 지식과 기능을 가지고 있나	6 종종 지식도 부족하고 기능도 모사란나	4 아무것도 모르고 기능도 없다			
2. 이해력	업무상의 규칙이나 명령을 올바르게 이해하는 능력	10 매우 복잡한 일의 지시를 잘 이해한다	8 좀 복잡한 일의 지시를 잘 이해한다	6 종종 올바로 이해하지 못한다	4 정말 이해 안 된다			

3. 판단력	적절한 판단으로 올바른 결론을 끌어내는 능력	10 매우 복잡한 일도 적시 적절하게 판단한다	8 상당히 복잡한 일도 바로 판단한다	6 종종 판단을 그르친다	4 전혀 바른 판단을 하지 못한다			
4. 근면성	일에 싫증내지 않고 열심히 일하는 정도	10 매우 열심히 일을 한다	8 열심히 일을 한다	6 종종 싫증을 내는 때도 있다	4 일에 전혀 열의가 없다			
5. 일의 질	일의 정확성과 우수성의 정도	10 아주 정확히 최고의 능률을 올린다.	8 정확하고 양호한 편이다	6 종종 오류가 있다	4 오류가 극히 심하다			
6. 일의 속도	일정한 시간 내에 일을 달성하는 정도	10 매우 빠르다	8 소정의 시간에 마친다	6 종종 늦다	4 매우 느리다			
7. 협동	조직성원으로서 남과 협동하여 일을 수행하는 정도	10 매우 협동성이 강하다	8 협동성이 있고 남과의 관계도 좋다	6 종종 빠질 때가 있으나 그런대로 좋다	4 반항심이 강하고 남과 협동이 안 된다			
8. 지도력	부하에게 신뢰를 받으면서 공평하게 잘 지도해 가는 능력	10 아주 잘 지도하여 부하를 복종시킨다	8 부하를 잘 통제한다	6 대체로 통제력이 부족한 편이다	4 전혀 통제력이 없다			

이 방법은 평가절차상의 문제가 비교적 간편하여 전문적인 지식이 필요하지 않기 때문에 쉽게 이용할 수 있다. 그러나 평가하기가 쉽기 때문에 의외의 오류를 범하는 경우가 있으며, 평가자의 속성에 따라 여러 가지로 점수가 변동되기도 한다. 또한 평가 요소의 선정 및 비중결정이 어렵다.

2) 비연속척도법

이 방법은 각 평가 요소에 대한 평가범위를 4 혹은 5단계로 나누어 평가하는 것으로, 평가범위가 연속적이 아니고 계단으로 되어 있기 때문에 계단식 평가척도법이라고도 한다.

표 6-6 비연속척도법의 예

<table>
<tr><td>성 명</td><td colspan="2"></td><td colspan="3">직급명칭</td><td colspan="3"></td></tr>
<tr><td>소속부서</td><td colspan="2"></td><td colspan="3">근속연수</td><td colspan="3"></td></tr>
<tr><td colspan="4">고과 요소</td><td>상</td><td>중상</td><td>중</td><td>중하</td><td>하</td></tr>
<tr><td colspan="4">1. 감독부분의 직무수행
해당 부문의 직무수행의 양과 성과</td><td></td><td></td><td></td><td></td><td></td></tr>
<tr><td colspan="4">2. 원가통제
능률적인 조업의 유지 정도, 원가절감을 위한 노력의 정도</td><td></td><td></td><td></td><td></td><td></td></tr>
<tr><td colspan="4">3. 능력의 조직화
감독자의 활동력을 발휘하는 정도</td><td></td><td></td><td></td><td></td><td></td></tr>
<tr><td colspan="4">4. 지도력
부하의 능력을 개발 · 양성하는 능력</td><td></td><td></td><td></td><td></td><td></td></tr>
<tr><td colspan="4">5. 절충력
다른 사람과 협조하며, 능률적으로 교섭하는 능력</td><td></td><td></td><td></td><td></td><td></td></tr>
<tr><td colspan="4">6. 개인적 능률
부하에 위임하지 않고 업무수행 속도와 효과</td><td></td><td></td><td></td><td></td><td></td></tr>
<tr><td colspan="4">7. 직무지식
구비하고 있는 정보와 지식</td><td></td><td></td><td></td><td></td><td></td></tr>
<tr><td colspan="4">8. 판단력
바람직한 결과를 끌어내는 적절한 판단능력</td><td></td><td></td><td></td><td></td><td></td></tr>
<tr><td colspan="4">9. 적극성
업무의 목적을 달성하기 위해 결정하고 행동하는 정도</td><td></td><td></td><td></td><td></td><td></td></tr>
<tr><td colspan="4">10. 열 의
직무에 나타나는 관심과 열의</td><td></td><td></td><td></td><td></td><td></td></tr>
<tr><td colspan="2" rowspan="3">직무수행에 관한 총평</td><td colspan="2"></td><td>수</td><td>우</td><td>미</td><td>양</td><td>가</td></tr>
<tr><td colspan="2">평가자</td><td></td><td></td><td></td><td></td><td></td></tr>
<tr><td colspan="2">최종평가자</td><td></td><td></td><td></td><td></td><td></td></tr>
<tr><td colspan="4">년 월 일
평가자 성명:</td><td colspan="5">년 월 일
최종평가자 성명:</td></tr>
</table>

3) 대조리스트법

대조리스트법(check list method)은 프로브스트법(probst method), 강제선택법 등이 있다.

대조리스트법은 평가에 적당한 몇 가지 표준행동을 배열하고 이 리스트에 해당 사항을 대조하여 채점하는 방법이다. 이 방법의 대표적인 것은 프로브스트(probst)의 고과법이다.

(1) 프로브스트법

프로브스트법은 평가자가 가장 자신 있는 구체적인 항목에 대해 체크하기 때문에 추량(推量)이나 상상이 필요 없다. 그러므로 평가자의 비교적 공평한 판단이 가능하다. 그러나 환산점수표의 작성이 어렵고 수많은 항목을 빠짐 없이 평가해야 하기 때문에 복잡하다. 피고과자가 수가 많은 경우에는 사용이 불가능하다.

〈표 6-7〉은 프로브스트법에 의한 고과표이다. 이 표는 세 사람이 체크할 수가 있게 되어 있고, 근무보고서의 결과에 의하여 인사고과의 결론을 내기 위한 채점기준표에 의하여 채점을 하게 된다.

이상과 같은 방법에 대하여 프로브스트 자신은 그 특징으로서 8개 항목을 들고 있으며 그 요점은 다음과 같다.

첫째, 평정자는 피평정자를 평정하는 것이 아니라 단지 피평정자가 특정한 구체적 사실이 있는가의 여부를 판단하여 체크하면 기계적으로 점수가 산정되는 것이므로 종래의 것에 비하여 객관성이 확보된다.

둘째, 평가가 아니라 사실의 보고이므로 평정자는 복수일지라도 조정을 요하지 않는다.

셋째, 평정항목 모두를 체크할 필요는 없고, 확신할 수 있는 항목에만 한하여도 좋다.

넷째, 평정자의 체크가 정직한가의 여부는 채점결과의 분석에 의하여 발견할 수가 있다.

표 6-7 프로브스트법에 의한 근무보고서

기호란 1 2 3	표준행동	기호란 1 2 3	표준행동
□ □ □	태만	□ □ □	자기의 직책을 다하지 못한다
□ □ □	동작완만	□ □ □	대체로 쉬운 일을 한다
□ □ □	신속 · 활동적	□ □ □	작업에 대한 지시를 요한다
□ □ □	연로해서 작업에 견디지 못함	□ □ □	작업이 조금 늦다
□ □ □	조금 신체적 결함이 있음	□ □ □	때때로 독촉을 요한다
□ □ □	무감각 · 무흥미		
□ □ □	말이 많음	상기 이외에 추가할 수 있음	
□ □ □	언어 노골	□ □ □	
□ □ □	거만하다	□ □ □	
□ □ □	협조적이다	□ □ □	
□ □ □	비협조적이다	□ □ □	
□ □ □	비평 · 충고를 싫어한다	□ □ □	
□ □ □	타인과 반목한다		
□ □ □	상당히 신중히 사람을 대한다		
□ □ □	항상 쾌활하며 명랑	비고	
□ □ □	매우 예의 밝다		
□ □ □	인내력을 결한다		
□ □ □	때때로 불만이 있는 것 같다		
□ □ □	가끔 불평불만을 말한다		
□ □ □	판단불량		
□ □ □	판단이 조금 좋다		
□ □ □	판단이 대체로 좋다 } 하나를 택하라		
□ □ □	판단이 항상 좋다		

※설명: 알고 있는 범위 내에서 피평정자가 해당하는 각 항목의 우측에 .기호를 표시한다.
확신하는 항목에만 체크한다.

프로브스트법의 채점표

점 수	항 목	점 수	항 목
−2	태만	1	항상 쾌활하며 명랑
−1/2	동작완만	2	극히 예의를 차리다
1	신속 · 활동적	−1	인내력을 결한다
−1	연로해서 작업감당 불능	−1/2	때때로 불만이 있는 것 같다
−1/2	다소 신체적 결함	−1	때때로 불평불만을 말한다

−1	무감각 · 무흥미	−1	판단 불량
−1	말이 많음	−1/2	판단이 조금 좋다
−1/2	애교 없음 · 언어노골	1	판단이 대체로 좋다
−1/2	거만	2	판단이 항상 좋다
1	협조적	−1	자기의 직책을 다하지 못한다
−1	비협조적	−1/2	대체로 쉬운 일을 원한다
−1/2	비평 · 충고를 싫어한다.	−1	작업에 대한 지시를 원한다
−1	타인과 반목한다	−1/2	작업이 조금 늦다
−1/2	상당히 신중히 사람을 대한다	−1/2	때때로 독촉을 원한다

이와 같이 프로브스트법은 평정의 객관성을 확신하기 위하여 큰 의의를 갖기는 하나 평정항목이 너무 많아 번잡하며, 또 기계화하여 평정자 자신이 불만을 느끼는 등의 결함이 있다.

(2) 강제선택법

강제선택법은 1947년 미육군에서 채택한 고과법으로 척도에 의한 고과법의 단점을 보완하기 위해서 개발된 방법이다.

직무별로 설계된 강제선택법의 고과양식은 고과 항목이 일조로 구성되고 각 서술문은 종업원의 행동이나 능력을 서술한 것으로서 가장 적합한 서술문 두 항목과 가장 적합하지 않는 서술문 두 항목으로 구성된다. 이 서술문 중에서 고과자는 가장 적합한 서술문 하나와 가장 적합하지 않은 서술문 하나를 반드시 선택하게끔 되어 있다. 예를 들어

A. 긴급한 사태 하에서 책임을 다한다.
B. 그의 태도는 공명하다.
C. 자기의 직무에 대한 관심이 결여되어 있다.
D. 상관의 명령에 회의를 가진다.

위의 4가지 서술문 중에서 A · B에서 한 항목, C · D에서 한 항목을 선택하는 것과 같다.

이 방법은 아직 일반화되지 않고 있다. 그 이유는 항목설정의 과정이 복잡하고 고과자에 대한 심리적 압박감 등이 있기 때문이다.

미국 육군장교의 직무성적고과표를 예시하면 〈표 6-8〉과 같다.

표 6-8 미국 육군장교 근무성적고과표

블록번호	적합	부적합	평 가 항 목
	A	A	• 독자적인 결정을 내린다.
	B	B	• 직책에 대한 주의가 산만하고 경솔하다.
	C	C	• 본인의 능력에 대하여 아무도 의심치 않는다.
	D	D	• 군대생활의 전반에 걸쳐 기초훈련을 받았다.
	A	A	• 상관의 지시에 잘 순응한다
	B	B	• 태만하려는 경향이 있다.
	C	C	• 너무 비판적이다.
	D	D	• 자진해서 책임을 진다.
	A	A	• 항상 훌륭하게 일을 한다.
	B	B	• 모든 경우에 있어서 냉정하다.
	C	C	• 제안에 대하여 귀를 기울이지 않는다.
	D	D	• 지도하는 것이 아니고 채찍질한다.
	A	A	• 항상 꾸짖기만 하고 칭찬을 하지 않는다.
	B	B	• 책임을 전가함으로써 명령을 실천한다.
	C	C	• 자기의 직무를 알고 이를 훌륭하게 수행한다.
	D	D	• 편견없이 원만하다.
	A	A	• 항상 새로운 지식과 아이디어를 찾는다.
	B	B	• 일을 정확하고도 철저하게 처리한다.
	C	C	• 신체적으로 뚜렷하게 부적당하다.
	D	D	• 적절한 판단을 하지 못한다.
	A	A	• 책임지울 수가 없다.
	B	B	• 어떻게 권한을 위양할 것인가를 알고 있다.
	C	C	• 새로운 방안을 제출한다.
	D	D	• 너무 간단하게 자기 생각을 변경한다.
	A	A	• 모든 사람의 최대의 이익을 위하여 활약하지 못한다.
	B	B	• 높은 진취의 기상이 있다.
	C	C	• 자기의 실패에 대하여 변명을 하지 않는다.
	D	D	• 작업을 끝마치는 것이 늦다.
	A	A	• 상관의 방침을 비관한다.
	B	B	• 동료는 그와 같이 일을 할 수 없다.
	C	C	• 자기가 과실을 범하였을 때 이를 인정한다.
	D	D	• 그의 판단이 믿을만한 것임을 부하는 알고 있다.

	A B C D	A B C D	• 상관임을 이유로 부하에게 일을 떠맡기지 않는다. • 부하의 장래성과 한계를 알고 있다. • 저능률이다. • 억양이 없는 단조로운 화법을 쓴다.
	A B C D	A B C D	• 동료장교를 도와줄 수 없다. • 자기의 권한 밖으로 이탈한다. • 명료간결한 명령을 내린다 • 세부에 이르기까지 매우 정확하다
	A B C D	A B C D	• 자기의 실수를 타인에게 미룬다. • 항상 엄정한 규율을 요구한다. • 훌륭한 건설적 비판을 한다. • 명령을 내리는 데 있어서 우물쭈물한다.
	A B C D	A B C D	• 긴급한 사태 하에서 책임을 맡을 수 있다. • 그의 태도는 공명하다. • 자기의 직무에 대한 관심이 결여되어 있다. • 상관의 명령에 회의를 품는다.

4) 강제할당법

강제할당법은 사전에 일정한 평가의 범위와 수를 정해 놓고 고과대상자 수를 강제로 할당하는 방법이다. 즉, 전체의 평가등급을 수 · 우 · 미 · 양 · 가의 5등급으로 나누고 등급별로 피고과자 중에서 수는 10%, 우는 30%, 미는 30%, 양은 20%, 가는 10%를 강제로 할당한다.

이 방법은 인사고과의 유용성을 높이기 위한 타당성 있는 평가결과를 얻는다는 점에서 바람직하다.

인사고과는 고과자의 주관적 판단을 배제하고 객관화할 수 있는가가 중요한 문제인데, 이것은 고과기법의 개발에 의하여 어느 정도 실현할 수 있다. 그러나 인사고과는 인간이 인간을 평가하기 때문에 고과 시에 다음과 같은 오류를 범할 수 있다.

표 6-9 강제할당에 의한 고과

요소 \ 등급	수(10%)	우(30%)	미(30%)	양(20%)	가(10%)
• 작업의 질					
• 이해력					
• 협조성					
• 지도력					
• 판단력					

CASE STUDY

우기는 상사 · 핑계대는 부하

"가장 싫어요"

'우기는 상사'와 '핑계대는 부하'가 직장인들이 가장 싫어하는 상사와 부하의 유형으로 꼽혔다. 포스데이타가 '좋은 일터 만들기' 프로젝트의 일환으로 임 · 직원 4백 명을 대상으로 설문조사한 결과 이같이 나타났다.

포스데이타 직원들이 꼽은 가장 싫은 상사로는 '말도 안 되는 논리로 무조건 우기는 상사'(46.2%)가 첫손에 꼽혔다. 이어 '안 되는 일도 하라고 강요하는 상사', '부하 육성에는 전혀 의지가 없는 상사'가 그 뒤를 이었다.

가장 꼴불견인 부하직원으로는 '자주 핑계를 대는 유형'(61%)과 '업무를 차일피일 미루는 유형'(38%), '개인생활만 열심히 챙기는 유형'(33%)이 꼽혔다.

한편 같이 일하고 싶은 부하직원으로는 '긍정적이고 적극적인 사람'을 꼽은 응답자가 71%로 가장 많아 업무능력 못지않게 긍정적이고 적극적인 사고를 갖고 조직의 분위기를 이끄는 직원을 선호하는 것으로 나타났다. 이 밖에 상사와 거리감을 느끼는 이유로는 '권위주의'가 1위로 꼽혔으며 세대차이, 대화 부족 등이 지적됐다.

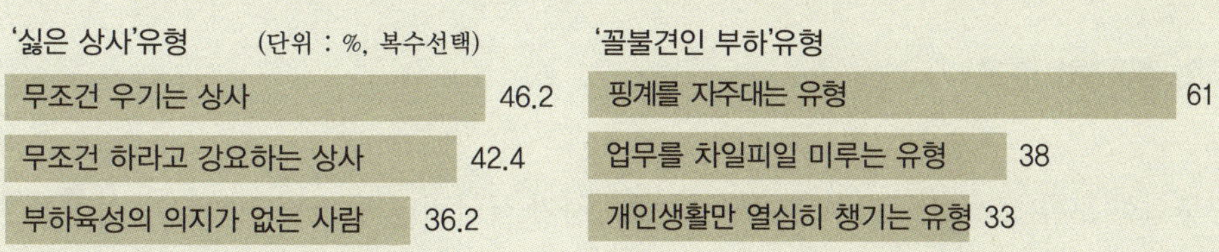

제4절 인사고과 실시상의 문제점

1. 현혹적 오류

현혹적 오류(halo errors)는 평가자의 심리적 현상에서 오는 오류로서, 피평가자의 특정 요소로부터 받은 인상에 의해서 다른 요소도 평가하려는 경향에서 생기는 오류를 의미한다. 즉, 피평가자가 인격적인 면이나 업적 면에서 특히 우수한 측면이 있을 때, 그것이 그 사람의 다른 모든 평가에 영향을 미치는 경우이다. 그러나 사람이 아주 좋다든가, 아주 나쁘다는 경우는 드물고 보통 인간은 좋은 점이 있으면 나쁜 점도 있기 마련이다. 그러므로 하나가 좋으면 따라서 모두 좋다든가 반대로 하나가 나쁘면 모두 나쁘다는 식으로 평가하는 데서 오는 오류이다.

2. 관대화 오류

모든 고과자는 자기의 관대한 가치체계를 기준으로 피고과자를 관대하게 고과하는 경향이 있다. 이와 같은 고과에 의해서 발생하는 오류를 관대화 오류(leniency error)라고 한다. 그와 반대되는 경우를 엄격화 오류(harshness rating error)라고 한다.

개인이 달성한 실제의 업적과 관련하여 어떤 고과자는 높은 점수를 주고 어떤 고과자는 낮은 점수를 준다. 전자는 매우 관대하고 후자는 매우 엄격한 주관성에서 발생한 것이다. 결국, 고과자가 너무 관대함으로써 업적을 과대평가하게 되고, 반대로 고과자가 너무 엄격함으로써 업적을 과소평가하게 되어 고과상의 오류가 발생하게 된다.

3. 중심화 오류

중심화 오류(central tendency error)는 고과자가 극단적인 평가를 피하려는 심리적 현상에서 발생한다. 바꾸어 말하면 [그림 6-2]의 로오쉬(C. H. Lawsche)의 예에서 알 수 있듯이 평가의 중심점 주변에서 평가하려는 경향을 의미한다.

로오쉬는 이것과 관련하여 다음의 네 가지 고과의 유형을 예시하고 있다.

그림 6-2 감독자 A-D에 의한 부하 15명의 고과분포도

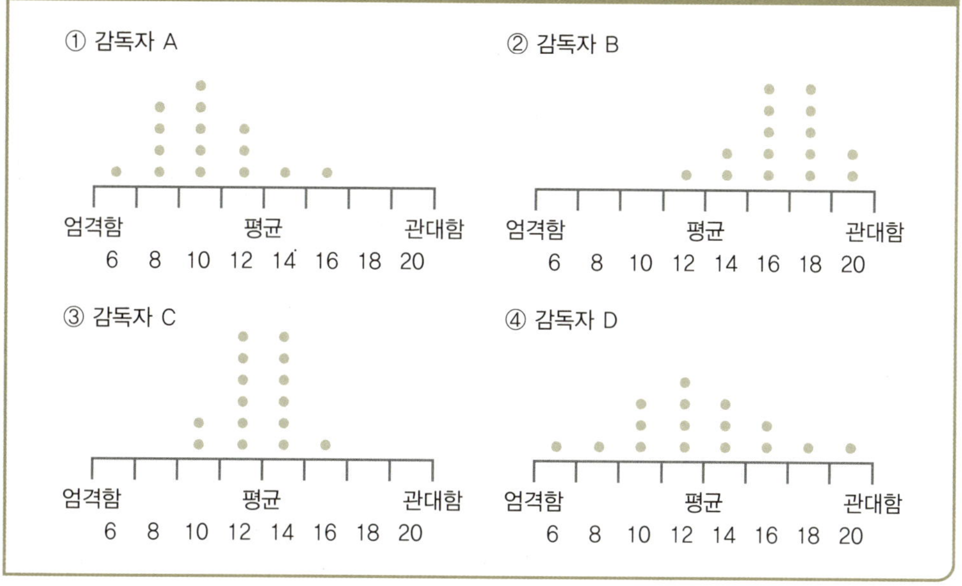

① 감독자 A에 의한 고과는 피고과자의 대부분의 고과점수가 8, 10, 12의 점수에 집중하여 실제보다 다소 엄하게 고과되어 있다.

② 감독자 B에 의한 고과는 감독자 A에 의한 고과와는 정반대로 아주 관대하게 고과가 되어 있다.

③ 감독자 C에 의한 고과는 고과의 점수가 평균치에 집중되어 있다. 이것을 중심화경향(central tendency)이라고 한다.

④ 감독자 D에 의한 고과는 가장 이상적인 예로서 정규분포를 나타내고 있다.

결국 감독자 C는 관대하지도 엄격하지도 않은 중심화 성향을 고과에 나타냄으로써 오류를 범하고 있는 것이다.

4. 논리적 오류

논리적 오류(logical errors)는 상관관계가 있는 요소 간에 어느 한쪽이 우수하면 다른 요

소도 당연히 그럴 것이라고 판단하는 경향이다. 예를 들면, 독창력이 뛰어나면 기획력도 우수할 것이라든가, 이해력이 좋으면 지식도 많을 것이라고 판정하는 오류이다. 이것은 현혹효과(halo effect)와 비슷하나 현혹효과는 동일 개인의 각 특성 간에 작용하는 것인데 반하여, 논리적 오류는 개개인의 특성에는 관계 없이 각 고과 항목 간에 논리적 일치가 있다고 봄으로써 일어나는 것이다.

이를 방지하려면 한 번에 하나의 평가 요소에만 집중 평가하는 것이 하나의 방법이 된다.

5. 시간적 오류

시간적 오류(recency errors)는 고과가 행해지는 시간 사이에는 간격이 있어 고과자가 피고과자를 평가할 때 쉽게 기억되는 최근의 행위와 사건을 중심으로 평가하는데 생기는 오류이다.

이와 같은 오류를 방지하고 보다 합리적인 인사고과를 공평하게 시행하기 위해서는 고과자 자신이 고과내용에 충실하려는 내재적 욕구와 신뢰할 수 있는 평상시의 인사기록 등을 참고하여 고과를 하는 것이 필수 요건이 된다.

6. 상동적 태도

상동적 태도(stereo typing)는 사람들을 유형화하여 그 범주(집단)에 속하는 사람들은 어떤 공통된 특성을 가지고 있다고 생각하여, 어떤 사람을 평가할 때 그가 속한 집단의 범주에 대한 고정관념에 의해서 부정확하게 지각하는 것을 말한다.

예를 들어, 인사고과 시 특정 지역이나 학교 또는 종교 · 연령 · 성별 등에 따라서 고과대상자를 평가하는 것을 들 수 있다.

이러한 상동적 태도는 가능한 한 여러 집단의 구성원들과 접촉함으로써 줄일 수 있다.

제5절 인사고과의 새로운 방향

종래의 인사고과는 종업원이 담당하고 있는 직무의 수행능력을 평가하여 이를 승급 · 승진 · 상여 등에 연결시키는 통제적 목적에 이용되었으나, 최근에는 종업원의 직무수행 자격요건의 판정과 동기유발 및 조직개발 등의 비통제적 목적으로 고과의 방향이 바뀌고 있다.

표 6-10 인사고과의 변천

시대 구분	인사고과 목적	통제성 여부
전통적 인사고과	• 상벌결정 • 적재적소의 배치	통제적 목적
현대적 인사고과	• 성과 피드백과 상담지도 • 인력개발 및 경력계획 • 조직개발 및 근로의욕증진	비통제적 목적

이러한 인사고과의 방향이 바뀌고 있는 이유는 기존의 인사고과가 다음과 같은 문제점들을 내포하고 있기 때문이다.

① 명확한 고과기준의 미비
② 증거 불충분
③ 고과자의 훈련부족으로 인한 고과능력 부족
④ 피고과자에 대한 설득력 부족
⑤ 공개성 결여

이러한 문제점들로 인하여 오히려 인사고과가 상호불신과 사기 저하의 원인이 되기도 했다. 따라서 이러한 부정적 결과를 줄이면서 새로운 인적자원관리 환경에 적응하기 위한 새로운 인사고과의 경향이 적극적으로 전개되고 있다.

이런 추세에 따라 최근 인사고과의 경향은 다음과 같이 방향이 바뀌고 있다.

① 임금관리 중점의 고과에서 능력개발 중점으로,
② 인품중심의 고과에서 업적중심으로,
③ 만능형 고과에서 목적별 고과로,
④ 상위자 주체의 고과에서 종업원 참가의 고과로,
⑤ 추상적 기준에 의한 고과에서 구체적 기준에 의한 고과로 바뀌고 있다.

이러한 새로운 인사고과로의 변화에 대한 대책으로서 인사고과의 의의와 기능 또는 방법과 활용면에 이르기까지 새로운 발전적 연구에 따른 제도적 시행이 필요하다.

구체적인 방안으로는 고과기준을 공개하고, 고과결과를 피고과자에게 피드백시킴으로써 고과 자체에 대한 공정성 내지 신뢰성을 확보할 수 있다. 이 밖에도 자기평가의 기회를 높여주고, 고과자와 피고과자가 서로 토의함으로써 기존의 고과내용을 재정비함으로써 새로운 인사고과제도를 뒷받침할 수 있게 된다.

위에서 살펴본 새로운 인사고과의 방향을 토대로 새로운 인사고과 방법들을 소개하고자 한다.

1. 면접법 및 자기신고제도

우리나라의 전통적 인사고과제도는 종업원의 잠재능력을 개발시키는 차원보다는 단순히 관리자가 부하직원에 대한 압력의 수단으로 은밀히 실시함으로써 피고과자는 자신의 행위에 대해 어떠한 평가 요소가 어떻게 측정되고 있는지를 알 수 없었다.

그러나 인사고과의 목적이 통제적 고과에서 미래지향적 능력개발중심인 비통제적 고과로 전환됨에 따라 인사고과의 결과를 해당 종업원에게 공개해야 한다.

이를 위한 방법의 하나로서 최근 면접법(interview method)과 자기신고제도(self-description)가 활용되고 있다.

면접법은 고과자와 피고과자와의 대화를 통하여 문제점을 지적하고 격려해줌으로써, 상호이해의 증대와 고충의 발생을 방지하고 사기를 진작시킬수 있는 데 반해, 자기신고제도는 인사고과와 관련된 제반 관리상의 조치를 종업원에게 이해시키고 자기담당직무의 내용과 대책의견, 해당 기간 내의 자기업적, 미래 희망부서 등을 파악하고 능력개발을 위한 지침으로 활용할 수 있다.

2. 행위기준평가법

행위기준평가법(behaviorally anchored performance appraisal)은 스미스와 켄널(P. C. Smith & L. M. Kenall)이 개발하였다. 종업원의 특정 직무 수행능력에 대한 평가단위를 바람직한 행동견본과 그 반대의 행동견본을 추출하여 몇 개의 범주로 나누고, 각 범주의 중요한 행위의 척도에 대하여 고과자가 피고과자를 평정하는 방법이다.

행위기준평가법을 이용하려면 먼저 그 직무에 종사하고 있는 종업원의 직무수행에 실제 일어난 행위들을 수집하고 기록하여, 기업경영에 유효한 행위와 유효하지 못한 행위들을 10~12개로 구분하여 기록하고 평정상의 척도로 설정해야 한다. 따라서 고과자는 [그림 6-4]와 같이 평정척도상에 열거되어 있는 행위와 종업원의 직무행위를 비교하여 고과하게 된다. 이는 직무행위를 지도·개선해나가는 데 목적이 있다.

이 방법은 직무행위에 대한 평가척도를 개발하는 데 시간과 비용이 많이 소요된다는 단점은 있으나, 보다 구체적인 직무행위의 유효성을 나타내주는 척도가 된다. 뿐만 아니라 종업원의 어떤 행위가 기업의 목표달성과 관련이 있는가를 알 수 있으므로 이 방법은 목표에 의한 관리법과 함께 사용될 때에 더욱 유효한 것이 된다.

그림 6-4 작업의 정확성에 대한 직무행위 평가척도의 예

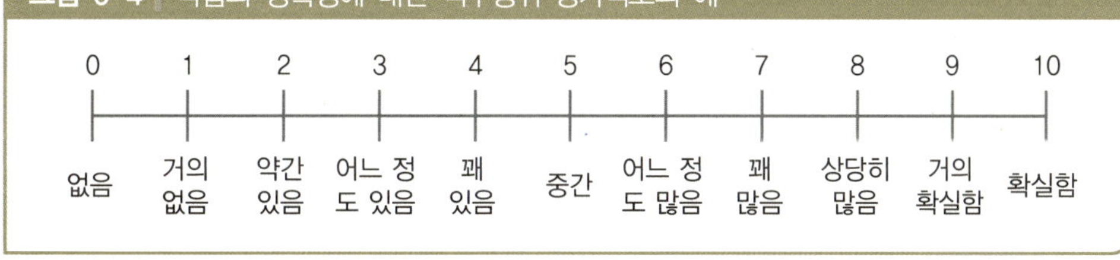

3. 목표관리법

이는 목표에 의한 관리(MBO: management by objectives)를 인사고과에 활용하는 것으로서 드럭커(P. F. Drucker)가 그의 저서 『현대경영론』(The Practice of Management)에서 처음 언급한 관리기법이다. 이후 맥그리거(D. McGregor)가 그의 저서 『기업의 인간적 측면』(The Human Side of Enterprise)에서 구체화시켰다.

목표에 의한 관리는 기존의 통제에 의한 관리(management by control)와는 다른데, 일반

적으로 기업의 목표달성을 위해서 종업원으로 하여금 목표설정에 참여하게 한다든가, 아니면 종업원 스스로 자기가 실행할 실행목표를 결정하고 각기 자기통제(self-control)를 통해 자발적으로 목표달성을 위한 노력 및 그 성과판정의 단계까지 일괄하여 업적을 검토함으로써 동기적 · 통합적으로 고과를 행하는 것이다.

이 방법의 실시는 상급자와 직무담당자가 협의하여 작업목표량을 결정하고, 달성 방법의 선택, 업적에 대한 피드백을 수반하게 된다. 목표가 적절한지, 목표가 힘에 벅찬 성과를 요구하는지 등의 문제에 대한 해답은 상급자의 판단과 경험에 의해서 결정된다.

따라서 목표달성을 평가하는 데 있어서 반드시 다음과 같은 점을 고려하여야 한다. 즉, 목표는 적절하였는가, 목표를 달성하는 데 있어서 극히 도움이 되거나 방해가 되는 요인 중 통제 불가능한 것은 없었는가, 그리고 목표를 달성하였다면 달성한 원인, 달성하지 못했다면 그 이유는 무엇인가를 고려해야 한다.

이것은 직무수행 성과를 직무담당자가 직접 자신을 평가할 수도 있으므로 성과개선에 대한 반성의 기회를 제공하고 직무만족, 자기개발촉진 등 여러 가지 효과를 얻을 수가 있다.

4. 평가센터법

1) 평가센터법의 특징

평가센터법(Assessment Center Method)이란 기업이 주로 관리자(manager)들의 선발을 위하여 사용하는 방법으로 후보자들을 2~3일 동안 합숙시키면서 훈련받은 관찰자들이 이들을 집중적으로 관찰하고 평가함으로써 관리자선발이나 승진의사결정에 있어서 신뢰성과 타당성을 높이기 위해 시행되는 체계적인 선발 방법이다.

이 평가센터법은 관리자를 신규선발할 때 뿐만 아니라 기존 관리자들의 공정한 평가와 인력개발(management development)을 위해서도 활용되고 있다.

이 방법의 특징을 살펴보면 다음과 같다.

① 복수(보통 6~12명 정도) 참가자의 행동을 집단적으로 관찰 · 평가한다.
② 참가자들에게 주어지는 조건들을 가급적 통일되게 한다.

③ 관찰되고 평가되는 것은 주로 참가자들의 '행동'이다.

④ 관찰자와 평가자는 복수(複數)이며 사전에 철저한 훈련을 받는다.

⑤ 평가센터에서는 참가자들에 대한 일련의 표준화된 테스트가 행해진다(가령 적성검사, 인터뷰, 시뮬레이션, 역할연기 등).

⑥ 선발대상이 되는 관리자의 직무에 대해 요구되는 자질이 미리 확정되어 있어야 실시의 의미가 있다.

⑦ 참가자의 전반적인 인성을 파악하는 것이 아니라 특정한 관리자의 직위에 대한 적성을 파악하는 것이다.

⑧ 평가기준이 명확하기 때문에 주관적인 판단을 감소시킬 수 있다.

⑨ 실제로 담당하게 될 직무와 관련된 사항을 가지고 평가하기 때문에 평가결과가 그만큼 예측력이 높으며, 실무에 적용이 가능하다.

⑩ 선발의 예측력이 높기 때문에 부적격관리자 선발로 인한 인사비용을 절약한다.

이러한 특징으로 인해 평가센터법은 관리자로서의 리더십 잠재능력을 파악할 수 있고, 리더십능력과 그 능력의 강점은 무엇이고 약점은 무엇인지에 대해 충분한 정보를 제공해 준다는 점에서 관리자 선발기법으로써 서구에서 널리 활용되고 있다.

평가센터의 진행절차를 살펴보면, 먼저 평가대상이 되는 선발 또는 승진 후보자를 선정하고 관찰자와 평가자에 대한 훈련을 실시한 후 관찰 및 평가기준을 정하는데 이때 협동심, 의사소통, 경쟁력, 조직 내 행동, 독립심, 감정의 통제력, 자신감, 추진력, 대화 및 설득력 등을 주요 기준으로 삼는다. 그 다음 연습 및 테스트를 하게 되는데 6~12명 정도가 한 그룹이 되어 다음과 같은 테스트를 적절히 결합하여 실시한다.

- 적성검사
- 인터뷰(개인별 또는 그룹별)
- 필기시험
- 의사결정게임(business game)
- 사례연구(case study)
- 발표 및 연설
- 역할연기(role play)
- 인바스켓 기법(in-basket method)

• 선발 시뮬레이션

이상의 테스트가 완전히 끝나면 사전에 합의된 기준에 따라 참가자들의 행동이 분석되고 평가된 결과를 선발(참가자 중에서 적합한 자를 선발)과 인력개발(재교육, 배치, 전환) 시 사용하게 된다.

이 방법의 신뢰성과 타당성은 2가지 차원에서 검증 가능하다. 먼저 신뢰성은 평가자 간 신뢰성 측정(inter-rater reliability)과 재검증 신뢰성 측정(test-retest reliability)에 의해 검증 가능하고, 타당성은 평가센터 출신 가운데 승진하는 관리자의 수, 사후급여의 증가도, 책임의 증가, 도달한 직위 등에 의한 외적 타당성(external validity)으로 검증 가능하다.

평가센터 방법은 오늘날 IBM, GE, GM, Shell, Kodak, Sears 등의 선진기업들에서 성공적으로 사용되고 있으며 우리나라도 일부 기업에서 사용하고 있다.

2) 평가센터법의 문제점

이 평가센터법은 많은 장점이 있음에도 불구하고 이에 대한 문제점과 비판도 많다. 일반적으로 지적되는 문제점과 비판은 다음과 같다.

첫째, 평가센터법이 종래의 다른 관리자 선발 방법에 비해서 예측치와 사후 업무 성공도 간의 상관관계가 높지만, 평가센터에서 제시된 상황이 관리자가 실제로 기업조직에서 맞닥뜨리는 상황과는 차이가 있다는 점이다. 즉, 평가센터법이 선발되는 관리자가 실제 접하게 되는 직무상황을 완벽하게 시뮬레이트(simulate)하지는 못한다는 점이다.

둘째, 평가센터에서 시행하게 되는 일련의 테스트는 주로 지원자의 언어능력과 관련이 많다. 예를 들면, 개인별 또는 그룹별 인터뷰, 사례학습 시 토론, 발표 및 연설, 역할연기, 인바스켓 기법들은 언어구사능력이 있는 사람은 그렇지 못한 사람보다 좋은 점수를 받을 가능성이 많다. 즉, 언어능력이 뛰어나다는 것이 다른 능력을 측정하는 데 현혹효과(halo effect)로 작용할 가능성이 있다는 것이다. 관리자로서 필요한 능력은 언어능력 외에도 보고서 작성능력, 판단력, 창의력, 기획력, 부하육성능력 등이 있음에도 불구하고 언어관련능력을 집중적으로 측정하게 되어 있는 평가센터법이 예측치의 대표성을 갖는 데는 문제가 있다.

셋째, 관찰자가 사전에 잘 훈련되고 의사결정상에 문제가 없어야 평가센터법의 신뢰성과 타당성이 높아질 수 있는 데 실제로는 그렇지 않은 경우가 많다. 관찰자의 훈련이 미흡하거나 관찰자 가운데 영향력이 큰 한두 사람의 의견에 관찰자 전체가 따라간다면 평가센터의 신뢰성이 떨어지게 된다.

넷째, 평가센터법은 여러 가지 기법들을 동원하고 그 결과를 종합적으로 평가하는 방법이기 때문에 방법의 표준화(standardization)가 어렵다. 즉, 동원된 기법의 수준과 수, 관찰자의 수와 사전훈련의 정도가 다르면 대상이 동일하다고 하여도 측정결과는 얼마든지 달라질 수 있기 때문에 특정 측정결과를 표준화하기가 어렵다는 것이다.

다섯째, 평가센터는 관리자선발을 주 목표로 삼는데 있어 예측타당성(predictive validity)이 문제될 수 있다. 즉, 평가센터에 참가하는 지원자는 아직 관리자로서 직무를 수행한 경험이 없는 사람이 대부분인데, 테스트하는 항목은 관리자로서 5~10년 후에나 일어날 수 있는 사안에 대해 질문하기 때문에 과연 이것이 타당성 있는 선발도구인지에 대해서는 논란의 소지가 있다.

여섯째, 평가센터법은 시간과 비용이 많이 드는 방법이기 때문에 기업에서 실제로 적용하기가 쉽지 않고 탈락자들의 반발이 크다는 점을 문제점으로 지적할 수 있다.

이상과 같은 문제점과 비판에도 불구하고 평가센터법은 관리자의 선발 방법으로 선진국 기업에서 선호되고 있다. 우리나라 속담에 "하룻밤을 자도 만리장성을 쌓는다"는 말이 있는 것처럼, 예비관리자에 대한 신상정보와 능력을 비교적 짧은 시간에 파악할 수 있다는 장점이 있고, 가식적인 행동이 아니라 그 사람의 깊은 속을 알 수 있는 기회가 된다는 점에서 시간과 비용의 문제점에도 불구하고 기업에도 도입하여 실시해 볼 만하다.

5. 다면평가

1) 다면평가의 의의

지금까지 대부분의 인사고과는 상사가 부하에 대한 평가권을 독점하고 있는 상태였다. 그 결과 평가의 일관성 및 명확한 상하관계의 유지 등 긍정적인 측면도 있지만, 주관적인 평가가 이루어지는 등 평가의 수용도를 저해하는 문제점도 나타나고 있다.

최근 이러한 전통적인 하향식 인사평가 방식의 한계를 극복하고 다양한 평가자의 시각을 통해 평가의 수용도를 제고시킬 수 있는 평가 방법이 등장하였다. 이것이 바로 다면평가이다.

다면평가란 직속상사뿐만 아니라 동료, 부하, 고객 등 여러 사람이 여러 각도에서 피평가자의 전체적인 모습을 파악하기 위하여 평가하는 것으로, GE에서는 이를 '360도 평가'라고도 한다. 즉, 어느 개인을 평가할 때 전통적인 구도에서 직속상사만이 평가하는 것이 아니라, 그 개인을 원의 중심에 두고 다수의 평가자가 모든 방향에서 평가하는 것을 말하는 것으로서, 관련 부문의 상급자, 동료, 부하직원 및 고객에 의한 평가가 포함된다. 경우에 따라서는 외부 전문가도 평가자에 포함되기도 하며 피평가자 본인도 스스로를 평가하기도 한다.

2) 다면평가 도입목적

다면평가를 도입하는 목적은 다음과 같이 몇 가지로 요약될 수 있다.

첫째, 인사관리의 객관성을 제고하기 위하여 다면평가제를 도입하고 있다. 상급자, 동료, 부하직원 등이 업무수행 중 서로 다른 위치와 시각에서 정보를 획득할 수 있기 때문에 상급자에 의한 일방적인 실적평가보다는 평가결과가 상대적으로 객관적이고 공정할 수 있다.

둘째, 다면평가제의 도입은 주로 조직원들의 능력향상 및 자기발전을 촉진하기 위해서 추진된다. 다면평가는 실적평가보다는 조직원들의 업무수행 행태와 관련된 성과평가에 초점을 맞추는 경향이 있다.

셋째, 조직구성원 간의 의사교환을 통하여 조직활성화를 도모하기 위하여 다면평가제를 활용한다. 다면평가의 결과는 어떤 절차를 통해서든지 피평가자에게 피드백 되도록 함으로써 다른 구성원과의 관계에서 본인의 장 · 단점을 인식하도록 한다. 즉, 평가라는 간접적 방법을 통해서라도 상하 간 · 동료 간 · 고객과 조직 간에 의사교환의 기회를 제공하기 때문에 조직활성화를 도모하고자 하는 것이다.

3) 다면평가 도입효과

다면평가는 평가를 통해서 올바른 리더십이 무엇인가를 정의해 주고, 그 모델을 제시한다. 이는 피평가자뿐만 아니라 평가에 참여하는 하위직급의 직원에게도 자신의 리더십 역량을 파악하게 만들며 자신이 조직에서 인정받는 리더가 되기 위해 부족한 것을 채우려는 노력을 하게 유도한다.

현재의 인사고과제도는 종업원들을 전략적 방향으로 유도하지 못하고 있다. 대부분의 기업이 인사고과표를 가지고 있으나 직원들에게 제도를 익히게 하고 직원들이 인정을 받기 위해서 고과표에 제시된 행동을 하도록 유인하려는 시도가 부족하다. 그러나 다면평가를 하게 되면 한 직원이 동료, 상사를 평가하는 과정을 통해서 평가 요소를 인지하고 이를 기억하며, 평가 후에는 피드백을 받아 자신의 역량을 개발하는 데 도움이 된다.

동료나 부하직원이 피평가자에 대해 관찰을 통해 느낀 점을 평가를 통해서 전달하고, 피평가자는 이를 수용하는 과정을 통해 상하 간 · 부서 간의 원활한 커뮤니케이션이 이루어져 조직의 활성화를 도모할 수 있으며, 직속상사의 일방적인 평가에서 나타날 수 있는 평가결과에 대한 신뢰성을 제고할 수 있다.

4) 다면평가 도입현황

미국 기업의 경우, 포춘지 1,000대 기업의 90% 이상이 어떤 형태든 다면평가를 실시하고 있는 것으로 알려져 있다. 미국에서는 1980년대 초에 처음으로 다면평가를 도입하였다.

도입목적은 리더십개발, 인재평가가 목적이었고, 오늘날 다면평가를 시행하고 있는 조직의 대다수도 다면평가를 이 목적으로 시행하고 있다. 1990년대 초부터 유행된 BPR, 팀제 도입, TQM운동 등 경영혁신운동을 계기로 다면평가가 보편화되었다.

국내 기업의 경우 포스코가 도입하여 운용하고 있으며 매년 11월에 사무직은 과장급 이상, 생산직은 현장주임 이상을 대상으로 '전사적자원관리(ERP) 다면평가제'를 실시하고 있다.

평가에는 평가대상자가 소속한 부서는 물론 타부서 직원 등 최대 10명이 한 명의 대상자를 평가한다. 평가자 중에는 피평가자의 부하나 동료가 절반이 넘어야 한다. 회사 측은 평가의 객관성을 높이기 위해 최고 · 최저 점수를 제외한 나머지 평가자의 점수를 평균하여 최종 점수를 산출한다.

다면평가제의 평가 요소는 기초역량(변화 주도 · 창의력 · 프로의식 · 고객 지향 · 기업윤리의식), 리더십역량(업무추진력 · 팀워크 활성화 · 부하 지도 육성 · 공정평가), 기타(비즈니스 매너 · 사기세발) 등 3개 부문, 10개 항목이다.

LG전자도 1990년대 중반부터 임원들의 리더십을 평가할 때 다면평가를 실시하고 있다. 다면평가 결과는 승진인사와 관련하여 참고자료로만 활용되며, 인사고과와 직접 연결되지는 않는다.

다면평가제를 부장 이상 모든 임원에 대해 실시하고 있는 SK그룹은 한 발 더 나아가 평가결과를 직접 인사고과에 반영하고 있다. 다만 평가 항목별로 세부적인 기준을 정해 자칫 과

대평가되거나 과소평가되는 현상을 막도록 했다.

이외에도 두산, 효성, 신세계, 하나은행 등이 부분적으로 다면평가제를 운영 중이며, 공공 부문에서는 중앙인사위원회, 기상청, 정보통신부, 교육부 등에서, 공기업에서는 KOTRA, 한국전력 등이 도입하여 운영 중이다.

5) 자유서술법

자유서술법은 어떤 특정 양식에 의한 고과가 아니고 성과나 행동특성 등 주어진 고과 요소나 측면을 중심으로 피고과자에 대해 자유로이 평가하여 서술하는 방법이다. 이 방법은 고과자의 서술 방법 여하에 따라 고과내용에 많은 차이가 있을 수 있다.

07

교육훈련

제1절 경영환경의 변화

경영의 중심이 물적자원에서 인적자원으로 옮겨지고 있는 세계적 추세에서 따라 우리 기업들이 당면한 경영과제를 인적자원관리적 측면에서 살펴보면, 젊은 층의 노동력은 점점 줄어들고, 노동은 더욱 고급화될 것이며, 초임금을 비롯한 임금의 빠른 상승으로 기업의 노무비 부담이 심화되어 이에 대한 대책이 필요하다.

따라서 기업은 경영의 합리화 일환으로 조직적 측면에서 인원을 점점 줄여서 소수화를 도모하는 동시에 종업원 개개인의 측면에서는 각자 능력 신장을 통해 정예화하여야 한다. 경쟁은 피할 수 없기 때문에 우리 기업으로서는 기술개발과 인재육성이 최우선으로 해결해야 할 과제로 부각되고 있다.

인재육성을 위한 기업의 체질을 개선하기 위해서는 종업원의 처우개선에 힘쓰는 동시에 그들의 장래를 보장할 수 있도록 체계화하는 한편 소질이 뛰어나고 기량이 우수하며 장래성이 있는 사람을 확보하는 데 최선의 노력을 기울여야 한다.

또한 기업은 확보한 인적자원을 합리적으로 개발하여 인적자원의 효율화를 통해 조직의 효율성을 증대시켜 소수화를 기하고, 경력계획과 경력개발을 통해 개개인의 자질을 향상

그림 7-1 | 기업의 경영환경 변화

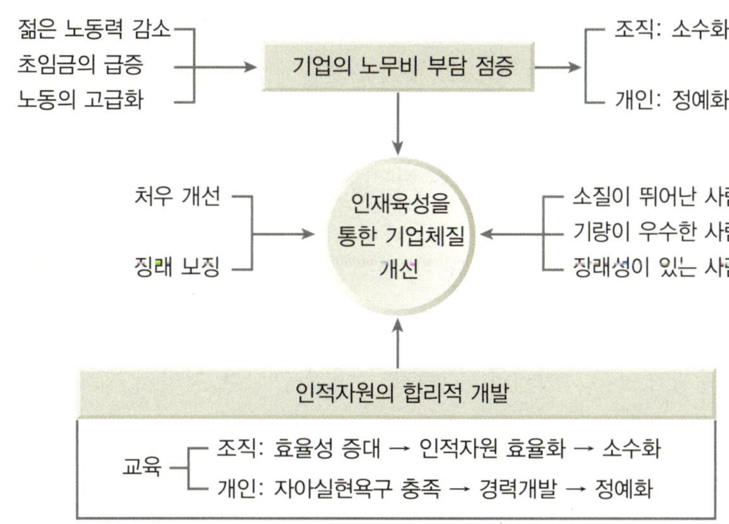

시키고 자아실현의 욕구를 충족시켜 정예화를 도모함으로써 인재육성의 기업체질을 확립해야 한다. 이를 요약 · 정리하면 [그림 7-1]과 같다.

제2절 교육훈련의 의의와 특징

1. 교육훈련의 의의

급격한 경영환경의 변화와 치열한 산업경쟁의 세계화 추세가 가속화 속에 변화와 경쟁에 대응하기 위해서는 기술혁신과 개발, 우수인재의 확보와 그 활용이 중요한 과제가 되었다. 기술축적과 인재의 육성은 우리 사회의 기술에 대한 인식과 교육에 대한 열정에 달려있다.

기술에 대한 교육훈련은 기술혁신과 인재육성의 원동력이 될 뿐만 아니라, 지식의 라이프사이클을 단명화시키는 정보화사회에서 사원들의 지식의 진부화를 방지하는 방부제가 될 것이며 동시에 기능의 정체를 막는 방패가 될 수 있을 것이다.

더욱이 기업의 규모가 점점 커져 회사의 업무가 복잡하고 다양해지면 이러한 업무를 합리적이고 능률적으로 처리하기 위한 전문적인 지식과 기능 및 태도가 더욱 필요하다. 이러한 지식과 기능 및 태도는 스스로 몸에 익혀지는 것이 아니라 교육과 훈련을 통해 적극적으로 개발하고 양성해야 한다. 따라서 종업원의 능력을 기대 수준까지 높여야 할 필요성이 강조되면 될수록 보다 적극적으로 교육과 훈련 활동을 전개해야 한다.

현대사회는 정보화사회이고 기술혁신이 급변하는 사회이다. 따라서 업무를 수행해 가는 가운데 습득한 지식, 기술과 기능은 빨리 진부화 되기 때문에 항상 새롭게하지 않으면 유능한 담당자로서의 능력을 유지할 수 없다. 더욱이 경영 활동이 세계화 되고 있는 현실에서는 원재료의 해외구입이나 제품의 수출입, 해외에서의 생산 활동이 활발하게 이루어지고 있다. 이러한 활동을 성공적으로 수행하기 위해서는 커뮤니케이션 능력이나 해외업무 수행능력 그리고 문화가 다른 사회에의 적응능력 등이 요구 된다. 따라서 이러한 업무를 담당할 인재들을 적극 육성함으로써 새로운 시대에 적응할 수 있다.

치열한 무한경쟁 속에서 기업은 살아남기 위해 경영목표를 세우고 이를 효과적으로 달성하기 위한 전략을 수립하며 계획을 확정하여 조직적으로 업무를 처리하지 않으면 안 된다.

치열한 경쟁에서 생존하기 위해서는 기업은 끊임 없는 기술혁신과 고도 정보화사회의 진입과 이에 따른 산업구조의 전환 등에 대응할 수 있는 유능한 인재가 그 어느 때보다도 절실하게 요구되고 있다. 따라서 종업원 한 사람 한 사람을 유능하고 우수한 인재로서 육성하기 위해서는 계획적이고도 체계적인 교육과 훈련이 필요하다.

2. 교육훈련의 특징

오늘날 기업경영은 과거의 고도 성장전략에서 안정 성장전략으로 그 기조가 변화됨에 따라 종래의 물적 생산성향상을 주축으로 한 경영전략에서 인적자원의 생산성향상으로 경영전략이 바뀌어 가고 있다. 이는 곧 기업경영의 내 · 외적 환경 변화에 대응할 수 있는 노동력의 양적 개념에서 인적자원의 개발 및 노동능력 배양이라는 질적 개념으로 변모하고 있음을 시사하고 있다.

다시 말하면, 현대적 의미에 있어서의 기업 내 교육훈련은 기업의 조직목표달성을 위해 종업원을 조직화하고 전력화하는 데 그 의의가 있으며, 종업원은 개발된 능력을 기업에 공헌함으로써 그 반대급부로서 각종 경제적 보수와 기타 사회심리적 만족의 유인을 얻게 된다.

교육훈련은 종업원만을 위한 것도 아니고 기업만을 위한 것도 아니다. 왜냐하면 교육훈련은 지식, 기술, 능력, 태도 등의 습득을 통해 종업원의 전문적 능력을 향상 시킬 뿐만 아니라 태도의 변화를 통해 종업인의 성취동기를 유발시키고, 근로의욕을 증진시키며, 조직의 활성화를 촉진함으로써 조직목표달성과 개인목표달성에 공헌하도록 하는 것이다.

교육훈련이란 조직목표를 능률적으로 달성하기 위하여 직접적으로 종업원들의 태도나 행동을 변화시키는 체계적인 과정이라고 할 수 있다. 즉, 교육은 주체적이고 자기개발적인 인간의 형성을 내적으로 촉진시키는 기업의 유지기능이다. 훈련은 능력을 외부에서 보충 · 보강하여 기업을 전진시키는 기능이다.

교육훈련에 사용되는 용어는 주로 교육, 훈련, 개발 등으로 불리어지고 있다. 교육과 훈련을 엄밀히 구분하자면 일반적으로 현재 담당 혹은 담당 예정인 직무에 필요한 지식을 배우는 것을 교육이라고 하고, 그 직무에 필요하게 되는 지식이나 기능을 익혀서 구사할 수 있게 되는 것을 훈련이라 한다. 이를 포괄적으로 해석하면 자기개발에 의해서 미래에 필요하다고 여겨지는 지식이나 기능을 확충해가는 능력개발이다.

따라서 기업 내 교육훈련 및 능력개발관리의 의미는 기업의 현직무 또는 미래의 직무수행에 필요한 지식, 기능, 종합판단력 등을 계획적으로 종업원들에게 학습시키고 훈련하는 일련의 활동이라 할 수 있다.

조직구성원에 있어 능력개발의 필요성은 날로 증대 되고 있다. 종업원들은 지식과 기능 등의 업무능력을 가져야 하며, 중간관리자들은 추진능력을 키워야 하고, 톱 매니저일수록 문제분석능력이나 의사결정능력을 향상시켜야 기술의 전문화 · 고도화 · 복잡화로 이행되는 기업 활동을 원활하게 수행할 수 있다.

그림 7-2 교육훈련의 기능

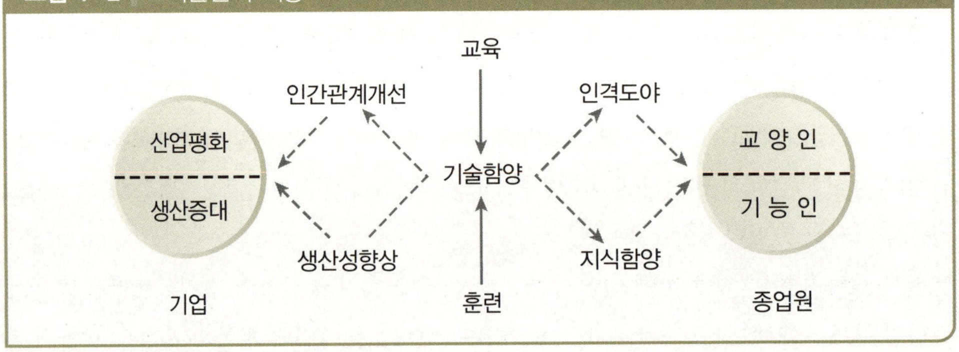

제3절 교육훈련의 중요성

1. 인재육성의 장기간 소요

인재라고 하는 것은 한순간에 저절로 자라는 것이 아니라, 오랜기간 동안 끊임 없는 노력과 단련을 통해 성장하는 것이기 때문에 적극적으로 육성해야 한다. 그러므로 인재가 되기 위해서는 자기가 맡은 일에 집중하는 자세와 끊임 없이 노력하는 자세가 중요하며 조직에서는 필요로 하는 인재를 적극적으로 육성하겠다는 생각이 중요하다.

그렇게 하자면 조직구성원 개인의 사기를 높일 수 있는 프로그램이나 지식, 기능과 태도가 요구된다. 왜냐하면 사기가 높은 직장은 목표에 도전하여 그것을 달성하려는 의욕과 목표를 달성하기 위한 창의적인 노력과 적극적인 연구가 활발하게 이루어질 수 있기 때문이다.

다시 말하면 종업원 한 사람 한 사람이 목표달성에 도전적이며 창의적인 노력과 연구개발에 열중하는 기업은 활력이 넘치는 기업으로 지속적인 성장이 가능하기 때문이다.

활력이 넘치는 기업이란 종업원 한 사람 한 사람이 자기의 능력을 발휘하고 향상시키기 위한 노력을 계속하여 직장에서의 능력개발이 아주 자연스럽게 이루어지고 있는 기업이라고 할 수 있다.

2. 인재육성의 필요성 증대

종업원 개개인을 인재로 육성하기 위해서는 우선 한 사람 한 사람의 능력과 업적을 공정하고 합리적으로 평가해서 그에 알맞은 처우를 해주는 것이 중요하며, 사기가 높고 활력이 넘치는 직장풍토를 만드는 것이 기본조건이 된다고 할 수 있다.

그러므로 각 관리계층에 있는 관리자는 유능한 관리자로서 필요한 기본적인 지식과 기능, 태도, 지식, 정보 등을 숙지해야 한다. 예를 들어, 영업담당부서의 관리자의 경우에는 영업에 관한 기본지식과 기능, 태도, 시장상황 등에 대한 지식과 정보 등을 계획적이고 체계적인 교육과 훈련 활동을 통해 인재로서 육성하도록 해야 한다.

3. 조직 내 업무의 다양화와 고도화

오늘날 조직의 업무는 매우 다양하고 고도화되었다. 즉, 제품의 다양화, 마케팅전략의 중요성 증대, 경영의 다각화, 정보의 시스템화, 컴퓨터의 도입 그리고 국제화 등 모든 면에서 큰 변화를 가져왔다.

이러한 변화는 과거 지식이나 기술을 진부화시킴으로써 문제의 분석력과 의사결정능력 등의 면에서 개선이 필요하게 되었고 이러한 변화들이 교육훈련의 강한 유인으로 작용하고 있다.

4. 조직 간 경쟁의 격화

경제규모의 확대와 성장에 의한 민간 부문의 발전은 설비능력의 확대와 더불어 시장을 둘러싼 조직 간의 경쟁을 치열하게 만들고 이러한 경쟁에서 우위를 차지하기 위해서 교육훈련이 중요하게 되었다.

이와 같은 경쟁력은 최종적으로는 개개인의 능력에 의존하기 때문에 교육훈련에 의한 능력개발은 조직의 성장과 혁신을 위해서 필수불가결의 요소가 되었다.

5. 노동력 부족과 인력절감의 경향

노동력의 부족은 오늘날 조직에서 커다란 문제가 되고 있으며, 소규모 조직에서도 이 문제는 매우 심각하다. 노동력의 절대적 부족 문제를 해결하기 위해서는 기계화에 의한 인력절감으로 대처할 수 있지만 기계 도입이 어려운 업무 분야가 존재하기 마련이다. 예를 들면, 판매 부문 등이 여기에 해당된다.

인력절감을 위한 기계의 사용이 가능한 경우에도 기계의 도입에 의해 새로운 기술이나 능력이 필요한 경우도 많다. 기계에 의해서 인력절감이 안 될 때에는 보다 소수인력을 가지고 이전과 같거나 또는 그 이상의 일을 수행해야 한다. 따라서 개개인에게는 지금까지와는 다른 능력을 발휘할 것을 기대하게 되는데 창의력과 문제분석력 그리고 의사결정능력의 개발이 중요하게 된다.

6. 인적자원관리 시스템의 변화

조직의 환경 변화는 자연히 인적자원관리의 방법과 제도에 대해서 변화를 가져왔다. 특히 사회적 변화를 기반으로 사람들의 가치관이 변화되고 있는데, 이것은 인적자원관리 시스템을 변화시키는 중요한 요인이다.

교육훈련 활동을 효과적으로 진행하기 위해서는 도입 전에 완벽한 준비와 미래지향적이고 합리적인 실시, 종료 후에는 습득한 지식과 기능을 충분히 발휘할 수 있도록 해주어야 한다.

교육과 훈련 활동은 자기개발이나 능력향상을 자극하는 동기부여의 역할도 하기 때문에 종업원 개개인이 인재로서 성장할 수 있도록 능력개발에 대한 관심과 열성이 교육과 훈련을 통해 충족될 수 있는 직장 풍토를 만들어야 한다.

제4절 교육훈련의 목적과 효과

1. 교육훈련의 목적

교육훈련의 목적은 조직에 참여한 모든 구성원의 지식 · 기술 · 태도를 교육훈련에 의하여 향상시켜 조직을 유지 · 발전시키는 데 있다. 즉, 조직의 교육훈련은 조직전략의 목표를 달성하기 위한 수단으로서 필요하며, 인적자원의 수준을 예측하고, 장래에 예상되는 높은 수준의 직무수행이 가능하도록 구성원의 자질과 능력을 개발하며, 미래의 조직을 관리할 유능한 후계자를 양성하는 것을 목적으로 한다. 그리고 나아가 사회적으로 선량하고 건전한 시민을 육성하는 데 목적이 있다.

또한 기업의 경영 측면에서 볼 때 교육훈련은 종업원들의 지식향상, 기능개발, 업무적응력향상을 통하여 종업원 개인적으로는 인격이 도야되고 기능이 향상되어 수입이 증대된다. 따라서 생활도 나아져 기업에 대한 애사심이 발휘되며, 기업으로서는 지식과 기능이 향상된 인재를 육성하기 때문에 노사 간의 산업평화가 유지되기 때문에 조직은 지속적으로 성장이 가능하다.

기업은 교육을 통해 새로운 지식을 가르쳐주고, 부족하고 서투른 점은 기능으로 훈련시키며, 일할 의욕이 없는 종업원에게는 적절한 동기부여를 통해 적극적인 태도를 갖도록 하는 것이 기업목표를 달성하는 지름길이다.

따라서 여기에서는 교육훈련의 목적으로 다음의 세 가지를 들 수 있다.

① 인재육성을 통한 기술 축적
② 커뮤니케이션의 원활화를 통한 조직협력
③ 자기발전의 욕구충족을 통한 동기유발

관리자 입장에서 추구하는 교육훈련의 목적은 인재육성과 커뮤니케이션의 원활화를 통한 조직협력이며, 구성원의 입장에서 추구하는 목적은 자기발전의 욕구충족이라 할 수 있다.

2. 교육훈련의 효과

교육훈련에서 기대할 수 있는 효과에 대해서 미(J.F. Mee)는 다음과 같이 제시하고 있다.

① 낭비와 불량률의 감소
② 직무 방법 개선
③ 결근율과 노동이동률 감소
④ 습득기간 단축
⑤ 감독자의 부담 감소
⑥ 초과근무시간 감소
⑦ 사무유지비 감소
⑧ 불평감소
⑨ 품질개선
⑩ 승진에 대한 자극
⑪ 사고율 감소
⑫ 커뮤니케이션 개선
⑬ 사기의 앙양
등을 들고 있다.

한편, 피고스(P. Pigors)와 마이어스(C. A. Myers)는 신규 채용훈련과 교육훈련 프로그램에 대한 효과를 다음과 같이 제시하고 있다.

첫째, 신규 채용자에게 조직의 방침과 절차, 관행 그리고 규정 등과 직무에 관한 일반 정보를 제공하여 줌으로써 빠른 시일 내에 새로운 조직환경에 익숙해지는 데 도움을 주고 조직에 대한 친근감과 안정감을 가지게 된다.

둘째, 신규 채용자는 직무기술서에 나타난 직무요건에 따라 정확하고도 포괄적인 교육을 받게 된다. 이렇게 함으로써 좀더 빨리 직무표준을 습득하게 되고 조직에서 자신의 가치를 향상시킬 수 있을 뿐만 아니라 직무를 통한 개인의 성장이라는 인간의 욕구를 충족시킬 수 있다.

셋째, 교육훈련을 통하여 사고와 불량품 그리고 사무용 집기의 소모율을 최소화시킬 수 있다.

넷째, 훈련을 통하여 직무성취감에서 만족을 느끼고 자기능력의 개발에 필요한 지식을 획득함으로써 불평과 불만, 결근 그리고 이동률이 감소한다.

다섯째, 훈련에 참가함으로써 점차적으로 조직에 대한 자기 가치를 높일 수 있으며 승진을 위해 준비할 수 있다.

여섯째, 훈련은 구성원으로 하여금 새로운 직무 방법과 새로운 설비의 사용 그리고 새로운 직무내용에 관한 능력을 증진시킨다.

이와 같이 교육훈련은 구성원의 지식 · 기능 · 태도를 향상 · 발전시켜서 조직체를 강화하고 구성원들로 하여금 그들 직무에 만족을 느끼게 하며 직무수행능력을 향상시켜 그들로 하여금 보다 중요한 직무를 수행할 수 있게 하여 조직의 유지 · 발전을 가능하게 한다.

제5절 교육훈련의 필요성 분석

조직에서의 교육훈련은 직무행위 또는 조직 성과와 관련되어 이루어져야 한다. 교육훈련의 필요성을 분석하기 위해 제기되는 첫 번째 문제는 조직목표와 개인목표의 달성을 통하여 조직의 유효성을 증대시키려는 노력으로 추진되어야 한다.

플리포(E. B. Flippo)는 "사내 교육훈련이 기업의 생산성 증가, 사기의 앙양, 감독의 감소, 사고의 감소, 조직안정과 융통성의 증대 등을 위해 종업원들에게 동기를 부여하기 위하여 교육훈련이 필요하다"고 했다.

이러한 노력의 일환으로 교육훈련의 목표가 설정되어야 한다. 이 점을 확실히 인식한다는 것은 많은 시간과 노력 및 비용을 투입하여야 하는 교육훈련에 대해 그만한 가치를 인정하고, 나아가 다른 경영관리 활동에 못지않은 중요성을 인식하는 계기가 될 것이다.

1. 조직분석

교육훈련의 필요성은 우선 전체로서 조직목표, 외부환경 및 조직의 현재능력, 성과와 관련되어 평가되어야 한다. 진행 중인 프로그램이 조직목표와 상충 될 때에는 피교육자에게 갈등과 혼란만을 주기 때문이다.

조직 수준에서 인식되어야 할 요소는 다음과 같다.

① 달성하지 못한 성과기준
② 재해율(accidents)
③ 제품의 불량률
④ 장비의 고장빈도
⑤ 잦은 지각, 결근, 이직 또는 전직률
⑥ 종업원의 근무평정
⑦ 종업원들의 피로감, 사기저하 및 직무와의 갈등
⑧ 직무분석에 따른 현재 · 미래에 필요로 하는 기술, 지식, 태도
⑨ 기타 애로사항

등이 있다.

따라서 조직은 교육훈련의 결과가 조직 성과의 결과로 나타나는 데 영향을 미치는 교육훈련 프로그램이 설계되어 있는지를 검토하여야 한다.

오늘날 소수정예주의를 지향하고 노동시장의 고령화 · 고학력화의 사회로 급속히 이행되는 저성장 경제체제 하에서는 조직 및 개인의 목표가 불일치하는 교육훈련 프로그램으로는 기업이 바라는 소기의 목적을 달성하지 못할 것이다.

2. 개인분석

조직분석과 더불어 개인분석은 교육훈련을 필요로 하는 특정 개인을 확인하는 것이다. 즉, 일정한 직무를 담당할 사람이 갖추어야 할 자격요건과 그 직무를 현재 담당하고 있는 종업원의 지식, 태도 및 기능 등을 비교한 후 이들 종업원이 갖추지 못하고 있는 점이 바로 교육훈련의 요구점이다.

이와 함께 개인의 총체적 성장과 관련하여 조직구성원 개개인이 가지고 있는 잠재력을 개발하여 개인의 능력을 극대화하는 개발의 필요성도 인식해야 한다. 이는 조직구성원들 개개인의 특성을 많은 직무와 관련하여 연결시킨다는 어려움이 있지만 경력개발(career development) 및 훈련대상자들의 동기유발과 관련하여 기업의 인력개발을 적극 추진하는 데 있어서는 매우 필요하다.

제6절 교육훈련 내용의 결정

오늘날 조직에서는 인적 요소의 개발과 관리적 기술의 개발이 기업의 성과증대와 성장 요인으로 중요하다는 사실이 인식됨에 따라 능력개발관리에 대한 연구의 중요성이 더욱 강조되고 있다.

교육훈련 프로그램을 계획 내지 설계할 때에는 어떤 내용을 포함하고 무엇을 개발 대상으로 할 것인가를 결정하는 것이 급선무가 된다. 즉, 능력개발을 위한 교육훈련의 대상은 계층별 · 수직적 분화와 직능별 · 수평적 분화로 대별된다.

계층별 · 수직적 분화는 기업의 책임과 권한의 계층적 체계인 바, 이는 조직의 정점을 구성하는 최고경영층으로부터 중간관리층, 일선감독자 및 조직의 저변을 이루고 있는 일반 작업자에 이르기까지를 분류한 것이고, 수평적 · 직능별 분화는 인사, 재무, 회계, 마케팅, 생산 등 기업의 특성 및 직능 자체의 성격에 의해 분류한 것이다.

그러나 여기서 조직구성원 개개인의 직무수행능력을 높일 수 있는 수평적 분화의 직능별 교육훈련의 개발도 중요하지만 더욱 중요한 것은 계층별 관리능력이라 할 수 있다. 왜냐하면 집단이나 조직 수준으로 볼 때 팀이나 조직의 성과는 조직구성원들을 어떻게 하면 소속집단의 목표달성에 동원하느냐 하는 데서 크게 좌우되기 때문이다.

따라서 카츠(R. L. Katz)는 조직구성원들이 기업목표달성을 위해 필요한 자질을 개발하기 위한 요소로서 개념적 기술, 인간관계기술, 전문적 기술로 구분하고 있다.

(1) 개념적 기술

이것은 조직 전체의 복잡성을 이해하고 기업을 하나의 전체로서 파악하는 능력으로 개개의 직무에 관한 세밀한 지식이나 기술보다는 이들을 총합하고 체계화할 수 있는 능력을 부여할 수 있는 계획이 되어야 한다.

(2) 인간관계기술

집단성원으로서 효과적으로 직무를 수행하고 리더십을 발휘할 줄 알며, 자신이 거느리는 팀의 협동적 노력을 조정하는 능력을 말한다.

이와 같은 인간관계기술을 필요로 하는 관계자는 실제로 최고경영층과 감독자의 중간에 위치하여 생산, 판매, 구매, 인사, 서무, 회계, 기술, 조사 등의 각 부문 활동을 담당한다.

(3) 전문적 기술

특정한 과업을 달성하는데 야기되는 문제를 포착하고 해결할 수 있는 실무가로서 경험, 교육, 훈련을 통하여 얻는 지식, 방법, 기술, 장비 등을 활용할 줄 아는 능력을 말한다.

이러한 관리계층에 따라 필요한 기술의 비중은 [그림 7-3]과 같이 하위감독층의 위치로부터 최고경영층으로 올라감에 따라 변하게 된다.

그림 7-3 계층별 소요기술

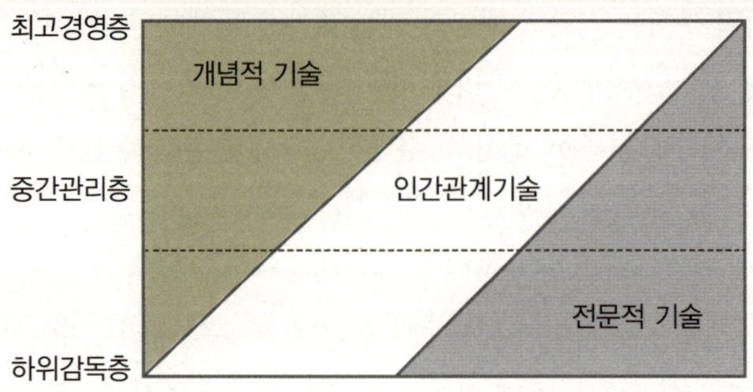

즉, 하위감독층의 경우는 기업의 제반 자원이 생산화되는 구체적인 변형 과정에 중점을 두는 업무적 의사결정을 주로 하게 되며, 중간관리층은 전문기술과 더불어 조직능력을 효율적으로 발휘하기 위한 기업자원의 구체적인 배분과 조정을 결정하는 관리적 의사결정을, 최고경영층은 자기개발을 중심으로 개념적 기술에 중점을 두어 내용을 개발하는 전략적 의사결정을 한다.

제7절 교육훈련의 체계

기업에서의 교육훈련은 기업의 목표를 효율적으로 달성할 수 있도록 종업원들의 잠재적인 능력을 개발하고, 현재적인 기능을 향상시키며, 교양을 높여 타인과의 협력을 통해 능률적인 팀워크(team work)가 형성되도록 하는 기업의 체계적인 인재개발 활동이다. 따라서 기업의 교육훈련 방법은 여러 가지 측면에서 다양하게 분류할 수 있다.

교육훈련이 이루어지는 장소에 따라 분류하면 사내 교육훈련과 사외 교육훈련으로 나눌 수 있다.

사내 교육훈련에는 조직계층에 따라 최고경영자 교육훈련, 중간관리자 교육훈련, 일선감독자 교육훈련 등이 있으며, 교육의 대상에 따라 신입자 교육훈련과 기능자 교육훈련이 있다.

사외 교육훈련에는 일반적인 교양을 위한 야학이라든가 방송통신교육이 있으며, 전문적인 지식을 위한 것으로는 사외강습, 해외파견훈련 등이 있다.

1. 교육훈련의 대상

교육훈련의 대상은 신입자와 재직자로 나눌 수 있다. 신입자에 대한 교육훈련은 적응훈련이라고도 한다. 재직자는 일반종업원과 관리자로 나눌 수 있으며 그에 따라 교육훈련의 내용도 달라진다.

1) 신입사원

신입사원에 대한 교육훈련(orientation training, induction training)은 신입자에게 조직에 관한 정보, 즉 그들의 직무를 수행하는데 필요한 정보를 제공하며, 조직과 부서가 기대하는 태도와 표준, 가치기준 그리고 행동유형 등을 주입시키는 연속적인 과정이다.

이러한 오리엔테이션은 입사초기 현실의 불안에 대한 충격을 감소시킬 수 있으며 신입자에게 귀속의식과 애사심을 심어 줄 수 있는 기회가 된다.

2) 현직자

(1) 일반종업원

종업원을 대상으로 직무에서 필요로 하는 직무기능(job skill)과 갖추어야 할 교양요건을 쌓도록 하여 조직의 구성원으로서 기초적인 마음가짐이나 장래의 관리자로서의 자질 그리고 적극적이고 협력적인 사회인을 육성하는 데 그 목적이 있다.

교육내용으로는 종업원으로서 갖추어야 할 자세와 분석력 그리고 판단력을 육성한다. 그리고 협력의식의 고취와 자질 향상을 도모하는 데 있다.

일반종업원에 대한 교육훈련은 사무처리와 제품생산과 직접적인 관계가 있고, 그들의 위치가 정체되기 쉽고 이직도 많이 일어나는 계층이기 때문에 의욕과 사기를 높이는 데 초점이 맞추어져야 한다.

일반종업원의 기능을 향상시키기 위한 훈련 방식으로는 다음과 같다.

① 직업학교훈련

이는 구성원을 외부의 전문적인 직업학교에 파견하여 직무수행에 필요한 기초 지식을 교육훈련시키는 것을 말한다.

② 실습장훈련

훈련을 위해 분리된 별개의 장소에 구체적인 직무를 신규채용자에게 실습을 통해 가르치는 곳이다. 실습장훈련은 반숙련의 생산직원과 일상적인 사무직원을 교육시키고, 특히 신규채용자에게 동시에 똑같은 직무를 교육시키는 데 적합하다.

③ 도제훈련

도제훈련은 높은 수준의 숙련공을 양성하는 데 목적이 있으며, OJT나 실습장 훈련보다 교육적 측면이 더 강하다. 도제훈련은 중세에 발달한 동업조합(guild system)의 도제훈련에서 기원을 찾아볼 수 있다. 이 훈련 방식은 오랜 세월에 걸쳐 일관된 감독을 필요로 하므로 경비가 많이 들고, 한 번에 많은 사람을 훈련시킬 수 없다는 단점이 있으나, 장기간에 걸쳐 고도의 숙련을 요하는 직무에 종사할 사람(기계제작자, 전기기사, 배관공, 양철공, 목수 등)을 위한 교육훈련 방법으로 적합하다.

(2) 감독자

감독자의 교육훈련은 작업현장에서 직장과 같은 감독자의 직위에 있는 사람들을 대상으로 한다.

따라서 이들에게는 지도 · 통솔력의 양성과 더불어 관리에 관한 기초적인 지식의 배양이나 능력 향상을 목적으로 한다.

감독자의 교육훈련은 테일러(F. W. Taylor) 이래 특히 중시되었고, 제2차세계대전 동안에는 미국에서 TWI(Training Within Industry: 산업체훈련) 방식이 널리 보급되어 큰 성과를 거두었다. 그 후 세계 각국으로 확산되어 감독자훈련이라면 바로 TWI를 의미할 정도로 일반화되었다.

TWI에 의하면 감독자에게 공통으로 필요한 요건은 다음과 같다.

① 직무에 대한 지식
② 직위에 대한 지식
③ 직무지도의 기능
④ 직무개선의 기능
⑤ 통솔의 기능

등 다섯 가지를 들 수 있으며, 두 가지 지식과 세 가지 기능으로 되어 있다. 이 가운데 두 가지 지식은 각 조직에 따라 내용이 달라 통일시켜 취급할 수 없으므로 공통적으로 실행 가능한 세 가지 기능을 중심으로 3계열의 훈련 방법을 고안하였다 JI와 JM, 그리고 JR의 3계열의 훈련 방식이다.

① JI(Job Instruction)

직무지시법으로 감독자의 부하에 대한 직무지도능력을 향상시키는 훈련이다.

② JM(Job Method)

직무개선법으로 감독자의 직무개선능력을 향상시키는 훈련이다.

③ JR(Job Relation)

직원통솔법으로 감독자의 부하에 대한 통솔력을 훈련한다.

(3) 관리자

관리자에 대한 교육훈련은 중간관리층(middle management), 즉 부장과 과장급에 대해 실시된다. 이들 관리자들은 최고관리자와 하위감독자층의 중간에 위치하면서 관리적 결정과 집행을 도모하는 기능을 수행한다.

관리자에 대한 교육훈련의 정형적인 방식으로 가장 널리 보급되어 있는 것은 미공군극동군(Far Eastern Air Forces: FEAF)이 개발한 MTP(Management Training Program)이다.

여기서 취급하는 교육훈련 항목은 다음과 같다.

① 관리의 기초: 관리의 기본적 사고, 조직의 원칙, 조직의 검토
② 직무의 개선: 직무할당의 개선, 직무 방법의 개선, 직무의 수행기준
③ 직무의 관리: 계획, 통제, 조정, 회의의 지도
④ 부하의 훈련: 직무훈련의 관리, 부하의 육성, 관리능력의 육성
⑤ 인간관계: 직원과의 상호이해, 인사 문제의 처리, 태도개발, 직장사기
⑥ 관리의 전개

(4) 경영자

경영자에 대한 교육훈련은 조직에 있어서의 최고경영자들에 대한 훈련을 말한다.

조직환경의 극심한 변화 속에서 최고경영자들이 올바른 관리기회를 포착하고 의사결정을 바로 내릴 수 있는 능력을 갖출 때 조직의 성장과 발전을 기대할 수 있다.

따라서 최고경영자에 대한 교육훈련에 있어서는 조직전반에 관한 전문적인 지식과 숙련을 갖추도록 해야 할 뿐 아니라 분석력・기획력・통합력, 의사결정능력이 필요하므로 이것을 함양해 나갈 수 있는 교육훈련이 뒷받침되어야 한다.

• 경영대학원 AMP(Advanced Management Program)

조직전반에 관한 전문적 관리능력과 의사결정능력 배양을 위한 강좌식 교육훈련 프로그램이다. 이 강좌는 경영간부의 능력을 향상시키고 시야가 넓은 관리자 양성을 목적으로 한다. 이 과정에 포함되어 있는 과목은 ① 사업방침, ② 관리실무, ③ 조직과 사회, ④ 원가와 재무관리, ⑤ 마케팅관리, ⑥ 노사관계관리 등이다.

2. 교육훈련의 장소

교육훈련이 이루어지는 장소는 라인 중심의 OJT 방식과 스탭 중심의 OFF JT 방식, E-learning, SD 방식이 있다.

1) 사내 교육훈련

(1) OJT(on the job training)

OJT는 사내 교육훈련으로 on the job training 의 약칭으로 직무에 종사하면서 교육훈련으로 일을 시키거나 일을 진행시키면서 가르치는 것이라고 할 수 있다. 즉, 어떤 일이나 역할을 체험시킴으로써 기회를 포착하여 피훈련자에게 필요한 교육훈련을 하는 방식으로 기회교육이나 개별지도라고 할 수 있다.

조직에 있어서 상위자의 직무에는 당연히 부하직원을 교육훈련시킬 임무가 부여되어야 하며, 직원인 구성원을 교육시키는 것은 단순한 직무상의 교육훈련뿐만 아니라 올바르고 건전한 조직인과 사회인이 될 수 있는 형태의 교육까지도 포함해야 한다.

직속상사는 부하에 대하여 일상의 모든 기회와 장소를 이용하여 계획적으로 직무수행에 필요한 지식과 기술, 그리고 태도에 대한 교육훈련을 실시하여 직원의 능력향상에 노력하여야 한다. OJT의 장 · 단점을 요약하면 〈표 7-1〉과 같다.

표 7-1 OJT의 장 · 단점

장 점	단 점
• 훈련이 실제적이다. • 실시가 OFF JT 보다 용이하다. • 훈련 성과를 바로 알 수 있어 구성원의 동기를 유발할 수 있다. • 상사는 동료 간의 이해와 협조정신을 강화 · 촉진시킨다. • 저비용으로 할 수 있다. • 훈련을 받으면서 일을 할 수 있다. • 구성원의 학습성취도와 능력에 따라 훈련할 수 있다.	• 우수한 상사가 반드시 우수한 지도자는 아니다. • 일과 훈련 모두에 철저를 기하지 못할 가능성이 있다. • 다수의 구성원이 동시에 훈련할 수 없다. • 통일된 내용과 과정의 훈련을 할 수 없다. • 고도의 전문적인 지식과 기술을 가르칠 수 없다.

(2) OFF JT(off the job training)

OFF JT란 사외 훈련 또는 직무훈련을 말하며 OJT가 라인 중심의 교육훈련인데 반하여 OFF JT는 스탭 중심의 사내 교육훈련을 받는다. 즉, OFF JT란 교육훈련을 담당하는 전문스탭의 책임 아래 이루어지는 것으로서 조직 내 교육훈련 이외의 모든 훈련을 말하는데 조직 내에 있는 양성소나 연수원 등과 같은 특정의 교육훈련시설을 통해서 하는 것은 물론, 정기적 · 부정기적 강습회나 강연회 혹은 조직 안의 전문적인 교육훈련기관에 위탁하여 수행하는 경우도 있다. 따라서 내용적으로 볼 때 OFF JT는 집합교육으로서의 성격을 갖는다.

이는 현장작업과 직접적인 관계를 갖지 않는 보편적인 내용, 예컨대 일반적인 작업에 대한 사고 방식이나 작업의 개선 방법 그리고 인간관계 등의 중요성을 교육훈련하는 데 적합하다. 이는 현장작업과 관계없이 예정된 계획에 따라 훈련할 수 있다는 장점이 있으나, 그 결과를 곧바로 현장에서 활용하기 어렵다는 단점이 있다.

통상 교육훈련이라 하면 OFF JT를 연상하게 되며 그 실시 방법도 다양하게 발전되어 왔다. OFF JT 방법 가운데 오늘날 많이 활용되고 있는 방법은 훈련대상자에서 살펴본 오리엔테이션, TWI, MTP, AMP 등이 있다.

OFF JT의 장 · 단점은 OJT의 반대관계에 놓여 있는데, OFF JT의 장점과 단점을 요약하면 〈표 7-2〉와 같다.

표 7-2 OFF JT의 장 · 단점

장 점	단 점
• 다수종업원들에게 통일된 훈련 가능 • 전문적인 지도자 아래에서 구성원은 훈련에 전념할 수 있다. • 참가자는 서로 경쟁심을 가짐으로써 훈련효과를 높일 수 있다.	• 직무시간의 감소와 훈련시설의 설치 등으로 경제적 부담이 크다. • 소규모조직에서는 사실상 실시하기가 어려운 훈련 방법이다.

2) 사외 교육훈련

(1) 대 학

대학이 조직의 외부 교육기관으로 본격적으로 등장한 것은 선진국에서도 1950년 이후이다. 산업계와 대학 사이에 이루어지는 산학협동은 협의의 개념에서는 관리자 과정과 같이 유능한 산업인이나 관리자를 양성하는 것으로서 협동적 교육 프로그램이 있다.

광의의 산학협동은 대학에서 마련하고 있는 관리자 과정은 물론 위탁교육을 통한 기술자 재교육 과정과 대학의 연구소를 통한 자문 등 기업에 대한 대학의 협력과 대학에 장학금이나 연구비를 지원하거나, 공장견학 그리고 학생들의 현장실습의 기회를 제공하는 등 대학에 기업이 협력하는 것을 모두 포함한다.

산학협동의 일환으로서 기업의 사내 교육훈련 프로그램과 대학 또는 기타 전문교육기관의 교육훈련 프로그램을 유기적으로 결합시킨 소위 샌드위치 코스 시스템이 효과적으로 실행되고 있다.

이는 기업에서 근무를 하다가 교육을 위해 일정 기간 동안 대학이나 전문교육기관에 파견되어 교육을 마치면 다시 기업으로 복귀하는 샌드위치 방식을 말한다.

(2) 연구 · 연수기관

생산성본부와 능률협회, 인력개발원 등의 연구 · 연수기관에서는 각종 교육훈련 프로그램을 제공하고 있다.

기업에서는 이러한 사외 기관에 구성원들을 파견하여 교육을 받도록 한다. 대학의 교육훈련과의 차이점은 이들 연수기관의 교육훈련이 훨씬 더 전문적이며 실제적이라는 것이다.

(3) 해외연수

우리나라의 기업들도 이제는 다국적기업화가 되어 사원의 장기적인 능력개발을 위해 선진국의 대학원 석사 과정이나 특수교육기관의 훈련 과정에 유능한 사원들을 파견하는 기업들이 늘고 있다.

3) 이러닝(E-learning)

E-learning은 인터넷이나 사내 인트라넷(intranet)을 사용하여 실시하는 온라인 교육을 의미한다. 오늘날 정보기술의 발전과 이러닝 콘텐츠의 개발로 E-learning 을 실시하는 기업이 크게 증가하고 있다. 사이버연수원 또는 원격교육이라고도 부르는 E-learning은 시간과 장소에 구애 받지 않고 피훈련자가 학습의 속도를 조절하면서 교육훈련을 실시할 수 있다는 장점 때문에 날로 확대되는 추세에 있다.

그러나 E-learning 을 도입하기 위해서는 직원들의 컴퓨터 사용능력이 어느 정도 갖춰져 있어야 하며 최초 도입기에 많은 비용이 예상되므로 최고경영자의 이해와 후원이 필수적이다.

E-learning 의 장점을 살펴보면 다음과 같다.

① 시간과 공간의 제약을 초월하여 동시에 많은 직원을 대상으로 교육을 실시할 수 있다.
② 피훈련자는 스스로 학습시간을 조정할 수 있다(self-paced).
③ 양방향 교육, 상호작용적 교육이므로 오류를 즉시 수정할 수 있다.
④ 교육내용의 전수가 동일하고 표준화하여 훈련의 일관성이 유지된다.
- 연습문제를 풀고 모범답안을 피드백 받을 수 있다.
- 프로그램 내에 안내문이나 보충설명이 포함되어 있다.
- 교육내용을 언제든지 업데이트 할 수 있다.

⑤ 훈련자 주도의 교육훈련이 이루어진다.

E-learning 의 단점을 살펴보면 다음과 같다.
① 피훈련자를 불안하게 할 수 있다.
② 모든 피훈련자가 E-learning 을 잘 받아들이지는 않는다.
- 컴퓨터(인터넷) 접속이 용이하지 않을 수 있다.
- 주제에 따라 E-learning 이 적합하지 않을 수 있다.(실무나 실기가 많이 요구되는 교육훈련에는 부적합)
- E-learning 도입실시를 위해서 비용이 많이 들 수 있다.
- 학습의 효과가 그리 높지 않은 것으로 조사되고 있다.

③ 최고경영자의 적극적인 후원이 없으면 성공하기 어렵다.

4) 자기개발

자기개발이란 자기의 책임 하에 자기의 이해와 평가에 의해서 자기개발 의욕을 가지고 자주적으로 노력(자기훈련)을 하는 것을 말한다. 그러므로 SD란 문제해결을 스스로 함으로써 성장해 가는 과정이라고 할 수 있다.

자기개발(self-development: SD)은 OJT, OFF JT 와 함께 사내 교육훈련의 한 분야이다. 지금까지는 본인중심의 자기개발 방식이 크게 부각되지 않았으나, 평생교육의 중요성과 더불어 자기개발에 대한 중요성이 강조되고 있다.

SD과정은 다음과 같이 4단계로 나누어진다.

① 문제의식 – 목표달성
② 해결하고자 하는 의욕의 신장
③ 부족한 능력의 개발
④ 문제해결

SD에 있어서는 구성원의 자기개발이 중요한 관건이 되므로 자세확립에 대한 분위기 조성이나 구성원들에 대한 보상체제와 경력경로를 제시하는 제도적인 면도 중시해야 한다.

이제까지 고찰한 OFF JT 는 현장라인의 직무수행에 도움을 주기 위한 것이므로 최종적으로는 OJT로 지향되어야 한다. 또한 OJT는 직무의 원활한 수행을 위하여 직원을 지도 · 육성하는 것이지만 궁극적으로는 직원 스스로가 생각하는 능력을 기르고, 스스로의 판단력으로 행동할 수 있는 목표를 지향하는 것이다.

이러한 의미에서 OJT는 SD의 방향을 겨냥하고 있으며 OFF JT 또한 SD의 동기를 부여하고 있다. OFF JT 의 궁극적인 목표는 SD, 즉 자기개발의 체제를 확립하는 것이다.

3. 교육훈련의 내용

1) 직능별 교육훈련

직능별 교육훈련은 조직이 수행하고 있는 직무기능을 중심으로 실시되기 때문에 교육훈련의 성과가 직접적으로 나타난다. 따라서 실무에 곧바로 적용할 수 있는 지식이나 기법의 전달에 역점을 두고 있다.

더욱이 산업사회의 발전으로 조직이 고도화되고 세분화됨에 따라 훈련대상자에 대한 계층별 교육훈련과 함께 직능별 교육훈련의 중요성이 강조되고 있다.

직능별 교육훈련을 간단히 살펴보면, 생산 · 기술 부문의 교육훈련, 판매 · 마케팅 부문의 교육훈련, 자본의 효율적인 조달과 성과배분을 위한 재무 부문의 교육훈련, 라인 직능과 스탭 직능으로 구분된 인사 부문의 교육훈련 등으로 나누어 볼 수 있다.

2) 내용별 교육훈련

내용별 교육훈련은 교육훈련의 내용을 중심으로 ① 지능교육, ② 노동교육, ③ 교양교육의 세 가지로 구분된다.

4. 교육훈련의 방법

교육훈련의 방법은 지시적 방법과 시뮬레이션 방법, 경험적 방법으로 분류할 수 있다.

1) 지시적 방법

주로 기능, 개념, 정보 등을 강의나 다른 매체를 통해 학습하는 방법이다.

(1) 강의

강의(lecture)는 강사가 지식을 구두로서 전달하는 방법이다. 이는 특정 대상 분야 또는 대상 제목에 대해서 많은 사람들을 동시에 훈련시켜야 할 때 사용되는 방법인데, 교육훈련을 위한 시간이나 비용을 절약할 수 있다는 장점이 있다.

반면에 피교육자들이 소극적으로 훈련에 임하기 쉽고, 집단사고가 부족하고 교육내용을 망각하기 쉽다. 또한 교육훈련 절차가 하향적이며, 권위주의적이고, 피드백이 없다는 단점이 있다.

(2) 실연

실연(demonstration)은 직무수행 방법을 직접해 보임으로써 직무수행을 위해 필요한 지식을 습득하게 한다.

이 방법은 흥미를 불러 일으키고, 교육의 핵심적 사항을 납득시키기 쉽고, 많은 감각기관의 이용이 가능한 장점이 있는 반면에 다수의 교육에는 부적합하고, 많은 비용이 들며, 이동에 불편하다는 단점이 있다.

(3) 시청각교육 방법

시청각교육 방법(audio-visual method)은 영화, TV, 사진, 모형, 괘도, 그래프 등의 시청각 교재를 이용하여 훈련을 실시하는 것으로 강의만으로는 이해하기 어려운 경우에 효과를 거둘 수 있다. 이 방법은 경비가 많이 들고 내용이 고정되어 있다는 단점이 있다.

(4) 직무순환 방법

직무순환 방법(job rotation method)이란 일정한 교육계획에 따라 차례로 직무를 교대시킴으로써 조직의 직무전반을 이해하고 지식과 기술 그리고 경험을 풍부하게 만드는 방법이다.

(5) 프로그램식 학습

일반적인 교육뿐만 아니라 기술훈련에 광범위하게 사용되고 있는 프로그램식 학습(programmed instruction)은 스키너(B. F. Skinner) 이론을 바탕으로 하여 발전되어 왔다. 스키너 이론의 중심은 조작적 조건화인데 조작적 조건이란, "어떤 특정한 행동을 학습결과로서 유도하려면, 행동을 반복시킴으로써 그 성과를 높일 수 있다"는 강화의 원리를 중심으로 한 것이다.

2) 시뮬레이션 방법

시뮬레이션 기법(Simulation method)의 기원은 프러시안(Prussian)군대에 의해 개발된 탁상 전쟁게임에서 유래된 것으로 1956년 미국경영자협회(American Management Association)에서 개발되었다.

이 방법은 주로 관리자의 문제해결능력을 향상시키기 위한 방법으로서 실무적인 문제를 모형화하여 개발시키는 방식이다.

(1) 인바스켓 기법

실제상황과 비슷하게 설정하는 방법으로는 인바스켓 기법(in-basket method)이 있다. 주로 문제해결능력이나 계획능력을 향상시키기 위한 개발 방법으로 관리능력을 평가하는 데도 이용된다. 이 기법의 실례를 들면 다음과 같다.

피훈련자는 훈련자가 우편물이나 전화를 이용하여 제시한 일련의 자료를 받아보게 된다. 이를테면 재고 고갈의 위험과 고객의 불평 혹은 상급자로부터의 보고 요청 등과 같은 중요하고 긴급한 문제와 만찬회의 연설요청이나 회사 야유회 날짜의 결정 등과 같은 일상적 업무의 자료들을 받게 된다. 이에 피훈련자들은 이러한 자료를 이용하여 주어진 시간 내에 내린 여러 가지 의사결정에 관해 분석하게 되고 비판을 받는다. 이 기법은 비용이 많이 든다는 단점이 있다.

(2) 사례연구법

사례연구법(case study method)은 1871년 하버드(Harvard University)의 법과대학 랑델(C. C. Langdell) 교수에 의하여 창안되었다. 그는 종래의 강의식 방법보다는 실제 일어난 여러 가지 사례를 학생들로 하여금 토의시킴으로써 현실 문제를 이해시키는 것이 유용하다고 믿었다.

사례연구는 오늘날 경영학의 실무교육뿐만 아니라 구성원의 교육훈련까지 널리 이용되고 있다.

이 방법은 주제에 관한 실제의 사례를 작성하여 배부하고, 토론을 함으로써 피훈련자의 판단력과 분석능력을 기르고, 어떠한 상황에서도 경영 문제에 대처할 수 있는 자질을 갖추게 한다.

사례연구법은 감독훈련자에 사용될 수도 있지만, 주로 관리훈련에 이용된다. 사례연구법에는 여러 가지 방법이 있으나 공통적인 절차는 다음과 같다.

① 경영사례 제시
② 해결의 전제가 되는 자료수집
③ 해결책을 세우기 위한 연구준비
④ 집단토의에 의한 해결책의 발견과 검토

(3) 비즈니스 게임법

비즈니스 게임(business games)은 한 기업의 운영특성을 기술하는데 컴퓨터의 사용이 확립됨에 따라 대중화되었다.

비즈니스 게임은 훈련대상자 개개인의 팀이 주어진 목표를 달성하기 위해 구성원 상호 혹은 그들이 접하는 환경에 대해서 어떤 태도를 가져야 할 것인가를 통찰해 볼 수 있도록 하기 위해 채택되는 훈련 방법이다.

비즈니스 게임 방법은 주로 강의실의 모의실행기법(classroom simulation exercises)이 채택된다. 물론 이 비즈니스 게임은 실행에 있어서는 실제 생활에서 야기되고 있는 여건을 반영할 수 있어야 한다.

3) 경험적 방법

주로 인간관계능력의 향상을 목표로, 내가 누구이며 나 자신으로부터 무엇을 배울 수 있는가를 깨우치게 하기 위해 개발된 방법이다.

(1) 역할연기법

역할이란 하나의 기대되는 행동 유형인데, 이것을 조직구성원들이 실제로 연기를 해 봄으로써 행동의 옳고 그름을 판단함은 물론 역할에 대한 학습을 할 기회를 제공한다. 심리극(psychodrama)이라고도 하며 원래는 정신병 치료법으로 발달했으나 오늘날에는 관리자교육에 크게 이용되고 있다.

역할연기법(role playing)은 2인 혹은 그 이상의 피교육자들이 다른 사람들 앞에서 자신에게 할당된 역할을 연기해 보임으로써 학습을 하도록 한다. 이 훈련 방법은주로 피교육자들에게 실수를 통하여 인간관계기술을 배울 수 있도록 하고, 자신의 행동에 대해서 통찰을 할 수 있도록 하여 이것이 다른 사람에게 어떤 영향을 미치는가를 알 수 있도록 한다.

역할연기법의 장점을 살펴보면 다음과 같다.

① 실습에 의한 학습 강조
② 인간의 감수성과 상호작용 중시
③ 훈련의 결과를 즉시 알 수 있음
④ 피훈련자들의 관심과 몰입이 높음

(2) 감수성훈련

관리자의 능력개발을 위해 가장 많이 이용되는 훈련 방법의 하나로서 T-그룹(training group)이라고도 하며, 브래드퍼드(L. P. Bradford)에 의해 개발되었다.

감수성훈련(sensitivity training)은 서로 알지 못하는 수십명의 참가자를 모든 관계집단에서 분리시켜 '문화의 고도'라고 하는 사회적 고립조건 하에서 2주 정도 집단생활을 하게 함

『팀빌딩』에 의한 감수성훈련

조달청은 양일간 '감성경영 팀빌딩 훈련'을 실시했다. 이번 훈련은 팀원 간의 조직력 강화를 통한 업무능률향상뿐만 아니라, 다양한 감수성훈련을 통해 격무로 인해 자칫 메마르기 쉬운 심성을 순화하고, 팀원들이 생애 비전(Life Vision)을 설정하도록 돕는 데 비중을 두고 있다.

팀빌딩은 "나는 누구인가", "나는 자랑스러운 존재인가", "나는 진정한 동료가 있는가"에 대한 자아성찰의 시간과 자기 주도성 연습(Proactive Exercise), 역지사지 역할극, 모의 유언장 작성 등 감수성을 다양화 시키는 훈련으로 진행된다.

이번 훈련을 통해 격무에서 벗어나 자유로운 분위기에서 자기 자신을 한번 되돌아보고, 특히 감수성훈련을 통해 팀원들이 개인적 비전(Vision)과 조직의 비전을 조화시킬 수 있는 계기가 된다.

자료 : 조달청

으로써 그동안 자기가 타인에게 어떤 영향을 미치고 있으며, 또 자기가 타인으로부터 어떻게 인지되고 있는지 등을 감지하는 능력을 개발시키는 데 중점을 둔 훈련 방법이다.

그 결과 자신을 보다 잘 이해하게 되고, 타인에 대한 이해능력도 키우며, 집단화 과정에 대한 통찰력을 향상시키고, 개인의 특수한 행동기술을 개발하는 데 있다.

또한 커뮤니케이션 능력도 개발할 수 있고, 집단 혹은 팀의 구성원으로서 보다 효과적으로 일할 수 있는 방법이나 리더로서의 역할을 보다 원만히 수행하는 방법을 배울 수 있다.

제8절 최근 교육훈련의 방법

1) 교육 이수 학점제

대학의 학점취득제와 같이 기업이 각 직급별 또는 직종별로 이수해야 하는 교육학점을 정해 놓고, 그 이수 여부 및 평가결과를 승진 또는 승격 시 일정 부분 반영시키는 제도이다.

국제화 · 정보화의 급속한 기업환경 변화에 신속하게 적응하기 위해서 교육훈련을 통한 능력개발의 중요성이 강조됨에 따라 삼성생명보험 등 대기업을 중심으로 도입되기 시작하여 실시하고 있다.

교육 과정을 필수 과정과 선택 과정으로 나누어 필수 과정은 당해 연도 또는 해당 직급에서 이수해야 하며, 이를 이수하지 못할 경우 차상급으로의 승진 시 결격사유가 된다. 그리고 연간 2~10학점 혹은 직급의무학점 10~15학점을 취득해야 하는 것이 일반적이다.

2) 지역전문가제

국제적인 감각에 맞는 전문적인 국제비즈니스맨을 양성하기 위하여 세계 각 국가별로 특정 기간 동안 현지에서 언어습득과 문화체험 및 지역연구를 하도록 하는 교육 과정이다.

무역의존도가 높은 우리나라의 기업들은 해외시장 개척과 거점확보, 투자진출을 위해 현지 어학연수와 현지문화체험 등을 통한 국제적인 안목을 갖춘 인력을 양성하기 위해서 1980년대 말부터 도입하기 시작하였다.

CASE STUDY

'지역전문가' 양성

삼성전자 홍보실에서 일하는 K과장은 앞으로 인도 법인에서 인도 소비자를 상대로 회사와 상품을 홍보하겠다는 꿈을 가지고 있다.

K과장의 자격은 충분하다. 그는 1995년 반도체 기술자로 입사한 뒤 반도체 제조와 구매 분야를 거쳐 홍보팀에서 4년째 일하고 있다. 회사가 1991년부터 운영하는 '지역전문가'후보로 발탁돼 1년 동안 인도 현지에서 생활했다. 3개월 동안 인도 전역을 여행했으며, 인도 말과 풍물을 배우고 나중에 도움을 주고받을 현지인을 사귀는 귀한 시간을 가졌다.

삼성전자는 현재 인도에 '서남아총괄법인'을 두고 있으며 휴대전화 생산법인인 '삼성 텔레커뮤니케이션즈 인디아'도 세울 예정이다.

LG그룹의 주력 계열사인 LG화학과 LG전자도 각각 1995년 1997년에 지역전문가제도를 도입해 해마다 수십 명을 전 세계 생산 및 수출지역에 파견하고 있다.

현대자동차도 기존의 '해외유학 및 연수제도'로 개편해 직원들의 해외경험을 늘려가고 있다.

지역전문가제는 도입목적에 따라 현지 마케팅 향상, 현지 공장설립준비 등을 위한 특정 목적형과 특정 지역에 대한 지식을 축적하고 문화적 차이에 대한 이해를 높이는 인력양성형의 두 가지가 있다. 전자는 근무경력 5~7년 이상의 실무경력과 현지 언어구사에 능통한 사람을, 후자는 도전의식과 패기를 갖춘 근무경력 2~4년 이내의 독신의 젊은 직원을 선발하여 사전 3~6개월간의 현지언어 및 문화 · 역사에 대해 교육을 실시한다. 그리고 현지 연수를 1년 정도 하도록 하고 있으며, 귀국 후에는 보고서 작성과 귀국 보고회를 갖도록 하고 있다(예: 삼성그룹의 독신자파견 지역전문가제).

3) 임원조기발굴 교육제

대리 또는 과장급 중에서 탁월한 능력을 발휘하고 있는 직원들을 임원후보로 선발하여 이들에게 경영자교육을 시키는 제도이다.

이 제도는 연공서열형 승진구조에서 오는 승진정체를 줄이고 능력 있는 젊고 유능한 인재를 조기에 발굴하여 21세기형 경영자로 육성하려는 데 목적이 있다.

임원후보는 대리급 또는 과장급에서 인사고과 등 근무성적과 토익 등 어학실력이 탁월한 직원 중에서 선발하여 해외연구, 국내외 대학 연수 과정, 학위 과정 이수, 현장의 여러 부서와 해외지사를 순환근무 하도록 하여 조직 전체를 이해하도록 한다(예: 금호그룹의 패스트 트랙커스제, 선경그룹의 최고경영자 조기발굴제(EMD), 동양제과의 차세대 임원제).

CASE STUDY

임원조기발굴제

오늘날 대기업들이 임원조기발굴 교육제 등의 신인사제도를 통해 경영합리화에 박차를 가하고 있다. 삼성, SK, 금호, 동양그룹 들은 연공서열중심의 인사제도 틀을 깨고, 과장급 이하 초급 간부 중 임원이 될 만한 재목을 조기 발탁해 경영자로 키우는 '임원조기발굴 교육제'를 도입하여 실시하고 있다.

금호그룹은 유능한 인재를 최단기간에 최고경영자로 키운다는 신인사방침을 수립하고 임원조기발굴 교육제의 일종인 '패스트 트랙(FAST TRACK)'제도를 도입하여 입사경력 만 2년 이상의 대리 및 과장 중 인사고과와 외국어실력이 뛰어난 20명을 최고경영자 후보로 선발, 이들에 대한 경력관리를 하고 있다.

선발된 후보들은 기존 승진체계인 대리(4년) – 과장(4년) – 차장(4년) – 부장의 과정을 거치지 않고 대리(3년) – 과장(2년) – 차장(2년) – 부장의 고속승진을 하게 된다.

또한 경영관리를 위해 관리, 영업, 기술(생산) 부문을 필수적으로 순환하게 됨은 물론 본사, 공장, 해외근무를 의무적으로 하도록 하고 해외 경영학석사(MBA) 과정도 반드시 거치도록 하고 있다.

동양그룹도 과장급 간부 중 임원자질을 갖춘 사람을 선발해 특수 프로그램의 경력관리를 시키는 '차세대 임원제'를 도입하여 차세대 임원으로 선발된 초급 간부들은 예전보다 승진기간이 2~3년 단축돼 과장급에서 빠르면 5~6년 만에 임원이 될 수 있다.

연공서열이 아닌 능력서열제와 같은 이 제도의 시행으로 누구나 업적에 따라 기존 연봉의 50%까지 추가 보너스를 받을 수 있다.

SK도 경쟁우위를 확보하는데 가장 중요한 자원이 임원확충이라는 인식으로 국내 최초로 부장급 간부 중 최고경영자 후보를 뽑아 특별 경력관리하는 '임원육성제도(EMD)'를 실시하고 있다.

삼성그룹은 입사 후배들을 선배들보다 먼저 승진시키는 발탁승진제를 도입하고 있으며, LG화학은 최고경영자 후계자 및 경영자가 될 HPL(High Performing Leader)을 조기 발굴, 육성하기 위한 프로그램을 운영하고 있다.

4) 신입사원 후견인제

신입사원이 조직에 조기에 적응할 수 있도록 후견인(mentor)을 두어 행동의 준거기준을 삼게 하고 대인관계 개발에 관하여 지도 · 후원을 하며, 존재를 알려주는 역할을 하도록 하는 제도를 말한다.

이 제도는 신입직원이 이직하지 않고 조기에 조직에 정착할 수 있도록, 2~3년차 선배나 대리급 사원 중에서 신입사원 1명을 선정하여 6개월 내지 1년 정도로 비공시적 관계를 유지하면서 직무상의 기술이나 방법, 경력설계, 자질향상을 위한 여러 가지 도움을 제공하도록 하는 방법이다(예: 현대그룹의 인턴사원대부제).

멘토링제도(휴견인제)

SK(주)가 신입사원을 선배사원과 연결, 회사 업무에 빨리 적응할 수 있도록 도와주는 '멘토링(Mentoring)제도' (후견인제)를 도입하기로 했다. SK(주)는 '신입사원 멘토링제도'를 도입, 2006년 하반기 공채한 대졸 신입사원 110여 명부터 적용하기로 했다.

'멘토링'은 교사이자 후원자, 상담자인 멘토(Mentor)가 학생을 1 대 1로 지도하는데서 유래한 제도로 신입사원들이 선배사원의 조언을 통해 회사의 비전, 가치관, 문화 등을 신속히 공유함으로써 각자의 역량과 잠재력을 조기에 발휘하도록 유도한다는 취지이다.

SK(주)는 입사 3~8년차 선배사원 가운데 멘토를 선발, 근무지와 근무부서, 전공 등에 따라 신입사원과 1년간 '1 대 1'로 연결해 줄 계획이다.

선배사원들은 시간이나 격식, 주제 등에 구애받지 않고 회사 업무뿐 아니라 신입사원의 가족과 가정, 결혼 등 다양한 내용에 대해 조언해 줄 예정이다. 또한 신입사원의 고충을 듣고 해결해 주거나 신입사원으로서의 덕목, 회사 문화, 건강관리, 재테크 등 직장생활의 노하우를 전수하는 것도 빼놓을 수 없는 멘토의 역할이다.

사측에서는 멘토링제도가 최근 취업난을 뚫고 입사한 신입사원들이 역량과 잠재력을 발휘하고 성장하는 데 도움이 될 것으로 기대하고 있다.

5) 대학학위 위탁교육제

기업들이 자사의 임직원을 단체 또는 개별적으로 국내 · 외 대학에 위탁시켜 정식학위(주로 석 · 박사 과정)를 취득할 수 있도록 지원하는 제도로, 사업장 내에서 강사를 초빙하여 학위 과정에 준하여 운영한다. 그러나 사내에서만 학위를 인정하는 소위 '사내대학'과는 다르다.

특히 이 제도는 기업들이 임직원들에게 전문경영지식을 습득하게 하고 정식학위를 취득할 기회를 제공함으로써 사기진작과 자아성취욕구을 충족시켜줌으로써 적극적인 업무추진과 산학협동의 새로운 계기를 제공해 준다.

08

경력개발

1절 - 경력개발의 의의

2절 - 경력 닻

3절 - 경력개발의 목적과 유효성

4절 - 경력개발의 모형

5절 - 경력개발의 기본원칙과 성공요건

6절 - 경력개발의 과정

제1절 경력개발의 의의

오늘날 기업을 둘러싸고 있는 정치 · 경제 · 사회 · 기술 · 자연적 환경은 매우 다양하게 기업경영 활동에 영향을 미치고 있다.

이러한 환경 속에서 기업의 유지 · 발전을 위한 경쟁전략의 하나로서 인사정책의 수립은 필수 요소이며, 이를 위해서는 무엇보다 합리적인 인사제도의 확립이 필수적이다.

이러한 인적자원의 합리적인 개발을 통한 조직의 효율성 증대와 조직구성원의 자기완성 및 자기실현의 욕구충족을 동시에 충족시키고자 하는 장기인재육성 종합 프로그램의 하나가 경력개발제도이다.

사람은 일생을 통하여 다양한 직업이나 일들을 경험한다. 이처럼 일과 관련된 경험을 일반적으로 경력(career)이라고 한다. 개인이 기업에 입사하여 퇴사할 때까지의 과정에서 조직 내에서 축적해 가고 있는 개인의 직무, 직위, 경험들로서 단순한 과거 경험만이 아닌 개인에 대한 미래지향적이고 적극적인 개발을 의미한다.

이러한 경력을 개발하고자 하는 경력개발제도는 종업원이 직장생활을 통해 개인목표와 조직목표를 통합하여 종업원 각자의 잠재능력은 개발하고 성장을 촉진하는 과정이 되도록 담당업무, 배치, 이동, 교육훈련 등의 절차나 제도가 설계된 체계적인 인사관리 시스템이다.

따라서 종업원 개인의 업무수행 과정은 조직목표에 직결된 것에만 한정하지 않고 개인의 잠재능력 발현과 성장을 촉진하는 과정이 될 수 있도록 기구, 제도 및 절차를 설계한 체계적인 프로그램이 필요하게 된다. 이와 같은 장기적이고 객관적인 인재평가와 육성계획을 조직의 장기계획과 연계시킴으로써 유효한 인재활용이 가능하게 된다.

경력개발(career development)은 경력(career)과 개발(development)의 결합어로서 경력개발 및 계획, 경력계획 및 개발, 경력관리, 경력계획, 경력개발 프로그램 등의 여러 가지 의미로 사용되고 있지만 다음의 세 가지 요소로 이루어져 있다.

① 경력목표

개인이 경력상 도달하고 싶은 미래의 직위(position)를 의미한다.

② 경력계획

경력목표를 설정하고 이를 달성하기 위한 경력경로를 구체적으로 선택하는 과정을 말한다. 경력경로(경력진로)란 개인이 조직 내에서 경력을 쌓아가는 동안 일련의 직무이동을 나타내는 개인의 직무역사이다.

③ 경력개발

개인의 경력계획을 달성하기 위해 개인 혹은 조직이 실제 참여하는 활동으로 조직체에서 요구하는 인적자원과 조직구성원이 희망하는 목적을 통합시켜 구성원의 경력경로를 체계적으로 계획 · 조정하는 인적자원관리 과정을 의미 한다. 즉, 개인의 경력목표를 설정하고 이를 달성하기 위한 경력계획을 수립하여 조직욕구와 개인욕구가 합치될 수 있도록 각 개인의 경력을 개발하는 활동을 말한다.

그러므로 경력개발에는 조직과 개인 모두의 의식적인 노력이 필요하며 조직욕구와 개인욕구를 어떻게 통합시키느냐에 성패가 좌우된다.

제2절 경력 닻

홀(Hall, 1976)은 경력(career)은 "인간이 직업과 관련하여 거쳐 가는 길에서 얻는 객관적이면서 주관적인 경험"이라고 했다.

사람은 어떤 형태든 일생을 통하여 경력을 쌓게 되는데 이러한 경력은 그 사람의 태도증후군(attitudinal syndroms)이 영향을 주는데 이를 경력의 닻(career anchors)이라고 한다.

1. 경력 닻의 유형

1) 관리적 경력 닻

관리적 경력 닻(managerial career anchor)을 가진 사람은 관리직에서의 승진과 높은 수준의 책임감이 부여된 직무를 갖기를 원한다. 이들에게 있어 기술적 · 기능적인 직무는 보다 높은 지위의 관리자가 되기 위한 중간 단계에 필요한 과정으로만 인식한다. 또한 이들은 한 가지나 또는 두 가지 이상의 분야에서의 기능적인 능력이 필요하다는 것을 인정하지만 그러한 부분적인 능력 또는 기술에 대해 큰 관심을 가지지는 않으며, 궁극적으로는 문제분석능력과 인간관계능력, 그리고 관리자로서의 감정적인 자기통제능력을 복합적으로 발휘할 수 있는 직무를 선호한다.

관리적 경력 닻을 구성하고 있는 이들 하위능력들을 살펴보면 다음과 같다.

첫째, 문제분석능력은 불확실성과 불완전한 정보에서 문제를 규정하고, 분석하며, 해결하는 능력을 말한다.

둘째, 인간관계능력이란 조직목표의 보다 효율적인 성취를 위하여 조직 내의 모든 계층에 있는 사람들에 대하여 영향력을 행사할 수 있고, 감독 및 통제하며 이끌어 나갈 수 있는 능력을 의미한다.

셋째, 감정적인 자기통제능력이란 직무수행과 관련한 인간관계 문제나 감정적인 문제에 의해 좌절감이나 상실감을 느끼지 않고, 직무와 관련하여 영향력을 행사하는데 있어서 느낄 수 있는 죄책감이나 수치심을 잘 통제할 수 있는 능력을 말한다.

세 번째의 감정적인 자기통제능력은 관리적 경력 닻을 구성하고 있는 능력 중에 가장 모호한 능력이기는 하지만 최고경영층에서 성공한 사람의 닻을 규정하는 데 가장 중요한 비중을 차지하는 부분이기도 하다.

관리적 경력 닻에 속하는 사람들은 대체적으로 의사결정과 관련된 정신적 스트레스를 피하기 위해 의사결정을 미루거나 의사결정 후에 불안감과 죄책감을 생각하지 않는다. 그들은 그들의 결정이 많은 사람들에게 영향을 미칠 수 있다는 사실을 인정하고 자신들의 결정에 의한 결과를 단순히 사실로서 받아들인다.

관리적 경력 닻에서 중요한 것은 위에서 언급한 세 가지의 능력이 각기 별도의 것이 아니라 서로 상호작용하여 복합적으로 작용한다는 것이다. 예를 들어, 문제분석능력이 뛰어난 사람은 여러 부문에서 스탭의 역할을 성공적으로 해 나갈 수 있을 것이며, 문제분석능력과 인간관계능력을 갖춘 사람은 보다 높은 관리계층에서도 주어진 역할을 잘 수행할 수 있다. 그러나 인간관계능력에 비해 문제분석능력이 떨어진다면, 보다 인간관계능력이 중요시되는 일선 감독/관리자역할이 더 적합하다. 최고경영층에서의 성공적인 직무수행을 위해서는 문제분석능력과 인간관계능력뿐만 아니라 감정적인 자기통제능력을 갖추어야 한다.

2) 안정의 경력 닻

안정의 경력 닻(security career anchor)의 소유자는 조직이 제공하는 장기적인 고용관계와 좋은 복지제도에 매력을 느끼며 직업에서 안정성을 매우 중요하게 생각한다. 또한 이들은 다른 경력 닻을 소유한 사람들보다 조직에서 정하는 자신들의 경력에 대한 계획과 경로를 더 잘 수용하며, 자신들의 바램이나 능력과는 상관없이 조직이 원하는 능력에 더 충실하려는 경향이 있다.

즉, 이들은 조직을 떠나지 않으려고 하는 자신들의 경력 닻으로 인하여 발생하는 개인적인 자유의 상실을 합리화하기 위하여 조직차원에서 결정된 경력경로 및 경력개발 활동에 대한 동의 정도가 매우 높다. 이러한 이유로 이들을 조직의 가신(家臣)이라고도 한다.

안정의 경력 닻은 다시 두 종류로 구분할 수 있는데, 안정의 경력 닻을 가진 사람들 중 일부는 조직보다는 가족과 지역공동체, 그리고 그 공동체 안에서 획득하고 있는 지역에 대한 안정성을 더 중요시하는 반면, 다른 사람들은 지역보다는 조직에의 소속감을 더욱 중요시하는 것으로 나타났다.

그러나 샤인(Schien)은 이러한 경력 닻에 속한 응답자들이 안정의 경력 닻을 열정의 결핍이나 또는 조직의 이념에 헌신하지 않는 태도와 결부시킴으로써 이 경력 닻을 낮게 평가하려는 경향이 있는 것으로 나타났다.

3) 창조적 경력 닻

창조적 경력 닻(creativity carrer anchor)을 소유한 사람들은 자신들의 재능을 발휘하기 위하여 보다 자율적이며, 관리적인 경력을 원하고, 생활의 안정을 위하여 부의 축적도 중요하게 생각하지만 이러한 것들을 본질적인 모티브로 생각하지는 않는다. 오히려 이들은 자신의 힘으로 새로운 어떤 것을 창출해 낼 수 있는 것에 관심을 가지며, 그 결과물들에 대한 애착이 매우 강하다. 따라서 이들은 자신이 직접 회사를 설립하여 운영하거나, 독립적으로 수행할 수 있는 직무를 희망하게 된다.

이러한 창조적인 경력 닻은 조직의 설립 초기에는 매우 긍정적인 역할을 하는 것으로 생각될 수 있으나 조직이 어느 정도 성장하여 직무의 세밀한 정형화와 지속적인 발전을 뒷받침할 전문적인 관리가 필요한 단계에서는 오히려 역기능적인 역할을 할 수도 있다. 샤인의 연구에서는 이러한 조직전환 상에서 나타난 몇 가지 패턴을 제시하고 있다.

첫 번째 유형은 조직관리를 매우 따분한 일로 생각하여 조직을 다른 전문경영인에게 맡기고 새로운 일을 시작하는 경우이고, 두 번째 유형은 계속 경영을 하려고 하다가 조직으로부터 축출되는 경우, 세 번째는 조직 내에서 창조적인 경력 닻에 부응하는 새로운 역할을 담당하는 경우, 네 번째는 조직 내에서 창조적인 경력 닻을 충족시킬 수 있는 프로젝트를 담당하는 경우가 있다.

4) 자율/독립적인 경력 닻

자율/독립적인 경력 닻(autonomy/independence career anchor)을 가진 사람은 조직생활이 매우 강제적이며, 비합리적이고 개인생활을 무단으로 침해한다고 생각하여 조직생활을 꺼리며, 좀 더 독립성을 허용받는 경력을 쌓으려고 노력한다. 물론 자율/독립적인 경력 닻을 가진 사람이라고 해서 전혀 조직생활을 하지 않는 것은 아니며, 이들 중에 많은 사람들이 기술/기능적인 경력 닻을 나타내는 사람도 있을 것이고 안정의 경력 닻을 나타내는 사람도 있을 수 있다. 그러나 이들의 가장 기본적인 경력선택기준은 자율/독립적인 성향이다. 즉, 자신들이 하고 있는 일을 더 잘할 수 있는 조건들을 조직에서 제시하더라도 이들은 자율성을 포기하지 않는다.

창조적인 경력 닻과 자율/독립적인 경력 닻을 명확하게 구분하는 것은 매우 어려울 수도 있다. 왜냐하면 창조적인 경력 닻을 가진 사람이 성공하는 경우, 자율과 독립이 보장될 수 있기 때문이다.

그러나 창조적인 경력 닻을 가진 사람들의 주 관심사가 어떤 것을 이룩하고 획득하는 것이라면, 자율/독립적인 경력 닻을 가진 사람들의 주 관심사는 스스로 하는 것에 있다. 일하는 방식이나 스케쥴관리, 생활 방식 등 모든 측면에서 스스로 결정하는 것에 가장 큰 기준을 둔다.

2. 경력 닻 파악이 중요한 이유

조직에서는 항상 그 조직의 목표를 보다 효율적으로 달성하려고 노력하고 있다. 이런 목표달성을 가장 효율적으로 달성하는 방법 중의 하나가 조직에서 일하는 여러 사람들, 즉 조직구성원들의 개인적 목표와 조직의 목표를 일치시키는 것이다. 경력개발관리는 구체적으로 개인과 조직의 목표를 합치시켜 나가기 위한 인적자원관리의 중요한 부분이다.

개인은 경력 닻의 파악을 통하여 자신의 경력목표를 구체적으로 파악하고, 조직은 개개인들의 경력목표를 달성시키기 위한 선발, 이동, 승진, 교육개발 등을 통하여 조직의 목표와 개인의 목표를 일치시켜 나갈 수 있게 된다.

경력개발에 대한 연구결과를 보면 개인의 경력 닻에 따라 승진, 보상, 이동에 대한 선호도가 달라지고, 이에 따라 조직에 대한 만족이나 충성도, 조직몰입 등이 다르다는 것이 입증되었다.

CASE STUDY

준비하라…… 그리고 두드려라

'세계는 넓고 할 일은 많다'

국내 취업문이 좁아지자 해외취업시장으로 눈을 돌리는 젊은이가 늘어나고 있다. 취업률 경쟁에 돌입한 대학들도 해외 진출 교두보 마련에 열을 올리고 있다.

국내의 해외취업 허브 역할을 하는 한국산업인력공단에 따르면 중국, 일본 등 동남아시아를 비롯한 미국, 사우디아라비아, 아랍에미레이트 등 세계 곳곳에 정식사원으로 취업에 성공했다. 이들이 받는 처우도 만만치 않다. 대부분 국내 대기업에 버금가는 연봉을 받을 뿐 아니라 간호사는 오히려 국내보다 더 높다. 하지만 해외취업을 쉽게 생각해서는 안 된다. 장기적인 계획과 치밀한 준비가 필요하다.

▶ 미국 · 캐나다 - 오랜 준비가 승부의 관건

미국과 캐나다 기업들은 수시 채용이 원칙이다. 따라서 기업의 움직임을 지속적으로 감지할 수 있는 네트워크가 필요하다. 각종 매체를 통한 정보는 기본이고, 선 · 후배 등 인적 네트워크를 최대한 활용해야 한다. 또한 미국이나 캐나다 기업들은 주로 법률회사나 컨설팅 회사, 인력알선업체 등을 통해 인력 채용을 의뢰한다.

한국산업인력공단 자료에 따르면 미국, 캐나다 지역에서는 연간 50만 명의 신규 인력이 필요하다. 유망한 영역으로는 현지인이 기피하는 간호사 · 간호보조사 등 의료 인력과 정보기술(IT) 전문기술 인력인 것으로 조사됐다. 하지만 전문가들은 이 수치는 어디까지나 현지인 고용 계획을 모두 포함한 숫자라서 외국인에게는 해당 사항이 그리 많지 않다고 말한다.

특히 외국인 취업을 쿼터제로 묶고 있는 미국은 취업하기가 매우 어렵다. 따라서 미국으로 취업을 원하는 구직자는 서둘러 쿼터에 해당하는 인력을 모집하는지를 알아보아야

한다.

▶ 일본 - 기술 있으면 문 열려 있어

일본으로 취업하는 것은 어학과 기술만 있으면 의외로 쉽다. 단순인력의 도입은 거의 불가능하지만 IT 관련 영역으로는 특히 용이하다. 최근 일본의 IT산업이 빠르게 성장하고 있고 한국에서 투자하고 설립한 벤처기업도 많아졌다. 한국인 인력에 대한 수요가 지속적으로 늘어날 수 있는 환경이 조성된 셈이다.

한국 IT 인재를 일본에 교육 · 연수 · 파견하는 업체인 '자스넷(www.jasnetkorea.com)'이 우리 정부와 유일하게 공식적인 제휴를 맺고 사업을 진행하고 있다.

자스넷 관계자는 "한국산업인력공단에서 실시하는 정보처리기사 1급 · 2급 자격증만 가지고 있으면 비자를 받고 IT 관련 기업에 취직하는 데 전혀 문제가 없다"며 "간혹 브로커가 나타나 500만 원을 내놓으면 일본 취업 비자를 내 주겠다고 해 사기당하듯 돈을 날리는 사례가 있는데 그런 것보다 정식 루트를 통해 일정 기간 준비한다면 비자를 얻는 데 전혀 문제가 없다"고 설명했다.

▶ 중국 - 중국어 + 기술이 중요

중국에는 현재 비공식적으로 약 10만 개의 우리나라 대기업 · 중소기업이 진출해 있다. 이들 기업에서만 한두 명의 우리 인력을 채용한다고 해도 그 수요가 어마어마하다.

중국 취업 역시 공채는 없고 수시채용이 많으므로 취업 전문업체를 적극 활용하는 것이 필요하며 한국산업인력공단에서 진행하고 있는 인턴제도를 활용하는 게 큰 도움이 된다.

기억할 점은 중국에는 이미 한국말을 잘하는 조선족이 많다는 점이다. 따라서 중국어를 잘한다는 것이 기본은 될지라도 그것 때문에 중국 취업에 성공하기는 힘들다는 점이다. 따라서 중국어에 더해 전문적인 기술 확보가 중요하다.

▶ 중동 지역 - 항공승무원 등 여성 진출 유리

중동 지역의 이슬람 국가는 여성 인력이 서비스업 등에서 일하는 게 불가능하다. 따라서 한국 여성들이 항공승무원 · 간호사 · 호텔종사자 등에 진출하는 것이 유망하다.

한국산업인력공단에 따르면 이 지역에 취업이 유망한 분야로는 항공승무원 · 간호사 · 호텔종사자 등으로 약 2만 명의 구인 수요를 예상했다.

자료: 한국산업인력공단

제3절 경력개발의 목적과 유효성

1. 경력개발의 목적

한 사람의 경력이 성공적인가 아닌가를 판단하는 것은 다소 주관적이다. 그것을 객관적으로 나타낸다고 하더라도 그 방법은 다양하기 때문이다. 성공적인 경력을 단순히 남보다 빠르게 승진한다거나 남보다 더 많은 돈을 버는 것이라고 할 수는 없다. 왜냐하면 자신의 생활, 삶에 대한 심리적 자신감, 심리적 만족감도 성공적 경력에서 중요한 측면을 가지고 있기 때문이다.

경력개발의 목적은 기본적으로 개인능력을 최대한 개발시켜 이것을 조직의 경력기회에 적용시킴으로써 개인의 경력욕구를 충족시켜주는 것이다. 경력기회를 제공하는 조직 측에서는 적시에 조직의 적소에서 개인능력을 활용함으로써 조직의 유효성을 높이게 된다.

경력개발의 목적을 다음의 네 가지로 정리할 수 있다.

① 개인의 경력설계는 조직의 성과와 직결

조직의 성과향상은 개인의 노력 · 자기개발 · 성취욕구 그리고 기업조직의 지원이 포함되어야 한다. 이러한 취지에 따라 개인의 경력설계는 개인에게 조직에서의 직무경험과 개인의 인생행로 또는 목표를 계획하고 이를 달성하기 위한 활동을 하게 된다. 개인의 경력개발과 그 성공이 결코 개인적인 것으로만 끝나는 것은 아니다.

② 경력설계는 개인과 직무와의 결합

경력설계는 개인이 자기능력과 적성에 맞는 직무를 조직과 협의하여 맞추어 가는 일련의 장기적 과정이다. 자신에게 맞는 일을 찾아 잠재적 능력을 개발하고 최대한 발휘하게 하는 개인욕구와 일의 결합이다.

③ 개인의 자아실현의 욕구 수준 향상

경력설계는 개인에게 직무에 정통한 전문능력을 향상시켜 미래를 준비하여 변화에 적응하게끔 한다. 개인의 개성존중과 자아실현 욕구충족을 더 많고 더 높게 실현하게끔 한다.

④ 글로벌화에 대한 대비책

국제경영을 수행하는 구성원으로서 전세계를 대상으로 한 경력을 갖추게끔 조직에서 개인의 경력 관련 제도의 마련과 정비를 요구한다.

개인적 차원과 조직적 차원으로 나누어 볼 때, 개인적 차원에서는 경력이 개인의 삶의 목표에 의해 결정된다. 따라서 이 차원에서는 경력개발의 목표가 자기개발을 통해 일에서부터 심리적 만족을 얻는 데 있다. 즉, 개인에게 경력경로의 제시를 통한 승진가능성을 보여줌으로써 자기발전을 위한 명백한 목표를 갖고 스스로 질서에 따라 노력하는 기회를 제공해 주고 직장에 대한 안정감을 갖고 자기능력을 유감 없이 발휘하도록 개인의 성취동기를 유발할 수 있다.

조직적 차원에서는 조직목표를 달성하기 위해서 필요한 자질을 갖춘 인적자원을 개발하는 데 역점을 두고 있다. 따라서 인적자원을 개발하기 위해 여러 가지 제도 및 기법을 적용하게 된다.

- 개인적 차원의 목적 = 자기개발을 통한 경력욕구의 충족
- 조직적 차원의 목적 = 적재적소원칙 = 적재적소에 유능한 개인능력 활용을 통해 조직유효성 증대

경력개발은 직무분석, 인사고과, 교육훈련, 인력계획, 승진관리 등 여러 인적자원관리 과정과 밀접한 관계를 맺고 있다. 효율적 인적자원관리는 인재의 효율적 확보 및 배치를 통한 조직유효성의 증대와 개인의 자아발전의 욕구충족에 있다고 볼 때, 경력개발은 승진경로계획을 통해 인재확보와 함께 개인의 성취동기유발의 효과가 그 목적이다.

2. 경력개발의 유효성

경력개발 프로그램은 1955년 미국 의회에서 제출된 제2차 후버위원회의 인사 부문 권고안에 의해 처음 만들어진 것으로서, 당시 미국 연방정부조직의 비능률에 대한 비판이 제기되었을 때 관리인력 과잉과 인건비부담 증대를 해소하기 위한 방안으로서 관리자로서의 잠재능력을 가진 사람을 채용하여 장기적으로 계획적인 육성을 꾀하려는 제도로 구성되었다. 이 제도는 처음 미육군 문관들을 주된 대상으로 하였기 때문에 비교적 장기적 고용이

보장되어 있는 일본이나 우리나라에서는 그 유효성이 높은 것으로 평가되고 있다.

경력개발제도가 최근에 주목을 받는 이유는 기술의 전문화 · 고도화 · 복잡화로 조직의 미래에 대한 위험과 불확실성의 증대에 있다. 조직은 조직목표를 달성하기 위해 환경 변화에 적응할 수 있는 유능한 인적자원의 개발이 필요하다. 체계적인 지식과 경험을 계획적으로 축적하지 않으면 원활한 기업 활동의 수행이 어렵고, 기술분화의 심화는 지식과 기능의 급격한 진부화와 노동인력의 고학력화 · 노령화 · 정년연장이라는 이슈들이 도사리고 있기 때문이다.

이에 따라 조직구성원 개개인의 조직 내 경력개발을 보다 장기적 · 체계적으로 지원하여 개인의 경력욕구 충족과 조직이 필요로 하는 인력을 동시에 개발하는 것이 가능하게 되었다.

경제성장의 결과 풍요로운 생활을 하게 됨에 따라 종업원들의 가치관이 과거의 일중심에서 보람된 삶중심으로 바뀌면서 직무를 개인의 자아실현이나 성장욕구를 충족시킬 수 있도록 재설계하는 문제가 중요한 과제로 등장했다.

이와 같은 과제들을 해결하기 위하여 기업은 장 · 단기적인 인력계획을 통하여 조직구성원 각자의 경력개발 진로를 명백히 정리하고 잠재능력을 발굴하여 새로운 능력의 개발과 활용에 유의하여야 한다.

따라서 경력개발제도의 활용은 조직이 종업원에게 경력을 개발할 수 있도록 계획적으로 도와줌으로써 궁극적으로 낮은 이직률과 인사비용의 절감효과를 보게 될 것이다.

제4절 경력개발의 모형

경력개발은 개인의 욕구와 조직의 욕구가 경력을 통하여 만나고 궁극적으로는 조직의 유효성을 증대시키는 것을 목적으로 하고 있다. 따라서 경력개발의 주도권이 개인에게 있느냐, 조직에게 있느냐에 따라 개인 차원의 경력개발과 조직 차원의 경력개발이 있다. 전자의 모형을 개인 차원의 경력개발모형이라 하고, 후자의 모형을 조직 차원의 경력개발모형이라고 한다.

개인 차원에서의 경력개발은 개인의 성장환경, 능력, 가치관, 일에 대한 태도, 성격 등이 중요한 영향변수가 되는데, 이 차원에서는 경력개발의 목표가 자기개발을 통해 심리적인 만족을 얻는 데 집중하게 된다.

조직 차원에서의 경력개발은 종업원 개인의 경력을 개발시키는 것으로서 인력수급 계획과 선발에까지 중요한 관련을 갖는다. 즉, 조직의 경력개발은 조직의 필요에 맞게 어떻게 인적자원을 개발하여 그 필요를 충족시킬 것인가에 대한 방법론적인 내용을 위주로 하게 된다.

개인 차원의 경력개발모형에는 학자에 따라 다양한 견해가 제시되고 있지만, 가장 일반적이고 포괄적인 모형을 살펴보고자 한다.

개인 차원의 경력개발 과정은 기업특성과 개인차 등을 고려하여야 하겠지만 생애에 걸친 직업생활에서의 수명주기의 관점에서 볼 때 [그림 8-1]과 같이 일반적인 패턴을 찾아볼 수 있다.

그림 8-1 | 경력개발 과정

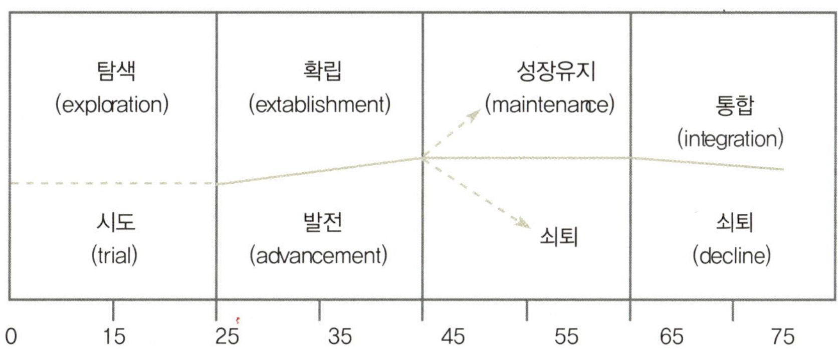

1. 탐색단계

이 단계는(15세부터 25세까지의 성장단계) 자기 자신을 인식하고 교육과 경험을 통하여 자기 자신의 적성이 어떤 영역의 업무에 맞는가를 적극적으로 준비 · 탐색하여 자기에게 적합한 직업을 선정하려고 노력하는 시기이다. 이 시기에 직업탐색이 일어나며, 경력 또는 일에 대한 주체성을 형성하려고 노력한다.

또한 이 단계를 시도의 시기라고도 하는데, 이는 자기에게 적합한 직업을 선택하기 위하여 직장도 옮기면서 시행착오를 범하므로 이직률도 높은 시기이다.

2. 확립단계

탐색의 시기를 지나면 선택한 직업 분야에서 정착하려고 노력하고, 결국에는 한 직업에 정착하게 되는 확립의 단계(25세부터 45세까지의 발전단계)를 맞는다.

이 시기는 자기의 희망과 적성에 근거하여 전문능력을 신장시키기 위해서 진로를 명확히 하며, 한 사람의 독립자로서 성과를 올리고 업적을 축적하여 승진하면서 경력발전을 달성하고 자기의 능력을 최대로 발휘할 수 있는 발전의 단계로 이어진다.

3. 유지단계

유지단계(45세부터 65세까지의 정체단계)는 지금까지 쌓아온 전문능력과 경험이 크게 활용되는 시기이다. 또한 지금까지의 걸어온 경력경로의 재조정을 검토하는 것도 필요하다. 그러나 신체적 · 능력상의 한계를 느끼는 시기이므로 진로를 수정할 경우에는 상당한 한계가 있기 때문에 지금까지의 일의 경험을 정리하고 그 연장선상에서 능력개발의 목표를 설정하는 것이 효과적이다. 자기 자신을 반성하고 경력경로의 재조정을 고려하고, 때로는 심리적 충격도 받는다. 이러한 점에서 중년 정체기라고 부르기도 한다.

따라서 개인은 이 단계가 계속적으로 경력을 발전시킬 수도 있고 반면에 심리적 충격을 극복하지 못하고 침체될 수도 있다.

4. 쇠퇴단계

쇠퇴단계(65세 이후의 퇴직단계)는 통합이라고도 하며, 조직에서 은퇴 준비와 더불어 새로운 생활을 설계하는 단계이기도 하다.

여기서 통합이라고 하는 것은 자기 자신의 생애의 경로에 만족하며, 인생을 의미 있는 것으로 생각하고 새로운 개인생활로 들어가는 단계이다.

경력단계의 과정에서 조직구성원은 수직적 이동으로 승진과 강등, 수평적 이동으로 직무순환, 그리고 중심적 역할과 때로는 주변적 역할을 수행해 나간다.

대체적으로 탐색단계에서는 여러 가지 기능 분야(예: 생산 · 마케팅 · 재무 · 인사 등)를 순환하면서 기초적 경험을 쌓고, 확립단계에서는 승진 · 발전하면서 중심적인 역할을 한다.

유지단계에서는 점차로 주변역할 또는 중심역할도 하면서 쇠퇴단계로 접어들게 된다. 이러한 일반적인 경력상의 단계적 발전과 직무상의 이동은 경력개발에 좋은 자료가 된다.

이상의 경력단계를 설계하여 운영함에 있어 가장 중요한 것은 생애에 걸친 직업생활 중에서 종업원 개인의 적성이나 능력을 마음껏 살리게 하는 것이 바람직하며, 각자의 경력개발의 형성과 직업생활의 설계를 어떻게 연계시킬 것인지가 관건이 된다.

한편 약 2,500년 전 동양의 고전에서도 전술한 개인 차원의 경력개발 과정과 유사하게 한 개인의 일생의 특성을 각 연령단계로 설명하고 있다.

즉, 15세가 되어 학문에 뜻을 두었고(十五而志學), 30세가 되어 학문의 기초를 확립하고(三十而立), 40세가 되어서는 판단에 혼란을 일으키지 않고(四十而不惑), 50세가 되어서는 천명을 알았고(五十而知天命), 60세가 되어서는 귀로 들으면 그 뜻을 알고(六十而耳順), 70세가 되어서는 마음이 하고자 하는 대로 하여도 법도(法度)에 벗어나지 않는다(七十而從心所欲不踰矩)는 내용이다.

한편 조직 차원의 경력개발모형의 대표적인 것으로 알핀과 저스터(J. C. Alpin and D. K. Gerster)의 모형이 있는데, 이는 조직욕구와 개인욕구의 조화를 그 핵심으로 하고 있다.

이 모형은 [그림 8-2]에서 보는 바와 같이 평가, 준비 및 개발, 통합의 세 단계로 이루어지게 된다.

그림 8-2 알핀과 저스터의 경력개발모형

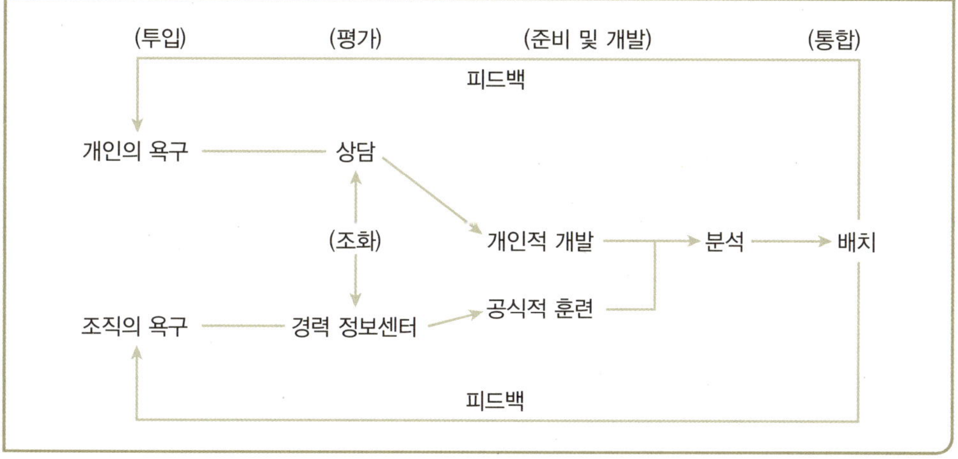

CASE STUDY

경력관리 로드맵 짜기

경력관리를 위한 로드맵을 짜기 위해서는 반드시 준비해야 하는 부분이 있는데 첫째, 자신의 장점, 단점, 속성을 파악하는 것이 중요하다. 둘째, 자신이 일을 잘할 수 있는 분야가 무엇인지 잘 파악해야 한다. 셋째, 지금까지 해 온 성과들 중에서 앞으로 계속 성장, 발전시키고 싶은 분야가 무엇인지를 확인해 두는 것이 중요하다.

대체로 경영관리 로드맵을 작성할 때 연령대별로 경력관리 로드맵을 짜게 되는데, 미국의 경우 임원으로 승진, 승계를 시키는 단계들이 구체적으로 표현되고 있는데 미국의 CEO는 핵심인원을 만드는 과정은 다음과 같다.

① 20대 후반~30대 중반: 경력을 축적하는 시기로써 실제적으로 전문적인 능력이나 경력을 관리하는 시기이다.

② 30대 후반~40대 초반: 성공사례를 만들어가는 시기로, 예를 들면 기존에 해왔던 업무처리와 다른 방식을 시도해 본다든지, 이직을 통한 새로운 위치 정립을 한다든지 등이 있다. 이시기는 때를 기다리는 지혜가 필요한 시기이다.

③ 40대 중반~40대 후반: 자신의 고유브랜드(가치브랜드) 획득 시기로 이전의 CEO와 임원과는 확연한 차이가 있어야 된다.

④ 50대 중반 이후: 브랜드관리 측면으로 넘어가는 시기로서 끊임없는 자기연마, second career를 찾아가는 시기이다.

제5절 경력개발의 기본원칙과 성공요건

1. 경력개발의 기본원칙

경력개발은 개인과 조직의 욕구가 통합되도록 이루어져야 하며, 인적자원관리 방안으로서 경력개발 시 준수해야 되는 기본원칙은 다음과 같다.

1) 적재적소의 원칙

경력관리는 구성원을 적재적소에 배치(the right man, the right place)하는 것을 원칙으로 하고 있다. 즉, 종업원의 적성, 지식, 경험, 능력과 조직의 목표달성에 필요한 직무가 잘 조화되도록 관리하는 것이다.

이를 위해서는 직무의 자격요건과 구성원의 적성과 선호도에 대한 정보를 충분히 파악해야 한다. 이를 위해 조직에서는 경영정보시스템(management information system)의 일환으로 인사정보시스템을 효율적으로 활용해야 한다.

2) 승진경로의 원칙

경력관리는 명확한 승진경로의 확립을 원칙으로 하고 있다. 이 원칙은 조직의 모든 직위는 계층적인 승진경로가 형성되어 있어야 한다는 것이다. 즉, 과학적인 직계를 이루고 그에 따른 승진관리가 이루어져야 한다는 것이다.

승진경로의 설정에 있어 질적 인사계획의 수립은 본질적인 문제해결의 길잡이가 된다. 이 구조는 동시에 구성원에게 승진가능성에 대한 명확성을 부여함은 물론 직무평가의 과정을 통해 제시되므로, 이는 근로의 질과 양에 따라 소득분배가 이루어지는 기초자료가 된다.

3) 후진양성의 원칙

경력관리는 인재확보를 외부에서 스카웃하는 것보다 내부에서 자체적으로 양성하는 것을 기본원칙으로 한다. 이것은 구성원에게 성장의 동기부여를 제공하고 구성원을 조직에 밀착시키도록 한다. 그렇게 함으로써 유능한 인재를 확보할 수 있고 초심자로 인한 조직의 손실을 방지할 수 있다. 이를테면, 조직 내부의 인재육성을 통해 조직 외부로부터 채용된 신규채용자가 겪는 소외감, 직무스타일, 직장분위기 등에 대한 적응시간과 비용을 절감할 수 있다.

4) 경력기회개발의 원칙

안정된 직업에 관심을 갖는 근로자들은 자기개발 기회를 갖기를 원하고 있다. 그러므로 조직은 구성원에게 경력기회의 개발을 통하여 승진경로가 한 부서에만 국한되지 않도록 해야 하며 하위 직무요건의 분석을 통해 보다 상위 직무를 준비할 수 있게 해야 한다. 일반적으로 직무요건을 분석해 보면 다른 분야의 여러 직무에 대한 복수의 승진경로를 찾아볼 수 있다.

2. 경력개발의 성공요건

어떤 기업이 어떤 경력개발제도를 도입할 것인가는 그 기업이 처한 여건을 고려하여 신중히 검토되어야 한다. 성공적인 경력개발을 정착시키기 위해서는 다음과 같은 조건이 충족되어야 한다.

1) 최고경영층의 관심과 지원

최고경영자가 경력개발의 목적과 의의를 명확히 인식하고 경력개발 활동에 대한 관심과 배려가 중요하다. 최고경영자가 관심이 없으면 중간관리자들도 자기 부하직원들의 경력개발 문제에 관해 관심을 기울이지 않기 때문이다.

2) 종합적이고 체계적 접근

경력개발은 비교적 수준 높은 현재적인 인적자원관리 기능으로서 인력계획과 직무분석, 인적자원정보시스템 등 여러 기능과 밀접한 상호연관관계를 맺고 서로 지원하는 종합적인 시스템으로 발전시켜야 한다.

3) 경력개발제도의 점진적 도입

경력개발제도를 도입하여 즉시에 효과를 보려고 하면 오히려 부작용이 생길 수 있다. 따라서 2년 내지 3년 정도의 기간을 잡고 경력개발제도의 도입에서 야기되는 여러 문제들을 신중하게 고려하여 점진적으로 정착시켜야 한다.

4) 경력개발업무의 전담부서 설치

경력개발업무는 조직의 계층상 명확한 책임과 권한을 갖는 부서에 소속되어 업무의 독립성을 지켜야 한다. 인사부서 내에 경력개발과를 설치하든지 아니면 경력개발부로 독립시키는 것도 고려할 필요가 있다.

이외에도 경력개발계획이 효과적으로 운영되기 위해서는 인적자원관리 스탭과 경력상담가 등 전문가의 지원이 중요하다. 특히 실무관리자의 직접적인 상담과 지도역할이 매우 중요하다. 또한 실무관리자와 구성원, 그리고 전문스탭 간에 의사소통이 잘 이루어질 수 있는 개방적인 조직분위기의 조성이 매우 중요하다.

3. 경력개발제도의 성공전략

1) 개인 비전과 조직 비전과의 조화

개인의 비전과 조직의 비전 간 조화를 통해 종업원 개인의 자아실현욕구를 충족시켜 줌으로써 종업원의 동기부여를 높일 필요가 있다. 조직은 개인에게 미래지향적인 비전을 제시하고 실현하도록 후원함으로써 개인의 비전 실현 노력을 통해 조직의 성과 향상이 가능해진다.

2) 최고경영자의 지속적 관심과 지원

경력개발 프로그램이 성공하기 위한 가장 중요한 토양이 되는 것은 최고경영자의 관심과 지원으로써 이를 통해 지속적인 경력개발 노력이 없으면 앞으로의 경쟁에서 도태될 수밖에 없다는 위기감을 갖게 할 수 있다. 이를 위해 경영능력 평가 시 종업원의 경력개발과 관련한 지표를 포함시킴으로써 경영자의 관심을 인재개발과 육성에 돌릴 수 있다.

3) 관리자들의 코칭 및 멘토링(후견)

구성원들이 자신의 경력계획에 대한 멘토링(후견)을 원할 때 관리자들이 적절하게 코칭 및 멘토링(후견)을 제공함으로써 경력개발제도 운영의 윤활유 역할을 할 수 있어야 한다. 관리자들의 코칭 및 멘토링 기술은 자연스럽게 길러지는 것이 아니므로 코칭이나 멘토링 교육을 통해 부하의 경력개발을 위한 리더십 배양이 요구된다.

4) 정보 시스템 지원

종업원들이 각종 정보를 탐색하고 스스로를 평가해 볼 수 있도록 지원하는 정보 시스템 지원이 필요하다. 정보기술 시스템은 사용 편이성 및 익명성이 있기 때문에 구성원들이 가상 커뮤니케이션 채널을 통해 자신의 경력욕구를 솔직하게 표현하고 상담하게 함으로써 경력개발을 촉진하는 기능이 있다.

5) 교육훈련 · 평가 · 보상 시스템 등과의 유기적 결합

경력개발제도는 개인과 조직의 경쟁력을 강화한다는 측면에서 다른 모든 인사제도들과 맥을 같이 하는 것이므로 교육훈련 평가 · 보상 시스템 등과 유기적으로 결합하여 운영될 때 그 효과는 배가된다. 조직의 인재상에 부합하는 인력의 채용, 개인의 희망과 조직의 목적을 반영한 이동 · 재배치, 경력개발에 대한 개인의 노력과 성취도 평가, 직무경력 평가 등 경력지원 시스템을 구성하는 각종 하위 시스템들이 상호 시너지효과를 내면서 운영되도록 해야 한다.

CASE STUDY

유능한 부하 잃지 않는 상사의 유형

"직장인의 이직은 회사를 떠나는 것이 아니라 직장 상사를 떠나는 것이다."

미국의 유명 컨설팅회사인 페르소나 인터내셔널사의 HR(인력관리) 전문가 존 곤스틴 박사의 얘기다. 연봉, 미래에 대한 비전 등의 이유로 회사를 떠난다고 얘기하지만, 사실은 직장 상사와의 갈등 때문에 회사를 떠나는 직원이 많다는 지적이다.

국내 한 헤드헌팅 업체가 조사한 바에 따르면, 응답자의 75%가 직장 상사와의 마찰로 퇴사.혹은 이직 충동을 느낀다고 답했다. 대부분의 직장인은 상사를 통해 회사의 문화와 수준을 가늠한다. 상사는 회사의 요구와 기대를 부하 직원들에게 전달하고 또, 이들의 생각을 다시 회사에 전달하는 가교 역할을 한다. LG경제연구원 강진구 책임연구원은 '유능한 부하를 잃지 않는 상사'의 유형을 다음과 같이 소개했다.

▶ 부하직원을 동료로 인식한다

빌 게이츠는 스티브 발머를 직급과 나이를 떠나 훌륭한 동료로 여겼기에 마이크로소프트의 성공을 위해 25년이 넘는 기간 동안 그의 헌신을 이끌어 낼 수 있었다. 부하직원을 아랫사람으로만 여기는 경우, 주로 상사의 지시와 확인 위주로 이루어져 부하는 수동적인 자세가 된다. 반면, 부하직원을 동료, 협력자로 여기면 부하직원의 열정과 업무 몰입을 유도할 수 있다.

▶ 가치 있고 도전적인 일을 맡긴다.

가치 있는 일과 함께 성장할 수 있는 도전의 기회를 부여 받은 인재는 외부의 유혹(스카우트 제의)에 쉽게 넘어가지 않는다. 때문에 상사는 평소에 회사의 비전과 직무의 가치에 대해 부하직원과 대화를 나눌 필요가 있다.

▶부하의 경력개발을 평소에 고민한다

좋은 인재를 길러내는 상사를 떠나고 싶은 부하는 없다. 외국계 기업 듀퐁은 경력개발에 신경을 써주면 인재의 이탈을 막을 수 있다는 확신으로 개인별 맞춤 경력개발을 해주고 있다.

▶고충을 말하기 전에 먼저 물어본다.

바쁜 업무를 핑계로 부하와 직접적인 대화를 소홀히 하는 상사는 인재를 조직에서 떠나게 하는 장본인이다. 일본 아사히맥주의 전 회장 히구치 히로타로는 틈날 때마다 직원들을 붙잡고 "무슨 곤란한 일은 없는가?"하고 물어 보았다고 한다. 부하의 고충을 신속히 파악하고 이를 해결해 주기 위해 애쓰는 상사는 인재를 조직에 머무르게 할 가능성이 높다.

▶공정한 평가자로 인정 받는다.

월드베이스볼클래식에서 기대 이상의 성과를 올린 김인식 감독은 공정한 평가자의 좋은 예다. 그는 기회는 균등하게 주되, 선수기용은 실력에 따라 냉정하게 결정함으로써 선수들이 불만을 갖지 않도록 하는 리더십을 발휘했다. 상사가 부하들을 편애하는 것보다 더 빨리 인재를 잃는 지름길은 없다. 성과가 공정하게 평가되지 못하는 조직에 오래 머무르는 인재는 거의 없다 .

"우린 동료…"

부하직원을 협력자로 여기면 일에 대한 열정 · 헌신 이끌어내

"한번 해봐…"

가치있고 클 수 있는 일 맡기면 외부의 유혹에 쉽게 안 넘어가

"다 소중해…"

편애는 인재 잃는 지름길
윗사람은 공정한 평가 내려야

제6절 경력개발의 과정

경력개발은 여러 가지 과정으로 구성되어 있는데 개인 차원과 조직 차원으로 나누어 볼 수 있다. 개인 차원의 경력개발은 경력개발 과정에서 개인이 중심이 되어 주도적으로 경력목표를 설정하고 이를 성취할 수 있도록 경력 활동을 설계하는 과정이며, 조직은 이를 지원하는 입장이다. 이것은 개인의 성장과 경력발전의 책임이 개인에게 있다는 데 그 특징이 있다.

조직 차원의 경력개발은 조직이 주도적인 입장에서 구성원이 능력을 충분히 발휘할 수 있도록 경력경로를 확정하여 제공해 주고 개인의 능력을 적극 활용함으로써 조직목표를 달성한다는 관점으로서, 조직욕구에 일치된 인적자원을 개발한다는 데 그 초점을 두고 있다.

개인과 조직의 경력목표를 일치 내지 통합시키기 위한 여러 가지 노력 중의 하나가 경력개발제도(career development program: CDP)의 도입이다.

이는 조직욕구와 개인욕구가 경력을 통해서 일치되도록 하고 이를 통해 인재개발이 이루어져 궁극적으로 조직의 유효성을 증대시키는 것이며 인적자원관리의 주요 과제인 개발지향적 인사고과, 교육훈련, 승진, 직무순환 등에 초점을 두어 체계적으로 제도화한 것이다.

경력개발의 과정은 경력계획단계, 경력개발단계, 평가단계로 구분할 수 있는데 이를 보다 자세히 살펴보면 다음과 같다.

1. 구성원의 인적 자료수집

조직구성원의 일반적인 인적사항과 함께 학력, 경험, 기술, 적성과 능력에 관한 평가, 인사고과자료를 수집하여 정리한다. 구성원도 자신의 능력과 취미, 그리고 적합한 경력 등에 관한 자기평가(self-assessment)를 통해 자신의 강점과 약점에 대한 인식도를 높인다.

2. 인력개발 및 인력계획

직무분석을 통하여 각 직무의 내용은 물론, 자격조건을 명백히 하고 직무 간의 연결관계와 승진 패턴 그리고 승진경로를 명백히 한다. 그리고 조직계획과 인력계획을 통하여 단기적 인력수요를 분석한다.

3. 경력기회에 대한 커뮤니케이션

조직체의 인력수요를 중심으로 경력기회와 선택 대안들을 조직구성원에게 알려준다.

새로운 직무나 공석을 게시하고, 인사고과와 면접을 통하여 새로운 경력기회에 대해 토의함으로써 구성원으로 하여금 조직체 내의 경력기회를 의식할 수 있도록 한다.

4. 경력상담을 통한 경력목표 설정

조직구성원은 실무관리자나 전문경력 상담자(career counsellor)와의 상담을 거쳐서 자기의 경력목표(career goal)를 설정하게 된다. 이 과정에서 구성원과 경력기회에 대해 잘 알고 있는 실무관리자의 역할이 매우 중요하다. 이때 경력목표는 구체적이어야 하고, 반드시 조직에서 승진하는 것만을 의미하지 않으며 자신의 개인역량을 펼칠 수 있는 다양한 일이나 사회적 경험을 쌓을 수 있도록 하는 것이 중요하다.

5. 경력경로의 설정과 경력개발의 추구

구성원의 경력목표를 달성하기 위하여 구성원이 거쳐야 할 직무와 수행해야 할 중요 교육 프로그램을 설정하고 경력목표가 현실화될 수 있도록 실천에 옮기는 것으로서, 실무경험을 쌓기 위한 특별임무의 부여와 구성원의 구체적인 경력개발계획의 작성 및 이의 실현을 위한 노력을 말한다.

여기서 경력경로(career path)란 조직 내에서 종업원들의 직무이동에 있어서 일정한 패턴을 말하는데, 경력사다리(career ladder)라고도 한다. 경력사다리는 직업이나 직종 등에 따라서 매우 상이한 형태를 가지고 있을 뿐만 아니라, 그 길이와 폭도 다양하다. 우리나라 대학교수의 경력사다리는 전임강사 – 조교수 – 부교수 – 교수이다.

6. 결과분석 및 경력개발계획의 조정

이와 같이 작성된 경력개발계획은 구성원의 직무수행과 능력개발에 기본지침으로 활용된다. 그러나 구성원의 실제성과 경력목표의 변경, 그리고 조직의 상황변동에 따라서 경력개발계획은 주기적인 평가와 경력상담을 거쳐서 적절히 조정 및 수정되어 나간다. 즉, 구성원과 조직이 당초에 설정한 경력개발계획이 얼마나 달성되었는지 점검 · 평가하여 발견된 문제점의 해결을 위한 경력개발계획의 수정 · 변경이 이루어진다.

이상 6가지 경력개발 과정 중 1, 2, 3은 경력계획단계, 4, 5는 경력개발단계, 그리고 6은 평가 및 피드백단계에 해당된다.

CASE STUDY

사회초년생을 위한 경력관리 노하우

▶ 입사 2~3년 내에 절대 이직하지 말라.

취업이 어려운 대기업에 무조건 입사하고는 연봉이 높거나 더 좋은 직장을 찾곤 한다. 또한, 연봉을 쫓아 업종을 넘나드는 위험한 이직은 피해야 한다. 잦은 이직은 추후 아주 큰 약점으로 작용된다.

▶ 기본적으로 인성적 자질을 가져라.

성실성, 적극성, 신뢰성을 바탕으로 최선을 다해야 한다. 주어진 일에 최선을 다하며 성실해야 하고, 조직에서 존경받는 리더의 가장 큰 덕목이 신뢰인만큼 주변 사람들에게 신뢰감을 쌓아야 한다.

▶ 요즘은 평생직장? NO! 본인의 평생직종을 빨리 정하라.

본인의 적성과 전공 분야, job에 대한 의지의 정도를 따져 평생 가야 할 직종을 정하는 게 급선무다. 하기 싫은 일이나 더 나은 일을 찾으며 시간을 허비하는 일은 없어야 한다. 35세 이전에는 연봉에 상관없이 자신의 job 성과를 특화시켜 놓아야 한다.

▶ 외국어, PC 능력은 기본!

첫째도 둘째도 컴퓨터 skill과 함께 영어는 기본이다. 특히 제조업의 경우, 중국과의 교류가 활발해지면서 중국어도 필요하고, IT 업계 엔지니어들은 경력은 충분한데 영어가 약해 기회를 놓치는 경우가 많다. 제2외국어가 가능하면 몸값이 그만큼 높아진다.

▶ Human Network를 쌓아라.

인맥은 자연적으로 만들어진다는 안일한 생각 때문에 노력을 기울이지 않는 경우가 많다. 네트워크 형성은 지위가 올라갈수록 절실하게 느껴지는데 사회 초반부터 의식적으로 만들어 놓아야 유용한 네트워크를 형성할 수 있다. 업계의 대가를 만나보고 능력 있는 직장 상사와 친밀도를 갖는 것이 하나의 방법이다. 진짜 살아 있는 정보들을 얻게 된다.

▶ 이력서를 늘 update하라.

이력서를 보고 후보자를 선별하기까지 걸리는 시간은 약 30초라고 한다. 아무리 능력이 좋고 언변이 좋다 해도 구직자의 얼굴인 이력서 작성이 미흡하다면 인터뷰까지 연결되기가 어려운 것이다. 훌륭한 이력서란, 자세하고 정성스럽게 쓴 본인의 약력과 6개월 주기 정도의 update된 이력서를 이메일 첨부 시 한 두 줄의 첨언까지 해 보라. 인사담당자나 헤드헌터의 감동은 두 배가 될 것이다. 약속시간 준수, 단정한 복장, 열정적인 presentation 또한 가산점이 된다.

▶ 직종 전문 헤드헌터와 접촉하라.

헤드헌터는 경력자나 고위자들만 상대한다고 생각하면 오산이다.

최근 능력 있는 신입을 원하는 기업도 늘고 있고, 사회 초년부터 전문 헤드헌터와 함께 목표를 만들어 꾸준히 경력관리를 해 간다면 이보다 좋은 인생의 조언자는 없다.

09

인사이동

제1절 인사이동의 의의

인사이동이란 기업 내의 조직질서 중에서 그 위치가 바뀌는 것으로, 종업원에 있어 가장 큰 관심대상이 된다.

인사이동이 행해지는 방향에 따라 수직적으로 이루어질 때 승진이나 강등이 되며, 수평적으로 행해질 때 배치전환(transfer)이 되고, 조직 밖으로 떠날 때 이직(separation)이 된다.

이직의 경우 내용에 따라 자의에 의한 사직(resignation)과 기업의 경제적 사정에 의한 일시해고(layoff), 종업원에 대한 징계로서 이루어지는 해고(discharge)와 정년이 되어 그 직을 그만두게 되는 정년퇴직(retirement) 등이 있다.

이러한 인사이동은 회사의 생산적인 요인과 종업원의 개인적인 요인에 의해 행해진다. 생산적인 요인에 의한 것으로는 작업조건의 변동이라든가 종업원들의 융통성 있는 직무활동과 능력개발을 들 수 있으며, 종업원의 개인적인 요인에 의한 것으로는 잘못된 배치에 대한 교정, 작업의 단조성, 종업원 상호간의 불화, 나이와 건강 고려, 창의적 활동에 대한 기회 부여, 장래의 승진에 대한 대비 등을 들 수 있다.

이상과 같이 인사이동은 종업원의 관심이 많은 반면 불만도 많기 때문에 인사담당자는 제도적인 측면에서 기준을 설정하고 그에 따라 공정무사(公正無私)하게 합리적으로 관리해야 한다.

제2절 인사이동의 목적

인사이동은 종업원의 불평소지가 많기 때문에 뚜렷한 목적과 세심한 계획 하에서 실시해야 한다. 그 주요 목적을 살펴보면 다음과 같다.

1) 인적자원의 효율적 활용

인사이동은 조직경직성을 배제하고 조직의 활성화를 위한 적재적소의 배치를 실현하여 인적자원의 능력을 효율적으로 활용하는 데 있다.

2) 인사정책 수립

인사이동은 직무수행에 노동수요가 증가하거나 직무공백이 생겼을 경우에 이에 적절히 대응하기 위한 이동정책을 수립하기 위한 것이다.

3) 종업원의 사기앙양

내부 인적자원의 보충과 조달을 통하여 동기부여 및 사기앙양으로 조직구성원의 근로의욕과 노력을 유발시키고 태만과 타성 그리고 권태감에 빠지지 않도록 사기를 앙양시키는 데 있다.

4) 종업원의 자질 향상

직무순환(job rotation)을 통하여 종업원들의 기능이 다양해지고 조직상황 변화에 대처하기 위한 신속하고 유연한 능력을 체험하게 함으로써 새 직무의 폭넓은 수행능력 배양과 보다 책임 있는 직위에 오를 수 있는 전반경영자로서의 자질을 기르는 데 있다.

5) 노동의 자극

동일직무의 정착화를 배제하여 능력정체 내지 퇴보현상이 일어나지 않도록 상호 경쟁심을 진작시키고, 인적자원의 욕구자극과 성취욕구를 높이게 된다.

6) 종업원의 신상필벌

인사이동의 인사고과에 의한 종업원의 신상필벌(信賞必罰)을 위한 승진과 강등 등을 실현하는 데 있다.

위와 같은 목적을 달성하기 위한 인사이동을 합리적으로 실현하기 위해서는 각 직무가 요구하는 지식, 숙련, 기타 성능을 구비한 인간을 그 직무에 배치해야 하는 것이다.

이것을 올바르게 실시하기 위하여 선행되어야 할 것은 먼저 직무분석에 의하여 직무가 요구하는 노동력의 종류와 질 및 그의 성능을 결정하고, 직무평가에 의하여 각 직무가 가지는 곤란도와 기업에 대한 기여도를 비교 · 분석한 후, 인사고과에 의하여 각 직무를 수행하는 조직구성원의 직무수행능력, 업적, 장래성 등을 평가하여야 한다.

CASE STUDY

순환보직제

GS칼텍스는 직원 경력관리 시스템을 도입하는 등 인사와 교육제도를 대대적으로 정비하고 '종합에너지 리더'라는 비전을 달성하기 위해서는 임 · 직원 역량 강화와 체계적인 교육을 통한 전략적 사고의 필요성을 강조하고 있다.

회사 비전에 따라 새롭게 출발하는 만큼 임원은 전략적 사고와 리더십을 갖추고, 직원은 핵심인재로 성장하도록 로드맵을 구축했다.

GS칼텍스는 개인이 전문가(리더)가 되기 위한 직무별 이동경로를 제시하고 개인별로 역량강화 계획서를 제출받아 회사 차원에서 지원하고 있다.

또 연구직을 제외하고 직무마다 체류기간을 3~5년으로 한정해 보직을 순환한다.

직무에 대한 개인역량 발휘를 위해 직무관리 시스템을 적용한 예는 많지만 GS칼텍스처럼 회사 차원에서 직원 개개인의 경력을 관리해주는 개인경력관리프로그램(CDP)을 도입한 사례는 드물다.

직무별로 최장 체류기간을 설정한 것은 동일직무 반복수행에 따른 역량 정체와 매너리즘을 제거하면서 직원들이 전문가가 되기 위한 여러 가지 직무를 원활히 거치도록 한 조치이다.

현재 GS칼텍스는 전 직원을 대상으로 현 보직업무 연수와 5년 이상된 직원 상담을 진행하고 있다. 특정 직무에 장기 체류한 직원은 개인경력관리에 필요한 보직으로 이동시켜준다. 개인별 경력개발 계획은 매년 1월 작성해 각자 경력목표를 정하고 교육과 학습내용, 희망보직 등을 적어내면 인사와 교육에 반영하고 있다.

출처: 매일경제, 2005.10.4. 기사.

따라서 직무분석, 직무평가, 인사고과의 합리적인 시행은 인사이동 정책수립의 전제가 되어야 할 뿐만 아니라 인력개발을 위한 경력개발 프로그램과도 밀접한 관계를 가진다.

제3절 인사이동의 유형

1. 배치전환

1) 배치전환의 목적

배치전환은 일반적으로 두 가지 의미로 구분되고 있다. 종업원을 각 직무에 배속시키는 것을 배치라 하고, 일단 배치되었던 종업원을 어떠한 사정으로 인하여 현재의 직무에서 다른 직무로 변경하여 재배치하는 것을 전환이라 한다.

따라서 배치전환은 기업 내의 한 직무로부터 동일 수준의 다른 직무로 수평적인 인사이동을 하기 때문에 책임과 신분 또는 기술과 보상에 있어서 현재의 직무와 대등한 직무로 옮겨가는 것이다.

배치전환의 목적을 살펴보면 다음과 같다.

첫째, 조직구성원으로 하여금 다양한 직무경험과 기술을 습득하게 하는 목적으로 직무순환(job rotation)을 행하는 교육훈련의 수단이다.

둘째, 한 직무에 장기간 근무함으로써 생기는 권태감이나 의욕저하를 방지한다.

셋째, 다양한 조직환경의 변화에 적절히 적응하기 위한 조직의 유연성과 조직활성화를 기하여 기업의 직무달성에 필요한 자격요건과 개인의 특성이 체계적으로 조화될 수 있도록 적재적소의 원칙에 의한 배치전환을 실현하는 것이다.

2) 배치전환의 형태

이러한 배치전환의 목적에 따라 그 형태를 체계적으로 정리하면 다음과 같다.

(1) 생산에 따른 이동

이것은 각 부서 간의 업무량 또는 작업량의 변화에 따라 노동력이 부족한 부문과 잉여인력이 있는 부문 간의 배치전환을 통하여 필요인원의 추가고용과 잉여인원의 해고를 피할 수가 있다.

(2) 인원대체를 위한 이동

이것은 기업이 전체적인 조업도가 낮아져서 일시해고의 필요성이 생긴 경우 장기근속자를 보호하기 위하여 선임권을 중심으로 재배치하는 것으로서 인력안정을 기하기 위한 목적이다.

(3) 만능공 양성을 위한 이동

이것은 종업원의 융통성과 신축성을 높이기 위해 여러 가지 부문의 일에 경험을 체험하게 함으로써 다능자(多能者)를 양성해 가기 위한 목적의 이동이다.

(4) 교대근무를 위한 이동

교대근무는 기계장치 등 고정설비에 대한 투하자본이 증가함에 따라서 투하자본의 조기회수와 중화학공업에서 장치공업 특유의 기술적 요인에 의하여 생긴 연속조업에서 발생하는 것으로 종업원을 2교대(swing shift), 3교대 등으로 교대근무제를 공평하게 운영하기 위한 이동이다.

(5) 구제적인 이동

이것은 종업원의 배치가 잘못되었거나, 직무환경이나 작업조건이 부적합하거나, 조직구성원들 간의 불화, 건강상태가 좋지 않거나, 단조로운 작업에 권태감이나 싫증이 나서 다른 직무로 전환을 원하는 경우 조직구성원들의 편익을 위하여 인사이동을 실행하는 것을 말한다.

(6) 순환근무에 따른 이동

한 부서에서 근속기간이 오래된 종업원을 다른 부서로 이동 · 순환하는 목적의 이동이다.

2. 승 진

1) 승진의 의의와 중요성

인적자원관리의 여러 활동 영역 중에서 조직의 입장에서나 조직구성원들의 입장에서나 가장 중요시되고 있는 것은 신분관리와 보수관리(報酬管理)라고 할 수 있다.

승진은 신분관리의 가장 중요한 핵심이 되는 인사정책의 하나로 종업원이 종전에 수행한 직무보다는 더욱 유리한 직위로 상향적 이동을 말한다. 일반적으로 승진으로 인하여 권한과 책임의 증대, 위신의 증대, 지위의 상승, 보수의 증가를 가져오는 등 근로조건의 향상이 수반된다.

궁극적으로 승진은 종업원의 지위향상이고, 명예의 원천이며, 안정에 대한 배경이 되기 때문에 종업원의 사기진작과 동기가 부여되어 근로의욕을 증진시키는 중요한 수단이 된다.

상향적 이동인 승진은 조직 내에서 직위상의 변동 없이 단지 호봉이나 급수만이 상위급으로 올라가는 승급(昇級)과는 구별된다.

그러므로 기업은 종업원의 능력과 노력을 공정하게 평가하여 조직구성원의 사기앙양과 기업목표달성에 공헌할 수 있는 기회가 충분히 제공될 수 있도록 공정한 승진제도의 운영에 노력해야 한다.

승진이 조직과 종업원들에게 어떤 의미가 있으며 왜 중요한지를 살펴보면 다음과 같다.

첫째, 승진은 조직에서 조직목표와 개인목표를 일치시켜 주는 역할을 한다. 승진은 종업원에 대한 최대의 시너지효과를 내도록 하고 잠재능력을 개발하여 조직효율성을 높여주는 효과가 있다.

둘째, 승진은 종업원에 대한 유효한 커뮤니케이션 수단이다. 조직의 가치기준에 관심을 가져 자기개발을 위해 노력한다.

셋째, 합리적 승진제도와 기준은 조직의 인사체증현상을 해결하는 기능을 한다. 새로운 직무기회를 탐색하여 종업원들에 대한 자극을 주어 능력개발에 대한 동기부여를 한다.

2) 승진관리의 원칙

(1) 능력주의원칙

승진은 조직의 가치관에 대한 도전과 실현이다. 능력이 있고 직무수행 성과가 높은 종업원에 대해서는 인정과 격려가 적용되어야 하며, 능력이 없고 직무수행 성과가 부족한 종업원에 대해서는 질책과 벌이 수반되어야 한다. 능력주의가 승진에 있어 중요한 원칙이 된다.

(2) 기회부여원칙

직무수행 성과가 우수하고 능력이 있는 종업원에 대해 공정하게 승진의 기회를 부여하는 것이며, 기회부여의 원칙이 전제되면 조직의 인사방침이 공정성을 얻게 되어 종업원은 자신의 능력을 최대한 발휘할 수 있게 된다.

(3) 실적주의원칙

실적주의는 장기간에 걸쳐 조직에 대한 기여와 직무수행 성과와 실적, 그리고 공로가 있는 종업원에 대한 자격을 인정하는 제도이다.

그러므로 기업은 종업원의 능력과 노력을 정당하게 평가하여 조직구성원의 사기앙양과 기업목표달성에 공헌할 수 있는 기회가 충분히 제공될 수 있도록 공정한 승진제도의 운영에 노력하여야 한다.

3) 승진기준

오늘날 인사관리에 있어서 승진기준의 근본적인 기반으로는 사람중심의 연공서열주의와 직무중심의 능력주의가 있다.

연공서열주의적 승진제도는 연령, 근속연수, 학력과 같은 속인적(屬人的) 요소를 기준으로 하는 승진제도이며, 능력주의적 승진제도는 기업의 조직구성원으로서 기업목표달성에 공헌하는 직무수행능력을 기준으로 하는 승진제도이다.

조직에서는 이 양자를 조화시키는 방안을 모색함으로써 승진관리의 기본방향을 설정할 수 있다.

(1) 연공주의적 승진제도

연공(年功)을 기초로 하여 사람을 평가하는 것은 가장 오래되고 일반적인 방법이다. 여기서 연공이라 함은 조직 내에서 인정된 근속연수로 정의된다.

연공주의적 승진제도는 학력이나 경력 또는 근속연수와 같은 속인사항(屬人事項)을 기준으로 승진하는 제도이다. 이것은 전통적 · 온정주의적 · 가족주의적 · 동양의 운명공동체적인 풍토에 기반을 두고 있기 때문에 서구의 개인주의, 합리주의적 기반인 이익공동체적인 사상과는 다르다.

그것은 인사관리제도의 방향이 서구는 생산 문제의 접근 방식으로 기술개발과 과학적 측면에서의 합리적인 의사결정에 의존해 왔는 데 반해, 동양에서는 유교사상의 가족제도에 기인한 연장자 존중의 관념이 주요한 사회사상의 토대로 전체 종업원의 효율적인 협동작업을 가능하게 하는 방법을 추구해 왔기 때문이다.

또한 공정성의 관점에서 연공서열주의적 승진제도는 근속연수라는 객관적 기준에 의하여 승진이 결정되므로 단순성, 안정감, 노동이동의 감소 등의 이점을 들 수 있지만, 진취적이고 유능한 인재를 조직 내에서 조달하기에는 제한적이고, 능력과 연공과의 불일치로 젊고 능력 있는 인재들의 좌절감과 임금 등 고용정책에 큰 부담이 존재할 수 있다는 단점이 있다. 이러한 연공서열주의적 승진제도의 장 · 단점과 대응해서 볼 때 능력주의는 연공서열주의적 승진제도의 단점을 해소하는 강점이 있는 반면에 연공주의의 장점을 살리기 힘들다는 한계가 있다.

(2) 능력주의적 승진제도

능력에 의한 승진제도는 조직구성원 개개인이 기업목표달성에 공헌하는 직무수행 업적과 장래에 발휘될 수 있는 잠재능력의 평가에 따라 행하는 승진제도이다. 즉, "그가 무엇을 하였는가?"하는 직무 성과뿐만 아니라 "그가 무엇을 할 수 있는가?"를 기준으로 하는 것이다.

이러한 승진제도는 개인주의적 직무중심의 단기고용제를 중심으로 하는 서구적 노동력 상품설에 기반을 두고 있다. 그러므로 능력주의는 기업 본래의 의미와 조직의 효율성이라는 관점에서 볼 때 가장 합리적이고 공정성을 가지는 승진제도라고 할 수 있다.

여기서 능력이란 의미는 직무에 대응해서 요구되는 개별적인 업적에 의존하지만 일반적으로 체력, 적성, 지식, 경험, 성격, 의욕 등의 상호작용에 의하여 결정되고, 또한 조직환경에 따라서 영향을 받는다.

이러한 능력주의적 승진제도는 경제적 합리성과 인간존중에 그 이념이 있는 것으로서 조직에 있어서의 개인능력을 평가할 때에 가장 어려운 문제는 능력평가의 기준이 되는 요소의 선정에 있다.

평가 요소의 선정은 기업의 특성에 따라서 다르고, 요소별 중요도도 직급 · 직종 등에 따라서 각각 상이하기 때문이다. 이와 관련하여 조직단계별 능력평가는 [그림 9-1]의 (A)에서와 같이 업적이 중요시되나 업적에 영향을 주는 범위 내에서 능력과 성격을 취하여야 한다. 즉, 조직하위의 작업단계에서는 업적만 가지고 능력평가를 하여도 대체로 무방하나, 조직의 상위계층으로 올라갈수록 능력이 중요해지고 인격까지 문제가 된다.

이러한 능력평가의 결과는 인사의 모든 분야에서 활용되나 인사정책적 차원에서 신분관리와 보수 문제에 한정시켜 볼 때 업적평가는 주로 보수 문제와 관련되고, 능력 및 성격평가는 주로 신분관리에 반영된다.

그림 9-1 조직계층과 능력평가

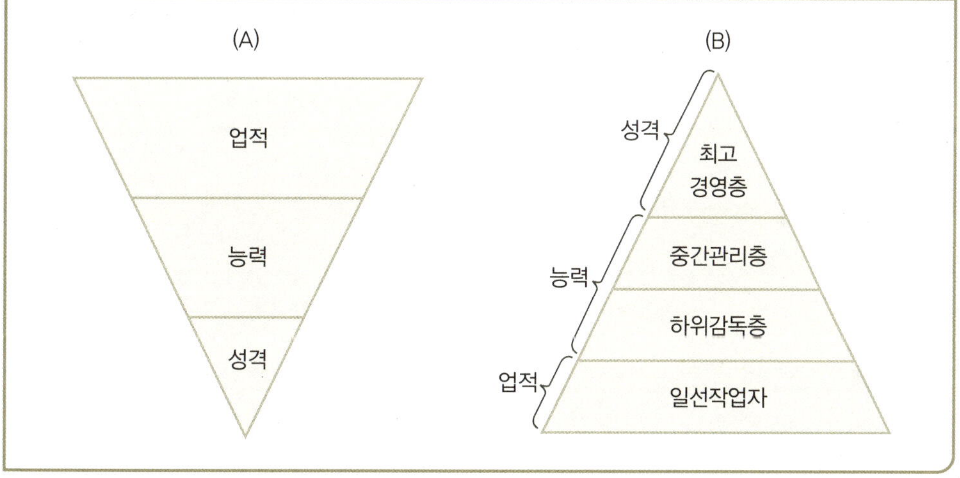

왜냐하면 신분관리의 직접적인 대상이 되는 승진결정에는 장래에 확대될 직무와 개발할 능력에 가중치를 크게 주는 대신 보수 문제는 조직의 직무수행업적에 중심을 두기 때문이다. 따라서 승진은 자기의 능력을 최대한 활용하여 고도의 업적을 유지하는 자에 대한 보수가 아니면 안 된다.

연공서열주의와 능력주의의 특성에 대한 비교를 통하여 〈표 9-1〉 바탕에 흐르고 있는 정신과 사회문화적 기반에 대한 이해가 가능할 것이다.

표 9-1 연공서열주의와 능력주의의 비교

<table>
<tr><th colspan="2"></th><th>연공서열주의</th><th>능력주의</th></tr>
<tr><td colspan="2">합리성 여부</td><td>비합리적 기준</td><td>합리적 기준</td></tr>
<tr><td colspan="2">사회행동의 가치기준</td><td>전통적 기준, 정의적 기준</td><td>가치적 기준, 목적적 기준</td></tr>
<tr><td rowspan="2">경영 외적 요인</td><td>이해집단</td><td>노동조합</td><td>경 영 자</td></tr>
<tr><td>사회문화적 전통</td><td>가족주의
종신고용제
유교사상
집단주의
장유서열관
동양사회
운영공동체적 풍토</td><td>개인주의
단기고용제
기독교사상
개인주의
능력서열관
서구사회
이익공동체적 풍토</td></tr>
<tr><td rowspan="2">경영 내적 요인</td><td>계 층</td><td>하위층</td><td>상위층</td></tr>
<tr><td>직 종</td><td>일반직종</td><td>전문직종</td></tr>
<tr><td colspan="2">승진기준</td><td>사람중심(신분중심)</td><td>전문중심(직무능력중심)</td></tr>
<tr><td colspan="2">승진제도</td><td>연공승진제도</td><td>직계승진제도</td></tr>
<tr><td colspan="2">승진요소</td><td>근무연수, 경력, 학력, 연령</td><td>직무수행능력, 업적 또는 성과</td></tr>
<tr><td colspan="2">장 · 단점</td><td>• 집단중심의 연공질서의 형성
• 적용이 용이
• 승진관리의 안전성
• 객관적 기준</td><td>• 개인중심의 경쟁질서의 형성
• 적용이 어려움
• 승진관리의 불안정
• 능력평가의 객관성</td></tr>
</table>

(3) 절충주의적 승진제도

근속연수에 따른 승진제도는 종신고용제도가 전통인 일본과 우리나라의 기업체에서 흔히 찾아볼 수 있고, 능력에 의한 승진제도는 미국의 인적자원관리에서 보편화되어 있다.

그러나 일반적으로 완전한 연공서열제도와 능력주의에 의한 승진제도는 현실적으로 불가능하다. 왜냐하면 합리주의를 바탕으로 하는 미국의 경영원리는 연공보다는 능력을 중시하고, 가부장적 온정주의가 지배하고 있는 일본의 경영 방식은 능력보다는 연공을 더 중시하기 때문이다. 따라서 이러한 연공서열주의와 능력주의가 절충되어 조화를 이루어야 한다.

우리나라 기업에 있어서의 승진관리의 가장 중요한 과제는 기업을 둘러싼 환경의 급격한 변화로 인한 능력주의 필요성의 고조와 연공서열의식 등 동양적 가치관이 존재하는 특수한 시간성과 공간성을 지니는 환경 하에서 어떻게 하면 노사 간에 자연스러운 조직균형을 이루게 하느냐의 문제이다.

이를테면 노조 측은 인적자원관리정책에 있어서 고용생활의 안정을 얻기 위하여 연공서열에 의한 선임권을 주장하고, 경영층에서는 선임권보다는 능률에 의한 성과적 자원을 더 중시한다.

그림 9-2 경영층과 노조의 계약 영역

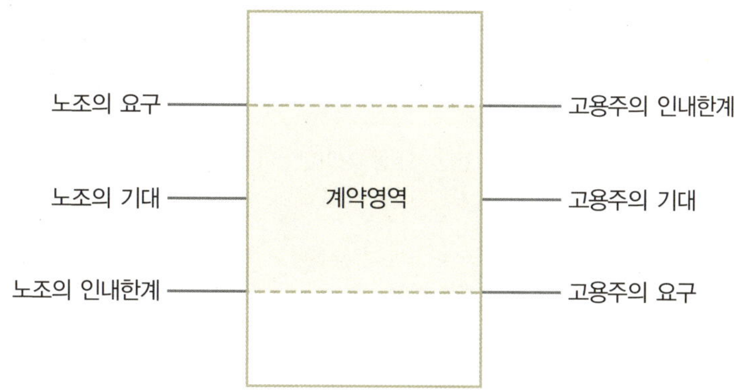

노사협상의 대상으로 대두되는 경영층과 노조의 목표는 서로 상반되는 것으로 [그림 9-2]와 같이 노사의 인내한계의 범위 안에서 계약 영역이 결정되는 것이다.

따라서 오늘날 능력과 연공의 기본방향에는 순수한 사람을 중심으로 한 완전 연공서열주의와 직무를 중심으로 하는 완전 능력주의 사이에는 무수한 조합이 있을 수 있으나 개별기업의 특수성과 우리나라의 실정에 맞는 조화가 요구된다.

일본계 미국인인 캘리포니아대학(UCLA)의 오우치(W. Ouchi) 교수는 합리주의를 바탕으로 하는 미국식 경영원리를 [그림 9-3]에서와 같이 A형(A type)이라고 하고, 가부장적 온정주의가 지배하는 일본식 경영 방식을 J형(J type)이라 이름 붙이고, 미국이라는 사회적 틀 속에 일본식의 경영원리를 조합한 Z이론(Z theory)을 주창하였다.

오우치 교수는 MIT대학 맥그리거(D. McGregor) 교수가 분류한 X이론적 인간관을 Y이론적 인간관으로 전환한다 하더라도 생산성향상에는 한계가 있기 때문에 생산성향상을 꾀할 수 있는 기업모델로서 Z이론에 맞는 기업형만이 이상적이라는 것이다.

즉, Z이론은 조직 내에서의 인간관계를 밀접하게 다져 생산성을 높이는 데 가장 큰 목적이 있는 것으로 다음과 같이 다섯 가지로 요약할 수 있다.

그림 9-3 Z형 조직의 경영원칙

A형(미국형)		Z형		J형(일본형)
1. 단기고용	→	장기고용	←	1. 종신고용
2. 개인적 의사결정	→	집단 · 합의의 의사결정	←	2. 전원일치제 의사결정
3. 개인책임	→	집단(공동)책임	←	3. 집단책임
4. 단기간의 공식적인 업무명령	→	완만한 평가 · 승진	←	4. 장기간의 인사고과와 승진
5. 명시적 · 공식적인 업무명령	→	비명시성을 가미한 공식적인 업무명령	←	5. 비명시적 · 비공식적인 업무명령
6. 전문화된 인사배치	→	어느 정도 전문화된 인사배치	←	6. 비전문화된 인사배치
7. 업무중심의 상사 · 부하 관계	→	부하의 가족에게까지 관심	←	7. 상사와 부하의 전인격적인 관계

① 장기고용

이러한 기업운영은 기업의 운명이 전체 조직구성원들의 운명과 직결되어 있어서 조직구성원들은 항상 긴장하고 있어야 된다는 것이다. 즉, 선진국에서는 기술혁신을 하려고 해도 종업원들이 직장을 잃지 않을까 하여 꺼리는 경향이 있는데 반하여 장기고용제는 직장에서 해고될 염려가 없기 때문에 기술개발에 심혈을 기울이게 되는 것이다.

② 느린 승진제

이것은 종업원의 업적을 장기적인 관점에서 고찰하고, 이에 의한 느린 승진제도와 능력평가제도는 젊고 패기 있는 사원들에게는 불만의 요인이 될 수 있으나, 전체 사회 분위기가 이런 제도 속에서 20년 혹은 30년이란 긴 세월을 두고 승부를 겨루기 때문에 기업 내부의 인화에 별 문제가 발생하지 않는다.

CASE STUDY

'능력'보다 '서열'이 중시되는 기업승진제도

취업포털 잡코리아(www.jobkorea.co.kr, 대표이사 윤병준)가 기업들의 승진제도를 조사한 결과 여전히 연공서열에 따라 우선적으로 이뤄지고 있는 것으로 나타났다. 기업의 35.5%가 능력이 아닌 연공서열에 따라 승진대상자를 결정하고 있는 것으로 나타났다.

잡코리아가 남녀 직장인 1,057명을 대상으로 한 '승진제도'에 관한 설문조사에서 현재 근무하고 있는 회사가 채택하고 있는 승진 · 승격 시스템이 일정 기간 근무 후 승진되는 '승진연한제도'라고 대답한 직장인이 35.5%로 가장 많았다. 다음으로 업적이나 능력 우수자의 과감한 '발탁승진제도'가 29.3%, 고과결과에 따른 '차등승진제도'가 25.3% 순으로 조사됐다.

공기업의 경우 승진연한제도를 도입하고 있는 경우가 45.6%로 가장 높았으며, 대기업은 고과결과에 따른 차등승진제도를 도입하고 있는 기업이 32.6%로 가장 많았다. 반면에 구성원의 개별능력을 중시하는 외국계기업의 경우는 근속년수나 직급에 상관없이 능력우수자를 승진시키는 발탁승진제도를 도입하고 있다는 기업이 46.2%로 압도적이었다.

승진 · 승격인사에서 가장 중시되고 있는 기준은 '근속년수'가 24.9%, '능력'을 중시한다가23.7%, 업무 성과(19.4%), 근무태도(12.0%), 회사에 대한 태도(7.4%), 나이(3.2%), 리더십(2.7%), 승진시험(1.7%), 학력(1.5%) 등의 순이었다.

회사의 승진 · 승격제도의 가장 큰 문제점으로는 '직무수행능력과 무관한 성과의 결정'이 27.3%, '관리자의 연공적 운용(19.2%)', '능력개발과의 연계성 미약(19.2%)', '자격기준에 따른 절대평가의 미흡(19.0%)', '임금과의 연계성 미흡(13.2%)'으로 나타났다.

승진제도에서 개선되어야 할 것으로는 '객관적인 평가자 및 평가 툴을 구성해야 한다.'가 42.3%, 직급 단순화를 통해 업무처리의 효율성'을 강조한 의견도 30.0%, '각 직급간의 승진누락으로 소외감을 느끼는 직원을 최소화해야 한다(12.9%)', '평직원으로 근무하다 은퇴하는 것이 자연스런 문화를 조성해야 한다(7.8%)', '승진대상인원에 비례해 일정 비율대로 진급할 수 있게 해야 한다(3.4%)' 등으로 나타났다.

기업 승진제도 '능력'보다 '서열'

Q. 승진 인사 시 중시되는 항목

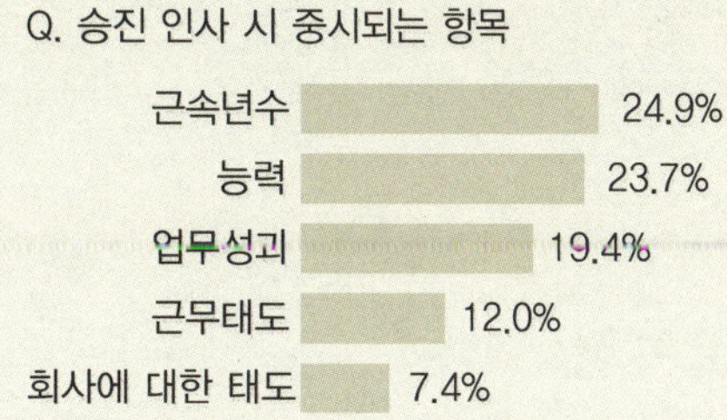

※ 직장인 1,057명 설문조사

자료: 잡코리아

③ 비분업화(非分業化)

이것은 개개의 종업원이 맡은 직무에 대해 과도한 전문화를 피하고, 경력개발제도에 의한 배치전환의 기회를 폭넓게 부여하여 제 업무에 대한 지식을 얻게 한다. 이러한 제도는 특정 업무에 대하여 단기간에 있어서는 작업효율성이 떨어지는 경우도 있을 수 있으나, 장기간에 걸쳐서는 작업환경의 변화에 대한 적응력을 양성시켜주고 조직 내 부서 간의 경직성을 예방하게 된다.

④ 집단의사결정제도

이것은 생산성 문제의 접근 방식의 측면에서 합리적·개인적인 의사결정에 의존해온 서구의 조직관에서는 철저한 직무분화로 인하여 다른 부문의 업무를 잘 알지도 알려고도 하지 않으나, 일본 기업은 직무의 비분화로 인한 공동의사결정 과정을 거침으로써 집단주의적 의식구조로부터 화(和)의 개념이 싹트고 그 결과에 있어서도 다같이 책임을 진다.

⑤ 전인격적(全人格的) 상하관계

이것은 상사와 부하와의 관계가 일로만 맺어지는 것이 아니라 상사가 부하의 가정 문제까지 관심을 기울이는 생활공동체적인 인사관리제도를 도입하는 것이다.

이러한 환경과 분위기를 Z문화(Z culture)라고 부른다. 일반적으로 경영의 지배원리는 그것이 뿌리를 두고 있는 한 나라의 사회·문화적 특성과 불가분의 관련성을 가지고 있기 때문에 Z이론은 이상적 경영지배원리로 현실에 적응하기에는 한계를 가진다는 비판도 있다.

그러나 미국형 경영원리와 일본형 경영원리의 장점을 결합시킨 Z문화 속에서 조직을 운영할 수 있다면 구성원 상호간에 높은 수준의 정신적 조화를 이룰 수 있을 뿐만 아니라 경영합리화와 기업의 생산성 제고의 문제해결에 결정적인 방안이 될 수 있을 것이다.

3. 이 직

1) 이직의 의의

이직(離職)이란 기업과 개인 간의 근로계약의 종결을 의미하는 것으로서, 조직이탈행위의 하나이다. 따라서 이직은 다른 결근이나 지각에 비해 기업은 물론 그 구성원에 미치는 영향이 상당하다고 할 수 있다. 이러한 이직은 그 결정주체, 통제 가능 여부 및 영향에 따라 여러 가지 유형으로 구분할 수 있다.

먼저 이직결정의 주체에 따라 구분해 보면, 결정의 주체가 구성원 자신이면 자발적 이직, 자신이 아니라 조직 및 기타 환경적 요인에 의한 것이라면 비자발적 이직이 된다.

또한 조직에서의 통제가능성 여부에 따라 회피 가능 이직과 회피 불가능 이직으로 구분할 수 있는데, 조직의 입장에서 통제 가능한 근로시간, 임금이나 프린지 베니핏츠 등의 원인에 의한 이직은 회피 가능 이직이다.

조직에서 통제할 수 없는 정년퇴직, 사망, 사고, 건강 문제 등의 비직무적인 요인에 의한 것은 회피 불가능한 이직이다.

한편 이직으로 인한 결과가 조직에 미치는 영향에 따라 순기능 이직과 역기능 이직으로 나눌 수 있다.

순기능 이직은 개인이 조직을 떠나기를 원하고 조직도 구성원이 떠나는 것에 대해 그다지 관심을 갖지 않는 상태로 양자의 이해가 합치된 상태에서 발생하는 이직을 말한다.

역기능 이직이란 개인은 조직을 떠나기를 원하지만 조직은 보유하기를 원하며 양자의 이해가 불일치되어 발생하는 이직을 말한다.

이러한 각각의 기준에 따른 이직의 유형 가운데 인사관리의 입장에서 가장 관심을 갖게 되는 것은 인적자원의 확보와 관리라는 측면에서 자발적 이직을 억제하는, 즉 통제 가능한 이직을 최소화하는 것이다.

왜냐하면 근속연수가 짧고 노동이동률이 빈번한 것은 그 사유가 어떠하든 근로자 개인은 물론 기업가뿐만 아니라 사회적 · 국가적으로도 노동력의 효율 · 조직화 및 기술축적이란 측면에서도 커다란 손실이기 때문이다.

2) 이직관리의 중요성

적정 수준의 노동이동은 국민경제적 측면에서 자원의 효율적 배분이란 경제적 이점이 있다. 뿐만 아니라 기업 측면에서도 사용자에게 참신한 인력의 대체가능성과 기술도입 및 고용합리화를 통해 조직체에 새로운 활력소를 불어넣는 역할을 하는 한편 종업원에게는 임금과 근로조건을 향상시키는 계기를 마련해준다.

그러나 지나친 이동은 조직에 대한 구성원들의 귀속의식의 결여와 생산성의 저하를 가져와 결과적으로 조직의 목표달성에 막대한 차질을 가져올 수 있다. 이로 인하여 기업은 기술축적이 이루어지지 않으며, 신규인원의 채용에 따른 모집 · 선발 · 훈련에 수반된 비용과 업무에 익숙해질 때까지의 업무상의 비효율성이 증가될 것이다.

또한 동료 구성원들과의 상호작용 관계가 정착될 때까지의 집단의 불안정성과 사회일반 이해집단으로부터도 좋은 기업평가를 받기가 힘들다.

이러한 이직은 개별기업의 차원뿐만 아니라 사회 전체적 차원에서도 노동시장 내의 자유로운 노동이동으로 인적자원의 효율적인 배분이 이루어지는 반면에 인력쟁탈전으로 인한 지나친 임금상승은 기업경쟁력을 약화시키는 원인이 되기도 한다. 이와 같이 이직이 주는 기업에서의 의미는 매우 다양하다.

그러나 조직은 종업원 이동상태가 어느 수준일 때 기업에 이익을 주고 손실을 주는가의 문제는 산업이나 기업이 가지고 있는 특수한 조건에 따라 상이하다.

3) 이직관리의 대책

이직은 고용관계의 단절을 의미하는 것으로 여기에는 여러 가지의 형태가 있다.

즉, 종업원 스스로의 자의에 의해서 직장을 그만두는 사직과 기업의 경제적 사정으로 인한 일시해고, 종업원의 과오를 징계하기 위한 해고, 정년으로 인한 퇴직 등이 있다.

그러나 이들 가운데 인사정책적 관점에서의 중요한 과제는 기업 측에서 볼 때 자발적 이직은 양질의 인력확보를 위협받게 될 것이며, 종업원의 입장에서 볼 때 비자발적 이직인 일시해고나 해고 등은 심리적 · 경제적으로 심각한 타격을 줄 뿐만 아니라 사회적 · 국가적으로도 노동력의 효율 · 조직화 및 기술개발이란 면에서 큰 손실이다.

(1) 조직 측면에서의 이직관리 대책

조직의 유지 측면에서 이직관리는 조직구성원들이 자발적 의사에 따라 직장을 떠나는 통제 가능한 이직을 억제함으로써 인적자원의 효율적 보존에 중점을 두어야 한다.

이직에 대해 두 가지의 상반된 견해가 있다. 하나는 기업의 긍정적 측면으로서 이직은 기업의 잠정적인 상황의 변화로 야기되는 과잉인력의 자연감소가 가능하며, 부적격자가 제거됨으로써 조직에 참신한 인력의 유입으로 인해 새로운 조직풍토를 조성할 수 있다.

한편 부정적 측면으로서의 이직은 고용정책의 차질로 인한 조직목표의 달성과 기술축적이 어렵고 새로운 인력확보를 위한 비용이 증가될 수 있다. 이에 대하여 피고스와 마이어스

(P. Pigors and C. A. Myers)도 다음과 같이 지적하고 있다.

① 신규근로자의 채용과 훈련에 소요되는 비용
② 신규근로자가 자기의 업무를 감당할 수 있을 때까지 생산을 지속하기 위한 정규근로자의 과외 활동에 따른 수당과 시간손실
③ 전임자 이직부터 후임자가 충분히 업무를 수행할 수 있을 때까지의 손실
④ 훈련기간 중 충분히 운전하지 못한 생산시설의 경비
⑤ 조직 분위기가 좋지 못하고, 심지어 기존 질서가 파괴되며, 전종업원의 사기저하로 인한 기업목표의 차질
⑥ 이직자에 대한 퇴직금, 신규채용 및 훈련에 따른 인사관리비의 지출 등 막대한 손실이 초래된다.

그러므로 이직이 지나치게 많다든가 아니면 거의 없다든가 하는 것은 모두 조직을 위하여 바람직하지 못하다.

종업원이 이직하는 이유는 보다 나은 장래를 위해서나 사고(思考)의 상반, 환경의 부적응 등과 같은 가치적인 이유든지 아니면 보수, 신분 혹은 개인의 특유한 요인에 의해서 이직하게 되는 이해적(利害的)인 이유 때문에 이직하게 된다.

일반적으로 고찰된 실증적 연구결과에 의해서도 관리직이나 기술직에서의 이직성향은 위생요인보다는 동기요인에 의한 가치갈등으로 이직률이 높다는 사실이 여러 연구에서 입증되었다.

그러므로 기업의 이직관리 대책은 이직률이 낮다고 해서 반드시 좋은 현상이라고 할 수는 없다. 그것은 구직이 곤란해서일 경우도 있고, 또는 기업이 베풀어주는 여러 가지 혜택 때문에 안정과 보상 그리고 무사안일한 조직풍토의 침체된 상태를 의미할 수도 있기 때문이다.

그러므로 이직에 대한 분석은 이직자 통계뿐만 아니라 그들의 특성과 조직 성과에 관련된 다른 문제들과 더불어 종합적으로 분석하여 그 원인과 인력관리의 대책이 마련되어야 한다.

① 경영방침, 인사방침의 명확화

명확한 인사방침을 제시하고, 인간존중의 경영관리를 시행하며 종업원의 정신적 · 경제

적 행복이 보장되는 관리가 확립되어야 한다. 그 결과 종업원은 회사일을 자기 일과 같이 생각하고, 회사를 천직으로 생각하고 헌신하게 될 때 회사목표와 개인목표의 통합기반이 조성될 수 있다.

② 고용관리제도의 합리화

가. 이직대책은 채용단계에서부터 시작되어야 한다.

모집에 앞서 직무정보를 사전에 제공하고, 가급적 적성검사를 실시하는 고용관리제도의 합리화가 이루어져야 한다.

나. 이직면접을 실시한다.

이는 고용관리시책의 개선을 위한 자료를 얻어 그것을 일상관리에 피드백 함으로써 이직방지를 위한 관리시책을 발전시키고자 하는 것이며, 또한 이직자와의 좋은 관계를 유지시키고자 하는 것이다.

③ 노동조건의 적정화

가. 임금불만의 원인을 제거한다.

나. 복리후생시설 및 시책을 확충한다.

④ 직장에 대한 유인성 강화

유인성이 강할 때 높은 응집력을 나타낸다. 응집력이 강한 집단에 참여하는 것은 직무만족을 높이고, 결근 · 이직을 감소시킨다.

유인성을 강화하기 위한 구체적인 시책으로는 직무만족을 증대시키고, 능력발휘감과 성공체험을 갖게 한다. 그리고 장래에 대한 전망을 갖게 한다.

(2) 종업원 측면에서의 이직관리 대책

오늘날 근로자들은 일상생활 중 수면시간을 제외한 거의 대부분을 직장에서 보내기 때문에 직장은 현재의 삶의 터전이면서 바탕이 된다.

이러한 직장생활의 성공 여부는 바로 전인격적 인간으로서의 성숙과도 직결되기 때문에 한 지역에서 다른 지역으로 이동한다든가(지역 간 이동), 또는 특정 직업에서 다른 직업으로(직업 간 이동), 혹은 어떤 산업에서 다른 산업으로 이동(산업 간 이동) 및 현재의 조직에서 다른 조직으로(기업 간 이동) 떠나기도 하고 머물기도 한다.

그러나 종업원의 입장에서 종업원 스스로의 의사에 의해 직장을 떠나는 자발적 이직이든, 아니면 종업원의 의사가 전혀 반영되지 않는 경영자 측의 일방적 의사에 의하여 고용계약이 해지되는 일시해고나 해고와 같은 비자발적 이직이든 간에 이것은 노사쌍방에 가장 고통스러운 결정 중의 하나이므로 인적자원관리에 매우 중요한 의미를 가진다.

이를테면 종업원 측면에서의 빈번한 노동이동은 임금이나 작업환경 등 직무에 대한 불만이나 환경적 압력에 의해 조직에서 이탈하지만 이미 지적한 바와 같이 기업의 순기능적 역할보다는 역기능적 작용이 더 크기 때문이다. 종업원 자신에게도 직장의 빈번한 이동은 인성 면에서 지구력, 인내심의 기본을 상실하게 하여 환경극복의 강인성을 파괴하고, 직접적으로 자신뿐 아니라 가족에게 불안을 가져다주며, 물질적 손실을 초래하고, 기능향상과 동료의식 · 소속감을 갖지 못하게 하여 심리적으로 불안한 근로생활을 영위하게 한다.

더욱이 자아실현의 욕구에도 도움이 되지 않으며, 기능향상을 통한 처우개선의 실현도 불가능하게 된다. 그러므로 종업원의 직장이동은 반드시 회사 측에 통지하여 조직의 거대한 물적자원의 유휴화를 최대한 막아야 하며, 더구나 생산계획상의 혼란과 차질을 야기시키지 말아야 한다. 그리고 여타 동료들에까지 전직이나 이직할 것을 강요하고 현 직장의 약점을 들어 불신감을 조장하거나 집단적 이직을 유도하는 행위는 시정되어야 한다.

(3) 국가 · 사회적 측면에서의 이직관리 대책

경제와 사회가 발전됨에 따라 고용의 증대, 노동시장 확대의 결과로 일어나는 노동의 이동은 미시적인 개별경영체의 차원에서 뿐만 아니라 거시적인 국민경제적 입장에서도 중요성이 매우 크다.

오늘날과 같이 기업환경이 급변하고 있는 시대에 기업의 환경 변화에 유연성 있게 적응할 수 있는 능력 있는 노동인력들이 생산성이 낮은 부분에서 높은 부분으로, 임금이 낮은 부분에서 높은 부분으로의 자유로운 이동은 인력자원의 경제적 효율성을 높이는 원동력으로 이해된다.

이와는 반대로 노동의 활발한 사회이동은 항상 바람직하나고는 볼 수 없는데, 사회불안과 산업평화, 나아가서는 국제경쟁력을 약화시킨다는 부정적인 측면도 있다.

따라서 국가 · 사회적 측면에서 이직관리는 사회적으로나 근로자, 사용자에 있어 공통의 문제로서 그 영역은 노동을 중심으로 한 모든 것을 포함함으로써 이의 해결책이나 관리의 방법을 제시하면 다음과 같다.

첫째, 고학력자 및 여성의 노동시장 참가가 급증하는 등 국내노동시장의 여건이 급변하고 있다. 구조적 실업과 마찰적 실업을 해소하기 위한 대책을 수립하여야 한다.

둘째, 구직자와 구인업체 간의 정보소통을 원활히 하고, 실업자의 재취업을 유도할 수 있는 직업소개 및 안전기능을 확보해야 한다. 또한 고급인력의 취업알선을 위해서 인재은행 등을 운영하고 저소득층 및 전직자의 직업훈련을 위한 체계적인 공공직업훈련망이 마련되어야 한다.

셋째, 직장은 근로자의 가정에 비교될 만큼 근로생활에서 중요하기 때문에 학력 · 성별 간의 임금격차해소 및 조정으로 산업안정에 기여하여야 하며, 여성 근로자에 대한 사회적 편견은 지양되어야 한다.

4. 정년퇴직

1) 정년퇴직의 의의

정년퇴직이란 조직구성원의 연령과 관련하여 취업규칙이나 단체협약의 규정 또는 구성원 자신의 의사에 따라서 조직체를 떠나도록 하는 제도를 말한다.

이러한 제도는 국가에 따라 또는 직무와 직급에 따라 차이가 있으나 대체로 국민의 평균수명에 접근해 가는 경향을 보이고 있다.

외국의 예로서 우리나라와 함께 정년연령이 가장 낮은 측에 속하는 일본의 경우는 최근에 기업정년이 60세 전후로 연장되는 경향이 있다. 노르웨이, 캐나다, 미국 등은 이미 70세를 정년으로 삼고 있고, 그 밖의 선진국들도 대체로 67~70세 정년제를 채택하고 있다. 노령연금제를 실시하고 있는 80여 개발도상국 중에서도 70%가 넘는 60여 개국이 60세 이상을 정년으로 정하고 있다.

더욱이 외국의 경우 정년제는 노령자를 강제로 퇴직시키는 데 목적이 있는 것이 아니라 근로자가 자발적으로 은퇴하여 연금수급권자(대부분 65세)가 될 수 있는 연령에 맞추어 은퇴하는 경우가 대부분이다.

2) 정년연장의 필요성

우리나라는 OECD 회원국 중에서도 특히 고령화 추세가 빠르게 진행되고 있다. 특히 국민들의 생활 수준이 향상되고, 또한 의료시설의 발달에 힘입어 건강도 좋아지고 수명도 길어져서, 노령인구의 증가와 일부 업종에서 인력부족현상이 나타나자 정년연장이 인력난 타개의 방편으로 거론되기 시작하였다.

그렇지만 최근에는 자본 및 기술집약적 산업의 발달로 인력수급이 많지 않아 이에 대한 논의가 미진하다가 최근 급격한 인구감소에 의한 인력수급의 문제로 인해 정년 연장이 논의되고 있다.

한창 일할 능력과 의욕을 가진 노 · 장년이 타의에 의해 생산 활동을 중단한 채 가정의 부양대상으로 전락해 버리는 것은 국가적으로나 사회적인 차원에서도 인력의 낭비인 동시에 국민의 권리를 구속하는 것이다.

더구나 우리나라 남성의 가족부양 상황을 살펴보면, 50대 후반은 부양의무의 부담이 가장 많은 시기이므로 이때 정년퇴직한다는 것은 불합리한 것이다. 그러므로 기업은 노후생계를 위한 사회보장제도가 미흡한 현 여건 하에서 능률우선주의에 입각한 효율적인 인적자원관리를 강조할 수만은 없다.

따라서 기업은 정년연장의 추세와 더불어 인적자원관리 및 노동경제 전반에 걸쳐 제반 문제를 재검토하여 새로운 제도를 모색해야 된다.

3) 노년인력의 관리와 대책

현대의 기술개발은 놀라운 속도로 발전을 거듭하여 오늘의 새로운 기술이 내일에는 쓸모 없는 무용지물이 되어버리기도 한다. 또한 사람도 나이가 들어감에 따라 육체적인 활동에 제약이 따른다는 것도 부인할 수 없는 사실이다.

이러한 상황은 계속 인력시장에 들어오고 있는 젊은 인력과 조직체의 계속적인 발전을 생각할 때 퇴직관리에 있어서 노년인력만을 보호해 줄 수만은 없다.

우리나라의 현실은 정년을 무조건 연장하기도 어려운 실정이지만 노후의 사회보장이 제대로 되어 있지 않은 현 여건에 비추어 정년연장을 할 수밖에 없고, 또한 노 · 장년 인력의 경험과 지혜가 조직체에서 매우 유익하게 활용될 수 있을 뿐만 아니라 젊은 인력에 못지 않게 역량과 동기를 갖고 있으므로 고령 근로자의 능력을 유지 · 향상시킬 수 있는 종합적인 방안이 절실히 필요한 실정이다. 이에 대처하기 위해서는 기업정년을 획일적으로 연장 또는 단축하기보다는 다음과 같이 개선책을 강구하는 것이 바람직하다.

첫째, 모든 구성원들은 일정 연령에 도달하면 퇴직시킬 것이 아니라 종업원의 직무담당

능력을 기준으로 기업실정에 맞는 직종별 · 직급별 정년제를 개발하여야 한다.

둘째, 노령자의 능력에 적합하도록 근로조건, 취업조건 등을 개선하고, 신체적 능력의 감퇴를 보완하기 위한 공정의 변경, 기계화 · 자동화, 공구의 개발, 작업 방법의 개선, 집단작업의 경우에는 젊은 근로자와 중 · 고령자를 혼성시켜 배치하는 방법 등의 직무재설계를 통해 직무요건을 변경시킬 필요가 있다.

셋째, 노령자의 지식과 경험을 활용하기 위해 정년연장, 재고용, 근무연장 등의 여러 가지 방법을 강구하여야 하며, 새로운 직업을 구하는 연로자에게도 촉탁제, 파트타임제 등의 방법을 개발하여 계속 고용기회를 부여하는 노동시장 질서를 확립시켜야 한다.

넷째, 정년연장에서 야기되는 퇴직금 누진제와 인건비 증가는 기업의 큰 제약요건이 되고 있는 만큼, 노령화에 따른 생산성 체감을 반영할 수 있도록 급여체계와 퇴직금제도를 합리적으로 조정해야 한다.

다섯째, 빠른 승진제도로 인해 관리층의 연령이 젊어지는 것도 일반 근로자의 정년을 단축하게 하는 원인이 되고 있으므로 이를 해소할 수 있도록 직업관 · 직장관의 확립이 필요하다.

여섯째, 각 개인의 능력이나 공헌도가 낮을 때에는 근속연수가 길더라도 하위직책에 머물며 낮은 임금을 감수할 수 있는 풍토가 마련되어야 한다.

일곱째, 정책적인 면에서 사회 활동에 참가하고자 하는 욕구를 가진 고령 근로자에게 적합한 직무개발과 직업알선, 직업훈련을 실시할 수 있는 방안을 강구하여야 한다.

여덟째, 연금지급 개시연령의 상향조정이나 탄력화를 내용으로 하는 연금제도의 개혁이 큰 정책과제가 될 것이다.

제4절 징계

1. 징계의 의의

기업은 많은 사람들이 다양한 행동기준에 의하여 행동하고 있다. 대부분의 사람들은 기업의 목표달성을 위하여 기여하고 있지만 극히 일부는 전체의 행동기준에 어긋나는 행동을 하여 조직구성원의 상호관계나 기업의 목표달성에 위협을 준다. 이런 경우 통제가 필요하다. 조직구성원으로부터 기대되는 최저의 행동기준을 설정하고 이를 어기는 구성원에 대하여 적절한 조치를 취하는 과정을 징계(discipline)라고 한다.

징계조치란 사칙(company rules)을 어겼거나, 업적 기준을 달성하지 못했다든지, 설정된 방침을 위반한 종업원에게 그 행동이나 태도를 고치기 위한 행위이다. 그러나 행위에는 위반의 정도나 횟수 등을 기준으로 훈계 또는 질책에서부터 해고에 이르기까지 여러 가지가 있다. 이러한 징계조치는 객관적이고 공정한 방침에 의해 이루어져야 한다. 그렇지 않으면 이의가 제기되고 소송이 일어나며, 종업원의 사기가 저하된다.

일반적으로 징계의 대상이 되는 행동은 다음과 같다.

① 부당한 태업, 사보타지 등과 관련된 행동
② 서류나 정보자료의 위조 및 유출
③ 고용계약의 사항을 이행하지 않거나 성과가 극히 부진할 때
④ 무단결근, 지각
⑤ 도난행동 등의 파렴치 행위
⑥ 근무 중 음주 · 폭행 · 도박 등 행위
⑦ 사규의 위반 및 동료 간 비협조
⑧ 안전 및 관리규정의 위반 행위
⑨ 명예를 훼손하거나 재산상의 손실을 초래한 행위
⑩ 기타 불명예 행위 및 민주시민으로서의 자질 부족 시

이와 같은 행동들은 기업체의 목적달성과 조직구성원들 간의 정상적인 관계에 좋지 않은 영향과 결과를 줄 수 있다.

2. 징계의 효과

종업원을 관리하는데 있어 징계만이 능사는 아니다. 인간은 누구든지 과실과 과오가 있을 수 있다. 그러므로 징계는 실수나 과오에 대해 처벌하는 효과만을 가지고 있는 것은 아니다. 징계는 다음과 같은 효과를 기대할 수 있다.

1) 예방적 효과

징계방침과 규정을 명백히 하고 조직구성원의 적절한 직무배치와 업무관리를 통하여 징계대상의 행동이 발생하지 않도록 이를 사전에 예방하는 것이다.

2) 행동의 개선효과

위반행위와 행동을 하는 구성원을 중심으로 관리자가 상담이나 지도 그리고 자기개발을 통하여 행동개선을 모색하는 것이다.

3) 처벌효과

징계는 부당 또는 위반 행위를 저지시키고 벌칙을 적용함으로써 실수와 과오의 행동을 방지하고자 하는 것이다.

징계를 통한 처벌보다는 예방적 효과와 행동개선을 통하여 징계대상 행동을 사전에 막는 것이 바람직하다.

징계의 개념도 〈표 9-2〉에서와 같이 변천되고 있다.

표 9-2 징계의 개념 변천

전통적 징계	목적에 의한 징계
• 경영층의 일방적 방침 설정	• 징계의 타당성과 합법성 강조
• 처벌목적 강조	• 행동개선 강조
• 선례에 의한 처벌	• 선례 참조
• 규정에 의한 예외 없는 처벌	• 조직체 목적에 의한 신축적 징계
• 일률적인 처벌 강조	• 징계 시스템의 주기적 평가
• 홍보를 통한 준법행동 강화	• 자기통제 강조 및 유도

3. 징계의 종류

징계는 중대한 위반 행위가 아닌 경우 점진적 단계를 경유하게 한다. 그리하여 종업원에 대해 반성과 행동개선의 기회를 주게 된다. 이는 징계처분만이 능사가 아니라는 것을 관리자들이 잘 알기 때문이다. 무분별하고 불공평한 징계는 오히려 갈등과 역기능적으로 작용하기 때문이다.

불가피한 징계조치에 앞서 충분한 예비조사나 비공식적이며 우호적인 카운슬링을 통해 문제를 접근해 나가는 것이 바람직한다.

징계의 종류는 다음과 같다.

1) 경고

첫 번째 위반 행위에 대해 당사자에게 구두 또는 문서로 경고한다. 징계규정, 방침에 대해서 설명해 주고 차후에 이런 일이 다시 발생할 경우 무거운 징계가 따른다는 주의를 환기시킨다. 잘못된 점을 지적하고 스스로 반성하게 하여 실수나 과오를 하지 못하게 하는 방법이다.

2) 훈계

과오사실에 대해 경위서 또는 사유서를 제출하게 하는 비교적 가벼운 징계이다.

3) 견책

위반 행위에 대해 본인의 잘못에 대한 각성을 문서로써 표시하여 제출하게 하는 징계이다.

4) 감봉

1개월 또는 3개월 단위로 동일직급 내의 하위호봉으로 봉급을 감액 조치하는 징계이다.

5) 징계휴직

위반 행위 정도가 심각한 경우 일정 기간 동안 징계휴직조치를 취하고 다음 단계의 벌칙은 해고라고 알려준다.

6) 해고

위반 행위의 마지막 징계조치로서 해고를 단행한다. 해고는 최후수단으로 사용되어야 하며 관리자는 상위관리층과 인적자원관리부서 그리고 인사위원회 등과 충분한 협의를 거쳐 결정하여야 한다.

위반 행위에 대한 여러 가지 방법을 사용하여 종업원의 행동 변화를 유도하였는데도 불구하고 처벌효과가 없는 경우에는 종업원의 성과달성과 종업원 간의 역기능적 영향을 막기 위해서 해고를 실시하게 된다.

10

임금관리

제1절 임금관리의 개념

1. 임금의 의의

임금이란 넓은 의미로는 사용자가 근로의 대가로 근로자에게 지급하는 일체의 금품을 뜻한다. 그러므로 임금은 근로의 가격이라고 할 수 있다. 그러나 노동이라는 상품은 다른 상품처럼 값이 쌀 때 많이 사 두었다가 쓴다든지, 값이 올라가기를 기다렸다가 팔 수 있도록 많이 저장해 둘 수 없기 때문에, 근로자의 입장에서 볼 때 임금이 싸다고 일하지 않고 임금이 비싸질 때까지 기다릴 수 있는 성질의 것이 못 된다.

사용자의 입장에서도 인건비가 비싸다고 근로자를 고용하지 않고 임금이 싸질 때까지 기다릴 수 없다. 이와 같은 속성을 가진 임금은 보는 시각에 따라 다르다.

근로자 측에서의 임금은 가계수입의 중요한 원천이며, 사회적인 신분을 규정하는 요소가 되며, 사회적 · 심리적 욕구충족의 수단이다. 따라서 가급적 높은 임금을 요구하게 된다.

한편 기업 측에서의 임금은 기업의 주요한 생산원가가 되기 때문에 비용절감이라는 측면에서 가능한 낮은 임금을 유지하려는 경향이 있다. 따라서 임금관리(wage and salary management)는 노사의 이해가 상반되는 관점에서 출발되는 것이 보통이다.

임금을 노동서비스에 대한 대가로 볼 때 대가의 내용이 금전적인 것일 수도 있고, 비금전적일 수도 있으며, 시기에 있어서도 현재일 수도 있고 미래일 수도 있다. 그렇다면 임금은 노동서비스를 제공받는 사용자가 이를 제공하는 근로자에게 공여하는 모든 사적 편익(private benefits)을 포함한다고 보아야 한다.

따라서 임금에는 기본급(본급, 기준급), 상여금, 각종 수당, 사용자가 부담하는 연금, 부가급여(fringe benefits), 그리고 퇴직금 등이 모두 포함된다.

산업사회가 고도화되면 될수록 국민경제 구성원의 대부분이 임금생활자가 된다. 따라서 임금수준의 결정은 국민경제의 소득분배에 가장 큰 영향을 미치기 때문에 국민경제의 장기적인 성장과 발전 및 안정, 국제경쟁과도 밀접한 관련을 갖게 된다.

더욱이 오늘날 기업환경이 노동집약적 산업에서 기술집약, 두뇌집약, 정보화산업으로 변천됨에 따라 노동의 질에 있어서도 고급기술 및 지적 노동이 요구되고 있으므로 이는 고임금시대를 예고하는 것이다. 그렇기 때문에 임금관리 문제는 오늘날 산업사회에 있어서

그림 10-1 임금의 의의

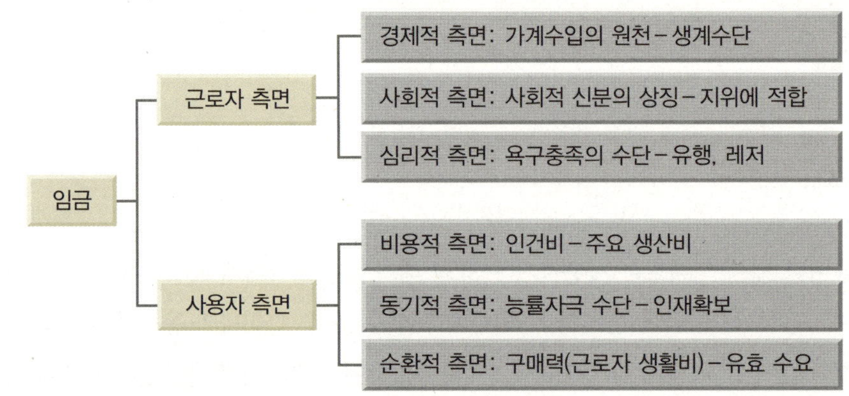

인적자원관리의 가장 핵심적인 관리대상의 중의 하나이다.

이러한 임금의 의의를 요약하면 [그림 10-1]과 같이 표시될 수 있다.

2. 노사의 임금에 대한 이해

근로에 대한 보수를 일반적으로 임금이라고 하지만 실제로 근로자나 기업의 입장에서 볼 때, 일반적인 임금에 대해 다른 의미로 생각하는 경우가 많다.

근로자가 임금이라고 할 때는 현금이나 현물의 형태로 직접 기업으로부터 받는 보수를 뜻한다. 그러나 근로자가 기업으로부터 받는 임금에는 근로소득세(갑근세)를 공제한 후의 임금을 근로자가 받게 되는 것이 보통이다.

근로소득세, 주민세 이외에도 의료보험료, 국민연금, 조합비 등 각종 공제액을 공제한 이후에 받는 임금(take home money)을 직접적인 임금으로 이해하는 경우가 많기 때문에 그 금액에는 상당히 차이가 난다.

기업의 입장에서 임금은 근로자들이 직접 수령하는 임금보다는 그 범위가 아주 넓다. 그러므로 기업의 입장에서 볼 때에는 근로자를 고용하여 생산 활동을 하는 데 관련하여 발생하는 일체의 비용을 총인건비 또는 총노무비라 하고 이것을 임금으로 간주한다. 여기에 포함되는 항목으로 임금, 상여금, 퇴직금과 같은 노무비를 비롯하여 기업복지비, 모집채용비, 교육훈련비, 안전위생비, 노사관계비용, 여비 · 교통비와 같은 것이 있다.

이렇게 볼 때 근로자의 입장에서 생각하는 임금과 기업의 입장에서 생각하는 임금과의 사이에는 큰 차이가 있다.

3. 임금관리의 내용

임금관리는 임금액의 관리와 임금제도의 관리로 크게 나눌 수 있다. 임금액의 관리는 기준임금의 합리적인 산정과 임금액의 사내격차의 합리화가 중심이 된다.

기준임금의 합리적인 산정을 위해서는 표준생계비, 자사의 적정인건비, 동업종의 임금수준과 관계법규 등이 고려되어야 하며, 임금액의 사내격차를 합리화하기 위해서는 초임금과 승진기준 및 승급액의 폭이 적정화되어야 한다.

그리고 임금제도의 관리에 있어서는 임금체계와 임금지급 형태 및 부가급여(fringe benefits)의 관리가 잘 되어 있어야 한다.

오늘날 임금체계는 프린지 베니핏츠(부가급)의 비중이 점차 높아지기 때문에 인적자원관리에 있어서 임금관리란 용어도 급여관리란 용어로 바뀌고 있는 실정이다. 임금관리의 내용을 요약 · 정리하면 [그림 10-2]와 같이 표시할 수 있다.

4. 임금관리의 원칙

임금은 기업의 입장에서 보면 비용인 반면 종업원의 입장에서 보면 소득의 원천이다. 따라서 기업은 낮은 비용을 추구하게 되고 종업원은 보다 높은 소득을 요구한다. 임금관리는 이러한 양자의 상충된 욕구를 바람직한 방향으로 조정하고 관리하는 절차라고 할 수 있다. 이러한 임금관리의 합리적인 목적은 우수한 노동력을 확보하고 작업의욕을 자극하는 한편 건전한 노사관계를 유지함으로써 최종적으로는 기업의 생산성을 증진시키는 데 있다고 할 수 있다. 임금은 노사관계와 밀접한 관계를 가지기 때문에 노사관계의 변천사를 눈여겨볼 필요가 있다. 신분관계로 출발한 노사관계는 노동자의 경제안정과 더불어 노동자의 권위가 보장될 수 있도록 법제화되면서 계약관계로 발전하였고, 이는 다시 노사가 대등한 입장에서 관계를 가지는 협력적이고 동반자적인 관계로 발전하였다.

그림 10-2 임금관리

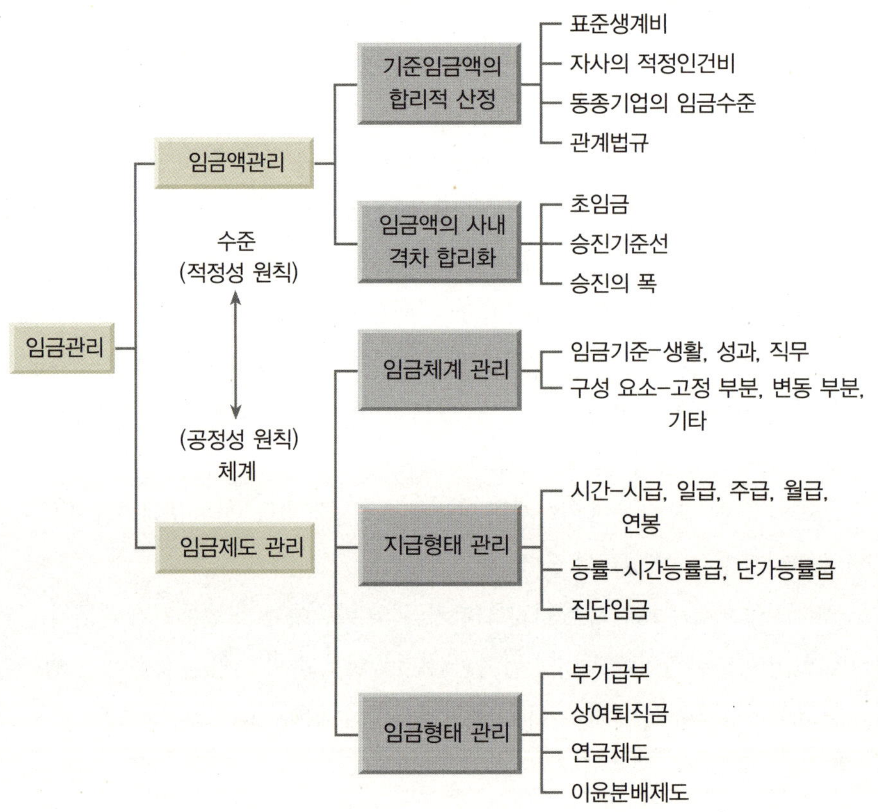

따라서 이제 임금은 과거와는 달리 절대적 관계임과 동시에 상대적인 관계로 승화되었으며, 이 두 가지 요건이 모두 충족될 때 비로소 매력 있는 임금이라 할 수 있다. 이러한 관점에서 임금관리에 대한 원칙을 다음 세 가지로 나누어 설명해 볼 수 있다.

1) 임금수준의 적정성

이는 자사의 임금과 타사의 임금을 비교해 볼 때 부족한지를 분석해 보는 것이다. 이때 임금의 대외 비교에 대해서는 동일지역, 동일규모, 동일업종 등에 대한 전제가 있을 때 진정한 의미의 비교가 될 수 있는 것이다. 또한 단순한 비교보다는 초임수준, 노동이동이 가장 심한 입사 3~4년 차의 임금수준, 그리고 임금곡선의 기울기 등의 비교도 뒤따라 주어야 하겠다.

2) 임금체계의 공정성

임금체계의 공정성은 조직 내 구성들 학력 간의 임금격차, 호봉 간의 임금격차 등에서 불평이 없도록 관리하는 것이다. 오늘날 젊은 층은 능력주의를 선호하고 기존 층은 연공주의를 선호하는데 이를 어떻게 잘 조화시키느냐 하는 것이다. 이러한 공정성 문제는 오늘날 노사관계의 커다란 장애 요인으로 작용하고 있다.

3) 임금형태의 합리성

이는 임금에 대한 미래의 전망을 나타내 보이는 것으로서 이에 대한 관리를 소홀히 하면 근로자는 미래에 대해 불안을 느끼고 조직원 상호간에 결속의식이 결핍되어 결국에는 조직의 효율성이 떨어지게 된다. 퇴직금, 연금 등을 포함한 합리적인 호봉제도가 그 대표적인 관리기준이 될 수 있다.

CASE STUDY

승진 잘되고 성과급 높고… 퇴직 후 창업 유리

영업맨 전성시대 부활

A씨는 대학 4학년 때 삼성 계열사에 입사해 근무하다 1년 전에 퇴직하고 K생명으로 이직했다. A씨는 잘 다니던 회사를 그만두고 K생명 설계사(LP)로 자리를 옮기기로 결정했을 때 아내는 "지금처럼만 하면 승진도 하고 연봉도 올라가는데 굳이 험한 보험설계사 일을 하겠다는 게 도무지 이해할 수 없다"고 극구 반대했다.

A씨는 "경쟁에서 살아남기 위해 죽기살기로 일해도 50세가 못돼 회사를 떠나야만 하는 사람이 대부분"이라며 "직장에 다니는 동안 노후가 보장될 만큼 많은 연봉을 받는 것도 아니니 빨리 나가서 새 인생을 설계해 보겠다"며 아내를 설득했다.

결국 A씨는 K생명으로 자리를 옮겼고, 요즘 보험설계사 일에 아주 만족해하고 있다.

A씨는 "설계사는 일한 만큼 보상을 받고 정년 걱정도 없다. 게다가 억대 연봉 설계사들도 심심치 않게 등장하는 만큼 직장에 사표를 내고 도전해 볼 만한 가치가 있다"고 말했다.

영업직이 우대받는 시대가 다시 도래했다.

종합상사가 한국 수출의 주역을 담당했던 1970~1980년대까지만 하더라도 영업직은 '샐

러리맨의 꽃'으로 불렸다. 당시 종합상사 영업직은 대학생들의 입사 1순위로 꼽혔을 만큼 선망의 대상이었다.

그러나 1990년대로 접어들면서 기획과 재무, 연구개발(R&D) 직종이 기업에서 핵심 역할을 담당하면서 영업직에 대한 대우가 변하기 시작했다. 일하기 힘들고 승진하기도 어렵다는 인식이 확산되면서 영업직은 고급 인력이 기피하는 부서로 전락한 것. 영업직 발령은 좌천이나 다름없었다.

기업조직의 핵심은 연구개발직과 기업의 전체적인 계획을 짜는 기획부서가 차지해 왔다. 하지만 지난 2~3년 간 경기침체가 지속되면서 상황이 달라졌다. 연봉제가 확산되고 실적이 중시되면서 '영업통'이 다시 각광받는 시대가 왔다. 영업통에 고속 승진과 고액 성과급 기회가 주어지고 있다.

일부 금융권에서는 영업직을 거치지 않으면 아예 임원으로 승진할 수 없도록 내부 규정을 정해놓은 곳이 있을 정도다. 전통적으로 이공계 출신을 우대해온 P전자는 인사에서 영업통 3명을 사장으로 전진 배치했다. 생활가전총괄 사장에 영업에서 잔뼈가 굵은 S사장을, 외국 영업에서 발군의 실력을 과시한 O사장과 J부사장을 각각 북미총괄 사장과 국내영업 사업부 사령탑에 임명한 것.

LG전자는 영업통 사장이 한 명도 없었는데 정기인사에서 대표적인 외국영업통으로 손꼽히는 K씨를 서남아지역 대표 겸 인도법인장과 A씨를 북미총괄 대표를 각각 사장으로 승진시켰다. 이에 따라 신입사원들도 영업직을 지원하는 사례가 늘고 있다.

출처: 매일경제, 2005.4.13. 기사 중에서.

제2절 임금결정의 이론

임금에 관한 학설은 이를 보는 사람의 시각에 따라 상이한 이론들이 주장되어왔다. 이 학설은 크게 거시론적 임금결정론과 미시론적 임금결정론이 있다.

전자는 임금이 노동에 대한 대가라는 시장가격 결정원리의 차원에서 임금수준이나 격차는 노동의 수요공급에 의해 결정된다는 시각이다. 이에 반해 후자는 개별기업의 경영적 차원을 중시하는 것으로 근로자의 생활안정, 기업의 지불능력, 사회적 균형, 노동생산성 등을 기준으로 결정된다는 논리이다.

이러한 논리들을 전자는 임금에 관한 학설에서, 후자는 임금수준의 결정에서 살펴보고자 한다.

1. 임금에 관한 학설

노동시장에서 노동수요의 증가가 임금을 상승시킨다든지 노동조합의 세력이 강화되면 임금이 오른다든지 하는 것은 모두 거시적 측면의 임금결정론자들의 논리를 설명해주고 있다. 이렇게 결정되는 임금의 변동이 새로운 유효수요를 창출한다든지 국제경쟁력과 물가에도 영향을 미친다는 것을 동시에 고려해야 한다.

임금에 관해서 오래 전부터 많은 학자들에 의해 서로 다른 이론들이 주장되어 왔는데, 그 중 대표적인 것을 소개하기로 한다.

1) 임금생존비설

임금생존비설(subsistence theory)은 고전 경제학자인 아담 스미스(A. Smith), 맬더스(T. R. Malthus)로부터 연구가 시작되어 리카도(D. Ricardo)에 의해 완성된 이론이다.

리카도의 『경제학 및 조세의 원리』에 의하면, 임금에는 자연가격과 시장가격의 두 종류가 있다. 시장가격은 노동의 수요공급에 의해 결정되는 임금이며, 자연가격은 노동을 생산하는 데 필요한 생존비라고 하였다.

따라서 임금의 시장가격이 자연가격보다 높으면 인구가 증가하여 노동공급이 늘어나서 임금이 하락하게 되고, 반대로 임금의 시장가격이 자연가격보다 낮으면 노동공급이 줄어들어 임금이 다시 상승하게 되어 장기적으로 서로 일치하도록 작용한다는 것이다.

한편 임금은 근로자와 가족의 생존비에 일치하게 된다는 이 학설은 단기적인 임금 변동이나 임금이 생존비보다 매우 높아질 경우 노동공급곡선이 후방굴절형을 이루며 오히려 노동공급이 감소되는 현상, 또는 단순근로자와 지식근로자 간의 임금격차를 설명할 수 없는 한계가 있다. 이것을 그림으로 표시하면 [그림 10-3]과 같다.

그림 10-3 | 자연임금과 시장임금

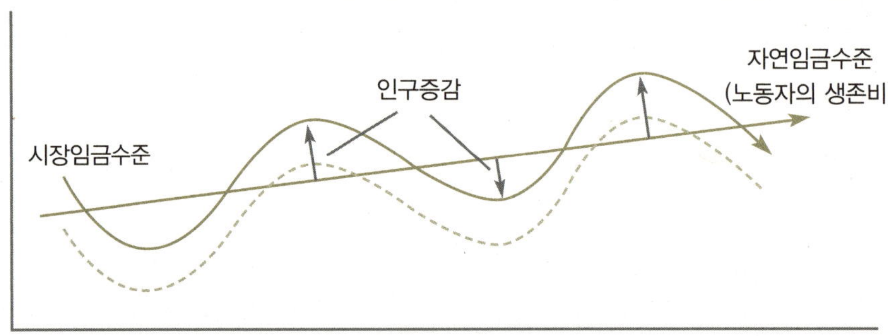

2) 임금기금설

임금기금설(wage fund theory)은 밀(J. S. Mill)의 『경제학원리』에서 주장하고 있는 이론으로 임금의 결정은 사회 전체의 임금지급을 위해 존재하는 기금의 크기에 의존한다는 이론이다. 임금으로 지급하기 위한 기금은 어느 기업의 어느 시기에 있어서나 일정한 것이며, 그것은 근로자 총수에 반비례한다고 본다. 그러므로 노조의 임금투쟁은 근로자 전체로 볼 때 별 의미가 없다고 볼 수 있다.

3) 노동가치설

노동가치설(labour value theory)은 마르크스(H. K. Marx)에 의해서 주장된 것으로 임금은 노동과 노동력을 구별하여 결정해야 한다는 것이다. 노동은 노동력의 사용가치(使用價値)이며 노동력의 가치, 즉 임금은 노동력 그 자체의 재생산이 필요한 노동시간에 의해 결정된다는 학설로, 잉여가치설(surplus value theory)이라고도 한다.

마르크스는 자본가가 강력한 교섭력을 이용하여 노동인력의 투입가치(投入價値)보다 적은 가치의 저임금을 지불하고 근로자로부터 잉여가치를 착취한다고 주장하였다. 자본주의사회는 자본가와 노동자의 양대 계급이 형성되는데 자본가는 장시간 노동과 저임금으로 근로자를 착취한다는 이론이다.

마르크스의 이런 주장에도 불구하고 근로자의 실질임금은 계속적으로 증가되어 이 이론의 역사적 한계성을 보여주고 있다.

4) 한계생산력설

한계생산력설(marginal productivity theory)은 클라크(J. B. Clark)와 마샬(A. Marshall) 등에 의해 주장된 것으로, "임금은 노동의 한계생산력에 의해 결정된다"는 학설이다.

일반적으로 생산증가에 따라 수확체감의 법칙이 작용하여 한계생산력이 저하되는데 노동의 한계생산능력과 임금이 일치되는 점까지 기업가는 노동을 소요한다는 것이다. 즉, 노동자의 수를 늘리면 추가되는 노동자가 생산하는 생산량은 점점 떨어지게 된다. 결국 노동자에게 지급되는 임금과 노동자가 생산한 가치가 같게 되어 경영자에게 이윤이 없게 된다는 것이다.

이 시점에서 지급되는 임금이 최저 한도이며 경영자로서는 그 이상의 근로자를 고용하지 않는다.

5) 임금세력설

임금세력설(wage force theory)은 오펜하이머(F. Oppenheimer), 바라노브스키(M. I. Baranovski)의 이론으로서 "임금은 노동조합의 사회적 세력, 즉 노조의 투쟁강도에 따라 좌우된다"는 학설이다. 즉, 임금은 노동조합의 세력이 강하면 노조의 요구에 따라 상승하게 될 것이며, 투쟁의 강약에 따라 큰 영향을 받는다.

6) 임금계약설

임금계약설(wage bargaining theory)은 노동조합과 사용자 사이에서 대등한 단체교섭을 통한 임금계약으로 임금수준이 결정된다는 이론이다.

노사 쌍방의 합의에 의한 임금계약에 의해서 임금수준이 결정되는 것이다. 노동조합이 발달한 미국에서 주장된 학설로서 하버드대학의 던롭(J. T. Dunlop) 교수가 이에 속한다.

7) 수급균형이론

수급균형이론(supply and demand theory of wage)은 마샬(A. Marshall)이 주장하는 이론으로서, 임금은 노동에 대한 가격의 일종이기 때문에 노동에 대한 수요와 공급의 균형점에서 결정된다는 것이다.

이 수급균형이론은 비교적 많은 지지를 받고 있기는 하지만 종신고용제가 채택되고 있는 경우에는 설득력이 부족하다는 한계를 지닌다.

2. 임금수준의 국제비교

1980년대 초까지 우리나라의 노동시장은 루이스(A. W. Lewis)가 말하는 무제한적인 노동공급상태에 있었다고 볼 수 있다. 이것은 미숙련 노동력의 무제한적인 공급으로 임금상승의 억제를 가져와 저임금을 기초로 한 수출주도형 경제성장의 원동력이 되었다.

그러나 한국경영자총협회가 발표한 '우리나라 근로자의 임금수준과 실질구매력'에 따르면 1987년 이후 우리나라의 연평균 임금인상률이 세계에서 가장 높은 것으로 나타나고 있다. 1980년 이후 우리나라 근로자의 임금은 유례가 없는 고율 상승세를 지속하여 같은 기간 중 주요 경쟁국 및 선진국의 임금상승률을 크게 상회하였다.

이러한 추세가 노동생산성 향상이나 기업의 경영수지개선, 근로자의 생활안정을 위한 성과배분의 차원에서 이루어졌다면 자연스러운 현상으로도 볼 수 있다. 그러나 그간의 임금인상은 고물가와 실질임금의 정체, 권위주의적 노동통제에 대한 노동조합의 저항, 노동조합 조직력의 강화로 노사관계에서 차지하는 근로자의 위상강화, 과소비풍조 등의 영향이 크다.

우리나라 제조업 임금은 선진국에 비해서는 낮으나 동아시아 경쟁국보다는 높은 것으로 나타났다. 특히 노동생산성과 1인당 국민소득을 감안한 제조업 임금수준은 대만, 싱가포르 등 주요 경쟁국은 물론 미국, 일본 등 선진국보다도 높은 것으로 나타났다.

OECD 국가의 최저임금수준을 비교(2010.6 환율 기준)해 보면 덴마크 20,776원, 호주 5,732원, 프랑스 13,213원, 아일랜드 12,958원, 캐나다 11,971원, 뉴질랜드 10,922원, 일본 10,731원, 영국 10,513원, 미국 8,823원, 한국 4,110원으로 여전히 낮지만 대만, 싱가포르보다는 높다.

그러나 2019년 고용노동부가 발표한 자료에 의하면 우리나라는 OECD 27개국 중 국민소득(1인당 GNI) 대비 최저임금이 7위인 것으로 나타났다. 주휴수당을 포함하면 1위인 것으로 나타났다. 주요 선진국의 경우 프랑스 4위, 영국 6위, 독일 11위, 일본 19위 등이다.

우리나라는 2018년에 전년 대비 16.4% 인상되어 7,530원, 2019년에는 10.9% 인상되어

8,350원으로 급격히 상승했다. 이제 우리나라의 임금수준은 선진국과 비슷한 수준이 되었다. IMF는 우리나라의 생산성, 임금, 물가수준을 고려하면 임금의 최저임금 상승폭이 유례없는 수준으로 이로 인해 노동시장이 경직되는 등 부작용이 나타날 수 있어, 우리나라의 최저임금 추가 인상을 신중히 검토해야 한다고 했다.

3. 임금과 물가

임금과 물가와의 관계는 두 가지 측면에서 설명할 수 있다. 첫째, 임금상승은 물가상승의 중요한 원인이 되는 경우이고, 둘째 물가가 올라가기 때문에 임금을 인상하지 않을 수 없는 경우이다.

대체로 선진국에서는 임금인상이 물가상승의 원인이 되고 있으나, 후진국으로 갈수록 물가가 많이 올라서 실질임금이 감소하기 때문에 불가피하게 임금을 인상하는 경우가 많다.

그러므로 물가안정 없는 임금인상은 인플레이션만을 조장할 뿐이다. 따라서 임금과 물가 간에는 어느 한쪽이 다른 한쪽에 영향을 미칠 뿐만 아니라 그 반대방향으로도 영향을 미치는 상호작용관계가 존재하는 것이다.

먼저 임금인상이 물가상승의 원인이 되는 경우를 보면, 임금이 상승하면 그에 수반하는 생산성의 증가 여부에 따라 물가에 미치는 영향이 다를 수 있다. 만일 임금의 상승률이 생산성의 증가율보다 더 높으면 이것이 비용인상으로 제품가격의 상승을 가져와서 자연히 물가도 상승하게 된다. 한편, 임금인상이 있을 때 기업의 독과점력의 크기에 따라서 물가에 영향을 미치는 정도가 달라진다.

오늘날 기업의 규모가 확대되고 독과점체계가 강화되어 시장지배력을 갖게 되는 경우 기업은 흔히 마크 업(mark-up) 방식으로 먼저 자신이 기대하는 이윤을 결정하고 임금을 포함하는 비용 위에 이윤을 추가하여 판매가격을 결정하게 된다. 따라서 마크 업 방식의 제품가격결정이 지배적인 곳에서는 임금의 상승은 곧 물가의 상승을 유도할 가능성이 크다.

그리고 임금인상이 될 때 상대적으로 노동 대신에 다른 생산 요소로 대체할 수 있는 가능성, 즉 대체탄력성의 크기 여하에 따라서도 임금이 물가에 미치는 영향은 달라질 수 있다.

한편, 물가상승이 임금인상의 원인이 되는 경우를 보면, 물가가 상승하면 생계비가 상승하여 실질임금이 감소되므로 이를 보전하기 위하여 노동조합 측이 임금인상을 요구하게 된다. 즉, 물가상승이 가장 큰 임금인상의 요인으로 작용하게 되는 것이다. 이 밖에도 정부가 고도성장정책을 유지하면 인플레이션이 조장되어 물가가 상승하여 임금인상을 유발하기도 한다.

이와 같이 임금과 물가 사이에는 상호관계가 있기 때문에 어느 쪽이 영향이 더 크냐가 문제가 될 수 있다. 우리나라 경제에 있어서의 몇 가지 실증적 연구결과에 의하면 1980년대 중반까지는 대체로 물가가 임금에 미치는 영향이 임금이 물가에 미치는 영향보다 더 큰 것으로 나타났다. 2000년 이후 우리 경제도 저성장시대를 맞이하여 임금인상 폭이 물가상승률보다 낮은 경우도 있어 사회 문제가 되기도 한다.

4. 고임금경제의 원리

고임금 저노무비(high wage, low labor cost)는 테일러리즘(Taylorism)의 기본 철학이다. 일찍이 테일러는 노사분쟁의 근본적인 원인이 기업 측에서는 가능한 한 임금을 적게 주려하고, 근로자 측에서는 될 수 있는 한 많이 받으려고 하는 데 있음을 알고, 이를 해결하기 위해서는 근로자에게 보다 많은 임금을 주고 기업은 보다 저렴한 인건비를 부담하도록 해야 한다고 생각했다. 이러한 의미에서 볼 때 고임금경제의 원리를 가장 먼저 실현하려고 한 사람이 바로 테일러라고 할 수 있다.

임금은 가능하면 적게 주고, 일은 가능한 한 많이 시키려고 하는 것이 저임금경제의 원리라고 한다면, 고임금경제의 원리는 될 수 있는대로 임금을 많이 주고, 가능한한 일은 그보다 더 많이 하도록 만드는 것이다.

저임금경제의 논리는 임금상승 → 물가상승 → 판매단가상승 → 경쟁력약화 → 경기침체 → 투자감소 → 실업증가 → 성장잠재력감소라는 도식적인 악순환을 상정하고 있다.

즉, 피구(A. C. Pigou)의 견해에 따르면 임금상승은 기업의 생산비증가로 이어져 물가상승을 가져오고, 그것은 생계비상승을 가져와 또다시 임금을 인상해야 하는 악순환이 되풀이 될 수 있다.

한편 물가상승은 수요 · 공급의 법칙에 따라 상품수요를 감소시킨다. 상품수요가 감소하면 기업의 재고가 누적되고, 이로 인한 생산이 감소하고, 고용감소 · 가계소득감소를 초래할 뿐만 아니라 수출에 있어서도 국제경쟁력을 약화시켜 국제수지의 적자로 경제성장이 둔화된다.

고임금경제의 논리를 주장하는 입장은 이와 대조적이다. 오히려 임금상승은 산업구조의 재편을 촉진시키는 촉매작용을 하여 산업구조는 점차 첨단산업으로 이행되어 경제구조 및 성장 패턴은 고임금 → 고기술 → 고부가가치 → 고성장으로 이어진다는 것이다.

뿐만 아니라 국민경제적 차원에서도 고임금수준은 가계의 실질소득이 증가하여 유효수요가 창출되며, 구매력의 증가는 상품수요의 증대, 기업의 재고감소, 생산증대, 고용증대로 이어져서 국민경제규모가 늘어나 기업 측에서도 이익이 된다는 케인즈(J. M. Keynes)의 견해를 뒷받침하고 있다.

더욱이 고도산업사회에서는 근로소득이 국민총생산(GNP)의 60% 이상에 이르며, 근로소득이 국민경제에 대한 자극은 다른 어느 소득보다도 훨씬 크고 경제 전체에 넓게 확산되는 효과가 있다.

또한 이와 같은 근로소득의 경제적 자극은 사치품보다 오히려 필수품의 생산을 촉진하는 건전한 자극이 되는 동시에 고임금은 경영자에게 노동력을 효율적으로 사용하도록 하기 때문에 경영합리화를 촉진하는 작용도 한다.

제3절 임금수준의 결정

1. 임금수준의 의의

임금수준(wage level)이란 어느 한 기업에 종사하는 전체 근로자의 평균임금으로서 평균임금수준(average wage level)이라 한다.

이러한 임금수준은 기업에 제공된 근로자의 근로대가의 수준이므로 근로자 측에서는 지위의 상징이고, 자기 명예의 원천이며, 생활안정에 대한 배경이기 때문에 근로자는 항상 높은 수준의 임금을 받기를 원한다.

반면, 기업 측에서의 임금수준은 제품의 원가를 구성하는 주된 요인이기 때문에 가능한 한 임금수준을 낮게 하려는 성향을 갖고 있다.

이러한 양면성을 지니는 임금수준의 결정은 임금관리원칙에 입각하여 결정되어야 한다.

그림 10-4 | 임금수준의 결정 요인

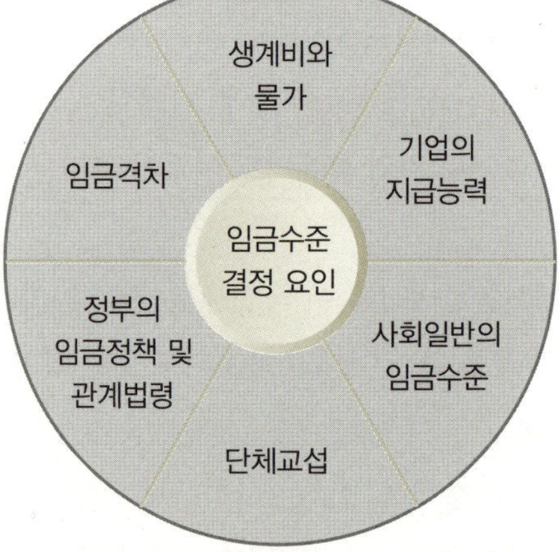

2. 임금수준의 결정 요인

기업의 임금수준 결정 요인은 학자에 따라 서로 다르다. 플리포(E. B. Flippo)는 종업원의 수요, 노동조합, 기업의 지급능력, 기업생산성과 경제성, 생계비, 정부의 가이드라인 등 여러 가지를 들고 있으며, 매긴슨(L. C. Megginson)은 수요공급의 원칙, 정부의 임금가이드라인, 산업임금, 지역임금, 표준생계비, 단체교섭, 지급능력 등 일곱 가지를 들고 있다.

1) 생계비와 물가

임금은 근로자의 생계유지를 위한 기본적인 수입이다. 만약 임금이 근로자와 가족의 생계비에 미달될 경우 직무에 대한 사기저하와 근로능력 내지 생산증대를 통한 기업의 발전을 기대할 수 없으며 노동력의 재생산이 불가능하다.

여기서 생계비의 보장이란 근로자의 최저임금으로서의 생존임금이 아니라 생활보장과 생활 수준의 향상, 인간적 삶을 추구할 수 있는 생활임금을 뜻한다. 따라서 물가변동과는 관계 없이 화폐량의 크기로 측정되는 명목임금이 아니라 구매력으로 표시되는 실질임금을 의미한다.

종업원의 생활안정과 관련된 임금수준의 관리를 위한 방식으로는 일반적으로 표준생계비 방식과 실태생계비 방식이 있다.

표준생계비 방식이란 노동력의 재생산에 필요한 음식비, 피복비, 주거비, 문화 · 오락비 및 잡비 등을 노동과학과 위생학의 도움을 받아 소요량을 산정하여 소요량에 가격을 곱하여 산출한다. 이것은 실제 시장바구니의 물량을 환산한다는 의미로서 마켓 바스켓(market basket) 방식이 일반적이며, 많은 생활지출항목을 포괄하는 데서 오는 계산상의 어려움을 덜어주는 방식으로 음식비에 대한 지출비율만을 계산하여 생계비를 산출하는 엥겔계수(Engel's coefficient)도 많이 이용된다.

이에 비해 실태생계비 방식은 실제로 지출되는 생계비의 액수로서 가계지출조사를 한다든가 정부기관에서 정기적으로 실시하는 도시가계 생계비조사를 통해 알 수 있다. 이 방법은 실제 생계비를 조사하여 임금수준을 결정한다는 점에서 현실성은 있으나, 바람직한 기준의 설정이 불가능하고, 현실적인 가계수입을 고려하여 지출을 억제한다는 점에선 합리적 기준의 제시가 어렵다.

그리고 연령과 더불어 가족의 생계비가 증가하는 것이 일반적인 경향이므로 생계비산출에 연령을 무시할 수는 없다. 임금이 근로자의 생활을 보장하고, 재생산을 가능하게 해야 된다는 원칙에서 보더라도 생계비와 연령과의 관계는 불가분의 관계가 있다.

2) 기업의 지급능력

현대기업은 사회적 책임의 측면에서 볼 때 그 자체의 존속이 가장 큰 의무이기 때문에 재산성을 도외시할 수는 없다. 따라서 기업이 근로자에게 지급할 수 있는 임금수준의 범위는 자연히 한계가 생기게 된다.

노동조합이 아무리 강력하여 임금의 대폭적인 인상을 주장하더라도 기업의 지급능력의 한계를 벗어날 수는 없다. 왜냐하면 기업이 임금으로 지급할 수 있는 능력의 한계를 벗어나게 되면 적자가 누적되어 결국 도산하기 때문이다. 그러므로 임금수준의 상한선은 기업의 지급능력이 되고, 하한선은 최저생계비가 되는 것이다.

기업의 지급능력을 평가하는 기준으로는 생산성분석과 수익성분석이 이용된다. 생산성을 측정하는 메커니즘으로는 노동생산성과 자본생산성이 이용되며, 수익성분석의 수단으로는 총자본수익률과 매출총이익률, 손익분기점분석 및 원가분석 등이 있다. 이것은 기업의 경영전략이나 업종, 규모 및 가치분석능력에 따라 달리 이용 된다.

3) 사회일반의 임금수준

기업이 임금수준을 결정하는 데는 종업원의 생계비보장이라든지 자사의 적정인건비, 즉 지급능력과 동업종 타기업의 임금수준 및 관계법규를 고려해서 사회적으로 균형이 되도록 해야 한다. 만일 임금수입으로 종업원의 생계가 보장되지 않을 때에는 종업원은 기회만 있으면 직장을 옮기려고 할 것이며, 동종 타기업에 비하여 임금이 상대적으로 낮을 때에는 종업원의 사기저하는 물론 우수한 노동력의 확보가 어렵게 된다.

임금은 동종 기업이나 이종의 타기업 수준과 비교하여 합당한 정도에서 유지·운용되어야 한다. 만약 임금이 사회일반의 임금수준 이하로 지급되면 근로자의 이직은 물론 근로의욕의 감퇴로 인하여 생산성의 저하를 가져오고 그렇게 되면 기업은 살아남을 수 없다. 임금의 사회적 균형과 기업의 지급능력과는 상호 모순되는 경우가 흔히 있다. 이러한 경우에 어려운 문제이기는 하나 사회적 균형에 중점을 두어야 한다. 임금이 안정된 곳에 인재가 몰리기 때문에 기업은 항상 타기업, 특히 동종 업계의 임금수준의 변화추이를 관찰하여야 한다.

따라서 자사의 임금수준이 사회적으로 균형이 되어야만 우수한 인재를 확보할 수 있고 그들의 능력을 개발함으로써 기업의 장기적이고 지속적인 발전이 가능하게 된다.

4) 단체교섭

근로자의 임금은 노동조합과의 단체교섭(collective bargaining)을 충분히 고려하는 원칙에서 결정되어야 한다. 임금수준을 결정하는데 있어 단체교섭에서 임률, 특별급여, 상여금 등을 결정하게 된다. 근로자들은 단체교섭을 통해 결정된 사항은 수용해야 되기 때문에 노동조합의 교섭력은 임금수준 결정에 큰 영향을 미치는 요소로 작용하게 된다. 따라서 임률 인상과 특별급여계획의 수립 등은 계속해서 단체교섭에 의존하는 것이 효과적이다.

5) 정부의 임금정책 및 관계법령

원칙적으로 임금은 노동의 수요·공급과 시장원리에 따라 노사 간의 임금교섭을 통하여 정해지는 것이 원칙이지만 그동안 우리나라의 산업현장에서는 임금 문제를 둘러싼 노사 간의 갈등이 심하게 표출되어 왔다. 이에 노사 간의 중재자로서 정부가 임금의 가이드라인을 정하여 권고하는 등의 정책을 펼쳐 왔다. 또한 국가에서 제정·시행하는 임금에 관련된 법령도 임금수준 결정에 중요한 요인이 된다.

6) 임금격차

절대임금총액이 아주 낮은 단계에서는 임금수준이 근로자의 주요 관심사가 되지만 일정한 수준을 넘어선 단계에서는 균형의 문제, 즉 개인차가 어느 정도이며, 이러한 격차가 무

CASE STUDY

20代 장기백수 평생소득 8억 까먹어

25~29세에 실업자로 지내면 나중에 취직하더라도 20대에 취업한 동년배에 비해 평생 소득이 7억 3,000만~8억 원 줄어들 수 있다는 분석이 나왔다.

20대에 취업한 사람은 사회초년생으로 일하면서 많은 노하우와 지식을 터득한 덕에 30세 이후 '몸값'을 높일 수 있지만 20대를 실업자로 지낸 사람은 그런 기회를 갖기 어렵다는 것이다.

한국조세연구원은 '실업의 원인과 재정에 미치는 장기 효과'라는 보고서에서 청년기에 오랫동안 직장을 구하지 못하면 직장생활을 통한 '지식 자산'을 축적하지 못해 30대에 취업해도 낮은 지적 자산 때문에 보수를 상대적으로 적게 받을 가능성이 높다.

현재 40만 명에 이르는 15~29세 청년실업자 가운데 10%인 4만 명이 지적 자산을 쌓지 못한 상태로 지낸다면 장기적으로 전체 국민소득이 30조 원 가량 감소할 것이라고 보고서는 추정했다.

소득이 줄면 정부는 소득세를 최대 1조9,000억 원 가량 덜 걷게 된다. 이로써 청년실업이 장기적으로 재정에 큰 부담을 줄 수 있다는 것이다. 이에 따라 정부가 실업 대책을 시행할 때 나이에 관계없이 무조건 많은 사람을 취직시키려 하지 말고 청년실업자의 10%만이라도 조기 취업하도록 하면 장기적으로 전체 국내총생산(GDP)을 1% 이상 끌어올리는 효과를 기대할 수 있다고 보고서는 분석했다.

보고서 작성에 관여한 전문연구위원은 "정부가 직업훈련 등을 통해 실업상태에 있는 사람들의 능력을 높여 취업하도록 유도하는 것이 바람직하다"고 했다.

엇 때문에 생기는가에 더 큰 관심을 갖게 된다.

그러므로 임금수준의 문제가 기본적으로 노사 간의 배분관계에 관한 것이라면 임금격차의 문제는 산업, 직종, 직급, 학력, 경력 그리고 성별에 따라 임금의 차이가 발생하는 근로자 상호간의 배분관계에 관한 것이므로 근로자 개개인의 입장에서 최대 관심사가 된다.

이러한 임금의 격차는 여러 가지 이유에서 생기는데, 그 중 비교기준으로 중요시 되는 것은 직종의 특성에 따른 직종별 격차를 비롯하여 산업별 · 학력별 · 남녀별 · 연령별 · 기업규모별 · 지역별 격차 등을 들 수 있다.

그리고 임금격차는 국가에 따라서 그 의미도 달라진다. 일반적으로는 직종, 성별, 기업규모에 따른 임금격차 등이 중요시되고 있으나, 우리나라와 같이 학력이 중시되는 사회에서는 학력별 임금격차에 대한 논란이 많다.

물론 임금수준이 거의 같아야 한다는 것은 아니다. 문제는 학력이 일종의 업무수행능력을 나타내는 지표로서 채용기준으로는 활용될 수 있겠으나 일단 채용된 뒤에는 그 사람의 업무내용이나 난이도, 직무수행 성과 등에 의해 임금이 결정되어야 한다는 것이다.

그러나 임금격차가 너무 크면 비록 전체적으로는 임금수준이 어느 정도 상승하더라도 임금격차에 불만이 많은 근로자나 저임금 계층의 근로자에 대한 보상제도가 미흡한 나라에서는 여러 가지 사회적 문제와 노사관계의 상황적 국면을 어렵게 만드는 경우가 많다.

또한 임금격차가 너무 적으면 근로의욕이나 능력발휘를 통한 성취감을 유발할 수 없고 필요한 고급기술인력을 개발하고 확보하여야 하는 기업의 입장에서는 바람직스럽지 않다.

제4절 임금체계

1. 임금체계의 의의

임금체계는 임금의 구성 항목을 의미한다. 이 항목에는 기본급, 수당, 상여금, 퇴직금이 있으며 각종 수당은 근로기준법에 규정되어 있는 법정수당과 경영자의 판단과 노사협의에 의해 결정되는 임의수당이 있다.

임금체계라는 말에는 두 가지 의미가 있다. 첫째, 임금의 구성 요인 또는 구성 항목에 관한 것으로서 임금은 크게 기본급과 각종 수당으로 구성된다. 둘째, 임금의 결정기준에 관한 것으로 임금을 결정할 때 근로자의 생활에 중점을 두느냐 아니면 기업의 생산에 중점을 두느냐에 따라서 생활급체계와 생산급체계로 나눌 수 있다.

생활급체계는 임금의 결정기준이 근로자의 생활을 중심으로 하기 때문에 생활유지급과 생활보조급을 중심으로 기본급이 책정된다. 연공급도 넓은 의미에서 생활급의 범주에 속한다.

한편 생산급체계는 다시 직무중심의 체계와 능률중심의 체계로 나눌 수 있다. 직무중심의 체계는 다시 직무급체계와 직능급체계로 분류할 수 있다.

생활급이 근로자의 생계를 중심으로 임금을 책정하는 데 반해, 직무급이나 직능급은 맡은 일을 기준으로 임금이 결정되는 데 근본적인 차이가 있다. 다만 직무급이나 직능급이 시행되기 위해서는 무엇보다도 직무분석에 의한 합리적인 직무평가가 선행되어야 한다.

한편, 임금체계의 구성 항목 가운데서도 기본급과 수당은 기준임금으로, 나머지 임금구성 항목은 기준외임금으로 구분하고 있다. 수당에 있어서는 정상적 근무와 관련한 부분은 정상근무수당이라 하여 기준임금에 포함시킨다. 특별근무와 관련한 부분을 특별근무수당이라 하여 기준외임금에 분류하고 있다. 대부분의 기업은 기본금과 정상근무수당만을 기준으로 상여금과 퇴직금의 기준으로 정하게 된다.

기업이 채택하는 임금체계는 어느 한 가지만을 사용하는 경우는 드물다. 대부분의 기업들은 여러 가지 임금체계를 함께 사용하는 경우가 많다. 이러한 모든 것을 포함하여 넓은 의미의 임금 또는 급여가 구성된다.

2. 기본급의 관리

1) 기본급의 관리

기본급은 임금의 구성 항목 가운데 가장 중요한 부분이다. 또한 이는 정상근무수당과 함께 기준임금으로 분류되어 상여금과 퇴직금의 산정기준이 된다. 그러므로 기업이나 근로자들의 입장에서 기본급에 대한 관리나 관심은 어느 임금 항목보다도 크다.

기본급을 결정하는 기준에는 생계비와 근속연수, 직무가치, 직무수행능력 그리고 자격취득 등이 있다. 이와 같이 기준에 따른 임금의 체계는 연령급과 근속급, 직무급, 직능급 그리고 자격급이 되며, 연령급과 합하여 연공급이라고 한다.

또한 이러한 기본급의 체계는 다시 두 가지로 분류될 수 있다. 즉, 인적요소중심형 기본급으로는 연공급이 있고 직무요소중심형으로는 직무급이 있다. 이들 중간에 해당하는 것이 직능급과 자격급이다.

따라서 기본급은 모든 임금체계의 기본적인 체계가 되고 개별근로자의 개별임금 격차의 원인이 된다.

그러므로 기본급은 다음의 조건을 만족시키는 방향에서 결정되어야 한다.

① 임금의 결정기준을 근로자들이 이해할 수 있어야 한다.
② 개별 근로자가 수행하는 직무내용을 임금에 반영시켜야 한다.
③ 능력을 반영하여 임금을 결정해야 한다.
④ 모든 근로자들의 생활을 보장할 수 있도록 임금이 결정되어야 한다.

2) 연공급체계

(1) 의의와 특성

연공급이란 임금의 결정 요소를 인적 요인, 즉 근로자 개개인의 학력과 연령, 근속 연수 그리고 성별에 두는 속인적인 것을 말한다. 이러한 연공급 임금체계는 현재 우리나라에서 많이 사용되고 있는데, 생산직이나 일반 노무직보다는 사무직에서 이 제도를 많이 볼 수 있다. 왜냐하면 생산직보다 사무직이 직무 성과를 측정하기가 곤란하고 합리적인 임금결정 요소를 발견하기가 어렵기 때문이다. 그리고 동일직무에 종사하여 동일한 업적을 올린다 하여도 임금을 학력과 연령 그리고 근속연수 등에 따라 지급함으로써 모두가 이해할 수 있는 연공을 기준으로 하는 것이 큰 무리가 없기 때문이다.

(2) 연공급의 유형

연공급은 임금수준이 근무연수에 따라 일정 비율만큼 상승하는데 그 비율의 성격에 따라 다음의 유형으로 구분된다.

① 정액승급
② 체증승급
③ 체감승급

(3) 연공급의 장 · 단점

연공급의 장 · 단점을 비교해 보면 다음 〈표 10-1〉과 같다.

표 10-1 연공급의 장 · 단점

장 점	단 점
• 생활의 안정 • 기업에 대한 귀속의식 • 구성원들의 질서확립과 사기유지 도움 • 실시 용이, 누구나 쉽게 이해하고 수용 가능	• 동일직무에 대한 동일임금의 실시 곤란 • 수행의 난이도가 높은 곳에서는 구성원들의 불만 증가 • 장기근속자의 소극적인 근무태도 • 능력 있고 패기 있는 젊은층의 사기저하 • 유능한 전문기술인력의 확보 곤란

3) 직무급체계

(1) 의의와 특성

직무급(job wage)이란 직무상의 중요성과 공헌도 그리고 수행 곤란도 등에 따라서 직무의 질과 양에 대한 상대적 가치를 평가하고 그 결과에 따라서 임금을 결정하는 임금체계이다.

직무급은 각각의 직무에 소요되는 ① 직무지식, ② 숙련도, ③ 노력도, ④ 책임, ⑤ 작업조건, ⑥ 직무의 곤란도, ⑦ 직무의 중요도 등의 요소에 의해 직무의 상대적 가치를 평가하고 그 결과에 따라 임금을 결정하는 동일노동 동일임금원칙의 제도이다.

따라서 직무급을 제대로 시행하기 위해서는 먼저 직무평가나 직무분석에 대한 정확한 제도가 마련되어야 하고, 모든 구성원들이 임금은 직무의 상대적 가치에 따라 결정된다는 인식이 널리 인정되어야 한다.

직무급은 구성원의 근속연수와는 무관하게 그가 수행하는 직무가 어떠한 성격의 것이냐에 따라서 임금이 결정되므로 직무를 잘 수행하면 임금수준이 더 좋은 직무로 승진하여 더 많은 임금을 받게 되고, 만일 잘 수행하지 못하면 임금은 하락하게 된다. 직무급의 특성은 바로 능력주의에 입각한 보상체계이다.

(2) 직무급 유형

직무급은 각 직무의 상대적 가치를 결정하는 직무평가에 의하여 임금이 산정되지만, 그 방식에 따라 몇 가지 유형이 있다.

직급의 사용 여부에 따라 직급별 직무급과 개별 직무급 그리고 임률의 범위에 따라 단일 직무급과 범위직무급의 유형으로 구분된다.

① 직급별 직무급과 개별 직무급

직급은 조직 내의 직무들 가운데 그 상대적 중요도가 비슷한 직무끼리 모아 놓은 것을 말한다. 직급을 이용하여 직무급을 시행할 때 직급별 직무급이라 하고, 개개의 직무에 각각의 임금을 지급하는 개별 직무급이 있다.

② 단일직무급과 범위직무급

단일직무급은 직급 또는 직무마다 하나의 임률만을 적용하여 시행하는 유형이며, 범위직무급은 직급 또는 직무마다 단일의 임률만을 적용하지 않고 일정 범위의 임률을 적용하여 시행하는 유형이다.

(3) 직무급의 장 · 단점

직무급의 장 · 단점을 살펴보면 〈표 10-2〉와 같다.

표 10-2 직무급의 장 · 단점

장 점	단 점
• 임금이 직무에 상응하여 지급 • 임금격차에 대한 불만 해소 • 유능한 인재 확보 · 유지	• 직무평가가 이루어져야 하기 때문에 복잡 • 학력과 연공중심의 풍토에서 나오는 저항감이 크다.

4) 직능급체계

(1) 의의와 특성

직능급이란 직무의 수행능력에 따라 개별 임금을 결정하는 임금체계이다. 직무의 상대적 가치에 의해 임금이 결정되는 직무급의 성격이 아니고 인적 요소인 교육훈련의 정도, 성별, 그리고 근속연수 등에 의해 임금이 결정되는 연공급의 성격도 아니다.

직능급은 바로 구성원의 직무수행능력이 핵심적 역할을 한다. 직능급이 실시되기 위해서는 구성원의 직능이 철저하게 체계적 · 과학적으로 분류되어야 하고, 평가 요소나 방법이 노사 양측에게 이해될 수 있어야 한다.

(2) 직능급의 유형

직능급의 임금체계는 직능급이 차지하는 비율의 정도와 직무수행능력의 파악 방법, 그리고 임률의 설정범위 등에 따라 여러 가지로 분류될 수 있다.

① 단일직능급과 병립직능급
② 직능등급별 직능급과 능력평점별 직능급
③ 자격제도적 직능분류에 의한 직능급과 직능적 분류에 의한 직능급
④ 단일임률직능급과 범위임률직능급

(3) 직능급의 장 · 단점

직능급은 그 성격상 연공급과 직무급을 혼합한 형태의 임금체계라고 할 수 있다. 연공급에 대한 사고가 지배적인 곳에서는 능력 위주의 임금체계인 직무급만을 도입하기가 곤란한 경우에 적합한 방법이다. 왜냐하면 구성원의 직무수행능력에 따라 임금이 결정되기 때문에 직무에 대한 연구가 이루어져 있지 않은 상태에서도 직무적 요소를 연공적 요소에 가미하여 임금을 지급할 수가 있다.

그러나 이를 잘못 실시하게 되면 연공급의 단점과 직무급의 단점만이 대두되어 무사안일에 빠지기 쉽다.

5) 자격급체계

(1) 의의와 특성

자격급은 조직 내의 구성원들의 자격취득기준을 미리 정해 놓고 자격취득 여부에 따라 임금지급의 차이를 두는 제도이다. 자격취득기준의 설정이 가장 중요하다.

자격을 취득하기 위한 연공적 요건과 자격증 취득요건 그리고 직무순환능력의 구비요건 등을 명시하여 이를 달성한 경우에 그 자격에 해당하는 임금의 수준을 결정해 주는 제도이다.

자격급은 직능급처럼 연공급의 속인적 요소와 직무급의 직무적 요소가 혼합된 절충급의 형태를 띠고 있다.

구성원에게 일정한 자격을 취득하게 함으로써 임금의 상승은 물론 직무의 수행능력을 신장시키는 제도이다.

(2) 자격급의 유형

연공급의 속인적 요소와 직무급의 직무적 요소를 절충한 자격급은 구성원의 연공과 능력 요소를 고려하여 임금수준을 결정해 주고 있다.

자격급의 유형도 연공급의 요소에 중점을 두느냐, 아니면 직무급에 중점을 두느냐에 따라 전자를 연공적 자격급제도, 후자를 직무적 자격급제도라고 한다. 즉, 전자는 자격의 달성기준으로 근속연수를 주로 고려하는 자격급제인 반면, 후자는 직무의 상대적 가치가 높은 곳에 종사하는 요인을 주된 기준으로 하는 자격급제라 할 수 있다.

(3) 자격급의 장 · 단점

자격급의 장 · 단점을 비교해 보면 다음 〈표 10-3〉과 같다.

표 10-3 자격급의 장 · 단점

장 점	단 점
• 연공급과 직무급의 단점을 절충한 방식 • 자기개발과 동기부여의 수단 • 자격취득자와 미취득자의 인적 질서확립 • 자격취득으로 인한 심리적 안정	• 직무보다는 자격의 취득에만 관심 • 치열한 경쟁으로 조직분위기 손상 • 시험제도로 인한 협동심 결여

3. 수당관리

1) 수당의 의의

수당이란 기본적 임금에 부수적으로 또는 그것을 보충하는 형식으로 지급되는 것을 의미한다. 수당에는 기준임금으로 분류되는 정식근무수당과 기준외임금으로 분류되는 특별근무수당이 있다.

2) 수당의 종류

기본급의 보완적 역할을 하고 있는 수당은 크게 두 가지의 종류로 분류된다. 즉, 정상근무수당과 특별근무수당이 있다.

(1) 정상근무수당

정상근무수당은 네 가지 종류로 구분할 수 있다. 즉, 직책수당, 특수직무수당, 특수근무수당, 기능수당으로 구분된다.

① 직책수당

직무와 관계되는 직무수행상의 곤란도와 책임감 등을 반영할 수가 없기 때문에 직무와 관련시켜 지급되는 수당이다. 책임수당, 직무수당 그리고 관리직수당과 같은 형태로 지급되는 것은 모두 직책수당이라고 할 수 있다.

직무급의 경우에는 직책수당이 직무급의 기본급에 포함되어 있는 관계로 이중으로 임금이 지급되게 된다. 직능급의 경우에도 직무수행의 직능을 고려하여 기본급이 결정되기에 구성원 각자의 직책에 대한 요소가 임금에 반영되어 있다. 그러므로 이 수당은 연공급의 체계에 있어 중요한 기본급의 보완역할을 해준다.

그러나 최근 직능급이나 직무급에 있어서도 직무환경이나 기술혁신 등의 결과로 인하여 직무의 요소들이 자주 변하고 있기 때문에 이러한 직책수당을 신축성 있게 관리하여야 한다.

② 특수직무수당

구성원들의 직무환경이 서로 다르기 때문에 연공급체계에서 흔히 나타나고 있다. 직무환경이 표준적 직무환경보다 열악한 조건에 있을 경우 이를 임금에 반영해 주기 위해서 설정된 수당이다.

직무급에서 직무수행상의 열악한 직무환경이 직무의 평가에 고려되어 기본급에 반영되기 때문에, 이러한 수당을 제정할 필요가 없다. 그러나 연공급에는 이러한 직무적 요소가 기본급에 반영되지 않기 때문에 수당이라는 형태로 지급되어 보완적인 역할을 해주어야 한다.

③ 특수근무수당

야간에 경비업무를 담당하는 수위나 경비원에게 지급되는 것으로서 수행되는 직무의 내용을 초과근무수당이나 교체근무수당 등에 반영하기가 곤란한 경우에 설정된다.

④ 기능수당

특별한 기능을 갖고 있을 때 자격이나 면허에 대해 지급하는 수당이다. 이는 본래의 직무를 수행하면서 특정한 기능을 발휘할 수 있기 때문에 기능수당을 지급하게 된다.

(2) 특별근무수당

정상적인 근무시간 이외에 구성원들이 직무를 수행할 때 지급되는 것으로서 기준외임금으로 분류되며 상여금이나 퇴직금의 산정기준으로는 포함되지 않는다. 초과근무수당, 당·숙직수당, 그리고 교체수당 등이 있다.

① 초과근무수당

잔업수당과 시간외수당, 휴일근무수당이라고도 불리는데, 정상적인 근무시간 이외에 직무를 수행하는 경우에 지급된다. 즉, 주간 근무자가 근무시간을 연장하여 밤이나 휴일에 근무를 할 때 지급되는 수당이다. 작업수당은 근로기준법에 통상임금의 100분의 50 이상을 가산하여 지급하도록 규정하고 있다.

② 당·숙직수당

당직이나 숙직을 전담으로 하는 수위나 경비원이 아닌 구성원이 휴일이나 야간에 당직과 숙직을 서게 되는 경우, 이는 정상적인 근무시간 이외의 노동이 되므로 특별근무수당으로 지급된다.

③ 교체수당

병원의 간호사나 제철소의 용광로 작업을 담당하는 근로자들은 직무의 성격상 통상의 근무체제와는 달리 24시간 교체근무에 의해 작업을 수행해야 한다. 이러한 경우에 교체수당을 지급한다.

4. 프린지 베니핏츠

프린지 베니핏츠(fringe benefits)란 근로자를 위하여 사용자가 개별적 또는 집단적으로 근로자에게 화폐가 아닌 형태로 지급하는 모든 보상을 의미한다. 그 내용은 광범위하며 보통 유급휴가, 퇴직금, 산전 · 산후휴가, 연금, 회사부담의 교육훈련, 무료 또는 할인급식, 작업용 피복지급 등 여러 가지가 있다.

이와 같이 다양한 프린지 베니핏츠가 임금에서 차지하는 비중은 점점 증가 추세에 있다.

프린지 베니핏츠를 노사 양측이 선호하는데 우선 근로자 측에서는 두 가지의 이득이 있다.

첫째, 현물 형태의 급여는 조세를 감면받을 수 있고, 대량구입으로 인한 가격의 할인을 받을 수 있어 이익이다.

둘째, 연금이나 퇴직금 같은 유예된 보상의 경우에는 보통 정년퇴직 이후의 노령기에 수령하게 되므로 이때 세율이 낮거나 특별 감면혜택을 받을 수도 있다.

사용자의 입장에서 볼 때 사회보험에 대한 보험료와 같은 것을 근로자의 임금액에 비례하여 납부하게 되므로, 프린지 베니핏츠만큼 임금액이 감소되면 그만큼 부담이 감소하게 된다. 사용자가 희망하는 어떤 특성을 가진 근로자를 채용하고자 할 때 그들의 기호에 알맞는 프린지 베니핏츠를 제공할 수 있다. 또한 정부가 독과점의 이유로 임금 등에 대한 규제를 강화할 때 그것을 회피하는 수단으로서 임금인상 대신에 정부 측이 식별하기 어려운 프린지 베니핏츠 부분을 높게 줄 수 있고, 전반적인 임금 통제 시에도 근로자의 채용을 용이하게 하는 방법으로 이용할 수도 있다.

5. 퇴직금

1) 퇴직금의 의의

퇴직금이란 고용관계가 소멸될 때 사용자 또는 퇴직금 관리기관으로부터 근로자에게 지급되는 금액을 뜻하는데, 우리나라의 근로기준법 제34조에 사용자는 계속근로기간 1년에 대하여 30일분 이상의 평균임금을 퇴직금으로서 퇴직하는 근로자에게 지급하도록 하고 있다. 다만 근로연수가 1년 미만인 경우에는 이 규정을 적용받지 않는다.

퇴직금의 범주에 속하는 명칭으로는 퇴직수당, 해고수당, 퇴직위로금, 퇴직공로보상금, 퇴직연금 등이 있다. 그리고 퇴직금은 일시금으로 지급될 수도 있으며, 기업퇴직연금 형식으로 지급될 수도 있다.

퇴직금은 노사 간의 이해가 상충되고 노령인구의 점증으로 인한 생활보장과 이에 대한 기업의 퇴직금 지급부담의 증대에 따른 기업경영상의 애로를 극복하기 위한 효과적인 퇴직금제도의 개선이 필요하다.

2) 퇴직금제도의 성격

퇴직금의 성격에 대해 통일된 정설이 있는 것은 아니다. 다만 퇴직금의 성격과 지급근거에 의한 학설로 공로보상설, 임금후불설, 생활보장설로 구분하고 있다.

(1) 공로보상설

이 설은 기업 측의 주장으로, 퇴직금이란 근로자가 장기간 직장에서 계속 재직하여 기업 발전에 기여한 공로에 대한 보상이라고 주장한다. 다분히 온정적 · 은혜적 요소를 가지고 있다.

(2) 임금후불설

이 설은 노동조합 측의 주장으로, 근로자가 재직 중의 임금이 근로의 실질가치 이하로 지급되었기 때문에 퇴직 시 미지급임금을 후불 또는 추가로 지급받아야 한다는 주장이다. 당연히 받을 것을 지급받는다는 의미이다.

(3) 생활보장설

이 설은 개별기업이 국가가 담당하여야 할 사회보장의 일부를 시행한다는 견지에서 퇴직 후의 노후생활을 보장해 주는 뜻으로 퇴직금이 주어진다는 사회보장설 또는 생활보장설이 있다.

3) 퇴직금제도의 실상

퇴직금제도에서 가장 중요한 것은 퇴직 시에 퇴직금의 지급이 보장된다는 것이다. 따라서 퇴직적립금을 별도로 적립해야 하며, 그것도 금융기관 등에 적립하는 것이 이상적이다.

우리나라의 현행 퇴직금제도는 많은 문제점을 갖고 있는데 다음과 같이 지적할 수가 있다.

첫째, 현행과 같은 일률적인 퇴직금규정을 개선하여 장기근속을 유도하고, 단기이직률을 낮출 수 있도록 약간의 차등적인 퇴직금지급률을 적용할 필요가 있다.

둘째, 현행 퇴직일시금 지급 방식을 개선하여 희망에 따라 퇴직일시금이 지급되거나 또는 기업퇴직연금으로 지급될 수 있도록 개선할 필요가 있다.

셋째, 현재 일부 기업에서 일부 시행하고 있는 퇴직금의 중간정산 문제이다. 이것은 원칙적으로 허용되어서는 안 된다. 다만, 예외적으로 일본의 예에서 보듯이 여성 근로자의 결혼자금이나 주택구입자금을 위하여 본인의 희망에 따라 중간정산할 수 있는 방법은 신중히 검토할 필요가 있다.

넷째, 퇴직적립금과 퇴직연금기여금 등의 관리 방법 및 관리기구에 대한 개선대책이 필요하다. 특히, 중소기업에 대한 퇴직금 지급확보를 위하여 중소기업 퇴직금 공제제도 등과 같은 것이 필요하다.

4) 기업연금

(1) 기업연금의 의의와 필요성

우리나라의 퇴직금제도는 근로자의 수급권 보장이 미흡하고 기업에 대해 자금압박 등의 문제점을 가지고 있어 이에 대한 개선책으로 기업연금제도가 2005년 12월 1일 도입되었다. 이제는 퇴직금제도를 외부적립형 기업연금제도로 바꾸어야 한다고 노사 양측에서 같은 생각을 하게끔 되었다.

기업연금이란 종업원의 노후 소득보장을 위하여 기업이 단독으로 부담하거나 또는 종업원과 공동으로 부담하여 필요한 재원을 사전에 적립한 후 종업원이 퇴직할 때 연금이나 일시금으로 지급하는 제도이다.

기업연금의 필요성에 대해서는 국가적 측면, 기업 측면 그리고 근로자 측면에서 살펴볼 수 있는데 이를 요약하면 〈표 10-4〉와 같다.

표 10-4 기업연금의 필요성

국가적 측면	• 인구의 노령화에 따른 노후의 소요자금 마련 • 근로자의 노후생활보장으로 복지체제의 완비 • 국민연금 급부 보완
기업 측면	• 절세효과로 기업의 실질적 부담 경감 • 기업실정에 맞는 다양한 퇴직금제도의 설계 가능 • 퇴직금의 적립 평준화로 기업경영의 안정화
근로자 측면	• 안정된 노후 생활자금의 확보 • 퇴직일시금 운용에 있어 위험부담의 감소 • 연금수령 때 세제혜택으로 가처분소득 증가의 효과

그림 10-5 연금제도

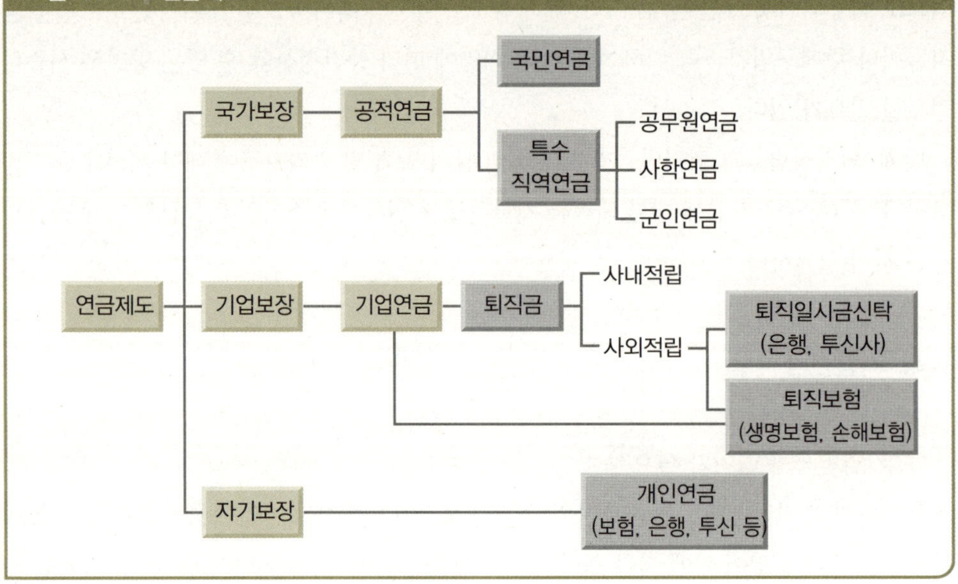

(2) 기업연금제도의 특성

기존의 퇴직금제도는 기업의 적립재산에 대한 담보제공이 가능하다. 그러다 보니 기업주가 운전자금으로 사용해 근로자들이 받아야 할 퇴직금을 받지 못하는 사례가 종종 발생하였다. 이런 문제에 대해 외부적립형 기업연금제도로 하여야 한다는 의견이 나오고 있다.

기업연금제도의 특성은 다음과 같이 정리할 수 있다.

첫째, 근로자 명의로 기업연금에 가입하기 때문에 근로자들이 자기의 퇴직금을 안전하게 확보할 수 있다.

둘째, 다양한 자산운용으로 더 많은 수익을 올릴 수도 있다.

셋째, 기업연금이 자본시장으로 유입될 수 있어 주식시장과 채권시장의 수요기반이 강화될 수 있다.

넷째, 근로자의 노후 소득보장을 통한 생활안정

다섯째, 기업실정을 고려한 제도설계로 기업경영의 안정화를 기할 수 있다.

(3) 기업연금 급부 방식

기업연금을 급부 방식에 따라 확정급부형(Defined Benefit Plan)과 확정갹출형(Defined Contribution Plan)으로 분류할 수 있다.

확정급부형이란 퇴직 후 지급받을 퇴직금액을 미리 정해놓고 역으로 현재부터 납입해야 할 금액을 계산해 적립하는 제도이다. 확정갹출형은 매달 일정 금액을 종업원이나 사용자 또는 양자가 갹출해 적립한 후 최종운용실적에 따라 원리금을 퇴직금으로 수령하도록 하는 제도이다.

확정급부형과 확정갹출형의 장 · 단점을 비교하면 〈표 10-5〉와 같다.

표 10-5 기업연금 급부 방식

	상 섬	단 점
확정급부형	미래에 확정된 퇴직연금액을 수령	기금고갈 염려 · 기업부담 증가 · 근로자 이직 시 연속성의 유지 곤란
확정갹출형	기업부담 경감 · 개인계좌별 기금운용으로 근로자의 이직 시 연속성 보장.	근로자가 투자위험을 부담하기 때문에 퇴직 시 퇴직금액의 불확실성

제5절 임금의 지급형태

1. 임금의 지급 방법

임금이 안전하고 확실하게 그리고 신속하게 근로자의 손에 들어갈 수 있도록 임금의 지급 방법을 확립함으로써, 근로자의 생활을 안정시키고 불안정한 생활에서 오는 신분적 구속을 배제하기 위하여 근로기준법 제43조 제1항에서 "임금은 통화로 직접 근로자에게 그 전액을 지급하여야 한다"고 규정하고 있다. 그리고 제2항에서 "임금은 매월 1회 이상 일정한 기일을 정하여 지급하여야 한다"고 규정하고 있다.

여기서 통화라 함은 현물급여를 금지하기 위한 목적으로 임금은 반드시 현금으로 지급해야 함을 의미하는 것이고, 직접 근로자에게란 뜻은 노동력을 제공한 근로자의 손에 임금이 직접 들어가도록 하기 위한 것으로, 특히 미성년자인 경우 친권자나 후견인이 임금을 대리하여 수령할 수 없도록 규정하고 있다.

그리고 전액지급의 뜻은 임금의 전액을 지급하여야 한다는 원칙으로 그것은 사용자가 임금의 일부를 공제할 수 없다는 뜻으로 해석되며, 공제라 함은 이행기간이 도래한 임금채권의 일부를 남겨 놓고 지급하는 것을 의미한다.

근로기준법 제43조 제2항에 규정된 임금은 매월 1회 이상 일정한 기일을 정하여 지급하여야 한다는 것은 임금만을 유일한 생계원천으로 하고 있는 근로자에게 있어서 임금지급 기일의 간격이 너무 길면 생활의 불편과 불안을 주기 때문이다.

또한 매월 1회 이상 임금을 지급하더라도 그것이 부정기적으로 지급되게 되면 그 의의를 상실하는 결과가 되므로 일정 기일 지급의 원칙과 병행하여 정기적으로 지급하는 경우에 비로소 근로자의 생활에 대한 계획성과 안정성을 가져올 수 있게 되는 것이다.

이와 같이 임금은 ① 현금으로, ② 직접, ③ 본인에게, ④ 전액을, ⑤ 매월 일정한 날에 지급되어야 한다는 원칙을 임금지급의 5원칙이라고 한다. 또한 최저생활의 보장, 안정된 수입, 공정한 임금, 노동에의 자극 등을 임금의 4가지 기능이라고 한다.

2. 임금의 지급형태

임금형태는 임금의 계산 및 임금지급 방법에 관한 것으로 확립된 임금체계에 따라 임금을 어떻게 지급해야 하는가에 관한 구체적 방법과 형태를 말한다. 즉, 임금체계는 임금의 구성내용을 의미하는 것이고, 임금형태는 임금을 종업원에게 지급하는 방식을 말한다.

임금형태 중에서 중심이 되는 것은 시간급제(time payment)와 성과급제(output payment)이다.

시간급제는 일정 시간에 대한 임금 지급형태이며 성과급제는 제품단위당의 임금 지급형태이기 때문에 상호 밀접한 관계를 가지고 있다. 이 외에 추가급이나 특수임금제가 있으며 시간급제와 성과급제의 미비점을 보완해 주는 임금형태이다.

임금형태를 채택함에 있어 기본적으로 다음의 조건을 고려해야 한다. 종업원의 노력에 상응하는 적정한 보수를 주기 위해서는 업적에 따라 임금을 공정히 산정하여야 한다. 종업원의 능률향상을 위해서는 임금액을 증가시켜 종업원의 생활과 노동력의 재생산을 고려해야 한다.

표 10-6 임금의 지급형태

임금	정액급제(시간급)	시간급, 일급, 주급, 월급, 연봉
	능률급제(성과급)	단순성과급
		복률성과급 – 테일러식, 간트식, 에머슨식
	특수임금제	집단임금제
		순응임금제(슬라이딩 스케일제) – 생계비, 판매가격, 이윤
		이윤분배제

1) 시간급제(고정급제)

(1) 의의와 특성

시간급제(time payment)는 근로자의 직무 성과의 양이나 질에 관계 없이 실제 노동에 종사한 시간만큼을 기준으로 하여 임금을 산정하는 제도이다. 따라서 근로자가 열심히 일을 하거나 게으름을 피우거나 관계 없이 실제 노동에 종사한 시간만을 기준으로 일정한 임금이 주어지게 된다. 종업원의 입장에서 보면, 그들이 받는 임금이 거의 일정액으로 보장되며 경쟁과 마찰을 제거해 주고, 기업의 입장에서는 노동시간, 근무일수만 산출하면 임금계산이 간단히 처리될 수 있다. 시간적 제약을 받지 않아 제품의 품질향상에 주력할 수 있다.

단점으로는 직무에 임할 때 지나치게 시간만 때우려 하고 직무 성과의 양에 대해서는 별로 노력을 하지 않을 수도 있으며, 직무의욕 향상에 성의를 다하지 않는 경우도 있다.

① 단순시간급(single time rate plan)

이는 근로자가 수행한 작업의 양과 질에는 관계 없이 단순히 근로시간에 임률을 곱하여 임금액을 산출하는 방법이다. 가장 기본적 시간급제로 단위작업시간당, 즉 1시간당의 임률(단순시간임률)을 정해 놓고 여기에 실제작업시간을 곱하여 임금을 산정하는 방식이다. 시간제, 일급제, 주급제, 월급제, 연봉제 등이 있다. 이 제도의 산정 방식은 다음과 같다.

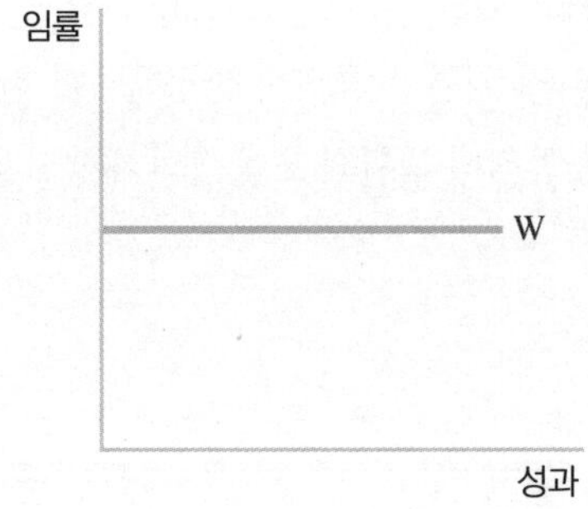

W = Ha × Rh
W: 임금(Wage)
Ha: 실제작업시간(hours actual)
Rh: 시간당 임률(rate per hour)

② 복률시간급(multiple time rate plan)

이것은 작업시간을 표준화하고, 표준작업량을 일정 기간 내에 달성한 사람에게는 높은 시간임률을 적용하고 그렇지 못한 사람은 낮은 시간임률을 적용하는 방법이다.

이 제도는 근로자들의 작업능률을 자극하는 효과는 있지만, 표준작업량의 설정이 문제가 된다. 그 산정 방식은 다음과 같다.

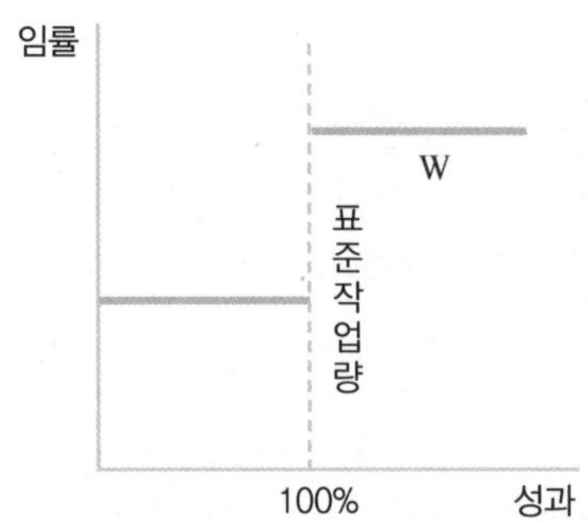

표준작업량 달성 시 …W = Ha × Rh①
표준작업량 미달 시 …W = Ha × Rh①
(Rh① > Rh②)

2) 성과급제

(1) 의의와 특징

성과급제(piece-rate plan)란 종업원들의 직무 성과를 측정하여 직무 성과에 따라 임금을 산정해 지급하는 제도이다. 종업원이 받는 임금이 자신이 얼마만큼 열심히 작업을 하였는가 하는 직무 성과에 따라 직무 성과의 단위당 임률을 기초로 산정되는데 작업시간과는 관계 없이 임금이 산정되기 때문에 유능한 작업자의 임금은 훨씬 높아지게 된다.

㉠ 장 점

- 구성원들에게 임금에 있어 합리성과 공평성을 제공해 준다.
- 작업능률을 크게 자극할 수 있어 생산성 제고와 원가절감, 소득증대의 효과가 있다.
- 제품단위당 임금이 계산되므로 제품의 원가에서 직접노무비가 일정하여 시간급제보다는 원가계산이 용이하다.

㉡ 단 점

- 구성원이 받는 임금액이 항시 유동적이므로 수입이 불안정하며 미숙련자에게는 불리하다.
- 구성원이 작업량에 대해서만 치중한 결과 기계설비의 소모가 심하거나 제품의 품질이 저하될 우려가 있다.
- 구성원들의 직무태도 여하에 따라 작업량의 변동이 심하므로 합리적인 생산계획에 차질을 가져올 우려가 있다.
- 임금액을 늘리고자 무리한 노동을 할 우려가 있어 심신의 피로가 오기 쉽다. 조직적 태업의 우려도 있다.

① 단순성과급제(straight piece work system)

제품단위당 임률을 정하고, 그것에 실제작업량을 곱하여 임금액을 산출하는 방법이다.

이 제도는 단위당 임률에 생산량을 곱하여 임금액을 계산하는 '단순성과급제'와 단위당 작업시간을 첨부하여 실제작업시간과는 관계없이 작업 성과를 첨부한 작업시간으로 환산하여 그것에 시간당 임률을 곱하여 임금액을 계산하는 '시간성과급제'가 있다. 그 산정 방식은 다음과 같다.

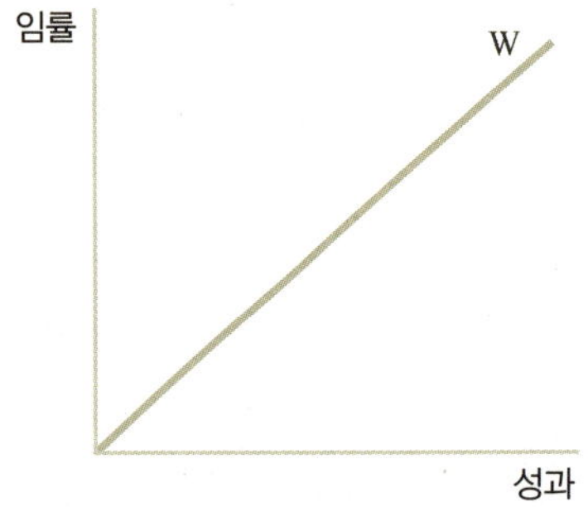

단순성과제 … W = Rp × Np
시간성과제 … W = Rp × Hs
Rp: 단위당 임률(rate per price)
Np: 작업량(number or pieces)
Hs: 표준작업시간(hours standard)

② 차별성과급제(differential piece rate system)

이것은 경영자 측의 임률절하와 이에 따른 노동자 측의 조직적 태업을 시정하고자 과학적인 동작연구(motion study), 시간연구(time study)를 통하여 하루의 공정한 작업량(a fair day's work)을 설정하고 이에 따르는 합리적인 임금률을 적용하는 것이다.

이 제도의 대표적인 것은 테일러(F. W. Taylor)의 차별성과급제도로서 그 산정 방식은 다음과 같다.

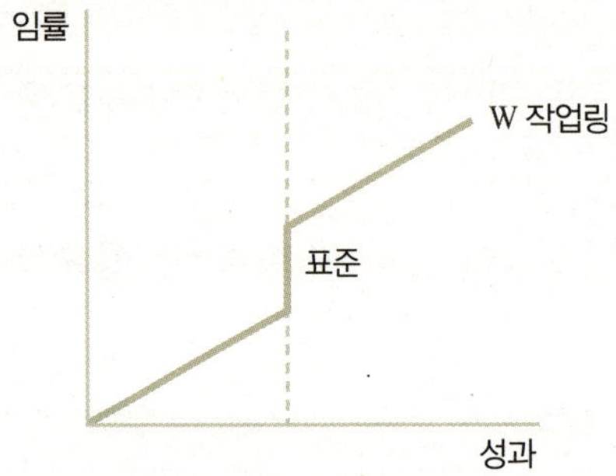

표준작업량 초과 시 …W = Np × Rp①
표준작업량 미달 시 …W = Np × Rp②
Rp: 단위당 임률(rate per price)
(Rp①: 고율, Rp②: 저율)

③ 복률성과급제(maltiple piece rate plan)

이것은 메릭크(D. V. Merrick)가 창안한 것으로 테일러식 차별적 성과급제도의 결점을 보완하기 위하여 고안된 형태이다.

이 제도는 테일러의 고 · 저(高低) 두 가지의 임률은 과업달성이 불가능한 저임률의 근로자에게는 자극력이 약하고, 동기부여가 되지 못하므로 초보자도 쉽게 달성할 수 있는 중간 임률을 설정하는 것이다. 그 산정 방식은 다음과 같다.

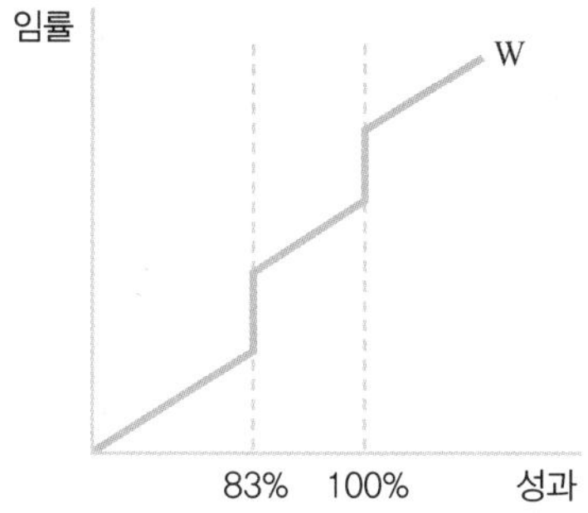

(i) 작업능률 83% 이하일 때

$W = Rp \times Np$

(ii) 작업능률 83%~100%일 때

$W = 1.1 \times Rp \times Np$

(iii) 작업능률 100% 이상일 때

$W = 1.2 \times Rp \times Np$

④ 일급보증 개수급

이것은 1907년 영국의 맨체스터 공장에서 처음 실시되었다고 하여 맨체스터플랜(Manchester plan)이라고도 부른다. 이제도는 근로자의 실제작업 성과가 표준작업량에 미달할 경우 정액급으로 일급이 보장되고, 그 이상일 때는 성과급이 지급되는 방법이다.

이와 같은 임금지급 방식은 시간급과 성과급의 장점을 택하고, 저임률의 근로자에게는 최저 수준의 소득을 보장해줌으로써 그들의 생활안정과 작업능률을 자극할 수 있도록 창안된 것이다. 그 산정 방식은 다음과 같다.

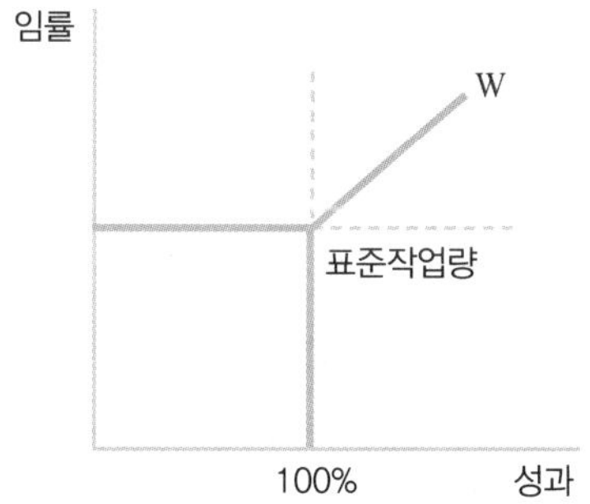

임금 = 일급(시급 × 실근시간) + 기준단가 × 개수

$W = Rp \times Ha$

$W = Rp \times Ha + (Hs - Ha)Hs \times Rh$

Rp: 단위당 임률(rate per price)

Ha: 실제작업시간(hours actual)

Hs: 표준작업시간(hours standard)

Rh: 시간당 임률(rate per hour)

⑤ 간트의 과업상여제(Gantt-tasks and bonus plan)

이것은 1901년 테일러의 제자였던 간트(H. L. Gantt)가 고안한 것이다. 이 제도는 과업을 중심으로 하여, 일급제와 성과급을 결부시켜 저능률자에게는 일급을 보장하고 그 이상의 경우는 과업달성점에 20% 내지 50%의 보너스를 가산하여 지급하는 제도이다. 그 산정 방식은 다음과 같다.

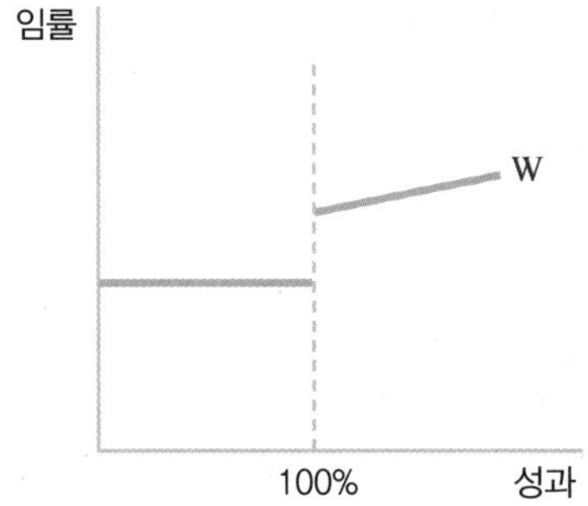

(i) 표준능력이 이하인 경우

W = Rh × Ha

(ii) 표준능력이 이상인 경우

W = Rh × Ha + (0.2~0.5)Rh × Ha

⑥ 에머슨 과업상여제(Emerson task bonus plan)

이것은 간트의 상여제가 갖는 문제점, 즉 저능률자에게도 기본적인 일급이 보장되는 데서 오는 근로자의 안이한 생각을 버리도록 1904년 에머슨(H. Emerson)에 의하여 고안 되었다.

이 제도는 표준작업량의 67% 이하의 저능률자에게는 일정한 일급을 보장하고, 67% 이상 100%까지는 개개 퍼센트마다 그 성과급을 경험적으로 미리 설정해 놓고, 정해진 율에 따라서 100%에 가까워질수록 상여의 액수를 증액하도록 하고, 100%를 초과하여 고도의 능률을 올린 자에게는 보다 많은 임금을 지급하도록 하는 제도이다. 그 산정 방식은 다음과 같다.

(i) 표준능률 67% 미만일 때

W = Ha × Rh

(ii) 표준능률 67% 이상~100% 미만일 때

W = Ha × Rh + Bo(Ha × Rh)

= Ha × Rh(1 + Bo)(Bo는 상여율)

(iii) 작업능률 100% 미만일 때

W = Ha × Rh + (Hs − Hs)Rh + 0.2 × Ha × Rh

= Rh × Ha + (Rh × Ha)(0.2)

⑦ 할씨식 할증제(Halsey premium plan)

이것은 미국에 있어서 초기적 합리화 운동의 일환인 고임금과 저노무비(high wages and low labor cost)원칙에 따라 1889년 타운(H. R. Towne)의 분익제(分益制) 성과급제를 1891년 할씨(F. A. Halsey)가 수정하여 고안된 임금형태이다.

이 제도는 과거의 경험에 의해 표준작업시간을 정해 두고, 이 표준시간을 초과하여 실제의 과업을 완성한 때에는 소정의 임률에 의하여 일정액의 일급을 보장하고, 표준시간 이내에 과업을 완수한 때에는 그 절약시간에 상당하는 임금의 일부인 할증급을 소정의 시간급(일급)에 추가하여 지급하는 것이다. 그 산정 방식은 다음과 같다.

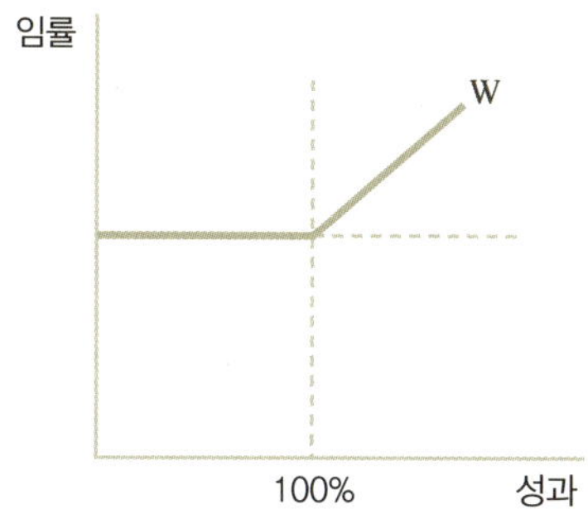

(i) 표준능률 미만인 경우

$$W = Rh \times Ha$$

(ii) 표준능률 이상의 경우

$$W = Rh \times Ha + \frac{(Hs - Hs)Rh}{2 \text{ 또는 } 3}$$

⑧ 로완식 할증제(Rowan premium plan)

이 제도는 1898년 영국의 로완(J. Rowan)에 의하여 고안된 것으로 할씨식과 같은 원리이나 할증의 산정 방식이 다르다.

이것은 표준시간 이상으로 과업을 완성할 경우에는 그 절약시간과 같은 비율의 할증급을 추가하여 지급하는 것이다. 그 산정 방식은 다음과 같다.

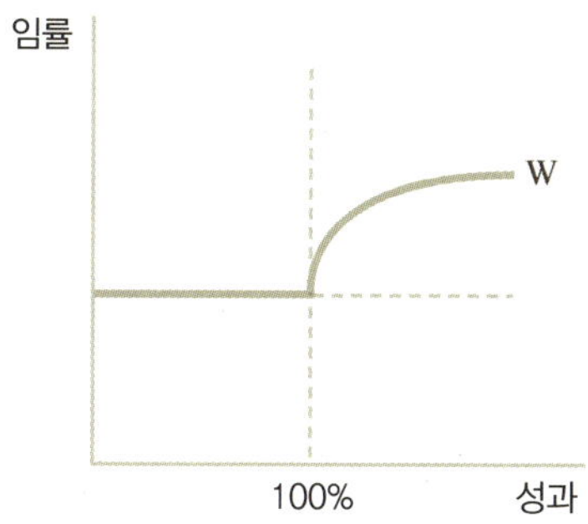

(i) 표준능률 이하인 경우

$$W = Rh \times Ha$$

(ii) 표준능률 이상의 경우

$$W = Rh \cdot Ha + \frac{Ha}{Hs} \times Rh \times (Hs - Ha)$$

3. 특수임금제도

1) 집단임금제

집단임금제(group incentive plan, group payment system)는 근로자 개개인을 중심으로 임금을 산정 · 지급하는 개인임금제도에 대립되는 개념으로, 일정한 근로자의 집단별로 임금을 산정하여 지급하는 형태이다.

이것을 '단체급' 또는 '단체청부급'이라고도 하는데, 일반적으로 근로자들은 임금이 자기의 능력에 따라 정해지는 것을 원하고 있으나 작업의 종류에 따라서는 개인본위의 작업능률보다는 근로자 상호간의 긴밀한 협조와 조화된 팀워크를 필요로하는 작업에 적당하다.

따라서 이동식조립작업(assembly line)과 같이 생산량이 기계화된 작업라인에 의하여 조정되는 경우에는 개인보다는 전체 작업집단을 중심으로 하는 집단임금제가 고려되며, 특히 집단구성원의 상호작용을 통하여 동기부여적 집단분위기를 조성하기 위한 집단 인센티브에 목적이 있다.

이러한 제도는 미국의 자동차공장 등에서 실시하였으나 오늘날에는 특정 사업부단위나 집단분임조 활동의 집단 인센티브 지급 등의 형태로 발전함으로써 조직구성원들의 동기부여에 큰 기여를 하고 있다.

2) 슬라이딩 스케일제

슬라이딩 스케일제(sliding scale plan)는 일정한 임금률을 변동하는 제조건에 순응하여 자동적으로 임률을 조정하는 제도로서 순응임금제(sliding system of wage) 또는 물가연동제(indexation system of wage)라고도 한다.

이 제도는 원래 제품가격에 순응하여 근로자의 실질임금을 보장하고자 1875년 영국의 탄광 · 철광업 등에서 처음으로 실시하였으나, 오늘날에는 노사협조를 위하여 이윤의 일부를 근로자들에게 분배하기 위해서도 이 제도를 채택하고 있다.

이 제도는 슬라이드의 기준 또는 척도에 따라 다음과 같이 구분된다.

① 생계비 순응임금제(cost of living sliding scale plan)

② 판매가격 순응임금제(selling price sliding scale plan)

③ 이윤 순응임금제(profit sliding scale plan)

3) 이윤분배제도

이윤분배제도(profit sharing plan)는 기업이 근로자들에게 지급하는 통상임금 이외에 기업의 이윤이 발생하였을 경우 미리 노사의 협약에 의해 정해진 방법에 따라 근로자들이 이윤분배에 참가하는 제도이다.

이는 1842년 프랑스의 레클레르(L. M. Leclaire)에 의하여 창안되었다. 이것은 개인을 기업이윤분배에 참가시켜 근로자의 충성심과 작업능률을 증진하고, 그들의 생활안정과 합리적인 기업환경을 조성하여 노사관계를 개선하는 데 그 목적을 두고 있다.

이윤분배제도의 효과는 다음과 같이 정리할 수 있다.

첫째, 기업과 근로자 간 협동정신을 함양 · 강화하여 노사관계 개선의 효과

둘째, 이윤배당액을 증가시키려고 작업에 열중하는 능률증진의 효과

셋째, 이익배당 참여로 근로자의 장기근속을 유도하는 효과가 있다.

이 제도를 운영하는 방법은 기업마다 다르지만 일반적으로 기업의 순이익의 일정액을 근로자의 월급비율에 따라서 기말에 배분하는 것이 보통이다.

그리고 실제 배분에 있어서도 해당 이윤 전부를 해당 기말에 배분하는 당기이윤분배제도(current distribution method)와 이윤의 일부를 유보하여 근로자의 연금이나 회사의 이윤이 낮을 때 안정된 배분에 적용하는 이연이윤분배제도(deferred distribution method)의 방법으로 구분된다.

그러나 이 제도는 기업이윤의 안정성이 적고, 근로자의 업무와 간접적인 관련을 갖고 있어서 성과에 대한 자극이 부족할 뿐만 아니라 결과적으로 근로자들은 이익으로부터의 보너스를 성급하게 기대하게 하며, 불경기 시 이익이 없는 경우에는 좋지않은 반응이 나타날 수 있다.

4) 럭커플랜

럭커플랜(Rucker plan)은 1932년미국의 럭커(A. W. Rucker)가 고안한 성과배분(부가가

치배분)의 일종이다. 이 제도는 생산부가가치의 증대를 목표로 하여 노사협력체제를 만들고 생산성향상과 성과를 럭커표준(임금상수)이라는 일정한 분배율로서 노사 간에 적합하게 분배하는 자극임금제이다.

임금 = 생산가치(부가가치) × 임금분배율(임금상수)

먼저 생산가치, 즉 부가가치를 구하고 이에 대한 임금총액의 비율, 즉 임금분배율을 정해두고 생산가치에서 임금분배율을 공제한 잔액을 회사분배율로 한다. 이때 임금분배율은 39.3%로 거의 고정된 것으로서 일명 럭커계수 또는 임금상수라 한다.

럭커플랜은 노사협력관계의 확립 · 유지로 생산성을 향상시키고 이때 발생된 추가 이윤을 공정하게 배분한다. 그러므로 생활 수준의 향상을 도모하는 것이다. 이 제도는 노사 간에 생산분배위원회가 조직 · 운영되며 근로자는 이 위원회를 통해 생산가치의 증대를 위한 의사결정 과정에 참여하여 근로의욕을 높이게 된다.

5) 스캔론플랜

스캔론플랜(Scanlon plan)은 미국의 철광노조 간부인 스캔론(J. N. Scanlon)이 고안한 노사협력 차원의 성과배분임금제이다. 이 제도의 특징은 집단을 중심으로 발의되고 발전된 제안으로서 집단을 중심으로 한 보상으로 이 제도의 실시로 인한 노무비의 절약을 상여로 참가자 전원에게 배분하는 방법이다. 성과의 산출과 배분은 다음과 같이 실시된다.

첫째, 과거 일정 기간의 실제노무비를 산출하여 기준율로 한다.

둘째, 기준율을 적용하여 그 달의 기준노무비를 산출한다.

셋째, 실제의 노무비와 기준노무비를 비교하여 그 달의 노무비 절약액을 산출하여 이것이 상여자금이 된다.

넷째, 절약액은 일정 비율로 회사 측과 근로자 측에 배분한다.

다섯째, 근로자 개인의 배분은 각자의 실제노동시간에 따르는 기본급총액에 비례하여 지급한다.

제6절 임금관리의 쟁점

1. 최저임금제도

1) 최저임금제도의 의의

최저임금제도란 국가가 법적 강제력을 가지고 임금의 최저한도를 정하여 이보다 낮은 수준으로는 사용자가 근로자를 고용하지 못하도록 함으로써 상대적으로 불리한 위치에 있는 근로자를 보호하려는 제도를 말한다.

이 제도는 뉴질랜드에서 쟁의의 해결을 위하여 쟁의발생 지역의 산업에 종사하는 모든 근로자에게 최저임금을 판결할 수 있는 권한을 부여한 1894년의 '노동쟁의의 조정 및 중재법'으로부터 시행되기 시작하여 1990년 현재 최저임금제도를 규정한 ILO의 제26호 협약 또는 제31조 조약인 '개발도상에 있는 국가들을 특히 고려한 최저임금의 결정에 관한 조약'을 비준한 국가는 105개국에 달하고 있다.

최저임금제도란 흔히 생각하듯 최저생계비를 보장하는 제도와는 다르다. 최저생계비를 보장한다고 하면 최저생계비의 수준이 높아질 경우 그보다 낮은 임금을 받고 있는 근로자들의 임금수준을 상승시키거나 해고시키지 않으면 안 되므로 기업에게 너무 큰 충격을 주기 쉽다.

물론 최저임금제도의 이상은 최저생계비를 보장하는 것이지만 임금격차가 큰 사회에서 최저임금제도를 도입할 때 처음부터 최저생계비를 보장하는 수준으로 최저임금수준을 결정하기는 어렵다. 이 점에 대한 오해 때문에 최저임금제도는 기업 측이나 정부 측에서 지나치게 이를 높은 수준으로 보아 기피해온 인상이 짙으며, 노동조합 측에서도 마치 최저임금제도 하나만 도입되면 저임금 문제가 해소되는 것처럼 오해하는 측면도 없지 않다.

그러나 최저임금제도는 생계비, 생산성, 기업의 지급능력, 일반임금수준 등을 감안하여 고용에 큰 문제를 일으키지 않는 범위 내에서 최저임금수준이 결정되게 된다.

한편 우리나라에서의 최저임금제 도입의 의의는 단순히 저임금의 해소라는 사회 정책적 차원의 문제로 끝나는 것이 아니라 우리나라 산업구조의 조정, 즉 산업구조의 고도화를 위한 경제정책적 노력의 일환이라는 의미도 가진다고 할 수 있다.

2) 최저임금제도의 기대효과

우리나라에서는 1953년에 근로기준법을 제정하면서 제34조와 제35조에 최저임금제의 실시근거를 두었으나, 이 규정의 운용을 미루어오다가 1986년 12월 31일 법률 제3927호로 최저임금법을 제정 · 공포하고 1987년 7월 1일에는 동법시행령을 제정하여, 1988년 1월 1일부터 이를 실시해오다 2008년 3월 21일에 전문개정이 이루어졌다.

이 제도의 기대효과를 단적으로 말하기는 어렵지만 우리나라의 노동시장여건과 국민경제의 상황에 맞는 적절한 수준의 최저임금이 결정될 경우 긍정적인 효과가 기대된다.

최저임금제도는 지나친 저임금의 해소와 산업 간 · 직종 간 · 지역 간 · 남녀 간 임금격차를 완화하여 소득분배의 개선에 기여하게 되고 노동력의 질적 향상을 통한 경영합리화를 촉진시키며, 기업 간의 공정경쟁을 어느 정도 기할 수 있고, 노사 간의 임금분쟁의 발생을 미연에 방지할 수 있어 사회적 긴장이나 대립을 회피하여 건전한 노사관계의 실현에 기여할 수 있을 것이다. 뿐만 아니라 유효수요의 증대로 경기를 활성화시킬 수 있으며, 복지사회건설에도 이바지 할 수 있다. 단, 이러한 기대효과는 최저임금의 수준이나 결정 방법이 최적하고 타당성을 가질 때 가능하다.

만일 최저임금수준이 너무 낮아 오히려 다른 기업의 임금을 끌어내리는 작용을 하거나, 반대로 지나치게 높아 기업이 인력감축을 위한 자동화 투자를 확대하여 미숙련 근로자를 중심으로 한 대규모 실업이 발생하게 된다든가 다른 근로자들의 임금을 부양시키는 요인으로 작용하여 물가를 상승시키고, 이러한 요인이 지속될 경우 경제의 성장 및 안정을 해치는 역효과를 초래하므로 이러한 일이 없도록 신중을 기해야 한다.

3) 최저임금의 결정 방법

최저임금을 결정하는 방법에는 여러 가지가 있는데 그 중 몇 가지를 들어보면 다음과 같다.

즉, 미국과 같이 법률에 의하여 결정하는 방법, 최저임금심의위원회 또는 임금위원회에서 결정하는 방법, 노동협약 또는 단체협약의 효력확장의 방법이 있다. 그리고 중재재판소라든가 노동위원회에서 결정하는 방법, 업자 간의 협정에 의한 방법 등이 있다.

법률에 의하여 결정하는 방법은 국회에서 이를 결정하게 된다. 그리고 최저임금심의위원회 또는 임금위원회의 결정 방법은 보통 노 · 사 · 공익대표의 3자로 구성되는 위원회에서 최저임금수준을 결정하여 이를 정부에서 통보받아 최종적으로 결정하게 된다. 이러한 위원회에 의한 결정 방법은 조사 · 심의 과정에 노사가 직접 참가하여 결정하게 되므로 노사 간의 의견대립이나 의견차이를 좁힐 수 있으며, 특히 임금의 격차 등이 심한 경우에 산업별 · 지역별 등으로 여러 개의 위원회를 구성함으로써 당해 산업이나 당해 지역의 실정에 적합한 최저임금을 결정할 수 있는 유리한 점도 있다.

노동협약이나 단체협약의 효력확장 방식에 의한 것은 노사 간의 자율적인 임금협상의 관계가 잘 발전된 지역에서 대다수의 노사 간에 결정된 협약을 협약당사자 이외의 근로자에게도 적용 · 확대하는 방법이다.

그리고 중재재판소나 노동위원회에 의한 것은 이러한 기관에서 노사관계의 임금 조정을 담당하는 과정에서 제정 또는 결정한 임금을 최저임금으로 하는 방법이다.

정부는 2019년 2월 27일 최저임금 결정체계를 개편하여 발표하였다.

최저임금 결정체계를 '구간설정위원회'와 '결정위원회'로 이원화하고, 최저임금 결정기준에 노동자의 생활보장과 고용 · 경제상황 등을 추가 · 보완하는 등의 내용을 골자로 한 '최저임금 결정체계 개편안'을 최종 확정했다.

주요 내용을 보면 인원구성의 경우 '구간설정위원회' 전문가 9명은 노 · 사 · 정 추천과 노사 순차 배제로 선정한다.

'결정위원회'는 노 · 사 · 공익위원 각 7명으로 총 21명으로 구성하고 공익위원의 경우 추천의 다양성이 확보되도록 정부의 단독추천권을 폐지하고 추천권을 국회와 공유한다.

'구간설정위원회'의 역할은 최저임금안 심의구간 결정, 최저임금이 노동시장에 미치는 영향 모니터링 및 분석을 상시화 한다. 위원 수는 9명으로 위원장은 호선하고 위원선정 방법은 노 · 사 · 정 각 5명 추천으로 총 15명, 노사 순차 배제 방법으로 각 3명 총 21명으로 구성된다. 구간결정 방식은 과반수 출석, 과반수 찬성으로 의결한다.

'결정위원회'는 심의구간 내 최저임금안을 심의 · 의결한다. 위원 수는 노 · 사 · 공 각 7명으로 총 21명이다. 공익위원의 선정은 청년, 여성, 비정규직 근로자, 중소 · 중견기업 소상공인 대표를 포함하도록 명문화 하고 있다.

최저임금 산입범위 계산 방법(2019년 기준)

최저임금은 매년 최저임금심의위원회의 심의를 거쳐 결정되게 되는데 2019년 최저임금은 2018년보다 약 10.9% 인상되었습니다. 시간급은 8,350원으로 2018년보다 820원 올랐습니다.

또한 2019년부터는 최저임금 산입범위가 확대되었는데 2018년까지 최저임금 산입범위에 포함되지 않던 정기상여금(최저임금의 25% 초과), 복리후생비(최저임금의 7% 초과)가 최저임금 산입범위에 포함됩니다. 또한, 주휴시간, 주휴수당이 최저임금 산입범위에 포함되는 대신 약정휴일시간, 약정휴일수당은 포함되지 않습니다.

따라서 2019년 최저임금을 계산할 때에는 주휴시간을 반드시 포함해야 하는데 최저임금 산입범위에 따라 하루 8시간씩 주 5일 일하는 근로자의 월급을 계산해보면 실제 근로자가 근무한 시간은 월 평균 174시간 이지만, 여기에 주휴시간을 포함하면 209시간으로 늘어나기 때문에 209시간 × 2019년 최저시급(8,350원) = 174만 5,150원으로 위 금액을 최저임금으로 지급해야 합니다.

최저임금에 못 미치는 임금을 받을 때에는 어떻게 해야 하나요?

사업장이 소재한 지방고용노동청 또는 지청에 진정 또는 고소 · 고발 등의 권리 구제를 요청하세요!

고용노동부 홈페이지(www.moel.go.kr)를 통해서도 신청 가능합니다.

상담을 원하시면 고용노동부 고객센터 국번없이 1350으로 연락주세요.(평일 9시~18시)

4) 최저임금제도의 한국적 모형

우리나라가 최저임금제를 실시하는 데 있어서 고려해야 할 것은 무엇보다도 업종 간, 직종 간, 남녀 간, 지역 간, 학력 간에 임금격차가 크다는 것이다. 뿐만 아니라 노사 간에 임금을 대단위로 자율적으로 결정하는 관행이 발전되어 있지 않다는 점도 고려되어야 한다. 따라서 우리나라의 경우는 업종별 · 직종별 · 지역별 간의 임금격차를 고려하여 최저임금수준을 적절하게 결정할 수 있어야 한다.

그리고 우리나라는 아직도 노사 간에 자율협정의 관행이 발전되어 있지 않기 때문에 최저임금의 결정 방식은 최저임금심의위원회 방식으로 노 · 사 · 공익의 3대표가 이를 결정하도록 하고 있다.

최저임금수준은 근로자의 생계비, 유사근로자의 임금, 노동생산성, 기업의 지급능력 등을 종합적으로 고려하여 최적하도록 결정하고 이를 시행하도록 한다면 무리 없이 정착될 수 있을 것으로 생각된다.

최저임금은 매년 인상되어 최근 2019년 1월부터 2019년 12월 31일까지는 시간급 8,350원, 40시간 월 환산 시 1,745,150원을 받게 된다.

표 10-7 연도별 최저임금 변동내역

연 도	적용대상	최저임금액(원)	인상률(%)
1998. 9~1999. 8	전산업 (상시근로자 10인 이상)	시간급 1,525(월환산 344,650)	2.7
1999. 9~2000. 8	전산업 (상시근로자 5인 이상)	시간급 1,600(월환산 361,000)	4.9
2000. 9~2001. 8	전산업 (상시근로자 5인 이상)	시간급 1,865(월환산 421,490)	16.6
2001. 9~2002. 8	전산업(모든 사업장)	시간급 2,100(월환산 474,600)	12.6
2002. 9~2003. 8	전산업(모든 사업장)	시간급 2,275(월환산 514,150)	8.3
2003. 9~2004. 8	전산업(모든 사업장)	시간급 2,510(월환산 567,260)	10.3
2004. 9~2005. 8	전산업(모든 사업장)	시간급 2,840(월환산 641,840)	13.1
2005. 9~2006. 12. 31	전산업(모든 사업장)	시간급 3,100(월환산 700,600)	9.2
2007. 1~2007. 12. 31	전산업(모든 사업장)	시간급 3,480(월환산 40시간 727,320) 44시간 786,480)	12.3
2008. 1~2008. 12. 31	전산업(모든 사업장)	시간급 3,700(월환산 787,930)	8.35
2009. 1~2009. 12. 31	전산업(모든 사업장)	시간급 4,000(월환산 852,020) 836,000) 904,000)	6.1
2010. 1~2010. 12. 31	전산업(모든 사업장)	시간급 4,110(월환산 858,990) 928,860)	2.75
2011. 1~2011. 12. 31	전산업(모든 사업장)	시간급 4,320(월환산 902,880) 976,320)	5.1

2012. 1~2012. 12. 31	전산업(모든 사업장)	시간급 4,580(월환산 957,220) 1,003,000)	6.0
2013.1~2013.12.31	전산업(모든 사업장)	시간급 4,860(월환산 1,015,740)	6.1
2014.1~2014.12.31	전산업(모든 사업장)	시간급 5,210(월환산 1,088,890)	7.2
2015.1~2015.12.31	전산업(모든 사업장)	시간급 5,580(월환산 1,166,220)	7.1
2016.1~2016.12.31	전산업(모든 사업장)	시간급 6,030(월환산 1,260,270)	8.1
2017.1~2017.12.31	전산업(모든 사업장)	시간급 6,470(월환산 1,352,230)	7.3
2018.1~2018.12.31	전산업(모든 사업장)	시간급 7,530(월환산 1,573,770)	16.4
2019.1~2019.12.31	전산업(모든 사업장)	시간급 8,350(월환산 1,745,150)	10.9

연도별 최저임금 인상 추이

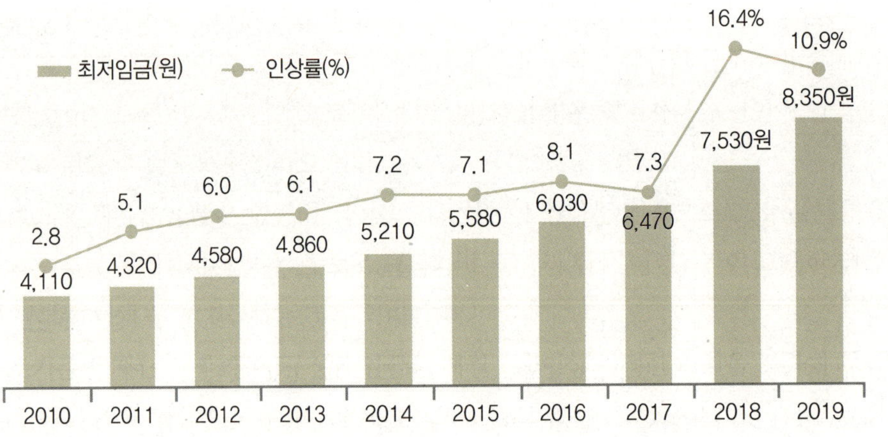

2. 연봉제도

1) 연봉제도의 의의

연봉제도는 개개인의 능력, 실적 및 공헌도의 평가와 계약에 의하여 연간 임금액이 결정되는 능력중시형의 임금지급 형태이다. 일반적으로 월급제도의 임금체계는 기본급과 각종 수당, 상여금, 퇴직금 등으로 구성되어 있어 근로자 자신의 연간 급여액이 얼마나 되는지를 정확히 알지 못하면서 다만 월수익 얼마, 연 몇 회의 상여금을 받는지 정도를 알고 있을 뿐이다. 게다가 연수입 얼마라는 금액은 연말정산 때 원천징수계산서를 보고 역으로 환산하는 정도여서 월봉제도에서는 자신의 능력이 임금으로 표현되고 있다는 생각을 명확하게 실감하지 못한다. 더욱이 가족수당 등은 일을 하든 안하든 능력과는 전혀 관계가 없다.

그러나 연봉제에서는 같은 금액이라도 개인의 능력이 다음 계약 갱신 때 연봉액과 직결된다.

일본 기업의 경우를 보면, 경영 내 · 외의 여건에 따라 종래의 연공서열적 임금체계로는 환경 변화에 탄력적으로 적응하기 어렵다는 판단에 따라 직무와 직능을 중시하는 임금결정 형태로 연봉제도를 채택하는 비율이 높아지고 있다. 대부분의 기업 임원은 모두 연봉제를 채택하고 있다. 선진국에서는 매니저 이상의 간부는 연봉제이고, 연봉으로 근무하고 있다는 것이 엘리트의 징표이며 간부의 상징이기도 하다.

우리나라는 미국식의 순수한 연봉제를 채택하기에는 여건이 성숙되지 않아 도입하기에는 시기상조이지만 우수한 인재의 확보와 국제경쟁력 강화 차원에 적극 도입하고 있는 실정이다. 적용대상은 미국과 일본 등 선진국의 예에서와 같이 전문직과 관리직에 우선 도입하고, 생산직에 적용하는 것은 쉽지 않으므로 신중하게 고려하여 도입해야 한다. 관리직도 임원과 부장직급 이상의 간부사원에게 우선 실시하고 그 효과를 보아가면서 확대 실시하는 것이 바람직하다.

2) 연봉제도 도입의 배경

오늘날 연봉제의 도입이 논의되는 이유는 무엇 때문일까? 이것을 몇 가지 요인으로 나누어서 살펴보면 다음과 같다.

① 능력주의지향의 추세

지금까지 우리나라의 임금체계는 자리를 보고, 사람을 보고, 근무연수를 보고, 근로자의 속성을 보고 처우하였다고 볼 수 있다. 그러나 오늘날 급격하게 변화하는 기업환경에 대처하기 위해서는 능력주의로의 전환이 절실히 요구된다. 실력과 업적에 따라 종업원을 처우하고, 그렇게 함으로써 경영의 활성화를 도모할 수 있다.

② 개인주의적 성향에 대한 대비

지금까지는 근로조건의 향상을 위하여 노동조합을 매개로 단결하여 교섭하는 것이 선호되었다. 그러나 상황이 많이 변하였다. 해마다 노동조합의 조직률이 저하되고 있는 사실에서 볼 수 있듯이 개인주의적 풍조가 만연해짐에 따라 함께 단결하여 교섭한다는 노동조합의 구심력이 저하되고 있다.

특히 젊은층에 이러한 개인주의 성향이 강하다. 이는 근로자 전체의 평균임금이 일률적으로 몇 % 인상되는가에 대한 관심보다는 "내 임금만 오르면 된다, 내 임금을 올리기 위해서는 열심히 노력하면 된다"는 것에 보다 높은 관심을 보이는 것이다.

③ 노동시장의 유동화

그동안 우리나라의 문화적 환경과 전통적 가치관에 비추어 볼 때 연공서열적 임금결정기준이 무시할 수 없는 요인이었다.

그러나 오늘날 젊은 근로층 및 스페셜리스트에게는 장기근속에 의한 연공급의 관심보다는 현재의 능력 · 업적에 따른 처우를 해줄 것을 희망하고 있다. "지금은 임금이 낮지만 이후에 승급할 것이므로"라는 식으로 젊은 근로층이나 스페셜리스트를 설득시킬 수는 없다. 임금 면에서 현재의 능력 · 업적에 상응하는 처우를 하려면 연봉제를 채택하는 것이 가장 적합하다.

④ 국제화의 진전

최근 수년간 기업의 국제화가 급격히 진행되고 있다. 임금을 포함한 인사제도 전반에 걸쳐서도 국제화시대가 도래하였다.

기업의 국제화는 국명을 불문하고 세계에서 가장 값싼 나라에서 만들어, 가장 비싸게 팔 수 있는 나라에 판다는 것으로 표현되는데 이것은 인력, 자원, 자금이라는 경영자원을 국제규정에 따라 조달함으로써만 가능한 것이다.

기업격차는 인재격차라고도 하는데, 오늘날 국제화를 추진하고 있는 기업은 국제적으로 통용되고 있는 인재확보에 노력을 기울이고 있다. 그리고 이러한 인재는 능력이 고도로 전문적일수록 국제규칙에 의한 연봉계약이 일반적이다.

3) 연봉제도 도입의 전제조건

연봉제가 도입되기 위해서는 다음과 같은 전제조건이 성숙되어야 실효성을 거둘 수 있기 때문에 도입에 신중을 기할 필요가 있다.

첫째, 개개인의 능력 및 업적에 대한 객관적이며 공정한 평가와 신뢰성이 먼저 뒷받침되어야 한다. 경영자와 근로자 간에 직무에 대한 평가기준과 상호이해가 어느 정도 성숙되어 있어야 한다.

둘째, 고용관행의 개선이 필요하다. 우리나라에서 근로자의 채용은 학력과 연령 및 속인적 요소를 기준으로 하여 채용하고 있으며, 임금체계도 연공급 위주로 되어있기 때문에 연봉제 도입이 결코 쉽지 않다.

셋째, 근로자 간에도 평가결과에 대하여 승복하는 소위 '평가문화'가 정착되어야 한다. 대부분의 기업에서 현재 감점제는 사라지고 가점제만이 운영되고 있다는 사실에 유념할 때 연봉액이 감액되는 경우를 상상하기란 결코 쉬운 일이 아니므로 기업의 입장에서 볼 때 오히려 인건비 상승 요인으로 작용할 가능성도 있다.

넷째, 적용대상의 선정에 신중을 기하여야 한다. 선진국에서는 시스템 엔지니어, 디자이너, 영업 세일즈, 각종 상담직 등의 전문직이나 사무관리직에 계약을 바탕으로 한 연봉제 도입에 큰 어려움은 없으나 생산직의 경우 일률적으로 도입하는 데는 문제가 발생할 가능성이 있으므로 연봉제의 적용대상은 기업과 직종의 특성에 따라 선별적으로 신중하게 결정되어야 한다.

다섯째, 현재 노동계가 경제계 및 정부의 연봉제 추진목적을 임금체계의 합리화보다는 오히려 노조의 교섭력 약화와 임금인상 억제에 있다고 인식하고 있는 점도 연봉제 도입의 장애요인으로 등장할 수 있다. 그러므로 노사 간의 상호신뢰성이 선행되어야 한다.

따라서 업무의 계약이라는 사고가 일반화되어 있지 않은 우리나라에서는 연봉제의 정착에 시일이 소요되겠지만 빠르든 늦든 기업으로서는 연봉제 도입의 필요성이 증대하고 있다는 것만은 분명하다. 그리고 그 정책을 위해서는 객관적인 평가기준의 설정이 관건이 된다.

4) 연봉제의 장점과 단점

표 10-8 연봉제의 장 · 단점

장 점	단 점
• 능력과 실적이 임금과 직결되어 의욕적으로 직무를 수행할 수 있어 조직의 활성화와 사기 앙양 유도	• 선임자 우대원칙의 고용문화에 익숙한 구성원들에게 문화적 충격 예상 • 개인주의로 흐르기 쉬운 인간관계로 갈등과

• 유능한 인재 등용이 용이. 국제적 감각과 최신의 기술을 가진 유능한 인재의 확보 용이 • 임금관리 용이. 복잡한 임금체계와 임금구조를 단순화하여 임금관리의 효율성 제고 • 상사와 부하 간의 원활한 의사소통. 스스로 업무목표를 세우고 상사와 협의하여 목표를 확정하고 달성 정도에 대한 평가를 받음 • 공정한 평가문화 기반 조성	사기저하 초래 • 고령층의 의욕감퇴로 팀워크 및 분위기 저해를 가져옴 • 단기간의 업적과 결과 중시 • 장기적 안목과 관련된 부분에 대한 배려 소홀 • 중간관리층의 조기퇴직으로 고용 불안정

3. 고령자의 보상제도

1) 고령화사회의 의미

UN은 65세 이상의 인구가 총인구에서 차지하는 비율이 7% 이상일 때 고령화사회라고 보고 있다. 인구의 고령화 요인은 출생률의 저하와 사망률의 저하에 있다. 평균 수명이 긴 나라가 선진국이고 평화롭고 안정된 사회를 상징하는 의미에서 장수(長壽)는 인간의 소망이기도 하지만, 반면 고령에 따르는 질병 · 빈곤 · 고독 · 무직업 등에 대응하는 사회경제적 대책이 고령화사회의 당면 과제이다.

1993년에 우리나라의 65세 이상 노인인구는 236만 명으로 전체 인구의 5.4%였으나, 2000년에는 317만명(6.8%), 2001년부터는 7%를 초과함으로써 고령화사회로 진입하였고, 2020년에는 633만명(13%)에 이를 것으로 추정된다.

UN 추세에 의하면 2025년에 65세 이상의 인구가 총인구에서 차지하는 비율로는 일본 27.3%, 스위스 23.4%, 덴마크 23.3%, 독일 23.2%, 스웨덴 22.4%, 미국 19.8%, 영국 19.4%로 예측되고 있다.

의학과 의술의 발달, 환경위생의 개선과 생활조건의 향상은 인구의 평균수명을 연장시키는 동시에 인구를 고령화시켜 선진국형의 인구구조로 바뀌어가고 있다.

이에 따라 기업 측에서의 고령화대책은 노동력의 고령화에 따른 생산성향상과 인건비 부담 증가에 따른 합리적 방안을 마련하고, 사회 · 경제적 측면에서는 고령자에 대한 고용 또는 노후생활에 대한 방안의 연구가 요청되고 있다.

뿐만 아니라 인력재활용 측면에서 유휴노동력의 활용과 인력난의 해소를 보충하는 대체

그림 10-6 근로자 연령별 구성의 모델 형태

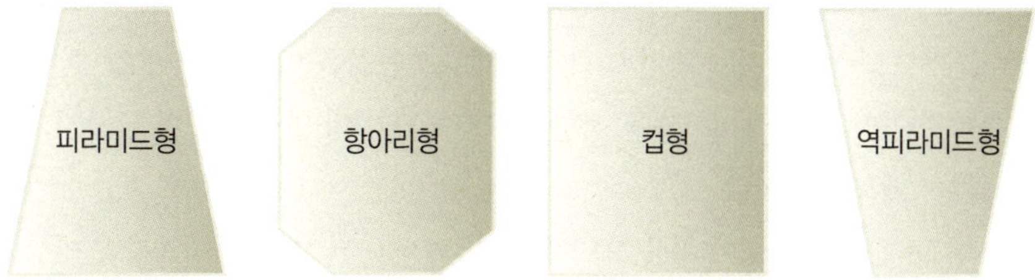

표 10-9 연도별 노령화지수 변화 추이

연도	전체 부양비	유소년 부양비	노년 부양비	노령화지수
1960	82.6	77.3	5.3	6.9
1970	83.8	78.2	5.7	7.2
1980	60.7	54.6	6.1	11.2
1990	44.3	36.9	7.4	20.2
2000	39.5	29.4	10.1	34.3
2005	39.4	26.8	12.6	47.3
2010	37.2	22.2	15.0	67.7
2015	36.3	18.6	17.6	94.8
2020	38.9	17.2	21.7	125.9
2025	46.3	17.2	29.1	169.1
2030	55.4	17.7	37.7	213.8
2035	64.9	18.1	46.8	259.0
2040	74.7	18.0	56.7	314.8
2045	81.7	17.2	64.5	374.3
2050	88.8	16.8	72.0	429.3

주: 노령화지수: 14세 이하 인구 대비 65세 이상 노령인구 백분율.

인력으로서의 재활용을 위한 인력자원관리가 필요하다.

우리나라 노령화 추이는 〈표 10-9〉에서 잘 나타나 있다. 1960년도에 6.9%에서 1990년도 20.2으로 증가하였고 2000년도에 34.3%로 증가하여 2020년도에는 125.90%로 예상된다. 2050년도에는 무려 429.3%가 예상된다.

2) 임금피크제

임금피크제가 고령화사회에 고연령 근로자의 고용안정을 위한 대안이 될 수 있을 지에 관심이 높아지고 있다. 임금피크제는 정년을 보장하되 일정 연령이 되면 단계적으로 임금을 줄여나가는 제도를 말한다.

우리나라에서는 기업은행이 처음 도입했다. 만 55세가 된 부장 및 지점장급 이상 간부의 정년(만 58세)을 보장하는 대신 채권회수, 거래기업 경영지도 등 후선(後線) 업무에 배치하고 임금도 매년 줄여나가는 방식이다. 임금은 첫 해에 10%, 2년차엔 24%, 3년차에는 50% 정도 삭감된다.

최고 연봉(피크)을 정하고 이를 기준으로 임금을 조정하는 진정한 의미의 임금피크제는 신용보증기금이 처음 도입했다. 신보의 임금피크제는 임직원의 나이가 만 55세가 되는 시점에 모든 보직과 직급을 포기하고 퇴직금을 중간정산한 뒤 정년인 58세까지 순차적으로 임금을 줄여나가는 방식이다. 첫 해는 최고 연봉(피크)의 75%를 주고, 2차 연도에는 55%, 3차연도에는 35%를 각각 지급한다. 대신 정년까지 고용을 보장하며 퇴직 후에도 업무능력이 인정되는 최대 60세까지 계약직으로 재고용된다.

제조업체 가운데는 대한전선이 처음 임금피크제를 시행하고 있다. 이 회사는 전사원의 평균임금을 계산한 뒤 이 수준을 넘는 종업원을 퇴직시킨 뒤 재입사하도록 했다. 퇴직자들은 재입사하지만 일정 수준 하향 조정된 기본급을 받는다.

임금피크제는 잘만 시행되면 사용자로선 인건비를 절감할 수 있고 근로자는 고용안정을 보장받을 수 있어 노사 양측에 모두 이익이 될 수 있다. 대한상공회의소는 최근 '일본과 한

그림 10-7 | 임금피크제 운영 개념

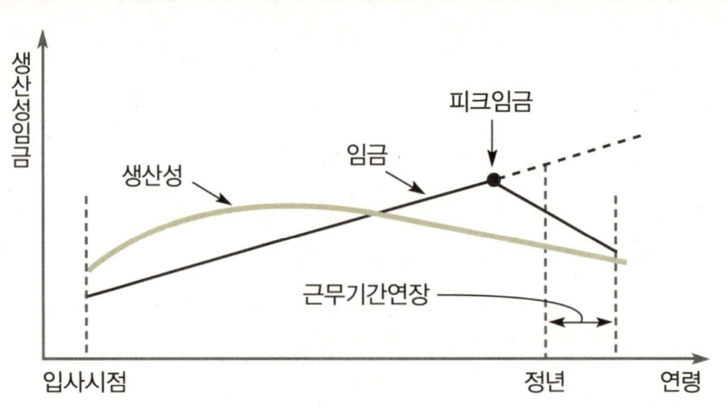

국의 임금피크제 사례분석'보고서에서 "인구 고령화가 빠르게 진행되는 만큼 임금피크제를 통해 중장년 직장인들이 일할 수 있는 기회를 더욱 확대해야 한다"고 주장했다. 그러나 민주노총 등 노동계는 이 제도가 경영실적이 좋은 기업까지 임금을 삭감하는 수단으로 악용할 가능성이 있다며 거부감을 보이고 있다.

임금피크제 모델은 우리의 실정에 비추어 볼 때 크게 현행 정년고용보장형 임금피크제 모델과 고용연장형 임금피크제 모델로 구분할 수 있다. 고용연장형 임금피크제 모델은 다시 정년연장형 임금피크제 모델과 고용연장형 임금피크제 모델로 나뉜다.

현행 정년고용보장형 임금피크제 모델은 각 기업이 단체협약이나 취업규칙으로 정한 정년연령을 기업이 보장하는 것을 전제로 정년 전의 임금을 조정하는 모델이다.

반면 고용연장형 임금피크제 모델은 국민연금 수급개시연령의 상향조정에 부응하여 정년퇴직 후 고령자의 고용을 일정 기간 연장하는 대신 임금을 조정하는 방안이다.

현행 정년고용보장형 임금피크제 모델은 현행 정년연령을 보장하는 대가로 일정 연령부터 근로자의 임금을 조정하는 방안이다. 일본의 경우 고연령자고용안정법에 정년 60세가 의무화되어 있기 때문에 60세 정년퇴직 후의 고용연장 방안에 주안점이 주어져 있다.

그러나 우리나라에서는 일본과는 달리 현행 정년연령도 보장되지 않고 있기 때문에 단기적으로는 현행 정년고용보장형 임금피크제 모델이 현실적인 것으로 판단된다.

정년을 보장하는 대가로 임금을 조정하는 경우 노사 간에 가장 다툼의 여지가 큰 사항으로는 ① 임금커브의 유형, ② 임금의 굴절연령, ③ 임금수준의 감액률, ④ 임금구성 항목의 조정 등을 들 수 있다. 일본의 사례와 통계를 참고하면서 살펴보면 다음과 같다.

그림 10-8 임금피크제 운영 개념

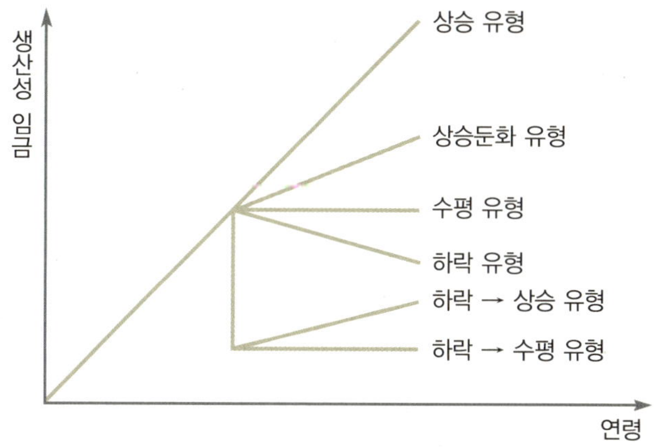

(1) 임금커브의 유형

정년을 보장하는 것을 전제로 임금을 조정하는 경우 임금커브는 [그림 10-8]에서 보는 바와 같이 6가지 형태가 있다.

(2) 임금굴절연령

임금을 어느 시점에서 조정하는가의 여부는 해당 기업의 정년연령에 따라 상이할 것으로 예상되지만, 일본에서는 55세 정년을 60세로 연장하는 과정에서 임금피크제를 도입했다는 점을 감안할 때 55세에 가장 많이 임금이 굴절되는 연령으로 나타난 것은 당연한 것으로 보인다. 상당수의 기업에서는 55세에 이어 56~59세도 임금이 굴절되는 연령대로 나타났으며, 50세 미만에서 임금이 굴절되는 비중은 작은 편이다.

우리나라는 현행 평균정년이 56.6세라는 점을 감안하면 조직, 산업 및 직종의 성격, 기업 내 인력구성 유형, 정년고용보장에 대한 인식 정도 등에 따라 결정될 사항이지만, 평균적으로는 50대 초반을 임금이 굴절하기 시작하는 연령대로 설정해도 무방할 것으로 보인다.

(3) 임금감액률

노동조합이나 근로자에게 임금굴절연령보다도 더 중요한 사항은 임금감액률이다. 정년을 보장한다고 하더라도 임금감액률이 지나치게 많을 경우에는 노동조합이나 근로자들이 수용하기 어렵기 때문이다.

일본에서는 정년도달 전에 임금피크제를 실시하여 임금을 감액할 때 감액률을 보면 임금커브가 하락 후 상승형인 경우에는 평균 17.9%, 하락 후 수평형인 경우에는 24.2%로, 하락 후 수평형의 감액률이 상대적으로 큰 것으로 나타났다. 감액률을 보면 임금커브가 하락 후 상승형에서는 15~20%, 하락 후 수평형에서는 20~25%가 가장 많으며, 25% 이상 감액하는 경우도 적지 않다.

(4) 임금구성 항목의 조정

임금피크제를 도입하여 임금을 감액하는 방안에는 여러 가지 방안이 있을 수 있다. 기본급에 대해서는 정기호봉승급분 또는 베이스업분을 조정하는 방안을 강구할 수 있다. 임금피크제 대상자의 호봉승급분에 대해서는 호봉승급분을 일반직원과는 달리 감액하거나 승급정지하는 방안이 있을 수 있으며, 베이스업에 대해서도 일반직원과 동일한 인상률을 적용하는 방안, 감액하여 지급하는 방안, 그리고 전혀 지급하지 않는 방안이 있을 수 있다.

표 10-11 기본급커브 변화 유형

(단위: %)

	일본노동 연구기구	노무행정연구소					
		합계	3,000인 이상	1,000~ 2,999인	1,000인 미만	제조업	비제조업
합 계	100.0	100.0	100.0	100.0	100.0	100.0	100.0
상 승 형	7.7	3.7	–	4.4	5.1	2.8	5.3
상승둔화형	39.5	24.0	31.4	6.2	125.5	124.6	122.7
수 평 형	9.9	19.4	11.8	20.6	22.4	19.0	20.0
점 감 형	8.5	4.1	2.0	7.4	3.1	5.6	1.3
하락 후 상승형	5.2	2.4	9.8	4.7	2.2	2.0	3.3
하락 후 수평형	6.0	9.2	3.9	8.8	12.2	4.2	8.7
직무 · 사람에 따라 상이	11.1	15.2	19.6	17.6	11.2	19.7	6.7
기 타	2.1	12.0	21.6	10.3	8.2	12.0	12.0

표 10-12 임금을 일정 연령부터 조정하는 경우 베이스업과 정기등급실시 현황

(단위: %)

	정기승급						베이스업					
	합계	3,000인 이상	1,000~ 2,999인	1,000인 미만	제조업	비제조업	합계	3,000인 이상	1,000~ 2,999인	1,000인 미만	제조업	비제조업
합 계	100.0	100.0	100.0	100.0	100.0	100.0	100.0	100.0	100.0	100.0	100.0	100.0
일반종업원과 동 일	23.4	20.4	20.3	27.1	21.7	26.3	60.1	62.5	58.5	60.0	61.2	58.1
감 액	23.4	20.4	20.3	27.1	21.7	26.3	60.1	62.5	58.5	60.0	61.2	58.1
정기승급 없음	32.2	20.4	31.9	38.5	29.0	38.2	14.9	4.2	16.9	18.9	13.4	17.6
마이너스 정승 (베이스업) 적용	2.3	–	2.9	3.1	2.9	1.3	1.0	–	–	2.1	0.7	1.4
직무 · 사람에 따라 상이	13.1	14.3	18.8	8.3	16.7	6.6	6.3	10.4	6.2	4.2	6.0	6.8
제도없음	7.0	12.2	7.2	4.2	5.1	10.5	–	–	–	–	–	–
기 타	7.0	18.4	2.9	4.2	6.5	7.9	2.9	8.3	1.5	1.1	3.0	2.7

일본에서는 임금피크제 적용대상자의 정기승급분에 대해서는 정기승급이 없다는 비중이 32.2%로 가장 많고, 그 다음으로 일반종업원과 동일 23.4%, 감액 지급 15.0% 등의 순이다.

기업규모별로는 규모가 작을수록, 산업별로는 비제조업이 제조업에 비해 정기승급이 없다는 비중과 일반종업원과 동일하게 적용한다는 비중이 높아 동일규모, 동일산업 내에서도 그리고 동일규모 기업에서도 임금피크제 적용대상자의 정기승급분 처리 방식이 크게 다름을 알 수 있다. 정기승급과 달리 베이스업에 대해서는 일반종업원과 동일하게 대우한다는 비중이 60.1%로 가장 높으며, 규모별로도 별다른 차이를 보이지 않고 있다.

임금피크제 적용대상자의 임금조정 방안으로는 기본급 조정 이외에도 수당을 조정하는 방안을 강구할 수 있다. 가장 많이 활용되는 방안으로는 관리직(역직) 정년제도로서, 일정 연령에 도달하면 부장 등 관리직에서 해제하는 제도를 말한다. 관리직 정년제를 채택한 일본기업에서 관리직정년연령을 보면 사무 · 기술 부문과 현업 부문을 불문하고 가장 많이 임금이 굴절되는 연령인 55세가 가장 많고 그 다음으로 56~59세, 정년 연령이 60세 이후 등의 순이었다. 관리직정년제를 도입할 경우 그 연령은 고령자의 경험과 지식 정도, 직무의 성격, 기업의 인력구성 유형에 따라 산업과 기업 규모별로도 차이가 있을 것으로 보인다.

관리직정년 후 소속되는 부서를 보면 사무 · 기술 부문 79.9%, 현업 부문 79.5%에서 이전 부서와 동일하다고 응답하였다. 관리직정년 후에도 소속 부서가 동일한 이유로는 지금까지의 지식 · 기능 · 경험을 활용하기 쉽기 때문이라는 응답이 사무 · 기술 부문 85.1%, 현업 부문 83.6%로 나타났다. 관리직에서 제외된 다음의 직무를 보면 '경험과 인맥 등을 살린 제일선의 업무'가 사무 · 기술 부문 65.1%, 현업 부문 62.2%로 가장 많고, 그 다음으로 '후진에의 조언 · 지도'가 사무 · 기술 부문 58.2%, 현업 부문 54.4%로 많은 것으로 나타났다(日本勞 硏究機構, 2000).

임금피크제 적용대상자의 임금조정 방안으로는 기본급 조정, 수당 조정, 이외에도 특별급여(상여금)를 조정하는 방안이 있을 수 있다. 기본급을 조정하는 경우에는 특별급여도 자동적으로 조정되기 때문에 특별급여를 조정할 필요가 없지만, 정기승급과 베이스업을 일반직원과 동일하게 적용하는 경우에는 특별급여 중 정기상여의 비중을 줄이고 성과에 따라 조정되는 성과상여의 비중을 증대하는 방안도 고려할 수 있다. 이 경우에는 인사고과의 신뢰성과 수용성이 무엇보다도 요구된다.

11

근로시간관리

1절 - 근로시간의 개념

2절 - 근로시간의 관리

3절 - 단시간근로

4절 - 근로시간결정의 법규

5절 - 근로시간의 합리적 조정

제1절 근로시간의 개념

1. 근로시간의 의의

근로시간은 근로조건 중에서 임금과 함께 노사 간에 중요한 관심의 대상이다. 왜냐하면 근로자를 고용하는 기업 측에서 볼 때 근로시간은 노동력을 활용할 수 있는 자원인 동시에 비용발생시간이며, 근로자 측에서는 심신의 소비와 구속시간이며, 소득발생의 원천이기 때문이다.

일반적으로 근로시간이란 고용관계에 있어서 근로자가 사업주를 위해 근로를 제공하는 시간을 의미한다. 따라서 노사관계가 발전되면 단체협약이나 취업규칙 등에 의해서 근로시간이 결정된다.

원칙적으로 자본주의사회에서 근로자는 사용자와 자유로운 계약에 의해 노동력을 제공하고 그 대가로 받는 임금으로 생활해나간다. 다른 한편 노동력을 활용하는 사용자는 구매한 노동력을 계약시간 내에 자유로이 사용할 권리를 갖는다. 즉, 사용자는 구매한 노동력을 생산을 위해 사용함으로써 이윤을 획득하게 된다.

만일 임금이 노동의 대가라면, 노동의 크기에 따라 많고 적음이 결정되어야 한다. 즉, 임금은 노동력의 가치에 따라 필요한 노동만큼 대가로 지급되어야 하는 것이다. 그러므로 얼마만큼의 노동지출이 있는가를 판단하기 위해서는 근로시간을 가지고 계산해 볼 수 있다. 따라서 노동량의 지출은 바로 근로시간으로 그 양을 계산할 수 있기 때문에 결국 노동량의 증감은 근로시간의 크기와 같다.

근로시간의 크기에 따라 노동량의 지출을 판단하는 경우 다음의 3가지 요인을 고려해야 된다.

첫째, 근로시간의 절대적인 길이, 즉 겉으로 볼 수 있는 근로시간의 길이가 얼마나 길고 짧은가?

둘째, 노동의 강도와 숙련도에 의한 노동의 질 내용이 얼마나 크고 작은가?

셋째, 장비에 의한 생산의 발달 정도가 어떠한가?

또한 노동력은 소유자인 근로자의 신체에 내재해 있는 활력이므로 신체와 떨어져 존재할 수 없다. 때문에 약정한 대가를 받고 노동력을 제공하는 경우에는 일정한 시간만큼 근로자의 육체적 · 정신적 기능의 일부가 사용자의 손에 맡겨지게 되고, 나머지 시간은 근로자가 자유로이 가질 수 있다.

근로자는 기계가 아니고 사람이기 때문에 노동에 소비한 시간 부분과 소비한 에너지를 보충하기 위한 시간 부분인 수면, 휴식 및 식사를 위한 시간 부분이 일정한 균형을 이루어야 한다. 만일 이 균형이 근로시간의 확대로써 파괴되는 경우 근로자는 피로가 겹치게 되고 이에 따른 질병으로 건강이 파괴되며, 노동재해가 증대되고 노동능률이 저하되어 생산성이 떨어져 장기적으로 보면 노사가 공존할 수 있는 기반이 상실된다.

2. 근로시간의 성격

기업 측에서 볼 때 근로시간은 기업에 있어서 근로자가 생산에 종사하는 시간으로 생산능률과 생산량에 직접 관계되는 동시에 임금, 재해, 질병, 기업경영상의 경비와도 관계가 있다.

한편 근로자 측에 있어서의 근로시간은 근로자가 사업장에 구속되어 실제 노동하지 않으면 안 되는 시간으로 근로시간의 길고 짧음에 의해 근로시간 이외의 생리적 · 사회적 · 문화적인 생활시간이 직접적으로 영향을 받게 된다.

또한 근로시간을 그 자체에 한정해 보더라도 장시간의 근로는 근로자의 과로와 질병을 가져와 건강에 미치는 영향이 큼과 동시에 업무상의 재해발생에도 영향을 미치는 경우가 많다.

이와 같이 장시간 근로는 많은 문제를 발생시키는데, 이러한 문제는 노사 당사자 간에만 맡길 수 없는 특성을 갖고 있다. 왜냐하면 노동은 인류문화를 발전시켜온 원동력이며, 사회발전의 기반이기 때문이다. 오늘날의 경제발전도 결국 노동력에 의해 뒷받침되기 때문이다. 그러므로 노동의 유지와 발전에 대한 저해 요인의 제거는 노사 쌍방에게만 맡길 수 있는 단순한 문제가 아니라, 사회 전체적인 입장에서 해결해야 할 중대한 과제가 되는 것이다.

따라서 근로보호입법의 제1차적 대상이 바로 근로시간의 제한이었다. 근대적 자본주의 사회에 노동운동이 시작된 후 최대의 목표가 8시간 노동, 8시간 휴양 그리고 8시간 수면이었다.

이와 같은 근로자보호상 절대적 의의를 가지고 있는 근로시간을 위하여 1919년 베르사이유 평화조약도 그 제4원칙으로서 1일 8시간 또는 1주간 48시간을 실시할 것을 권고한 바 있다.

3. 근로시간의 동향

한국경제의 고도성장 과정에서 산업구조와 취업구조가 개선되어 노동력의 수급 면에서도 1970년 중반부터는 노동력의 절대적 과잉상태의 구매자시장(buyer's market)에서 노동력의 양적 부족상태인 판매자시장(seller's market)으로 노동시장에 큰 변화를 가져왔다.

노동의 양상도 기술혁신에 의한 산업구조의 변화와 기계화의 진전 및 경영합리화에 의해 단순노동집약산업에서 기술집약산업으로 변화되었기 때문에 노동의 질적 변화를 가져오게 되었다.

뿐만 아니라 경제성장의 결과, 임금이 인상되어 생활 수준은 향상되었고 노동과 생활에 대한 사람들의 사고 방식이 달라지게 되었다. 즉, 일은 얼마든지 할터이니 돈만 많이 달라고 하던 근로자들의 일반적인 생각이 1980년대 중반부터는 돈도 좋지만 자신만의 시간을 갖는 것이 더욱 중요하다는 것으로 바뀌었다.

사회 전체적으로 보면 여가시간(leisure time)에 대한 욕구가 커지면 커질수록 근로시간(labor time)은 짧아지게 된다. 또한 소득 수준의 향상으로 진학에 의한 교육기간이 연장되면 될수록 노동할 수 있는 기간은 짧아지고, 근로자의 교육 수준은 높아지게 된다. 1960년대 현장근로자들의 학력 수준이 대부분 국졸 이하였으나, 1990년대에 와서는 고졸 이상이 대부분이고 2000년대 이후부터는 대졸자들이 대부분이다.

이와 같은 경제의 고도성장, 생활 수준의 향상, 의식구조와 생활습관의 변화, 근로 양상의 변화 등을 배경으로 해서 근로시간은 점점 짧아지는 추세이다.

우리나라는 1991년 10월부터 법정기준 근로시간이 1일 8시간, 1주 44시간, 6일제 노동으로 되었다.

이를 외국과 비교하면 선진국인 미국 주 40시간, 프랑스는 1998년 6월주당 39시간에서 주당 35시간으로 단축, 독일, 이탈리아는 주 40시간이다. 일본은 업종에 따라 기준근로시간이 다양하나 대체로 1994년 4월 1일부터 40시간 시행, 동남아의 주요 경쟁국인 싱가포르는 주 44시간이고, 대만은 매 2주간 84시간으로 하고 있다.

우리나라는 2001년 1월 노사정위원회는 현행 주 44시간으로 되어 있는 법정근로 시간을 40시간으로 단축하는 내용의 노사정합의문을 채택하였다. 현재 우리나라는 2004년 7월 1일부터 공기업과 금융보험업, 근로자 1,000명 이상, 2005년 7월 1일부터는 300명 이상, 2006년 7월 1일에는 100명, 2007년 7월 1일에는 50명 이상, 2011년 7월 1일부터는 5인 이상 20인 미만의 소규모 사업장에도 주 5일근무, 즉 주 40시간 근무제가 시행되었다.

근로기준법 개정안이 통과되면서 근로시간이 68시간에서 52시간으로 단축된다. 경제협력개발기구(OECD)에 따르면 우리나라 1인당 연간 평균 근로시간은 멕시코에 이어 두 번째로 많은데 OECD 35개 회원국 평균(1,768시간)과 비교하면 무려 305시간을 더 일을 하고 있다.

기존의 근로기준법에서는 휴일(토, 일)이 '근로일'에서 제외되어 평일의 연장 근로와 주말 근무를 다르게 정의하고 있어서 법정 근로시간 52시간에 주말에 16시간을 추가로 일해도 문제가 없어 사실상 68시간이 주당 가능했다. 근로기준법 개정안 통과에 따라 휴일(토, 일)도 '근로일'에 포함돼 1주일(7일) 동안 근로시간이 정확하게 52시간으로 한정하고 있다.

근로시간 단축에 따른 기업의 피해를 최소화하기 위해 기업 규모별 시행 시기는 다르게 적용하고 있는데 300인 미만 사업장과 공공기관은 2019년 7월 1일부터, 50~299인 사업장은 2020년 1월 1일, 5~49인 사업장은 2021년 7월 1일부터 시행된다.

많은 근로자들이 근로시간 단축에 대한 혜택을 볼 수 있도록 근로시간 제한 특례업종도 26개에서 5개로 축소했다. 근로기준법 기준으로 근로시간의 제한이 없는 업종을 '특례업종'이라고 하는데 기존에는 26종 이었지만 이젠 육상운송업, 수상·항공운송업, 기타운송서비스업, 보건업 등 5종을 제외하고 모두 폐지하기로 했다. 특례업종이 폐지되는 21개 업종은 300인 이상의 사업장이라면 주당 52시간 근로 개정안을 2019년 7월 1일부터 적용해야 하고, 병원 등 보건업과 운송업 등 5개 업종은 근로시간 특례업종으로 남아 노사 합의로 주당 12시간 연장 근로가 가능하다.

제2절 근로시간의 관리

1. 근로시간관리의 의의

근로시간관리에 있어서 가장 기본적인 것은 하루에 총 몇 시간을 일하는 것이 가장 적당하고, 이 시간을 어떻게 배분하는 것이 능률의 저하를 막고, 불량률을 줄이며, 재해율을 낮출 것인가 하는 것이다.

근로시간의 장 · 단(長短)은 노동능률과 불량률 및 노동재해발생률과 밀접한 관계가 있으므로 기업경영에 직접적인 영향을 미칠 뿐만 아니라 장시간의 근로는 근로자의 건강은 물론 가족의 가정생활에도 영향을 미친다.

그러므로 근로시간은 기업의 실정과 사회적 관행 및 근로자 체력의 한계를 고려하여 합리적으로 제도화하고, 적절하게 운영하여야 한다. 근로시간을 적절하게 관리한다고 하는 것은 각 사업장의 실정에 따라 소요되는 노동의 종류가 상이하기 때문에 한 가지로 단정할 수는 없으나 노사가 충분히 협의하여 각 사업장의 실정에 맞는 최적의 방법을 찾아내어 실시해야 한다.

일반적으로 근로시간관리에 있어서 유의해야 할 점에 대해 살펴보면 다음과 같다.

① 제도를 명확히 정하는 것이다.

근로시간에 있어서 가장 필요한 것은 근로시간제도를 명확히 정해서 이를 근로자들에게 충분히 주지시키는 일이다. 근로시간제도를 정하는 것은 물론 단체협약이라든가 취업규칙 등에 의한다.

시업시간과 종업시간을 정하지 않고 많은 근로자를 채용하고 있는 사업장은 조직적인 사업운영이 어려울 것이며, 지각이나 조퇴에 대한 질서를 유지하기도 곤란할 것이다.

② 근로시간제도는 실정에 맞아야 한다.

근로시간 · 휴식 · 휴일 · 휴가 등의 근로시간제도는 당해 기업이나 사업장, 근로자의 실정에 맞지 않으면 안 된다. 근로시간제도는 노동과 밀착된 것이기 때문에 작업의 내용이나 근로자의 상황에 따라 동일기업에서도 각 직종에 따라 상이하다. 예를 들면, 사무원, 작업원, 외무원, 운전기사, 수위 등 노동의 실태에 적합한 제도를 만드는 것이 중요하다.

③ 법령이나 법규에 위배되지 않아야 한다.

근로기준법에 위반되어서는 안 된다. 그러나 근로기준법의 규정은 근로조건의 기본적인 사항에 대한 최저한도의 기준을 정한 것이므로 다양한 사업장의 실태에 적용되기는 어렵다.

④ 필요노동량의 예측을 정확히 해야 한다.

근로시간제도를 합리적으로 운용하기 위해서는 필요노동량의 예측을 정확히 하는 것이 중요하다. 왜냐하면 근로시간은 노동량의 요소이기 때문이다. 필요노동량의 예측을 정확히 하고 이것에 의해 필요한 근로자 수를 산출한 뒤 근로시간 계획을 수립하여 실행하는 것이 합리적이다.

⑤ 사전에 근로자와 합의하여야 한다.

근로시간제도를 정할 때에는 노동조합과 단체교섭을 한다든가 근로자 대표들로부터 취업규칙에 대한 의견을 사전에 듣는다.

근로시간은 근로자와 가족의 생활에 주는 영향이 크다. 최근 근로자들의 사생활을 중요시하고, 여가활동에 관심이 많기 때문에 근로시간을 사전에 분명히 함으로써 근로자의 생활에 예기치 못한 불이익을 주지 않도록 해야 한다.

⑥ 근로시간의 시작을 명확히 해야 한다.

명확한 업무명령에 의해 시업시간을 분명히 하는 것이 필요하다.

⑦ 근로시간의 기록을 확실히 한다.

사용자 측에서 보면 각 근로자가 근로를 제공한 실적을 명확히 기록함으로써 지각, 조퇴, 결근에 따른 임금감액과 근태성적의 평가에 필요하다.

근로자의 측면에서 보면, 가산임금계산을 위해 필요하며, 또한 근로시간제도의 개선을 도모하기 위해서는 과거의 근무 데이터가 있어야 한다. 따라서 근로시간의 기록은 단지 출근·결근을 체크하는 데 그쳐서는 안 되고, 타임 레코더(time recorder)의 기록이나 자동차 운전의 경우 자동운행기록계(tachograph)와 같이 근로시간과 휴식시간의 내용이 분명하게 기록되어야 한다.

2. 근로시간관리와 생산성

1) 근로시간과 능률의 문제

자본주의 초기에는 장시간 노동을 통해 생산량을 증대하고자 했다. 그러나 근로자에 대한 장시간의 근로는 오히려 산업재해의 빈발, 과로에 의한 피로와 질병, 스트레스의 가중, 자기개발 기회의 상실, 노동의 능률 저하 등의 각종 부작용을 초래하게 된다. 노동의 주체인 인간은 정신적 · 육체적인 한계로 인하여 여러 가지 문제가 발생한다는 많은 연구 · 실험에서 입증되었다.

1917년 영국의 정부에 의해 추진된 버논(H. M. Vernon)의 '노동시간과 생산량과의 관계'에 의하면 주 근로시간을 66시간에서 48.6시간으로 26% 감소시켜도 시간당 생산은 68% 증가하고, 총생산량도 15%나 증가함을 발견하였다.

근로시간과 능률과의 관계에 대한 연구도 있다. 영국 켄트(Kent)의 방직공장 여공의 작업실험, 골드마크(J. Goldmark)의 기계작업, 수작업, 근육작업 등에 관한 실험과 1942년 미국의 프린스턴대학(Princeton University)의 산업관계학과의 실험연구 결과를 요약하면 다음과 같다.

첫째, 노동시간의 단축은 시간당 생산량을 증대시키며, 적어도 1일 8시간까지는 현저히 증가한다.

둘째, 총생산량은 노동의 종류에 따라 단축에 의해서 증대하는 경우도 있고, 저하되는 경우도 있다.

즉, 중근노동(重筋勞動) 또는 완성작업 등에서는 능률이 증대하고, 기계를 주로 사용하는 노동에서는 능률이 증대하지 않는다는 것이다.

근로시간 단축의 효과를 다양한 시뮬레이션 방법에 의해 측정한 결과 1시간의 근로시간이 단축되는 경우 기업이 부담해야 하는 단위생산비용이 일정하다는 가정 하에 약 1/3은 생산성향상으로 나타났고, 약 2/3가 고용창출로 나타나고 있다. 이는 단위생산비용을 증가시키지 않는다는 조건 하에 근로시간 단축의 효과가 매우 크다는 것을 의미한다.

2) 근로시간과 질병 · 재해 · 불량률과의 관계

근로시간의 연장은 근로자로 하여금 피로를 누적시켜 체력의 유지를 어렵게 하고, 이것이 계속되면 신체 각 부분의 기능에 이상을 초래하여 질병, 재해, 불량률을 증대시킨다. 이와 같은 상태는 근로자 개인으로서는 건강을 해치고 생명을 잃게 되며, 기업으로서도 많은 손실을 가져오게 된다.

1890년 영국의 부루나 몬드회사(Bruna Mond Co.)에서는 12시간 2교대제를 8시간 3교대제로 변경한 결과 이병률(罹病率)이 7.1%에서 5.1%로 감소하였다는 연구결과를 밝힌 바 있으며, 1942년 미국의 프린스턴대학 산업관계학과에서 실시한 140개 사의 조사에서는 주 48시간을 초과하였을 경우에는 결근과 사고(事故)가 증가하여 비경제적이라는 결론을 내리고 있다.

따라서 근로시간의 길이와 생산량, 재해율, 불량률은 상관관계가 있기 때문에 총 근로시간을 얼마로 할 것인가 하는 근로시간의 적정화와 총근로시간을 어떻게 배분할 것인가 하는 것은 작업의 성질, 근로자의 제조건에 따라 달라야 한다.

그러므로 근로시간의 결정은 작업의 강도나 심도 또는 지속성에 따라서 달라지겠지만 다른 조건이 균등하다고 본다면 1일 8시간, 주당 40시간의 근로가 능률 면으로나 지각 · 결근의 예측에서 가장 유익하다. 그러나 컨베이어(conveyer)에 의한 작업에서는 속도가 빠르고 고도의 긴장을 요하기 때문에 8시간 노동제는 부적당하다. 작업환경이 열악한 상태에서는 더욱 그러하다. 포드자동차회사가 6시간제를 채택하고 있음은 작업강도, 속도를 중시하기 때문이다.

3. 근로시간의 단축

1) 근로시간 단축의 사회 · 경제적 배경

산업사회는 대부분의 노동이 단순반복적인 단조로운 작업으로 기계장치의 운전을 위한 감시노동으로 되어 있다. 이와 같은 노동에 있어서의 피로는 육체적인 것으로부터 정신적인 것으로 변화를 가져왔다.

육체적인 피로는 대개 충분한 식사와 수면에 의해 회복될 수 있지만, 정신적인 피로는 그

것만으로는 회복되기 어렵다. 오히려 충분한 여가시간의 활용에 의해 쌓인 스트레스를 해소함으로써 회복될 수 있다.

근로시간이 점점 짧아지고 여가시간이 상대적으로 점점 길어지는 사회 · 경제적 배경을 살펴보면 다음과 같다.

첫째, 근로자들의 소득 수준과 생활 수준이 향상됨에 따라 여가시간을 더욱 선호한다. 인간행복의 요건 중 여가가 중요한 부분을 차지하고 있기 때문에 노동은 여가를 통한 행복추구의 수단이다.

둘째, 고도의 산업화사회로의 진전으로 도시의 과밀화현상이 나타나게 되고, 도심의 주택난은 도시주변으로 확대되어 통근거리를 멀게 하여 통근시간이 많이 소요되게 되었다. 이로 인해 근로자들의 정신적 피로와 육체적 피로를 가중시키게 되었다.

셋째, 산업구조의 고도화로 인한 생산의 기계화는 근로자에게 단순반복적인 단조로운 노동을 증가시켰다. 이러한 노동의 질적인 변화는 근로자의 육체적인 부담을 경감시키는 반면 정신적인 긴장도는 오히려 높여서 새로운 피로와 인간성 소외현상을 가져오게 되었다.

넷째, 경영환경의 격변과 급격한 기술의 혁신은 근로자의 지식이나 기술의 고도화를 요구하여 자기개발의 필요성을 증가시켰다.

이와 같은 사회 · 경제적 요인으로 인하여 근로자는 많은 여가시간을 필요로 하게되고, 상대적으로 근로시간의 단축을 가져오게 되는 것이다.

2) 근로시간 단축의 필요성

근로자가 갖는 노동력은 기업의 근원적인 자원이며, 사회의 자산이다. 기업의 활동은 인간의 노력을 통해 이루어진다는 측면에서 볼 때 인적자원, 즉 노동력은 다른 어떤 자원보다도 중요하다.

이러한 자원의 획득 · 유지 · 개발 · 재생산은 노동력의 소유자인 근로자들의 건강상태와 사회복지에 의해 크게 영향을 받고, 작업환경이나 근로시간의 장 · 단(長短)에 의해 좌우된다고 할 수 있다.

이를테면 기업의 성장과 발전은 기업구성원의 건전한 정신과 강인한 체력에 의존하게 되며, 근로자들의 건전한 정신과 강인한 체력은 근로환경과 근로시간의 장 · 단에 좌우된다고 할 수 있다. 따라서 인적자원의 개발과 유지 · 향상은 근로시간의 합리적인 관리에 크게 영향을 받게 된다.

그러므로 근로시간과 작업능률, 근로시간과 재해율, 근로시간과 불량률, 근로시간과 피로도와의 관계를 통해 근로시간의 적정화를 위한 많은 노력이 경주되어 왔다.

그러나 근로시간의 단축은 근로자들의 일방적인 욕구에 응할 수 있는 것이 아니라, 그 나라의 사회 · 경제적인 요인과 기업의 실정을 고려하여 노사의 협의 하에 이루어져야 한다.

근로시간의 단축과 임금지급에 대한 관리는 조화되어야 한다. 단순한 근로시간의 단축은 근로자의 임금감소와 직결되기 때문에 근로자들의 임금수입에 영향을 받지않고, 근로시간 단축으로 인하여 생산에 영향을 받지 않는 근로시간 조정이 요망된다.

종래의 단순노동집약적인 제품의 생산은 지양하고, 고도의 기술집약적인 고가품의 생산으로 전환해야 한다.

CASE STUDY

주52시간 근로시간 단축

주당 법정 근로시간을 현행 68시간에서 52시간(법정근로 40시간 + 연장근로 12시간)으로 단축하는 내용의 '근로기준법 개정안'이 2018년 2월 국회를 통과했다. 이에 따라 종업원 300인 이상의 사업장과 공공기관은 2018년 7월 1일부터 '주당 근로시간 52시간'을 지켜야 한다.

국회가 2018년 2월 28일 주당 법정 근로시간을 현행 68시간에서 52시간(법정근로 40시간 + 연장근로 12시간)으로 단축하는 내용의 '근로기준법 개정안'을 통과시켰다. 개정안은 '일주일은 7일'이라는 내용을 명시하면서 주 최대 근로시간이 현재 68시간(평일 40시간 + 평일 연장 12시간 + 휴일근로 16시간)에서 52시간(주 40시간 + 연장근로 12시간)으로 16시간이 줄어들었다. 현재 주 68시간은 고용노동부가 주 단위를 '평일 5일'로만 해석하고, 토 · 일요일은 법정근로시간 계산에서 제외해 휴일 근로로 각 8시간씩 더함에 따른 것이다. 한편, 근로기준법은 근로자 보호를 위한 강행 규정이기 때문에 노사가 합의해도 52시간 이상 일할 수 없다. 만약 이를 어기면 사업주는 징역 2년 이하 또는 2,000만 원 이하 벌금에 처해진다.

52시간 단축 시행시기는 기업 규모별로 차등화 하고 있다. 국회는 산업계의 충격을 완화하기 위해 기업 규모별로 시행시기를 차등 적용하기로 했다. 우선 종업원 300인 이상의 사업장과 공공기관은 2018년 7월 1일부터 '주당 근로시간 52시간'을 지켜야 한다. 50~299

인 사업장과 5~49인 사업장은 각각 2020년 1월 1일, 2021년 7월 1일부터 법을 적용한다. 다만 주 52시간제가 전면 시행되는 2021년 7월부터 1년 6개월간(2022년 12월 31일까지) 30인 미만 사업장은 노사 합의를 통해 특별연장근로 8시간을 허용하기로 했다.

특별연장근로는 천재지변이나 그에 준하는 재해 · 사고가 발생했을 때 이를 수습하기 위한 연장근로를 허용하는 제도다. 근로기준법 53조에 따르면 사용자는 특별한 사정이 있으면 고용노동부 장관의 인가와 근로자의 동의를 얻어 근로시간을 연장할 수 있다.

주52시간 단축 Q & A

Q. 1일 15시간씩 1주에 3일 일하면 45시간이 된다. 이 경우 주 52시간 미만이므로 법 위반에 해당되지 않는가?

A. 하루 8시간을 초과한 시간은 주간 근로시간에 관계없이 연장근로에 해당한다. 3일간 매일 7시간씩 21시간 연장근로를 한 것으로 최대 연장근로시간(12시간)을 초과한 것이므로 법 위반이 된다.

Q. 월~금요일 동안 40시간 소정 근로 외에 연장근로 12시간을 채웠지만 일요일 근로가 불가피해 노사 합의로 다음 주 대체휴일을 하루 지정하기로 했다. 이 경우는 법 위반인가?

A. 합의에 따라 휴일 대체를 했으니 일요일은 통상적 근로일이 되고 대체한 날이 휴일이 된다. 하지만 이미 최대 연장근로시간(12시간)을 채웠기 때문에 일요일 근무는 법 위반이다. 여기에 법 위반과 별개로 일요일 근무에 대한 가산수당도 지급해야 한다.

Q. 7월 전에는 300명 미만이었는데 8월에 신규 채용으로 직원 수가 300명을 넘었다면 법 적용을 받는가?

A. 300명을 넘는 시점부터 52시간 기준을 적용 받는다. 1개월간 일한 근로자의 연인원 숫자를 사업장 가동일수로 나눴을 때 300인이 넘는지 아닌지가 기준이다.

제3절 단시간근로

1. 단시간근로의 배경

1) 단시간근로의 정의

산업구조가 고도화되고 노동력의 구조가 변화함에 따라 점차 고용과 취업 형태가 다양화되며 파견근로자 · 하도급근로자 · 단시간근로자 등과 같은 비정규근로자가 늘어나고 있다.

정규직근로에 못지 않게 이미 중요한 근로 형태로 자리잡아 단시간근로자(파트타이머)가 증가하고 있으며, 증가속도가 빨라지고 있다.

하루 몇 시간 정도 근무하거나 제조업 · 금융업 등에서 정규직근로자와 거의 다름없이 규칙적으로 근무하지만 근로계약기간이 3~6개월 정도로 1년 미만의 계약직근로자도 있다.

단시간근로자는 1주간의 고정근로시간이 당해 사업장의 동종업무에 종사하는 통상근로자의 1주간의 소정근로시간에 비하여 짧은 근로자를 말한다(근로기준법 제2조제1항9호).

1주간의 소정근로시간이 현저히 짧은 근로자를 단시간근로자라 하여 1주간의 소정근로시간이 15시간 미만인 근로자를 "근로시간이 현저히 짧은 근로자"로 정의하고(근로기준법 제18조제3항) 이들에 대해서는 퇴직금제도, 주휴일제도, 월차휴가제도, 연차휴가제도는 적용되지 않는다.

ILO협약에서 채택하고 있는 '단시간근로'의 개념은 전일근로제와는 상반된다는 것을 의미하고 있다. 그리고 '비정형근로'로 분류하여 단속적 · 계절적 · 임시적 및 일시적 고용 형태를 포함하는 개념이다.

단시간근로자의 임금산정 단위는 시간급을 원칙으로 하며 1일 소정근로시간 수에 시간급임금을 곱하여 산정한다. 사용자는 근로자와 합의한 경우에만 초과근로를 시킬 수 있다.

2) 단시간근로의 배경

단시간근로 등의 비정규근로자가 증가하는 원인은 노동수요와 노동공급 및 정부의 노동정책의 세 가지 면에서 살펴볼 수 있다.

(1) 노동수요 면에서의 증가

산업구조의 고도화와 정보산업화의 확대에 따라 기업의 인적자원관리 면에서의 유연성 확보가 필요하게 되었다. 즉, 필요한 전문인력을 적기에 확보하고 임금관리 면에서의 원가절감을 통한 경쟁력 확보 측면에서 비정규근로 형태를 선호하게 되었다.

그 이유를 보면 다음과 같다.

① 극소전자화(Micro-Electronics)에 의한 비전형근로에 대한 수요증가

극소전자화는 종래 하나의 직종이었던 업무가 전문적인 직종과 비전문화 직종으로 분화됨에 따라 노동력 확보와 경비절감 등을 위해 비정규직근로를 선호하게 되었다.

② 서비스경제화

서비스경제화에 의해 업무량의 단기적 변동에 대한 탄력적 대응 또는 근로시간단축의 경향에 대한 근로시간의 연장을 위해 비정규근로에 대한 수요가 증가하게 되었다.

③ 공장자동화와 사무자동화의 확대

각 부문에서 자동화가 이루어져 업무가 단순화 되어 비정규근로자도 업무수행이 가능해져 단시간근로 형태를 선호한다.

④ 인건비 절감

기업 간 경쟁이나 국제경쟁의 심화에 따라 고정인건비 절감을 위해 정규근로자가 아닌 비정규근로자를 선호하게 되었다.

(2) 노동공급 면에서의 증가

① 노동력 구조의 변화

기업경영환경의 변화에 따라 노동력의 여성화, 고령화, 그리고 고학력화가 되었다. 이에 따라 고용기간의 일시성, 근무시간의 탄력성 등이 유연하게 확보되는 비정규직근로를 선호하게 되었다.

② 비정규근로 형태의 선호

특정 분야의 전문직 · 기술직 근로자의 경우 특정 직장에 얽매이거나 구속되는 것을 원하지 않아 자유롭게 활동할 수 있는 비정규근로 형태를 선호하는 경향도 있다.

③ 사회참가 욕구의 증대

학생의 학교생활이나 주부의 가사 · 육아의 시간 틈틈이 시간활용과 자신의 능력을 발휘하고자 하는 이유에서, 그리고 고령자의 체력적인 이유와 소일거리 및 경제적 이유에서 자신의 형편에 맞는 근로시간과 근무일을 선택할 수 있는 등의 이유로 비정규근로 형태를 선호한다.

(3) 정부의 노동정책 면에서의 증가

① 인력수급의 불균형 현상

취업난과 구인난이 함께 하는 인력수급의 불균형현상을 해결하기 위해서는 소극적 실업해소책이 아닌 보다 적극적 고용정책 수립이 필요하다.

② 중소기업의 심각한 인력난

중소기업에서 겪고 있는 심각한 인력난을 극복하기 위해서는 유휴노동력의 활용과 이를 위한 단시간근로의 활성화 등 비정규근로의 확대가 전망된다.

이상에서 볼 때, 단시간근로의 증가는 노동시장에서의 임시적 현상이 아닌 장기적 추세로 보아야 한다.

2. 단시간근로의 문제점

단시간 고용에 대한 사용자 측과 노동자 측의 입장은 서로 상반되지만 기업이 노동력 수급운용에 있어 단시간근로 형태의 실시가 필요하다는 점에 있어서는 동일한 입장이 아닐 수 없다.

단시간근로제의 문제점으로는 다음을 들 수 있다.

① 단시간근로의 근로조건이나 근로 형태가 일반근로에 비해 상대적으로 열악한 여건에 있다.

② 정규근로와 유사한 단시간근로임에도 인건비 절감을 위해 단시간근로 형태로 고용하는 경우도 허다하다.

③ 노동조합 역할이 미약하고 관심도 저조하다. 그래서 노동조합에 의한 단시간근로자의 근로조건 개선이나 지위향상에 대한 관심이 미흡한 실정이다.

④ 단시간근로자들의 소속감과 책임감 결여

⑤ 업무의 연속성 결여로 인한 업무능력 배양의 어려움과 업무수행능력 부족

⑥ 노무관리의 어려움

⑦ 대부분 서비스산업에 종사

단시간근로의 문제점을 기업과 근로자 측면에서 다음과 같이 구분 · 정리할 수 있다.

표 11-1 단시간근로의 문제점

기업	근로자
• 소속감과 책임감 결여 • 퇴직과 이직률이 높다. • 업무수행능력 부족 • 업무의 연속성 결여 • 정규직 근로자와의 갈등 • 노무관리의 애로	• 정규직근로자에 비해 고용불안 • 정규직근로자와의 갈등 • 근로조건 열악 • 노동조합 활동의 침체와 약화

3. 단시간근로의 촉진

단시간근로는 일반적으로 노동의 대체성이 큰 미숙련노동력의 활용을 위한 고용 형태이다. 단시간근로는 최근 빠르게 확대되고 있으나 외국에 비해 아직은 비중이 낮아 양적으로 활성화되지 않을 뿐 아니라 활용목적에 있어서도 단순한 업무 변화에 대한 대응, 정규인력의 신규채용 대체 등의 기초적 단계에 있다.

단시간근로자의 구성에 있어서도 고령층이나 주부노동력의 비중이 낮은 반면에 청년층의 비중이 높다. 유휴인력 활용 면에서 기대에 미치지 못하고 단지 미숙련노동력을 활용하는 정도이다.

노동시장이 장기적으로 안정되기 위해서는 정규직노동력은 보다 전문지식이나 기술을

요하는 작업에 종사하고 대신, 미숙련노동은 단시간노동에 의해 경제적이며 탄력적인 방법으로 충당되어야 한다. 하지만 우리나라 노동시장의 경우에는 정규직이 미숙련노동 분야에 종사하고 있어 인력활용의 효율성이 떨어지고 있는 실정이다. 우리나라 노동시장의 문제로 대두되고 있는 인력부족의 해소나 인력활용도의 제고를 위해서 단시간근로의 촉진책이 강구되어야 한다.

선진국의 경우, 매우 다양한 형태의 단시간근로제를 채택하고 있다. 일시적 인력이나 단순화된 업무에 이용될 뿐만 아니라 고령인력과 전문직 인력의 전문지식과 기술활용을 위한 제도, 고령자의 단계적 퇴직을 위한 제도, 여성 정규직 인력의 육아 등을 위한 한시적 전환 등의 다양한 형태로 활용되고 있다. 우리나라는 일시적 업무량 변화에 대한 대응, 단순화된 업무에 대한 정규인력 채용대체의 수준에 머무르고 있다.

단시간근로의 촉진을 위해서는 단시간근로가 정규직 고용과의 일정한 차이를 인정하고 단시간근로자의 기본적인 권리와 근로조건을 명확히 하여 보호하고, 노동시장의 수요에 부응하는 다양한 형태의 단시간 고용을 인정하고 정착시켜 단시간 고용을 촉진해야 한다. 단시간 교육의 촉진을 위해서는 단시간 고용에 대한 권리보호, 각종 사회보장제도 및 근로기준에 대한 조항을 면제하여 각종 번거로운 절차를 제거하여 취업에 대한 제한과 절차개선의 조치가 필요하다.

4. 단시간근로의 보호

단시간근로에 대한 보호는 단순히 현재 단시간근로 형태로 일하고 있는 근로자에 대해 보호하는 것만으로 인식되어서는 안 된다. 개정 근로기준법에서는 근로시간의 짧은 정도를 묻지 않고 단시간근로로 간주하며, 다양한 단시간근로자의 격차를 인정하고, 통상 근로자와의 근로시간에 비례한 근로기준의 설정 등 정규직과 임시직 사이의 단계가 인정되고 있다. 다양한 고용상의 지위를 인정하여 차별적 보호를 인정하고 단시간근로자를 보다 폭넓게 인정하는 다음의 보존원칙이 수립되어야 한다.

1) 비례적 보호의 원칙

단시간근로의 근로조건은 당해 사업장의 동종업무에 종사하는 통상근로자의 근로시간을 기준으로 산정한 비율에 따라 결정되어야 한다는 것이 '비례적 보호의 원칙'이다.

근로시간에 따른 근로조건의 차이에 대해서 비례적 보호의 원칙을 세우고, 비교대상에 있어 '동종업무'로 함으로써 업무에 따른 근로조건의 차이를 인정하는 것이 더 현실적이다. 다른 통상근로자 간의 차이를 근로시간에 따라 인위적으로 설정하는 것은 현실적으로 어렵다. 단시간근로제는 주당 몇 시간밖에 근로하지 않는 경우도 있고 또는 정규직근로자와 다름 없이 장시간 근무하는 경우도 있기 때문이다. 그러므로 단시간근로의 업무와 취업규칙에 따른 다양성을 인정하되 각 사회보장 및 고용정책 설정에 따라 그 대상으로 포함하는 것이 바람직하다.

2) 고용보험의 적용

고용보험은 1995년 7월 1일부터 상시근로자 30인 이상 사업장에서 시작하여 2000년 10월 1일부터는 근로자 한 사람이라도 있으면 고용보험에 가입해야 한다. 단시간근로자의 고용보험 적용대상은 1개월간 소정근로시간이 60(1주 15시간 미만 포함) 이상으로 1개월 이상 계속 근로를 하면 고용보험 피보험자격을 갖는다.

고용보험의 적용은 단시간근로자의 고용안정과 직업안정에 기여할 수 있다. 이는 유휴노동력을 노동시장으로 이끌어 들이고 평생학습을 제공하여 노동력의 공급을 확대한다는 측면에서도 중요한 요소가 될 것이다.

3) 장기계약직근로제의 정착

근로계약은 근로기준법상 1년을 초과하지 못하게 되어 있지만 어디까지나 근로자의 인신이 구속되지 않도록 보장하는 데 있다.

단시간근로제의 촉진과 보호를 위해서는 정규직근로자와는 달리 단시간근로자에게는 장기계약직 근로제가 더 바람직하다.

장기계약직의 정착은 단시간근로자가 보다 안정된 고용 형태로 취업할 수 있는 기회를 가질 수 있게 됨으로써 현재의 단시간근로자의 장기적인 지위향상에 이바지할 수 있다.

그리고 최근 사회적 문제가 되고 있는 중장년층 인력의 재취업 촉진에도 크게 기여할 수 있고 장기계약직제도의 정착은 이들 근로자들의 지위향상에 기여하게 될 것이다.

4) 단시간근로 관리 방식의 개선

단시간근로자는 노조에 가입하지 못하고 있고, 노조의 단시간근로자에 대한 관심도 낮아 노조에 의한 권리보호도 받지 못하고 있다. 단시간근로자는 귀속감, 책임감의 결여, 업무능력의 부족 등 문제를 가지고 있다. 성과급제도의 도입과 업무평정의 강화 등 근로자들에 대한 관리가 강화되어 단시간근로자들의 근로조건은 오히려 악화되는 경향이 초래되고 있다. 단시간근로자들로서는 정규직과의 다소의 차이를 수용하는 자세가 필요하며, 고용주의 입장에서는 단시간근로자의 관리 방식의 개선이 필요하다.

단시간근로제는 향후 활성화될 것으로 전망되어 고용확대와 유휴인력 활용에 있어 큰 잠재력을 가지고 있다고 평가된다. 단시간근로제가 정착되어 활성화되기 위해서는 우선 법제도적 정비가 선행되어야 한다. 명확하고 통일된 법규가 정비되는 것이 최우선적인 과제가 될 것이다. 법규의 정비에 있어 단시간근로제의 다양한 특성과 잠재적 가능성을 고려하여 일정한 차별을 인정하고 동시에 비례적 보호의 원칙에 입각하여 그 다양성을 수용하고 고용을 촉진하는 방향으로 이루어져야 한다.

법적 체제정비뿐만 아니라 기업 내부적인 인력관리 방식의 개선도 병행되어야 단시간근로제가 조기에 정착되어 고용확대와 근로자 지위향상에 기여할 수 있을 것으로 판단된다.

제4절 근로시간결정의 법규

1. 근로시간의 범위

하루 전체의 생활시간은 근로자 개인의 의사에 따라 자유롭게 처리할 수 있는 소비생활시간과 경영의 질서 하에서만 생활하는 수입생활시간으로 구분된다.

소비생활시간은 수면, 식사 등의 생리적 시간과 가사적 생활시간, 사회적 · 문화적 생활시간 등으로 이루어지고, 수입생활시간은 통근시간과 구속시간으로 이루어지고, 구속시간은 실제로 업무를 수행하고 있는 실작업시간과 실제는 업무를 수행하고 있지 않더라도 임금지급의 대상이 되는 작업준비시간을 말한다.

그런데 민법상의 근로시간은 근로계약에 의하여 근로자가 노동력을 사용자에게 공급하는 급부의무시간을 말하며, 근로기준법으로는 법률상 정의는 없지만 민법상의 급부의 의무를 묻지 않고 현실적으로 근로자가 사용자의 지휘 · 감독 하에 있는 시간으로 간주하고 있다. 사용자의 지휘 · 감독 하에 들어갔다고 인정되는 기점을 시점으로 하고 지휘 · 감독에서 벗어나는 시점을 종점으로 보는 것이다.

근로시간에 대한 법률적인 해석이 노사 간에 다소 상이한 경우도 있으나 원칙적으로는 일치하는 것이 바람직하다. 오늘날 통근시간에 대해서도 근로계약을 이행하기 위한 것이기 때문에 근로시간에 포함시켜야 한다는 주장도 있으며, 대기시간은 사용자의 지휘 · 감독 하에 구속되어 있다는 점에서 이의가 없지만 휴식시간은 근로자의 자유이용에 맡겨진다는 데 현실적인 해석의 논란이 있다. 휴식시간은 원칙적으로 임금지급의 의무가 없다.

또한 작업을 위한 준비시간이나 작업이 끝난 다음의 정리시간이 사용자의 지휘 · 감독하에 이루어지느냐의 여부에 따라 달리 보아야 할 것이나, 문제가 되는 것은 기계기구의 점검 · 정비와 같이 당연히 유급노동의 일부를 구성해야 할 작업을 작업시작 전 혹은 후에 하도록 명시 또는 묵시적으로 지시하고 있는 경우이다. 그러나 이것은 근로시간에 포함하는 것이 타당하며, 예컨대 안전법규에 요구되는 보호구의 착용, 오염작업 후의 세척 등이 이에 속한다.

출장기간은 통상, 규정시간에 근로한 것으로 취급하나 휴일, 시간외 근로시간의 취급 등은 명시적 또는 묵시적 지시의 유무에 의하여 판단된다.

2. 근로시간의 계산

1) 근로시간

우리나라 근로기준법 제50조에 의하면 사용자가 근로자를 근로시킬 경우 휴게시간을 제하고 1주간에 대해 40시간, 1주간의 각 일에 대하여 8시간을 초과할 수 없도록 하고 있으며 이를 법정근로시간이라 한다.

법정근로시간을 초과하여 근로시킬 경우에는 반드시 당사자 간에 합의를 하도록 하되, 1주간에 12시간을 초과할 수 없도록 하고, 연장하여 근로한 시간에 대해서는 가산임금(통상임금의 50%)을 지급하도록 하고 있다(법 제53조). 그러나 운수업, 물품판매 및 보관업, 영화제작 및 흥행업, 통신업, 의료 및 위생사업 등에 해당하는 사업으로 공중의 편의 또는 업무의 특성상 필요한 경우 당사자 간 서면합의를 할 때에는 1주 12시간을 초과하여 연장근로하거나 휴식시간을 변경할 수 있다.

여자와 15세 이상 18세 미만인 자의 근로시간과 연장근로에 대해서는 보다 엄격한 제한을 가하고 있다(법 제51조제3항). 여자와 18세 미만인 자에 대해서는 야간근로(하오 10시부터 상오 6시까지)가 금지되며 휴일근무에 근로시키지 못한다. 다만 그 근로자의 동의와 고용노동부장관의 인가를 받은 경우에는 가능하다(법 제70조제1항 · 2항). 18세 이상의 여자에 대해서는 단체협약이 있는 경우라도 1일에 2시간, 1주일에 6시간, 1년에 150시간을 초과하는 시간외의 근로를 시키지 못한다(법 제71조). 그리고 15세 이상 18세 미만인자의 근로시간은 1일 7시간, 1주일에 35시간을 초과하지 못한다. 다만 당사자 간의 합의에 의해 1일 1시간, 1주일에 6시간에서 5시간으로 2018년 3월 20일에 개정하였다(법 제69조).

CASE STUDY

근로시간 특례업종 축소

노사가 합의를 하면 법에 정해진 연장근로시간을 넘겨 일할 수 있는 '근로시간 특례업종'의 경우 기존 26개에서 5개(노선버스를 뺀 육상운송업, 수상운송업, 항공운송업, 기타 운송서비스업, 보건업)로 대폭 줄였다. 다만 특례업종에서 제외되는 21개 업종 중 300인 이상 사업장 · 공공기관의 경우 근로시간 단축 시행일은 2019년 7월 1일로 유예 했다. 또 존치된 특례업종 5종에 대해서는 연속 휴게시간을 최소 11시간 보장하기로 했다.

이에 따라 5개 업종을 제외한 21개 업종의 경우 ▷300인 이상 사업장은 2019년 7월 1일부터 ▷50~299인은 2020년 1월부터 ▷5~49인은 2021년 7월 1일부터 주 12시간을 초과한 연장근로가 금지된다. 대신 5개 업종 근로자는 오는 9월 1일부터 근무 종료에서 다음 근무일까지 최소 11시간의 휴식을 보장받을 수 있다.

▶ 특례 제외 업종(21개)

물품판매 및 보관업, 자동차 및 부품 판매업, 도매 및 상품중개업, 소매업, 보관 및 창고업, 금융보험업, 금융업, 보험 및 연금업, 금융 및 보험 관련 서비스업, 영화제작 및 흥행업, 영상 오디오 기록물 제작 및 배급업, 방송업, 통신업, 우편업, 전기통신업, 교육연구 및 조사사업, 연구개발업, 광고업, 접객업, 미용 · 욕탕 및 유사서비스업, 전산업

▶ 특례 인정 업종(5개)

육상운송업(노선버스 제외), 수상운송업, 항공운송업, 기타 운송 관련 서비스업, 보건업

이같은 근로기준법의 특례조건은 공중생활의 편익을 위한 것이나 원래 1일 8시간제의 원칙에는 근로자의 건강확보와 아울러 인간다운 가정생활의 보장이라는 보다 고차원적인 의미가 내포되어 있다. 그러므로 시간외근무나 야간근무는 근로자에게 심신에 무거운 부담이 되고 생활의 필요시간을 크게 침해하기 때문에 가능한 한 피해야 할 것이다.

그러나 사실상 필요한 경우도 없지 않을 것이므로 현행 근로기준법은 이를 금지하는 조치를 취하지 않고 시간외, 야간 및 휴일근무에 대해서는 통상임금의 50% 이상의 가산임금을 지급하여야 한다라고 규정하고 있다.

2) 휴게시간

우리나라 근로기준법은 휴게시간의 부여를 근로시간이 4시간인 경우에는 30분 이상, 8시간인 경우에는 1시간 이상의 휴게시간을 근로시간 도중에 주어야 하고, 이 휴게시간은 근로자가 자유로이 이용할 수 있도록 규정하고 있다(법 제54조제1항 · 제2항).

피로의 누적은 인간의 정상적인 판단을 흐리게 하고, 정확한 동작과 자세를 취하지 못하게 하므로 인간공학적 측면에서근로시간 중의 휴식은 중요한 관심사가 된다.

그러므로 관리자들은 무리한 작업시간의 운용에서 오는 피로를 방지하여 질과 양이 높은 노동능률을 유지하고 재해방지를 위하여 적절한 휴게시간을 작업의 성격에 따라서 주어야 한다. 작업 도중에 적당히 휴식을 하는 것이 휴식 없이 계속 작업을 하는 것보다 능률적이기 때문이다.

오전 중 중간에 휴게시간을 두었을 경우 일시적으로는 시간손실, 생산량 저하 또는 피로의 감소를 느끼지 못한다 하더라도 휴게시간을 부여함으로써 능률 저하나 피로누적으로 인한 재해, 불량률증대 등을 방지한다는 것을 유의하여야 한다.

3. 휴일 · 휴가

우리나라의 근로기준법상 휴일은 매주 1회 이상의 유급휴일을 주어야 한다고 규정하고 있다(근로기준법 제55조).

1주일에 하루 쉬는 주휴제는 안식일을 지키는 기독교적 관습이었으나 오늘날에는 국제적으로 확립된 제도가 되어버렸다.

CASE STUDY

법정공휴일 유급휴무 확대

공무원 · 공공기관 직원들에게만 적용되던 법정공휴일 유급휴무제도는 민간 부분까지 확대된다. 즉, 민간기업 근로자들도 삼일절 · 광복절 · 명절연휴 등 15일 안팎의 휴일을 유급으로 쉴 수 있게 됐다. 현행 근로기준법은 유급휴일을 주휴일(일요일)과 노동절로만 규정하고 있다.

공휴일 유급휴일 규정 역시 기업 규모에 따라 다르게 적용해 ▷300인 이상 사업장은 2020년 1월 1일 ▷30~299인 사업장은 2021년 1월 1일 ▷5~29인 사업장은 2022년 1월 1일부터 적용된다.

Q. 근로기준법상 유급휴일로 보장되는 관공서 휴일은?
A. 법정공휴일은 이전까지 일부 민간기업의 노동자나 공무원한테만 유급휴일이었지만, 앞으로 5인 이상 사업장에서 일하는 모든 노동자가 똑같은 권리를 누리게 된다. 신정과 3 · 1절, 부처님오신날, 어린이날, 현충일, 광복절, 개천절, 한글날, 크리스마스, 설날과 추석 연휴 3일, 공직선거법에 따른 선거일, 임시공휴일 등이 이에 해당한다.

그러나 우리나라의 노동법상 사용자가 근로자에게 주어야 할 유급휴일은 1주일에 하루씩 부여하는 주휴일과 5월 1일 근로자의 날이다. 또한 주휴일은 반드시 일요일을 강제하지 않으며 국경일이나 기타 국가가 정한 공휴일도 그러하다.

국가공휴일이라고 해서 근로자들이 모두 쉴 수 있는 것은 아니다. 또한 반드시 일요일날 휴일을 주어야 할 의무가 사용자에게 있는 것은 아니지만 거의 대부분이 일요일을 주휴일로 정하기 때문에 별 문제는 없다. 휴일날 근로를 할 경우 원래 유급일날 받는 임금 100%에 노동한 대가로 받는 100%, 휴일근로 가산수당 50%를 더해 250%를 받을 수 있다(근로기준법 제56조제2항).

근로기준법에서의 휴가에 대한 규정은 월차휴가, 연차휴가, 생리휴가, 출산전 · 후휴가의 네 가지가 있다.

(1) 연차유급휴가(근로기준법 제60조)

사용자는 1년간 80% 이상 출근한 근로자에 대해서는 15일의 유급휴가를 주어야 한다. 사용자는 계속근로연수가 1년 미만인 근로자에 대해서는 1월간 개근시 1일의 유급휴가를 주어야 한다. 사용자는 근로자의 최초 1년간의 근로에 대하여 유급휴가를 주는 경우에는 휴가를 포함하여 15일로 하고, 근로자가 휴가를 이미 사용한 경우에는 그 사용한 휴가일수를 15일에서 공제한다. 사용자는 3년 이상 계속 근로한 근로자에 대해서는 15일 휴가에 최초 1년을 초과하는 계속근로연수 매 2년에 대하여 1일을 가산한 유급휴가를 주어야 한다. 이 경우 가산휴가를 포함한 총 휴가일수는 25일을 한도로 한다.

사용자는 연차휴가에 대해 근로자의 청구가 있는 시기에 주어야 하며, 그 기간에 대해서는 취업규칙이나 그 밖의 정하는 바에 의한 통상임금 또는 평균임금을 지급하여야 한다. 다만, 근로자가 청구한 시기에 휴가를 주는 것이 사업운영에 막대한 지장이 있는 경우에는 그 시기를 변경할 수 있다. 연차휴가를 1년간 행사하지 아니한 때에는 소멸된다. 다만, 사용자의 귀책사유로 사용하지 못한 경우에는 그러하지 아니하다.

(2) 생리휴가(근로기준법 제73조)

'사용자는 여성인 근로자에 대하여 월 1일의 유급 생리휴가를 주어야 한다'에서 개정 후에는 '사용자는 여성 근로자가 청구하면 월 1일의 생리휴가를 주어야 한다'로 개정하였다. 그리고 생리휴가 무급화 적용시기는 주 40시간 근로시간 단축과 적용을 같이 한다.

생리휴가는 여성 근로자의 신체적 특성을 고려하여 특별히 여성 근로자를 보호하고 있는 조항이다.

그런데 일부 기업에서는 일을 더 많이 시키기 위해 생리휴가를 주지 않고 생리휴가수당을 지급하면서 일을 시키는 경우가 많다. 그러나 이것은 장기적으로 볼 때 근로자 자신의 건강에 좋지 못하므로 생리수당 대신 생리휴가를 신청하여 휴가를 가지는 것이 좋다. 또한 생리휴가는 사용자가 시기를 변경할 수는 없다.

(3) 출산전 · 후휴가(근로기준법 제74조)

기업주는 임신 중의 여성 근로자에게 출산전 · 후휴가를 합하여 90일의 보호휴가를 주어야 하며, 출산후에 45일 이상이 확보되도록 하여야 한다. 휴가 중 최초 60일은 유급으로 한다.

임신 중 혹은 출산을 전 · 후해서는 충분한 휴식과 안정을 취해야 아기와 산모가 건강을 유지할 수 있기 때문에 두고 있는 제도이다.

이와 함께 근로시간의 단축에 수반하여 증대되는 근로자들의 여가는 오늘날 인간 생존의 필수불가결한 부분으로 그 속성을 달리 하는 것으로서 기업에서는 여가대책의 확립이 필요한 시기에 와 있다. 여가는 본래 자유시간이므로 통제하거나 관리하는 것 자체가 문제가 될 수 있으나 기업으로서는 근로자들이 자주적으로 건전하고 유효한 여가활용을 할 수 있는 여건을 조성하는 것이 바람직하다.

제5절 근로시간의 합리적 조정

1. 근로시간 질적 향상의 필요성

오늘날 근로환경은 서로 상반되는 현상으로 가득 차 있다. 한편으로는 일자리가 충분하지 않은 반면, 다른 한편으로는 직장을 가진 사람들이 보수를 적게 받더라도 근무시간을 줄이려 하고 있다.

2012년부터는 모든 사업장에 주 5일제가 전면 시행된다. 근로시간이 줄어들더라도 줄어든 만큼 임금은 줄어들지 않는다. 이는 ILO 조약 제47호에 규정된 "생활 수준의 저하 없는 근로시간 단축의 원칙"에 따른 것이다.

변화에 민감한 경영자들은 근로시간의 양적 감소에 대응하여 현대사회의 여건에 맞는 새로운 양식으로 변화된 근로시간제도의 질적 향상을 필요로 하고 있다.

변화하는 근로환경에 효율적으로 대응하기 위한 전략은 과거처럼 값싼 노동력을 풍부하게 장시간 활용할 수 있었던 것에서부터 고임금 · 고능률의 소수정예화된 노동을 단시간 활용하는 것으로의 방향전환을 의미하는 것이다.

로소우(J. M. Rosow)와 제이거(R. Zager)는 새로운 근로시간제도로 자유시간근무제, 항구적인 파트타임제, 직무분담제, 집중근무제, 작업분담제를 들고 있다.

이러한 제도는 근로자의 생활주기에 따라 근로시간을 스스로 조절할 수 있도록 자유롭게 함으로써 근로자를 정신적 · 생태적 리듬파괴의 굴레에서 벗어나게 하고, 현대의 산업화된 문명의 부작용을 해소하며, 근로생활의 질적 향상을 도모할 수 있도록 하려는 것이다.

특히 취학아동을 가진 주부들의 유급고용시장으로의 유입, 맞벌이부부의 증가, 부모 중 한쪽만 있는 가정의 증가추세, 일은 계속하고 싶으나 근로시간을 줄이기를 원하는 고령근로자, 노동에 있어서 더 많은 참여, 자부심과 자기충족을 기대하는 근로자들의 새로운 욕구, 여가와 평생교육에 대한 선호, 통근의 어려움과 높은 비용의 증대 등에 의해 더욱 두드러지고 있다.

2. 탄력근무제

탄력근무(flexible working hours)제는 미리 정한 시간의 범위 안에서 근로자가 자신의 근로시간을 선택하도록 하는 제도이다. 이 제도는 근무시간의 경직성을 탈피하여 근로자에게 책임감을 가지고 근무시간을 자율적으로 할 수 있게 함으로써 노동의 효율성을 증대시키는 방안이다.

실행 방법은 먼저 모든 근로자가 의무적으로 작업에 임하는 고정적 핵심근무시간(core time)을 정한다. 코아 타임은 점심시간을 중심으로 하여 전 · 후로 설정한 다음, 코아 타임을 포함한 그 전 · 후를 근로자가 개별적 혹은 소규모 조별로 일과의 시작과 종료를 선택하여 일할 수 있는 탄력적 근무시간(flexible time)으로 구성한다.

또한 탄력적 근무시간대도 각자가 작업시작시간과 종료시간을 30분혹은 1시간 단위로 선택한다든가, 식사 · 휴식시간도 탄력적으로 운영할 수 있다.

이와 같은 제도는 출퇴근 시 교통혼잡을 피해 아침 일찍 출근하는 근로자는 자동적으로 퇴근시간도 빨라져 개인적으로 활용할 수 있는 오후시간이 길어지고, 반대로 아침시간을 적절히 활용한 후 늦게 출근할 수 있어 다양한 취미생활이 가능하고 자기개발의 시간이 늘어나게 된다.

또한 조퇴율, 초과근무시간의 감소로 근로시간의 효율적인 활용이 가능하며, 개인의 자유감 증대와 노동예속감의 완화로 직무만족, 의식수준향상 등 직장분위기가 좋아진다. 그러나 연속적 생산 과정과 일괄작업을 해야 하는 작업장에서는 집단적으로 같은 근무시간에 일을 해야하기 때문에 이 제도를 실시하기가 곤란하다.

CASE STUDY

서머타임제

표준시간을 1시간 앞당기는 일괄절약시간(서머타임)제 도입이 다시 추진되고 있다. 통상 4 월부터 10월까지 적용되는 서머타임제는 사람의 활동 시작 시간을 1 시간 앞당겨 오후의 활동 가능 시간이 늘어나게 된다. 한국에서는 1987~1988년과 1948~1961년(6 · 25전쟁

중 일시 정지)에 실시된 바 있다. 서머타임을 도입하면 에너지 절약과 함께 효율적인 여가 활용으로 삶의 질이 향상된다는 주장과 사실상 퇴근시간을 늦추게 돼 근로시간만 연장시키고 신체 리듬을 깬다는 주장이 맞서고 있다.

서머타임제는 현재 세계 86개국에서 실시 중이다. 경제협력개발기구(OECD) 회원국 가운데 이 제도를 도입하지 않은 나라는 한국, 일본, 아이슬란드 3개국이다. 유럽연합은 1996년부터 서머타임제를 공식 채택하고 있다. 미국은 조지 W 부시 대통령이 2005년 8월 8일 에너지정책 개정안에 서명함에 따라 2007년부터는 서머타임 적용 기간을 2개월 더 늘려 3월 두 번째 일요일부터 11월 첫째 일요일까지 서머타임제를 실시하는 것이다.

서머타임제 도입의 기대효과는 에너지 절약효과이다. 기상시간을 1시간 앞당기면 일광시간의 효율적인 활용으로 조명 및 냉방에너지 절감이 기대된다. 일광시간 확대로 여가활용도 활발해질 것으로 기대된다. 일광시간이 늘어나기 때문에 일과 후 실외에서 다양한 활동을 할 수 있고 이에 따라 여가활용이 편리해진다. 경기 활성화와 향락성 소비 감소에도 기여할 것이다. 여가 활동의 증대와 외식 및 쇼핑 등의 증가로 내수경기에 도움을 줄 수 있다. 야간범죄 감소효과도 기대할 수 있다. 활용 가능한 시간이 늘어남에 따라 가족중심의 활동이나 스포츠 문화시설 이용과 같은 건전한 활동이 많아질 것으로 기대되기 때문이다.

서머타임제 도입은 많은 문제를 발생시킨다. 먼저 서머타임제에 익숙치 않은 상황에서 국민은 생활 리듬을 바꿔 적응해야 한다. 한 시간 일찍 일어나는 것이 도대체 무슨 문제가 있느냐, 잠이 모자라면 한 시간 일찍 자면 되지 않느냐고 생각할 수도 있다. 그러나 생체 리듬이라는 것은 일정 기간의 적응을 필요로 한다. 이 때문에 이른 새벽에 출근, 등교하고 늦은 시간까지 활동해야 하는 근로자와 학생들은 상당히 힘든 적응 기간을 겪게 된다.

또한 서머타임제가 시행되면 국제적인 상거래 행위에서도 많은 변화가 있기 때문에 철저한 준비가 필요하다. 예를 들어, 항공업체는 국제선 항공기 운항시간을 서머타임을 시행할 때와 해제할 때 두 번 조정해야 한다.

서머타임의 도입으로 가장 우려되는 것은 근로자의 근로시간이 더욱 늘어난다는 사실이다. 서머타임을 도입하는 목적 중에는 퇴근 후 여가시간을 늘려 일과 여가를 조화시킨다는 점도 있다. 하지만 오히려 악영향을 미칠 수도 있다. 서머타임제가 도입되면 '출근은 빨라지고 퇴근시간은 그대로' 등의 상황으로 실질 근로시간이 늘어날 우려가 있다는 지적이 많다.

따라서 서머타임은 제도 시행에 따른 혼선과 부작용을 극복하기 위한 대안을 마련하기 전에는 도입에 신중을 기해야 한다.

1) 탄력적 근로시간제

사용자는 취업규칙(취업규칙에 준하는 것을 포함한다)에서 정하는 바에 따라 2주 이내의 일정한 단위기간을 평균하여 1주간의 근로시간이 제50조제1항의 근로시간을 초과하지 아니하는 범위에서 특정한 주에 제50조제1항의 근로시간을, 특정한 날에 제50조제2항의 근로시간을 초과하여 근로하게 할 수 있다. 다만, 특정한 주의 근로시간은 48시간을 초과할 수 없다(근로기준법 제51조제1항).

제2항에서는 사용자는 근로자대표와의 서면 합의에 따라 다음 각 호의 사항을 정하면 3개월 이내의 단위기간을 평균하여 1주간의 근로시간이 제50조제1항의 근로시간을 초과하지 아니하는 범위에서 특정한 주에 제50조제1항의 근로시간을, 특정한 날에 제50조제2항의 근로시간을 초과하여 근로하게 할 수 있다. 다만, 특정한 주의 근로시간은 52시간을, 특정한 날의 근로시간은 12시간을 초과할 수 없다.

제3항에서는 제1항과 제2항은 15세 이상 18세 미만의 근로자와 임신 중인 여성 근로자에 대해서는 적용하지 아니한다. 제4항에서는 사용자는 제1항 및 제2항에 따라 근로자를 근로시킬 경우에는 기존의 임금수준이 낮아지지 아니하도록 임금보전방안(賃金補塡方案)을 강구하여야 한다.

2) 선택적 근로시간제

사용자는 취업규칙(취업규칙에 준하는 것을 포함한다)에 따라 업무의 시작 및 종료 시각을 근로자의 결정에 맡기기로 한 근로자에 대하여 근로자대표와의 서면 합의에 따라 다음 각 호의 사항을 정하면 1개월 이내의 정산기간을 평균하여 1주간의 근로시간이 제50조제1항의 근로시간을 초과하지 아니하는 범위에서 1주간에 제50조제1항의 근로시간을, 1일에 제50조제2항의 근로시간을 초과하여 근로하게 할 수 있다(근로기준법 제52조).

난, 15세 이상 18세 미만의 근로자는 제외한다. 또한 정산기간도 1개월 이내의 일정한 기간으로 정하여야 한다. 반드시 근로하여야 할 시간대를 정하는 경우에는 그 시작 및 종료 시각을 명시하고, 근로자가 그의 결정에 따라 근로할 수 있는 시간대를 정하는 경우에는 그 시작 및 종료 시각을 정해야 한다.

근로기준법 제53조제1항에서는 당사자 간에 합의하면 1주간에 12시간을 한도로 제50조의 근로시간을 연장할 수 있다. 제2항에서는 당사자 간에 합의하면 1주간에 12시간을 한도로 제51조의 근로시간을 연장할 수 있고, 제52조제2호의 정산기간을 평균하여 1주간에 12시간을 초과하지 아니하는 범위에서 제52조의 근로시간을 연장할 수 있다.

제3항에서는 상시 30명 미만의 근로자를 사용하는 사용자는 근로자대표와 서면으로 합의한 경우에는 연장된 근로시간에 대하여 1주간에 8시간을 초과하지 아니하는 범위에서 근로시간을 연장할 수 있다.

제4항에서는 사용자는 특별한 사정이 있으면 고용노동부장관의 인가와 근로자의 동의를 받아 제1항과 제2항의 근로시간을 연장할 수 있다. 다만, 사태가 급박하여 고용노동부장관의 인가를 받을 시간이 없는 경우에는 사후에 지체 없이 승인을 받아야 한다.

제5항에서는 고용노동부장관은 제4항에 따른 근로시간의 연장이 부적당하다고 인정하면 그 후 연장시간에 상당하는 휴게시간이나 휴일을 줄 것을 명할 수 있다.

근로기준법 제56조(연장 · 야간 및 휴일근로)에서는 사용자는 연장근로(제53조 · 제59조 및 제69조 단서에 따라 연장된 시간의 근로)와 야간근로(오후 10시부터 다음 날 오전 6시 사이의 근로) 또는 휴일근로에 대해서는 통상임금의 100분의 50 이상을 가산하여 지급하여야 한다. 또한 제57조(보상휴가제)에서는 사용자는 근로자대표와의 서면 합의에 따라 제56조에 따른 연장근로 · 야간근로 및 휴일근로에 대하여 임금을 지급하는 것을 갈음하여 휴가를 줄 수 있다.

3) 사업장 밖 인정근로시간제

근로자가 출장 기타의 사유로 근로시간의 전부 또는 일부를 사업장 밖에서 근로하여 산정하기 어려운 때에는 소정근로시간을 근로한 것으로 본다. 다만 당해 업무를 수행하기 위하여 통상적으로 소정근로시간을 초과하여 근로할 필요가 있는 경우에는 그 업무수행에 필요한 시간을 근로한 것으로 본다.

이 제도의 대상은 영업사원, 신문 · 잡지 · TV 등의 기자, 기타 사업장 밖에서 주로 근로가 이루어져 근로시간의 계산이 어려운 업무(판매상품의 애프터서비스, 마케팅조사, 시장조사, 사진이나 영화촬영) 등이 적합하다.

4) 재량근로시간제

재량근로시간제란 업무의 성질에 비추어 업무수행 방법을 근로자의 재량에 위임할 필요가 있는 업무로서, 사용자가 근로자대표와 서면합의로 정한 시간을 근로한 것으로 본다.

이 경우 서면합의에는 대상업무, 사용자가 업무의 수행수단 및 시간분배 등에 관하여 근로자에게 구체적인 지시를 하지 아니한다는 내용, 근로시간의 산정은 당해 서면합의에 정하는 바에 따른다는 내용을 명시하여야 한다.

① 신상품 또는 신기술 연구개발이나 인문사회과학 또는 자연과학 분야의 연구업무
② 정보처리 시스템의 설계 또는 분석업무
③ 신문 · 방송 또는 출판업계에 있어서 기사의 취재, 편성 또는 편집업무
④ 의복 · 실내장식 · 공업제품 · 광고 등의 디자인 또는 고안업무
⑤ 방송프로 · 영화 등의 제작사업에 있어서 프로듀서 또는 광고업무
⑥ 기타 노동부장관이 정하는 업무

5) 재택근무제

재택근무제(telecommuting)는 직장에 출근하는 대신에 컴퓨터, 전화, 복사기, 팩시밀리, 인쇄기 등을 가정에 설치하고 정보통신기술을 이용하여 자택에서 업무를 수행하는 방식을 말한다.

재택근무제는 일반사원, 서비스업무 종사원, 변호사, 회계사, 의사 등 모든 직종에 확산되고 있는 추세이다.

장점은 출퇴근시간의 절약, 직원의 능률적 활용, 사무실 부족의 해결 등을 들 수 있고, 단점으로는 자택에서 혼자 일을 하므로 자기 통제력을 잃고 소외감에 빠지기도 한다.

3. 작업분담제

작업분담제는 하나의 직무를 계약된 부분만큼 각자가 나누어 수행하는 방법으로서 하루의 절반을 나누어 근무하는 방법과 일주일을 상호 협의 하에 분할하여 각자의 기능이나 직무 요소에 따라 직무전반에 대해 완전한 책임을 지고 근무하는 방법이 있다. 이 형태는 누가 먼저 근무하고, 누가 나중에 근무할 것인가에 대한 결정은 근로자 스스로 하도록 한다. 경영자의 관심은 그 직무가 언제 누구에 의해서 정해진 시간 내에 수행되어야 한다는 것과

정해진 총작업시간 동안 작업이 수행되기만 하면 되는 것이다.

미국의 고용주들은 경기변동이나 계절적 변동 또는 설비변경이나 재고과잉과 같은 기업 내부의 사정에 따라 경영이 부진한 경우에는 종업원들을 일시해고시키는 정책을 써왔다. 이러한 제도는 종업원 개인, 가족, 기업, 지역사회 또는 전체 경제에 있어서도 큰 영향을 준다.

이러한 일시해고에 대체할 수 있는 것이 전체 고용자가 일정한 비율로 작업량을 줄여서 근무하는 형태로서 작업분담(work sharing)제가 있다.

따라서 사용자 측에 예산상의 부담을 주지 않으면서 경험 있는 근로자들을 계속 보유할 수 있으며 신입사원으로 대치됨으로써 나타나는 재교육비도 절약할 수 있다.

위에서 살펴본 근무 방법들은 공통된 이점을 가지고 있다. 즉, 채택하는 데 거의 비용이 들지 않고, 기술이나 플랜트의 변화를 요구하지도 않고, 조직구조를 변경시키지 않은 채 생산성을 향상시킨다. 또한 자체 조직에 따라 적합한 독창적인 방법으로 여러 방법들을 결합해서 사용할 수도 있다.

12

작업환경관리

제1절 작업환경관리의 의의

21C 지식정보화 사회에서는 산업재해, 직업병, 공해문제가 기업의 노동력 보전에 커다란 영향을 미치게 된다. 특히 기계설비장치의 거대화와 생산 방법의 급격한 변화에 따른 자동화, 중화학공업의 발전에 따른 생산공정의 복잡화 등으로 근로환경이 악화되어 작업에 대한 근로자의 불안한 마음이 작업능률을 떨어뜨리고 있다.

이에 대한 대책으로 기업에서는 안전관리에 대해 관심을 가지게 되었다. 즉, 위험하고 유해한 작업환경은 근로자의 근로의욕과 능력발휘에 커다란 영향을 미치기 때문이다. 안전은 인간의 욕구 중의 하나로 안전에 대한 불비, 보건상태의 불량은 근로자의 안전욕구를 무시하는 결과이다.

안전관리란 설비조건의 불비, 관리의 불철저, 안전수칙의 무시, 개인의 부주의 등으로 발생하는 산업재해를 사전에 방지하여 인적 · 물적 손실을 예방하기 위한 일련의 관리 활동으로 그 대표적인 것이 ZD(Zero Defects)운동이다.

보건위생관리란 온도, 습도, 채광, 조명 등에 의해서 피로를 촉진하는 작업환경에 대한 관리와 환기, 유독가스, 먼지, 전염병 등이 직접 건강에 해를 끼치는 환경에 대한 관리를 의미한다.

제2절 안전관리

1. 안전관리의 의의

안전관리가 잘못 되었을 경우 피해는 근로자 개인에게는 생명과 관련된 치명적인 피해를 주고, 기업에게는 예기치 못한 재산상의 손실, 산업재해보상에 따른 금전상의 손실, 조업시간의 손실을 입히게 되며, 작업장 내에서의 불안심리가 팽배하여 작업능률의 저하, 품질의 불량, 원가부담의 증대 등을 가져오게 한다.

사업장 내에서의 안전사고가 가져오는 피해에 대해 기업 측과 근로자 측의 입장을 살펴보면 다음과 같다.

① 기업 측의 피해

부상한 근로자의 근로시간의 손실과 일을 중단함에 따른 다른 근로자의 근로시간의 손실을 비롯해 부상자 구조와 사고원인의 조사 및 근로자 대체에 따른 관리자나 감독자의 시간낭비, 행정감독부서의 조치에 따른 시간낭비 등이 초래되며 화재나 폭발과 같은 사고의 발생 시에는 재산과 인명피해, 그 외 복구나 보상에 따른 막대한 재산상의 손실이 발생한다.

② 근로자 측의 피해

자신의 신체에 미치는 사망이나 부상, 놀람 · 긴장에 따른 정신장애, 책임감과 죄의식 같은 부담감을 일으키는 정신적 손실, 부상으로 인해 노동력을 상실했을 때 가족의 비참함, 신체의 손상으로 인해 장해자로서 평생을 살아야 하는 비운 등을 들 수 있다.

따라서 사고를 최소화하기 위한 안전관리는 오늘날 매우 중요시되고 있다. 안전관리란 각종 위험과 상해(danger or injury)로부터 벗어나기 위한 관리적 노력으로 궁극적으로는 사고에서 유발되기 때문에 안전관리는 사고관리(accident management)라고 할 수 있다. 또한 사고의 발생은 노동재해의 원인이 되기 때문에 안전관리는 노동재해를 예방하기 위한 노동재해의 관리 또는 산업재해의 관리라 할 수 있다.

2. 산업재해의 원인

오늘날 기업의 생산 활동에 있어서 기계장치, 열 전도장치, 변전장치, 기타 운반장치 등은 각종 산업재해를 유발할 수 있다.

이 같은 재해를 미연에 방지하기 위한 안전관리는 매우 중요하다. 따라서 산업재해로부터 종업원을 보호하기 위해서는 안전계획을 수립하여야 한다. 기계적인 측면에서 재해의 발생 여지를 사전에 제거하는 방안과 인간적 요인에 의한 재해의 발생 여지를 제거하는 심리적 방안이 있다.

작업장에서 위험 요소를 제거하고 위험한 기계의 조작 방법을 개선하며 협동적인 작업태도를 개발하는 것이 대표적 예이다. 다음은 각 사업장에서 발생하는 산업재해의 주요 원인을 체계적으로 정리하였다.

1) 물적 조건의 불비와 불량

(1) 물적 시설조건의 불비와 불량

① 안정장치와 보호구역의 결여 및 불량

② 건축물 · 작업대의 불비와 불량

③ 작업통로의 불비

④ 기계설비의 불량

⑤ 공구, 기구, 운반구의 불량

⑥ 위험표지의 불비와 불량

⑦ 비상구 표시 · 표지의 불비

(2) 작업환경조건의 부적합

① 유독가스 처리의 부적합

② 분진(dust) 처리의 부적합

③ 소음(noise) 처리의 부적합

④ 유해광선 처리의 부적합

⑤ 채광조명이 불량

⑥ 온도 · 습도의 부적합

⑦ 기타 위생시설의 부적합

(3) 구급용구의 불비불량

① 방독면, 구명구 등의 불비

② 각종 구급용구의 불량

2) 관리의 불비와 부적합

(1) 작업장 정리정돈 불량

① 작업장 협소

② 배치 방법과 적재 방법 불량

③ 위험물보관 불량

(2) 작업관리의 불량처리

① 작업의 무리한 강행

② 상사의 부적절한 작업 강행

③ 안전교육 미흡

(3) 작업배정의 불량

① 무자격자, 미경험자의 취업(신체적 · 정신적 결함자)

② 부적격 배치

③ 질병자의 취업

④ 안전교육의 불철저

3) 개인적 원인

(1) 작업수행상의 문제점

① 불완전한 마음의 자세

② 작업자세, 작업동작의 불량

③ 작업상의 부주의

(2) 작업규칙의 무시

① 안전장치의 무분별한 사용

② 작업안전수칙의 무시

③ 작업원 외 외부인의 무단출입

(3) 심리적 · 신체적 부적격 상태에서의 작업

① 술에 취한 상태에서의 작업

② 근심이나 걱정 상태 하에서의 작업

③ 정신혼란이나 극도의 피로 상태에서의 작업

3. 재해의 측정 방법

안전관리는 사고와 재해를 발생시키는 근본적 원인을 밝혀내는 과학적인 안전의 측정에서부터 시작된다. 여기서 안전의 측정 방법에 대해 살펴보기로 한다.

1) 도수율측정법

도수율(빈도율이라고도 함)은 얼마나 자주 사고가 발생하는가를 나타내는 것으로서 1인이 국제적인 일정 노동시간, 즉 100만 시간 작업 시 재해발생 횟수를 나타내는 지표이다.

$$\text{도수율} = \frac{\text{재해발생건 수}}{\text{총근로시간 수}} \times 1{,}000{,}000$$

2) 강도율측정법

강도율은 주로 부상당한 근로자들이 얼마나 오랜 기간 동안 직무를 수행할 수 없는가를 나타내는 것으로, 사상의 정도를 어떤 기준(손실일 수)으로 환산하여 재해의 질적 정도를 표시한다. 이의 산출 방식은 다음과 같다.

$$\text{강도율} = \frac{\text{총근로손실일 수}}{\text{총근로시간 수}} \times 1{,}000$$

이것은 1,000시간 작업 중 재해로 인한 근로손실일 수가 얼마인가를 측정하는 것이다.

3) 천인율

천인율(千人率)은 근로자 1,000명당 재해자 수 비율을 나타내는데, 산출 방식은 다음과 같다.

$$천인율 = \frac{재해\ 수}{근로자\ 수} \times 1{,}000$$

이상과 같은 통계에 의한 수치는 사고의 정도를 나타내며, 같은 산업 내의 다른 업체의 수치와 비교함으로써 기업의 현재 위치를 판단할 수 있다. 또한 일정한 기간, 즉 분기별로 사고율을 측정 · 비교함으로써 안전상태의 개선을 도모할 수 있다.

4. 재해에 대한 대책

1) 사고의 예방

사고 및 재해의 원인은 아주 다양하고 복잡하다. 이러한 많은 요인 중에서 어느 하나에 의해 사고나 재해가 생기는 경우도 있지만, 몇 개의 요인이 복합적으로 작용하여 발생하기도 한다. 그러므로 사고나 재해의 발생을 방지하기 위해서는 발생 요인을 철저히 조사 · 분석하여 사전에 제거하도록 노력해야 한다.

(1) 물적 요인에 대한 예방

물적 요인에 의해서 생기는 사고를 예방하기 위해서는 주로 기계 · 설비 · 도구 등 물질적 설계와 설비 및 작업절차 설계에 있어서 안전도를 높이고, 이들 시설을 운영하는 과정에서 무리한 가동이나 조작을 피하고 시설이나 설비의 정비 · 점검을 철저히 해야 한다. 시설의 보수나 대체가 필요할 때는 신속한 조치를 취하는 것도 대책이 된다.

이러한 방법은 사고나 재해를 예방하기 위한 가장 근원적이고 효과적인 것으로 작업장의 안전에 실질적인 성과를 가져올 수 있다.

(2) 인적 요인에 대한 예방

인적 요인에서 오는 사고나 재해를 예방하기 위해서는 근로자를 채용할 때 사고성(accident proneness)의 특성을 지닌 선천적 소질과 육체적 결함이 있는 지원자를 적성검사와 신체검사를 통하여 사고발생의 가능성을 제거하여야 한다. 종업원에 대한 건강테스트를 실시하고 재배치를 통해 적성에 맞는 일을 부여하여야 한다. 뿐만 아니라 안전에 대한 교육훈련을 통하여 기계설비의 사용법과 보존관리 방법, 작업의 동작과 자세 등에 관하여 필요한 지식과 기능을 충분히 습득시켜야 한다.

(3) 환경적 요인에 의한 예방

환경적 요인에서 오는 사고나 재해를 예방하기 위해서는 작업현장의 자재취급시설이나 방법을 재검토하거나 작업장의 환경조건(온도, 분진, 소음, 조명 등)의 개선에 끊임 없이 노력해야 한다.

특히 위험한 시설이나 공정, 기타 위험한 장소와 기계시설에는 항상 주의를 환기시키는 표어, 포스터, 위험표시 등을 철저히 하여 안전관리에 만전을 기해야 한다. 그리고 작업장 안과 그 주변을 항상 깨끗이 해야 하며, 만약 고열, 먼지, 소음, 가스, 유독물질이 발산 · 유출되는 경우에는 이를 신속히 제거하고, 여의치 않을 때는 그 정도를 약화시키는 방법을 고려해야 하며, 아울러 이에 대한 충분한 지식을 근로자에게 인식시킬 필요가 있다. 무엇보다도 작업장의 환경개선과 적절한 휴식제공으로 근로자에게 피로가 누적되지 않도록 해야 한다.

(4) 법제도에 의한 예방

산업안전보건에 관한 법적 규제는 1953년에 제정 · 공포된 근로기준법이 최초로서 1982년까지 사업장의 안전보건에 대해 규제하는 근거법규로 운영되어 왔다. 그러나 산업이 발달하고 고용관계가 복잡해짐에 따라 근로기준법만으로는 재해예방을 위한 안전확보가 미흡하여 산업안전보건에 관한 사항을 근로기준법에서 분리하여 독립된 개별법으로 산업안전보건법(법률 제3532호)을 제정하여 1982년 7월 1일부터 시행하였으며 2009년 2월 6일 본장을 개정하여 2009년 8월 7일부터 시행되고 있다. 산업안전보건법은 모든 사업 또는 사업장에 적용한다. 다만, 유해 · 위험의 정도, 사업의 종류 · 규모 및 사업의 소재지 등을 고려하여 대통령령으로 정하는 사업에는 이 법의 전부 또는 일부를 적용하지 아니할 수 있다.

사업주는 이 법과 이 법에 따른 명령에서 정하는 산업재해 예방을 위한 기준을 지키며, 해당 사업장의 안전 · 보건에 관한 정보를 근로자에게 제공하고, 근로조건을 개선하여 적절한 작업환경을 조성함으로써 신체적 피로와 정신적 스트레스 등으로 인한 건강장해를 예방함과 동시에 근로자의 생명을 지키고 안전 및 보건을 유지 · 증진시켜야 하며, 국가의 산업재해 예방시책에 따라야 한다. 이 경우 사업주는 이를 준수하기 위하여 지속적으로 사업장 유해 · 위험 요인에 대한 실태를 파악하고 이를 평가하여 관리 · 개선하는 등 필요한 조치를 하여야 한다.

근로자는 이 법과 이 법에 따른 명령으로 정하는 산업재해 예방을 위한 기준을 지켜야 하며, 사업주나 그 밖의 관련 단체에서 실시하는 산업재해 방지에 관한 조치에 따라야 한다.

사업주는 다음 각 호의 업무를 총괄 · 관리할 안전보건관리책임자를 두어야 한다. 또한 보건에 관한 기술적인 사항에 관하여 사업주 또는 관리책임자를 보좌하고 관리 · 감독자에게 지도 · 조언을 하도록 하기 위하여 사업장에 보건관리자를 두어야 한다. 보건관리자를 두어야 할 사업의 종류 · 규모, 보건관리자의 수 · 자격 · 직무 · 권한 · 선임 방법, 그 밖에 필요한 사항은 대통령령으로 정한다.

제31조(안전 · 보건교육) 제1항에서는 사업주는 해당 사업장의 근로자에 대하여 고용노동부령으로 정하는 바에 따라 정기적으로 안전 · 보건에 관한 교육을 하여야 한다. 제2항에서는 사업주는 근로자를 채용(건설 일용근로자를 채용하는 경우는 제외한다)할 때와 작업내용을 변경할 때에는 그 근로자에 대하여 고용노동부령으로 정하는 바에 따라 해당 업무와 관계되는 안전 · 보건에 관한 교육을 하여야 한다. 제3항에서는 사업주는 유해하거나 위험한 작업에 근로자를 사용할 때에는 고용노동부령으로 정하는 바에 따라 그 업무와 관계되는 안전 · 보건에 관한 특별교육을 하여야 한다. 제4항에서는 제1항부터 제3항까지 규정에도 불구하고 해당 업무에 경험이 있는 근로자에 대하여 교육을 실시하는 등 고용노동부령으로 정하는 경우에는 안전 · 보건에 관한 교육의 전부 또는 일부를 면제할 수 있다. 제5항에서는 사업주는 제1항부터 제3항까지의 규정에 따른 안전 · 보건에 관한 교육을 그에 필요한 인력 · 시설 · 장비 등의 요건을 갖추어 고용노동부장관에게 등록한 안전보건교육위탁기관에 위탁할 수 있다.

2) 관리에 의한 안전확보

안전관리의 목적은 사고를 예방하거나 발생을 줄이는 데 있다. 사고란 뜻하지 않은 일로 생기는 기계나 설비와 같은 시설의 손상과 부상, 사망과 같은 인간의 손상을 의미한다. 끔직한 산업재해를 일으키는 사고는 주로 근로자의 불안전한 행동과 작업환경에 의해서 발생하게 되지만 그에 못지않게 관리의 소홀로 인해 생기는 경우도 많다.

안전관리의 목적은 안전의 확보이다. 안전의 확보란 인간의 행동이나 기계 · 건물 등의 설비를 위험이 없는 안전한 상태로 유지하는 것이며, 기업의 생산성과 근로자의 인간존중을 위하여 성실히 추진되어야 한다.

우리는 안전제일(safety first)이라는 말을 사용하고 있는데, 이 말의 기원은 1906년 미국의 밀워키에 있는 US철강회사(U.S. Steel Co .)의 사장이었던 게이리에 의해 사용되었다. 그는 처음 경영의 근본방침을 생산제일, 품질제이, 안전제삼의 순으로 내걸었다. 그러나 이 회사에서 산업재해가 너무 많이 발생하는 것에 자극을 받아, 생산에 다소의 차질이 있을 것을 각오하고 안전제일, 품질제이, 생산제삼의 순으로 경영방침을 고쳐 총력을 기울였다.

이와 같은 조치가 효과를 가져와 그가 바라는 대로 공장 내의 노동재해는 크게 감소하게 되었다. 그후 안전제일운동이 전국적으로 파급되었으며, 훗날 이러한 안전 이념이 세계 각국으로 전파되게 되었다. 그러나 산업화가 진전됨에 따라 노동재해도 점점 증가하는 추세에 있으며 이에 대한 적극적인 대책이 요구되고 있다. 안전관리는 사업장 내에서의 안전확보를 위한 경영 활동의 한 부분이기 때문에 재해 문제에 한정시켜 생각해 보기로 한다.

그리고 안전관리 활동에 있어 중요한 것은 〈표 12-1〉과 같은 안전관리의 추진 방침을 설정하여 중점적으로 실시하여야 한다. 그리고 평소 안전에 관한 교육을 철저히 시켜야 한다. 그 교육 방법과 내용을 요약하면 〈표 12-2〉와 같다.

이 중에서 교육 방법에 관한 것을 좀 더 상세하게 열거하면 다음과 같다.

① 지도(직접적 교육 방법)
② 선전(정서에 호소하는 방법)

표 12-1 안전관리 추진 방침 및 중점실시 항목

추진 방침	중점실시 항목
불안전한 행동제거	• 안전교육훈련 및 개인지도의 충실 • 무재해 · 무사고 운동추진 • 안전서클 활동추진 • 상호충고 운동추진 • 안전방호구의 완전착용
작업환경의 개선	• 설비의 점검 • 정비의 강화 • 집합소, 식당의 환경정리 • 작업장의 환경정비
종합안전관리체제의 강화	• 협력회사에 대한 안전지도 강화 • 협조자세의 유도

표 12-2 안전교육 방법 및 내용

방 법	내 용
지 도	• 안전회의 • 안전강습회 • 안전강연회 • 안전영화회(슬라이드, 벽보 포함) • 안전훈련(소방, 피난, 구호훈련)
선 전	• 안전행사(안전주간, 안전일, 정리 · 정돈일) • 인쇄물 배부(안전신문, 안전카드) • 안전게시(재해속보, 포스터, 벽보신문) • 안전방송(안전정보, 연락사항) • 안전전시회, 기타
장 려	• 안전경쟁(무사고, 정리 · 정돈 및 기능경쟁) • 안전표창(공부, 고안, 무사고) • 현상모집(포스터, 표어 연구)
협 력	• 안전위원회(중앙, 직장) • 안전간담회(좌담회, 연구회)

③ 장려(경쟁심리를 조장 · 이용하는 방법)

④ 협력(책임감을 조장하는 방법) 등이다.

5. 산업재해 요인의 성격

1) 산업재해 발생 현황

2017년도 산업재해보상보험법 적용사업장 2,507,364개소에 종사하는 근로자 18,560,142명 중에서 4일 이상 요양을 요하는 재해자가 89,848명이 발생(사망 1,957명, 부상 79,449명, 업무상 질병 이환자 8,190명)하였고, 재해율은 0.48% 이었다.

2016년도에 비하여 사업장 수는 2.04% 증가하였고, 근로자 수는 0.70% 증가하였으며, 재해자 수는 0.89% 감소하였고, 재해율은 0.01%p 감소하였다.

산업재해로 인한 직접손실액(산재보상금 지급액)은 4,436,038백만 원으로 전년 대비

표 12-3 산업재해 현황

연도	적용 사업장 수 (개소)	대상 근로자 수 (명)	재해자 수(명)					재해율[2] (%)	경제적 손실 추정액 (단위: 백만 원)			근로 손실 일 수[4] (일)
			계	사망[1]	부상	신체 장해자	업무상 질병 요양자 수		계	산재 보상금	간접 손실액[3]	
2016	2,457,225	18,431,716	90,656	1,777	81,548	32,914	7,068	0.49	21,400,275	4,280,055	17,120,220	47,035,222
2017	2,507,364	18,560,142	89,848	1,957	79,449	32,083	8,190	0.48	22,180,190	4,436,038	17,744,152	47,355,044
증감[5] (%)	50,139 (2.04)	128,426 (0.70)	−808 (−0.89)	180 (10.13)	−2,099 (−2.57)	−831 (−2.52)	1,122 (15.87)	−0.01 (−2.03)	779,915 (3.64)	155,983 (3.64)	623,932 (3.64)	319,822 (0.68)

※ 참고

1) 사망자 수는 재해 당시의 사망자 수에 요양 중 사망자 수를 포함한 것임.
   ※ 사망자 수에는 사업장 외 교통사고, 체육행사, 폭력행위, 사고발생일로부터 1년 경과 사고 사망자는 제외(다만, 운수업, 음식·숙박업의 사업장 외 교통사고 사망자는 포함)

2) 재해율(%) $= \frac{\text{재해자 수}}{\text{근로자 수}} \times 100$

3) 간접손실액: 하인리히 방식에 의하여 직접손실액(산재보상금 지급액)의 4배로 계상

4) 근로손실일수: 신체장해자의 등급별 손실일수 + 사망자 손실일수 + 부상자 · 업무상 질병요양자의 요양일수

5) 증감(%) $= \frac{\text{2017년도}}{\text{2016년도}} \times 100 - 100$

6) 산업재해로 인한 근로손실일수는 2017 노사분규로 인한 근로손실일수 2,035천 일의 54.94배

3.64% 증가하여, 직 · 간접손실을 포함한 경제적 손실 추정액은 22,180,190백만 원으로 전년대비 3.64%가 증가하였으며, 근로손실일수는 47,355,044일로 전년 대비 0.68%가 증가한 것으로 나타났다.

2) 사망재해 현황

사망재해자는 1,957명이며 이 중에서 업무상 사고 사망자 수는 964명, 업무상 질병 사망자 수는 993명으로 나타났다. 사망재해 유형은 진폐 439명, 떨어짐이 366명, 뇌 · 심혈관질환이 354명, 끼임 102명의 순으로 나타났다.

사망만인율은 1.05‱이며 2016년도 0.96‱에 비하여 0.09‱포인트 증가하였다.

사망만인율(근로자 10,000명당 사망자 수)의 추세는 2013년에 일시적으로 증가하였고, 2014년 이후 다시 감소 추세를 유지하였으나 2017년에는 2016년보다 증가하였다.

표 12-4 연도별 사망재해 추이

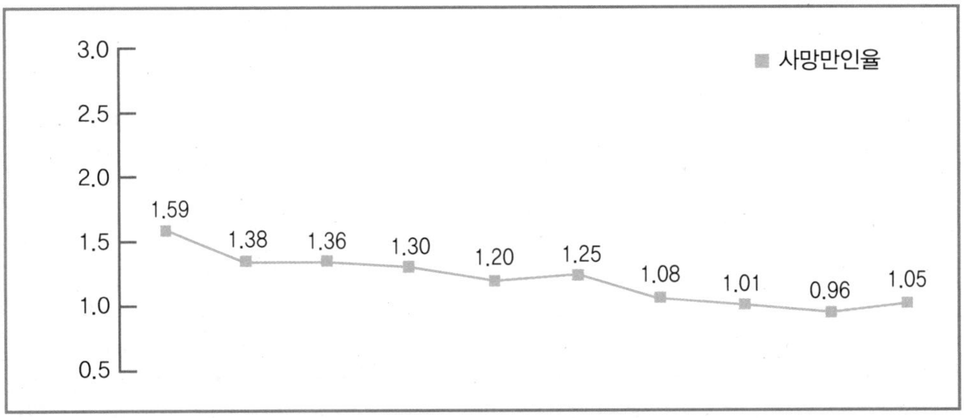

구분 \ 연도	2008	2009	2010	2011	2012	2013	2014	2015	2016	2017
근로자 수 (명)	13,489,986	13,884,927	14,198,748	14,362,372	15,548,423	15,449,228	17,062,308	17,968,931	18,431,716	18,560,142
사망자 수[1] (명)	2,146	1,916	1,931	1,860	1,864	1,929	1,850	1,810	1,777	1,957
사망만인율[2] (‱)	1.59	1.38	1.36	1.30	1.20	1.25	1.08	1.01	0.96	1.05

1) 사망자 수는 재해 당시의 사망자 수에 요양 중 사망자 수를 포함한 것임

※ 사망자 수 = 업무상 사고 사망자 수 + 업무상 질병 사망자 수

※ 사망자 수에는 사업장 외 교통사고, 체육행사, 폭력행위, 사고발생일로부터 1년 경과 사고 사망자는 제외(다만, 운수업, 음식·숙박업의 사업장 외 교통사고 사망자는 포함)

2) $\text{사망만인율}(‱) = \dfrac{\text{사망자 수}}{\text{근로자 수}} \times 10{,}000$

- 산업별 사망만인율은 광업이 408.07‱으로 가장 높은 수준을 보이고 있으며, 다음으로 어업 5.67‱, 임업 1.93‱, 건설업 1.90‱ 등의 순으로 나타났다.
- 산업별 사망재해의 분포는 전체 사망자 수 1,957명 중 건설업이 579명(29.59%)으로 가장 많고, 광업이 457명(23.35%), 제조업이 433명(22.13%), 기타의 사업이 318명(16.25%), 운수 · 창고 · 통신업이 121명(6.18%) 등으로 나타났다.

표 12-5 사망재해 비교표

구분		전 산업	광 업	제조업	건설업	전기·가스·수도업	운수·창고·통신업	임 업	어 업	농 업	금융보험업	기타의 산업
근로자 수(명)		18,560,142	11,199	4,149,966	3,046,523	75,496	838,006	82,773	5,289	76,033	764,141	9,510,716
사망자 수(명)		1,957	457	433	579	4	121	16	3	6	20	318
구성비(%)		100.00	23.35	22.13	29.59	0.20	6.18	0.82	0.15	0.31	1.02	16.25
만인율(‱)	2016	0.96	326.37	0.96	1.76	0.41	1.54	1.39	0.00	0.49	0.12	0.32
	2017	1.05	408.07	1.04	1.90	0.53	1.44	1.93	5.67	0.79	0.26	0.33
	증감(‱)	0.09	81.70	0.08	0.14	0.12	-0.10	0.54	5.67	0.30	0.14	0.01

※ 기타의 사업에는 통상 서비스업으로 지칭되는 도·소매업, 보건 및 사회복지사업, 음식·숙박업 등이 포함되어 있음(상세한 내용은 「2017년도 사업종류별 산재보험료율 및 사업종류 예시」 참조)

그림 12-1 2017년도 산업별 사망재해 분포도

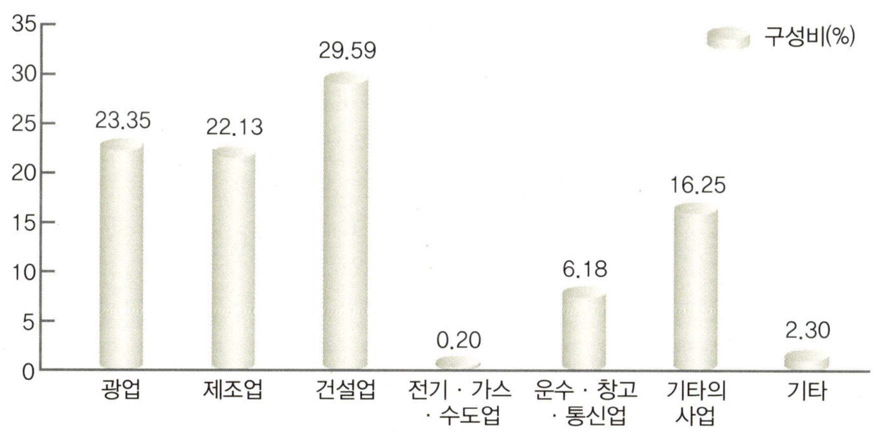

※ 기타는 임업, 어업, 농업, 금융보험업임

3) 업무상 질병 현황

(1) 업무상 질병 총괄

2017년도 업무상 질병자 수(업무상 질병자 수 = 업무상 질병 요양자 수 + 업무상 질병 사망자 수)는 9,183명으로 전년도 7,876명에 비해 1,307명(16.59%)이 증가하였으며 이 중

에서 소음성 난청, 진폐 등 직업병은 2017년에 3,054명으로 전년도 2,234명보다 820명(36.71%)이 증가하였고, 작업 관련성 질병은 2017년에 6,129명으로 전년도 5,642명보다 487명(8.63%) 증가하였다.

작업 관련성 질병 중 뇌·심혈관 질환자는 775명으로 전년도 587명보다 188명(32.03%) 증가하였으며, 신체부담작업으로 인한 질환(경견완장해* 등) 또한 2,436명으로 전년도 2,098명보다 338명(16.11%) 증가하였다.

표 12-6 업무상 질병자 비교표

(단위: 명)

구분	총계	직업병							작업 관련성 질병				
		소계	진폐	난청	금속 및 중금속 중독	유기 화합물 중독	기타 화학 물질 중독	기타	소계	뇌·심 혈관 질환	신체 부담 작업	요통	기타
2016	7,876	2,234	1,418	472	1	8	30	305	5,642	587	2,098	2,737	220
2017	9,183	3,054	1,553	1,051	19	16	69	346	6,129	775	2,436	2,638	280
증감 (%)	1,307 (16.59)	820 (36.71)	135 (9.52)	579 (122.67)	18 (1800)	8 (100)	39 (130)	41 (13.44)	487 (8.63)	188 (32.03)	338 (16.11)	−99 (−3.62)	60 (27.27)

※ 업무상 질병자는 근로복지공단에서 요양이 승인된 자이며, 산재보상 인정범위가 확대됨에 따라 예방목적에 적합한 통계를 산출하기 위하여 1999년부터 업무상 질병을 아래와 같이 「직업병」과 「작업 관련성 질병」으로 구분

- 직업병: 작업환경 중 유해인자와 관련성이 뚜렷한 질병(진폐, 난청, 금속 및 중금속중독, 유기화합물 중독, 기타 화학물질 중독 등)
- 직업병 기타: 물리적 인자, 이상기압, 세균·바이러스 등
- 작업 관련성 질병: 업무적 요인과 개인질병 등 업무 외적 요인이 복합적으로 적용하여 발생하는 질병(뇌·심혈관질환, 신체부담작업, 요통 등)
- 작업 관련성 질병 기타: 과로, 스트레스, 간질환, 정신질환 등으로 인한 질환 등

업무상 질병만인율(근로자 10,000명당 업무상 질병자 수)은 4.95‱로 전년도 4.27‱에 비해 0.68‱포인트 증가하였다.

---

* 경견완장해(經肩腕障害): 목, 어깨, 팔 부위에서 후두부와 손가락 끝에 이르기까지 저리고 아프고 마비되는 증상

그림 12-2 업무상 질병자 비교도

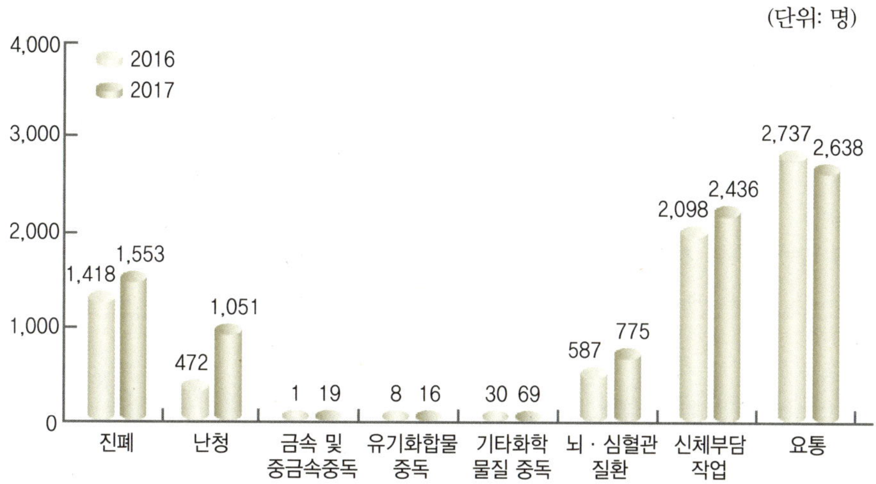

표 12-7 연도별 업무상 질병자 추이

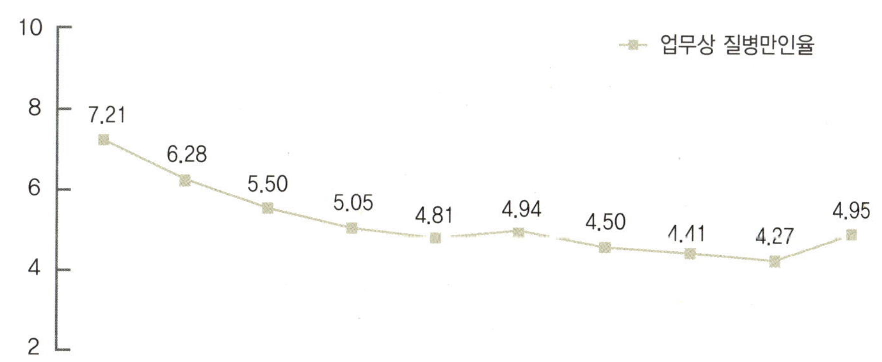

구분 \ 연도	2008	2009	2010	2011	2012	2013	2014	2015	2016	2017
근로자 수 (명)	13,409,906	13,884,927	14,198,748	14,362,372	15,548,423	15,449,228	17,062,308	17,968,931	18,431,716	18,560,142
업무상 질병자 수[1] (명)	9,734	8,721	7,803	7,247	7,472	7,627	7,678	7,919	7,876	9,183
업무상 질병 만인율[2] (‱)	7.21	6.28	5.50	5.05	4.81	4.94	4.50	4.41	4.27	4.95

1) 업무상 질병자 수 = 업무상 질병 요양자 + 업무상 질병 사망자

2) 업무상 질병만인율(‱) = 업무상 질병자 수/근로자 수×10,000

(2) 업무상 질병 사망자 현황

2017년도 업무상 질병 사망자 수는 993명으로 전년도 808명에 비해 185명(22.90%)이 증가하였다. 이 중에서 진폐, 기타 화학물질 중독 등 직업병은 2017년도에 582명으로 전년도 478명보다 104명(21.76%)이 증가하였으며, 작업 관련성 질병은 2017년도에 411명으로 전년도 330명보다 81명(24.55%) 증가하였다.

표 12-8 업무상 질병 사망자 비교표

(단위: 명)

구분	총계	직업병							작업 관련성 질병				
		소계	진폐	난청	금속 및 중금속 중독	유기 화합물 중독	기타 화학물질 중독	기타	소계	뇌·심혈관 질환	신체 부담 작업	요통	기타
2016	808	478	368	0	1	7	16	86	330	300	0	0	30
2017	993	582	439	0	1	6	27	109	411	354	0	0	57
증감 (%)	185 (22.90)	104 (21.76)	71 (19.29)	0 (−)	0 (0.00)	−1 (−14.29)	11 (68.75)	23 (26.74)	81 (24.55)	54 (18.00)	0 (−)	0 (−)	27 (90.00)

그림 12-3 업무상 질병 사망자 비교도

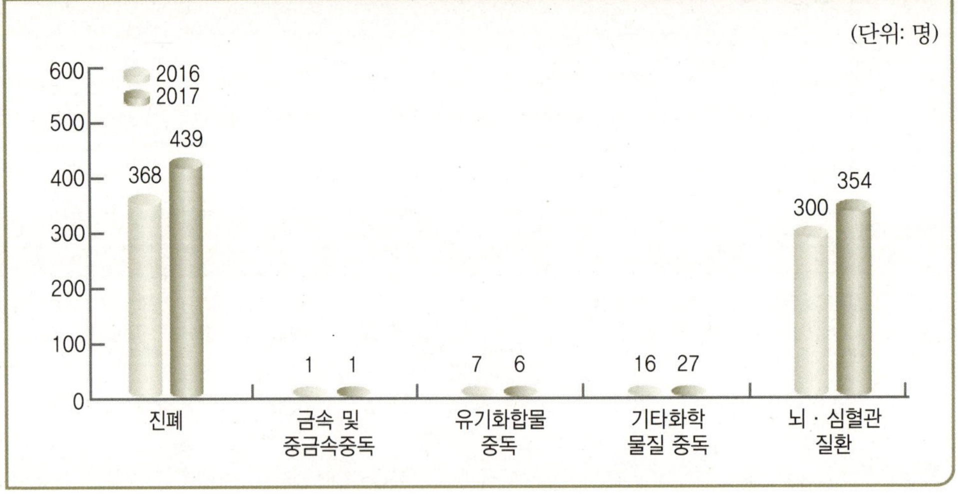

업무상 질병 사망만인율(근로자 10,000명당 업무상 질병 사망자 수)은 2001년 이후 증가하였고, 2004년 이후에는 다시 감소하였으나, 2010년에는 증가하였다.

표 12-9 연도별 업무상 질병 사망자 추이

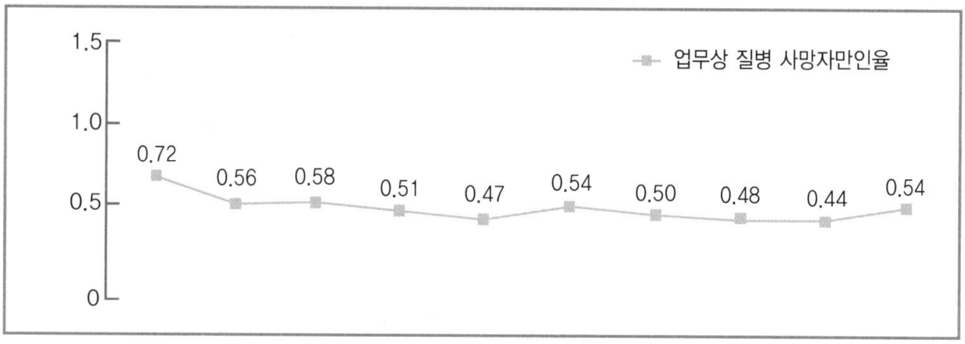

구분 \ 연도	2008	2009	2010	2011	2012	2013	2014	2015	2016	2017
근로자 수 (명)	13,489,986	13,884,927	14,198,748	14,362,372	15,548,423	15,549,228	17,062,308	17,968,931	18,431,716	18,560,142
업무상 질병 사망자 수[1] (명)	974	780	817	731	730	839	858	855	808	993
업무상 질병 사망만인율[2] (‱)	0.72	0.56	0.58	0.51	0.47	0.54	0.50	0.48	0.44	0.54

1) 업무상 질병 사망자 수 = 전체 사망자 수 − 업무상 사고 사망자 수

2) 업무상 사망만인율(‱) = $\frac{\text{업무상 질병 사망자 수}}{\text{근로자 수}} \times 10{,}000$

4) 산업별 재해현황

산업별로는 2017년도 건설업(921명, 3.47%), 제조업(809명, 3.09%), 임업(320명, 22.16%), 농업(174명, 23.87%), 전기 · 가스 · 수도업(16명, 15.53%) 등은 감소하였고, 기타의 사업(903명, 3.04%), 광업(363명, 23.66%), 운수 · 창고 · 통신업(123명, 2.99%), 금융 및 보험업(27명, 9.47%), 어업 (16명, 37.21%) 등은 증가한 것으로 나타났다.

산업별 분포로는 기타의 사업이 전체 재해의 30,595명(34.05%)으로 가장 높고, 다음은 건설업이 25,649명(28.55%), 제조업이 25,333명(28.20%), 운수 · 창고 · 통신업이 4,237명(4.72%), 광업이 1,897명(2.11%) 순으로 나타났다.

표 12-10 전년 대비 업종별 재해자 비교표

(단위: 명)

연도	전 산업	광 업	제조업	건설업	전기·가스·수도업	운수·창고·통신업	임 업	어 업	농 업	금융보험업	기타의 사업
2016	90,656	1,534	26,142	26,570	103	4,114	1,444	43	729	285	29,692
2017	89,848	1,897	25,333	25,649	87	4,237	1,124	59	555	312	30,595
증감(‰)	−808 (−0.89)	363 (23.66)	−809 (−3.09)	−921 (−3.47)	−16 (−15.53)	123 (2.99)	−320 (−22.16)	16 (37.21)	−174 (−23.87)	27 (9.47)	903 (3.04)

※ 기타의 사업에는 통상 서비스업으로 지칭되는 도·소매업, 보건 및 사회복지사업, 음식·숙박업 등이 포함되어 있음(상세한 내용은 「2017년도 사업종류별 산재보험료율 및 사업종류 예시」 참조)

※ 전체 재해자 수=업무상 사고 재해자 수+업무상 질병 재해자 수

그림 12-4 산업별 산업재해 현황 분포도

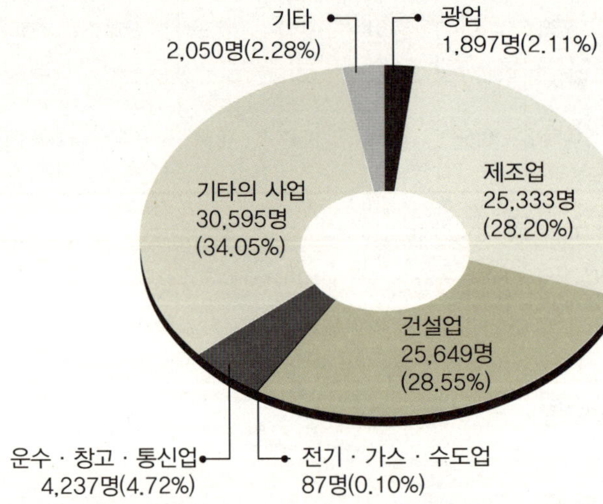

※ 기타는 임업, 어업, 농업, 금융보험업임

- 산업별 천인율은 광업(169.39‰)이 가장 높고, 임업(13.58‰), 어업(11.16‰), 건설업(8.42‰), 농업(7.30‰), 제조업(6.10‰), 운수·창고·통신업(5.06‰), 기타의 사업(3.22‰)의 순으로 나타났고
- 산업별 도수율은 광업(75.49)이 가장 높고, 임업(6.82), 어업(5.61), 건설업(4.86), 농업(3.59), 제조업(2.77), 운수·창고·통신업(2.48), 기타의 사업(1.61)의 순으로 나타났으며
- 산업별 강도율은 광업(257.49)이 가장 높고, 어업(4.97), 건설업(2.63), 임업(2.46), 제조업(1.60), 농업(1.53), 운수·창고·통신업(1.31), 기타의 사업(0.51)의 순으로 나타났다.

표 12-11 업종별 산업재해 현황표

(단위: 개소, 명, 건, ‰)

연도	전 산업	광 업	제조업	건설업	전기 · 가스 · 수도업	운수 · 창고 · 통신업	임 업	어 업	농 업	금융 보험업	기타의 산업
사업장 수	2,507,364	1,054	368,305	397,405	2,272	71,532	11,740	1,633	15,452	40,892	1,597,079
근로자 수	18,560,142	11,199	4,149,966	3,046,523	75,496	838,006	82,773	5,289	76,033	764,141	9,510,716
재해자 수	89,848	1,897	25,333	25,649	87	4,237	1,124	59	555	312	30,595
재해건수	89,080	1,819	24,959	25,444	87	4,219	1,122	59	543	311	30,517
도수율[1)]	2.38	75.49	2.77	4.86	0.58	2.48	6.82	5.61	3.59	0.21	1.61
강도율[2)]	1.27	257.49	1.60	2.63	0.50	1.31	2.46	4.97	1.53	0.26	0.51
천인율[3)]	4.84	169.39	6.10	8.42	1.15	5.06	13.58	11.16	7.30	0.41	3.22

※ 도수율, 강도율 산정 시 연근로시간은 한국표준산업분류(9차 개정)의 산업별 근로시간을 활용하였음

1) 도수율 $= \frac{\text{재해건 수}}{\text{연근로시간 수}} \times 1{,}000{,}000$

2) 강도율 $= \frac{\text{총근로손실일 수}}{\text{연근로시간 수}} \times 1{,}000$

3) 천인율(‰) $= \frac{\text{재해자 수}}{\text{근로자 수}} \times 1{,}000$

5) 연도별 산업재해

(1) 지수비교

2008년부터 2017년까지 10년간 사업장 · 근로자 및 재해자의 변화 추이를 보면 2008년을 기준년도로 하여 지수 100으로 할 때 2017년도는 사업장이 157, 근로자는 138, 재해자는 94로, 2016년도에 비하여 사업장 수, 근로자 수는 증가하였으며 재해자 수는 감소하였다.

표 12-12 연도별 산업재해 추이

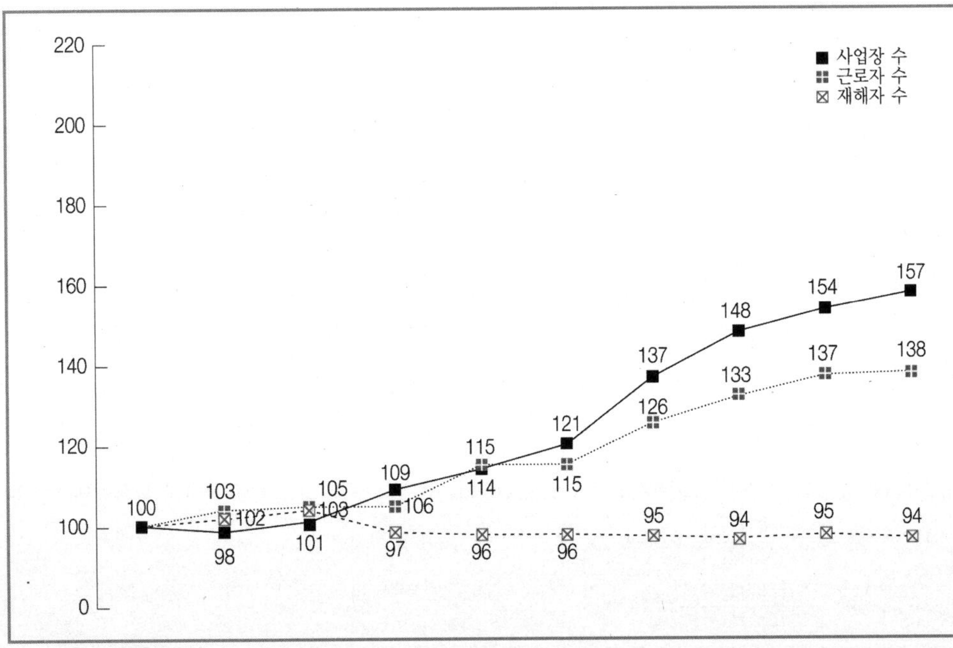

구분 \ 연도	2008	2009	2010	2011	2012	2013	2014	2015	2016	2017
사업장 수 (개소)	1,594,793 (100)	1,560,949 (98)	1,608,361 (101)	1,738,196 (109)	1,825,296 (114)	1,977,057 (124)	2,187,391 (137)	2,367,186 (148)	2,457,225 (154)	2,507,364 (157)
근로자 수 (명)	13,489,986 (100)	13,884,927 (103)	14,198,748 (105)	14,362,372 (106)	15,548,423 (115)	15,449,228 (115)	17,062,308 (126)	17,968,931 (133)	18,431,716 (137)	18,560,142 (138)
재해자 수 (명)	95,806 (100)	97,821 (102)	98,645 (103)	93,292 (97)	92,256 (96)	91,824 (96)	90,909 (95)	90,129 (94)	90,656 (95)	89,848 (94)

※( )는 2008년을 기준 연도로 하여 지수 100이라 했을 때 나타나는 수치임

(2) 재해율 변화

천인율은 4.84‰로 2016년도의 4.92‰에 비하여 0.08‰포인트 감소하였다. 도수율은 2.38로 2016년도와 동일하다. 강도율은 1.27로 2016년도의 1.24에 비하여 0.03포인트 증가하였다.

표 12-13 연도별 재해율 추이

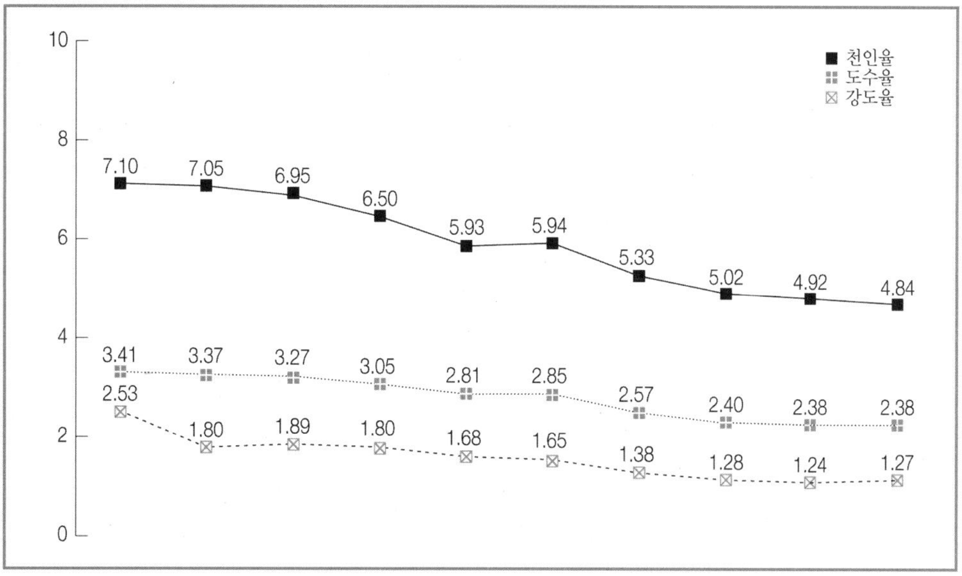

구분＼연도	2008	2009	2010	2011	2012	2013	2014	2015	2016	2017
근로자수(명)	13,489,986	13,884,927	14,198,748	14,362,372	15,548,423	15,449,228	17,062,308	17,968,931	18,431,716	18,560,142
재해자수(명)	95,806	97,821	98,645	93,292	92,256	91,824	90,909	90,129	90,656	89,848
재해건수(건)	94,745	96,984	97,945	92,657	91,417	91,097	90,158	89,354	90,009	89,080
천인율(‰)	7.10	7.05	6.95	6.50	5.93	5.94	5.33	5.02	4.92	4.84
도수율	3.41	3.37	3.27	3.05	2.81	2.85	2.57	2.40	2.38	2.38
강도율	2.53	1.80	1.89	1.80	1.68	1.65	1.38	1.28	1.24	1.27

6) 산업재해 요인의 등치성

산업재해는 어떤 단일의 원인만으로 발생하는 것이 아니라 많은 복합원인들이 우연적으로 연결되는 과정에서 형성되고 있음을 알 수 있다. 이들 복합 요인들을 관찰해 보면, 어느 것도 산업재해 요인이라고 생각할 만하게 뚜렷한 것이 없으면서도 이들이 일단 결합만 되면 무서운 재해로 이어진다.

이러한 재해가 일어나지 않도록 하기 위해서는 재해의 원인들이 연쇄적으로 반응하여 연결되는 일이 없도록 해야 한다. 이때 중요한 사실은 바로 재해원인의 등치성(等値性)이다. 즉, 어떤 원인이 중원인(重原因)이고, 어떤 원인은 경원인(輕原因)이라는 것과 같은 관찰은 잘못된 생각이다.

따라서 재해원인을 생각할 경우에는 항상 재해원인의 등치성에 입각하여 차분하게 원인을 분석해야 한다. 이때에 주의해야 할 점은 다음과 같다.

① 원인을 있는 그대로 찾아내는 일이 중요하며, 절대 비판을 가해서는 안 된다.
② 찾아낸 재해원인들 중에서 제거할 수 있는 것을 골라내야 한다. 이때 영구히 제거할 수 있는 것을 골라야 한다.
③ 재해원인에 대해서는 투자와 효용의 관계에 대해 살펴보아야 한다.

CASE STUDY

한국가스공사, EHSQ 경영시스템구축

한국가스공사가 선진 안전관리기법을 가진 미국 Exxon-Mobil 사의 EHSQ 경영시스템을 벤치마킹해 2003년 안전 · 보건 · 환경 · 품질을 통합한 'EHSQ 경영시스템'을 구축했다. EHSQ(Environment, Health & Safety, Quality Management System)는 안전 · 보건 · 환경 · 품질 활동 전반에 존재하는 위험 요소를 발굴, 개선을 통해 사고를 근원적으로 예방해 무사고 사업장을 실현하는 데 그 목적이 있다.

한국가스공사는 EHSQ 경영시스템을 통해 현장밀착형 안전문화 정착과 임직원 안전의식 향상, 글로벌 에너지기업 수준의 안전관리 기법 도입으로 세계 수준의 안전관리기업으로 도약하는 계기가 됐다. 지속가능경영 실현과 초일류 기업 수준의 안전관리시스템 구축을 위해 국제 안전컨설팅 전문기관인 DNV-GL社와 합동으로, 국제 안전문화 수준 평가(ISRS-C: International Safety Rating System-Culture)를 시행하였다.

2017년도 재해율 평가(정부경영 평가)에서 재해율 0.05%로 22개 공공기관 중 재해율 최저로 최우수 평가를 받았다. 이에 따라 가스공사의 2017년 재해율 0.05%는 공공기관 평균 재해율 0.4%에 비해 매우 낮은 수준이다. 이는 사업 현장에서 재해 예방정책, 협력업체 기술지도 등 다양한 행정 역량을 집중하여 안전관리 수준 향상과 산업재해 예방에 힘쓴 노력의 결과이다.

특히, 2018년에는 공공기관 최초로 혹서기 건설현장 근로자의 안전을 위해 △작업 강제

중지(오후 1시~3시) △ 건설현장 투입인력에 대한 손실비용 보전 방안을 마련했다. 건설업체와 주기적으로 워크샵도 개최해 건설현장 목소리를 현장에 반영해 하도급 업체 및 근로자의 안전에 앞장서고 있다. 2018년 3월에 국가인권위원회 인권경영 시범기관으로 선정되어 경영 전분야에 인권경영 시스템을 구축 중이다. 이에 발맞춰 공급 건설 분야에서 인권설계 기본계획을 수립해 건설현장의 근로자 인권존중을 선도하고 있다.

2018년 행정안전부 주관 공공기관 재난관리평가에서 최고 등급인 우수 등급을 받음으로써, 국내 최고 재난대응기관으로 인정받았다. 공공기관 재난관리평가는 재난관리역량을 진단 · 개선하고 국가 차원의 재난관리 수준을 높이기 위해, 중앙행정기관, 지자체 및 공공기관 등 326개 기관이 참여하여 매년 지진, 화재 등 각종 재난에 대한 재난관리 프로세스, 안전관리 체계, 재난대응 조직구성 등 종합적인 안전 수준을 민간 전문가를 통해 평가받게 된다.

2018년 재난안전훈련에서도 우수등급을 받아 2년 연속 우수등급을 수상했다. 재난안전훈련은 재난 및 안전관리 기본법에 따라, 중앙행정기관, 지자체, 공공기관이 유기적이고 체계적인 훈련을 시행하도록 해 국가 재난과 사고를 대비하고자 매년 실시하고 있다.

한국가스공사는 매월 4일을 '안전점검의 날'로 지정해 다양한 안전 실천 활동을 펼치고 있다.

매월 안전점검의 날에는 지자체 · 공공기관과 합동으로 국민 안전의식 증진을 위해 대국민 안전캠페인을 시행하고, 매월 다양한 안전테마를 설정하여 천연가스 생산 · 공급시설과 건설현장 등에 대한 재난 취약 요소의 집중 현장안전점검을 실시한다. 안전 분야에서 쌓은 노하우를 공사 인근 지역으로 전파하는 일에도 앞장서고 있다.

한국가스공사는 안전을 최우선 경영 가치로 설정해 다양한 안전 이슈에 대한 근원적이고 종합적인 대책을 마련해 전사적 대응체계를 구축했다. 이를 통해 천연가스 설비의 안전 · 안정적 운영을 위해 안전관리 활동을 더욱 강화해 각종 재난 상황에 적극 대비할 계획이다.

또한, 한국가스공사는 KOGAS형 안전관리시스템인, EHSQ 경영시스템을 지속적으로 개선 · 발전시켜 글로벌 수준의 안전관리 기업으로 새롭게 도약한다는 포부를 갖고 최선을 다하고 있다.

이상과 같이 발생한 재해를 조사 · 분석해 보면 몇 개의 원인이 연쇄적으로 이어지고 있다는 사실을 알 수 있으며, 이러한 원인들 중에서 어느 한 가지라도 제거할 수 있다면 재해는 어느 정도 예방할 수 있다. 즉, 재해를 발생시키는 원인들 간에는 경 · 중(輕重)이 없다는 사실을 명심해야 한다.

제3절 보건위생관리

1. 보건위생관리의 의의

작업장 안의 보건위생 상태는 인간의 감각, 시각, 촉각 등으로 명확히 인지되지 않는 불가시성(不可視性)의 것이며, 이로 인한 인체의 피해도 잠재적인 성질의 것이므로 사용자나 근로자가 다같이 대수롭지 않게 생각하기 쉽다. 그러나 장기간 노동의 경우 대기권 내에서의 공해 문제로 식물의 성장에 장애를 초래하고 수질오염, 토질오염, 카드뮴오염 등의 심각성을 고려할 때, 인체 각 기능의 장애는 매우 위험하다.

2. 보건위생상의 제위험

작업환경으로서의 보건위생 요소에는 온도, 습도, 조명, 분진, 유독가스, 소음, 진동, 직업병, 전염병 등이 있다.

1) 조 명

조명은 작업장 내의 밝기를 말한다. 조명의 밝기를 조명도, 즉 조도라고 한다. 조도가 낮거나 지나치게 높으면 인간의 시각기능에 많은 부담을 주어 피로를 느끼며, 두통과 신경성 긴장, 불필요한 동작으로 능률을 저하시켜 불량률과 재해를 가져오게 된다.

이와 같은 이유로 조도가 170Luk 이상일 때 작업능률이 최고도에 이른다고 하지만, 작업의 성질에 따라 세밀하거나 전문적인 정밀작업일 경우에는 300Luk 이상, 보통의 사업장은

150Luk 이상, 조립작업은 70Luk 이상이 최소기준이다.

조명은 직접조명과 간접조명, 반간접조명, 국부조명이 있다. 직접조명은 반사빛(휘광) 때문에 작업자의 눈이 부시므로 휘광처리를 해야 하고 과도한 그림자가 발생하지 않도록 해야 한다. 채광은 작업장 내의 조명을 태양빛으로 하는 것을 말한다.

태양빛은 시간, 계절, 일기 등에 따라 조명도가 다르다. 휘광은 광원에서 나오는 빛과 반사빛을 말하며 광원이 시계 내에 있을 때 나타나는데 휘광처리 방법으로는 다음과 같다.

첫째, 광원의 광도를 줄이고 여러 개를 설치한다.
둘째, 가리개나 갓으로 광원을 덮는다.
셋째, 창문(채광)은 차양이나 발을 설치한다.
넷째, 작업장 내에 무광택 도료를 칠한다.

2) 온도와 습도

온도와 습도는 사람이 생활하는데 매우 중요하며 건강에 직접적인 영향을 미친다. 온도와 습도가 사람에게 적당하여야 근로의욕이 높아지고 생산성이 향상된다. 인체조직은 체온을 항상 36~38℃로 유지하여야 한다.

열은 높은 곳에서 낮은 곳으로 이동하므로 대기온도가 높으면 대기에서 인체로 열이 이동하게 되고 대기온도가 낮으면 인체에서 대기로 열이 이동한다. 열이 이동하는 것을 열전달이라 하며 전도, 대류, 복사가 있다.

습기는 근로자의 육체노동에 커다란 영향을 미친다. 대기 중에 습기가 많으면 땀이 잘 방출되지 않으므로 체온을 유지하기 힘들고 불쾌하며 대기 중에 습기가 적으면 온도가 높더라도 땀이 잘 방출되므로 상쾌함을 느끼게 된다.

무풍을 기준으로 하여 여름철은 22~23.5℃, 상대습도는 50~70%이고 겨울철에는 18.5~21℃, 상대습도는 40~60%이다. 여름철에 냉방할 때 냉방온도는 대기온도와 5~8℃ 차이로 하고 습도는 50% 정도로 유지하는 것이 좋다. 불쾌지수는 온도와 습도가 인간에게 주는 불쾌감을 수치적으로 나타낸 것이다. 불쾌지수 70에서는 전체 사람 중 일부가 불쾌감을 느끼고, 75에서는 전체 사람 중 절반 정도가 불쾌감을 느끼며, 80 이상에서는 모든 사람이 불쾌감을 느낀다.

열압박은 온도 때문에 인간이 느끼는 생리학적 현상을 말한다. 대기온도가 38℃면 기진

맥진하며 41℃면 탈수증을 느끼며 밤에 갈증을 느낀다.

우리나라에서 발생한 산업재해를 월별로 살펴보면 여름철의 고온 · 높은 습도에서 재해사고율이 높고, 겨울철에 가장 적게 나타나는 것으로 보아 온도와 습도와 사고율에는 높은 상관관계가 있는 것으로 나타났다.

3) 분 진

분진은 공기 중에서 사람의 키 높이에 떠다니는 미립자를 말한다. 종류에 따라 다르지만 사람의 코 높이에 떠다니는 분진이 호흡할 때 폐로 호흡되어 여러 가지 장해를 일으킨다. 분진의 지름이 너무 작으면 높은 곳으로 올라가고 분진의 지름이 너무 크면 바닥으로 가라앉는다. 먼지의 경우에 있어서 1cc의 공기 속에 소미립자가 400개까지를 허용한계로 하고 있는데, 400개가 넘으면 먼지가 있음을 감지하게 되고, 500개가 넘으면 2시간 이상만 경과하여도 고정시설의 표면에서 손끝으로 먼지를 확인할 수 있게 된다.

따라서 500개 이상일 때부터가 유해한 상태이며, 폐결핵 · 기관지염 등의 호흡기 질환을 일으키게 된다. 일반 먼지가 아니라 유해한 화학물질의 소미립자는 매우 위험한 것으로서 가장 발병률이 높은 것이 진폐증이고, 급성폐렴, 만성기관지염, 중독, 피부점막장애, 폐암, 알레르기성 질환 등이 발생할 수 있다.

4) 유해화학물질

유해화학물질은 작업장에서 취급하거나 공기 중에 포함되어 있는 인체에 해로운 유기물과 무기물을 말한다. 공기 중에는 일산화탄소, 아황산가스, 황화수소 등의 갖가지 유해가스가 있다. 이 유해화학물질이 인체에 흡입되어 각종 장애를 일으킨다.

유해물질이 인체에 흡입되는 경로는 코, 피부, 입 등으로 들어온다. 일산화탄소는 산소부족증만 유발하는 것이 아니라 이것이 지속되면 신경세포에 침입하여 정신장애를 일으켜 작업에 막대한 영향을 미치게 하고, 심하면 완치할 수 없는 불치의 병이 된다.

아황산가스와 황화수소 등 각종 유독가스는 화학섬유공장에서 많이 발생하고 정신분열증, 만성시는 권태, 불면, 신경염, 진폐 등을 일으킨다. 특히 작업장 여성 근로자들에게는 생식기능에 중대한 영향을 끼칠 우려가 많다. 이와 같은 환경에서는 무엇보다 공기의 조절, 즉 환기장치가 완전해야 한다. 즉, 환기조절기, 공기정화기, 오존발생기 등을 설치하는 것이 좋다.

인체 내에서 유해물질을 처리할 수 있는 농도가 허용농도인데 인간이 매일 유해화학물질에 노출되더라도 신체에 아무 장해가 없는 농도를 말한다. 생물학적 허용한계는 근로자의 혈액, 소변, 머리카락, 손톱, 신체조직, 체액을 채취하여 노출된 유해물질의 양을 측정하는 것을 말한다.

5) 소 음

소음은 듣는 사람이 원치 않는 음을 말한다. 이 소음의 크기가 85db 이상이면 소음대책을 강구하여야 한다. 소음에는 진동과 진폭이 있다. 진동은 시간당 사이클 수이고 진폭은 음의 크기이다. 소음장애는 소음으로 나타나는 신체기능의 저하와 작업능률 저하를 말하다. 소음장애에는 난청과 혈압상승 및 호흡장애가 일어나며, 작업의 능률이 저하되고 피로가 누적된다. 소음은 일시적 또는 영구적으로 난청을 일으키며, 대화나 행동을 방해한다. 특히 소음작업장에서 볼 수 있는 작업성 난청은 오랫동안에 걸친 소음으로 인한 내이(內耳)의 변화로 인해 청력저하 현상을 말한다. 사람에 따라 차이는 있으나 감수성이 예민한 사람은 단시일 내에 심한 청력손실을 가져오며 울림, 두통, 불면을 초래하는 경우가 많다.

그리고 침, 위액의 분비와 위의 운동억제, 근육긴장도 증가시킨다. 그리고 산소 소비의 증가, 비타민 B 및 C의 과다소모 등으로 신경계통에 영향을 준다. 즉, 혈압이 오르고 맥박수가 증가하며, 호흡억제를 가져와 심하면 뇌내압이 크게 올라가기도 한다.

이와 같은 의학적 영향 외에도 정신적으로 신경을 피로하게 하여 정신작용을 둔화시키고, 판단력을 흐리게 하며, 흥분 · 화를 내게 하여 불쾌감 또는 기분을 비관적으로 만들어 주의집중을 방해함으로써 정확도 · 신속도를 유지할 수 없어 결국 노동능률의 저하와 재해 발생의 원인이 되고 직업병이 발생한다.

따라서 소음은 신체에 영향을 주므로 방지하여야 한다. 소음방지대책은 소음발생원인을 설계상 변경하거나 소음흡수장지로 소음을 흡수하여야 한다. 또한 보호구를 사용하거나 배경음악으로 소음을 중화시키는 방법이 있다.

6) 진 동

진동은 진폭과 주기가 있고 진동장애는 진폭과 주기 때문에 일어나며 진동이 일정한 것도 있지만 변화하는 것도 있다.

진동으로 나타나는 장애에 대해 살펴보면 다음과 같다.

첫째, 안면과 수족의 경련을 일으키는 레이노드(Raynaud)병 발생
둘째, 골관절의 장애 발생
셋째, 소화력 감소와 혈압 및 맥박 수 변화

7) 생체리듬과 피로

생체리듬은 바이오리듬이라고 하며 생체의 활동이 일정한 주기로 최고값에서 최저값으로 변화하는 것을 말한다. 생체리듬은 신체적 · 감정적 · 지성적 리듬이 있으며 이 세 가지 리듬이 서로 다른 주기로 활동하고 인간의 활동에 영향을 미친다. 생체리듬의 불균형은 인체의 활동에 리듬을 잃게 하고 나아가 신진대사의 원활한 활동을 저해시킨다. 인체는 신진대사(metabolism)에 의하여 유지된다. 체내에 새로운 물질이 공급되면 이들은 합성 분해되어 에너지를 생성하고 그 찌꺼기는 체외로 배설된다. 이때 신진대사의 균형이 깨지게 되면 생리적으로 피로가 발생하게 된다.

피로(fatigue)가 발생하면 심리적으로나 신체적으로 피곤이 와서 근로의욕을 상실하고 일의 능률이 저하되고 심각한 경우 병의 원인이 되기도 한다. 뿐만 아니라 피로는 작업에 있어서 사고의 원인이 되기도 한다.

(1) 바이오리듬

신체적 리듬은 주기가 23일이다. 즉, 11.5일은 신체 활동이 활발하고 11.5일은 신체 활동이 둔해진다. 신체적 활동에 관계되는 요소는 식욕, 소화력, 활동력, 스테미너, 지구력 등이다.

감정적 리듬은 주기가 28일이다. 즉, 14일은 감정이 예민하고, 14일은 감정이 둔해진다. 감정적 리듬에 관계되는 것은 주의력, 창조력, 통찰력 등이다.

지성적 리듬의 주기는 33일이다. 즉, 16.5일은 지적 능력이 활발하고 16.5일은 지적 능력이 떨어진다. 지적 리듬에 관계되는 요소는 상상력, 사고력, 기억력, 의지, 판단, 비판 등이다.

바이오리듬은 1일을 기준으로 시간에 따라 변화한다. 즉, 일출 때는 생체리듬이 활발해지고 일몰 때는 둔화된다. 24시간 중 새벽에는 생체리듬이 가장 둔해진다. 1일을 기준으로

하여 안전사고가 가장 많이 발생하는 시간대는 오전 10~11시 사이, 오후에는 3~4시 사이, 새벽에는 3~5시대이다. 야간작업 시는 신체적 활동이 둔해지며 신체적으로 나타나는 현상은 피로증가, 능률저하, 체중감소, 소화액 분비장애로 인한 위장병과 불면증 발생, 혈액의 수분 중 염분의 증가, 체온, 혈압, 맥박 수의 감소, 말초신경의 운동 및 기능 저하 등이다.

(2) 피 로

작업장이나 사무실에서 나타나는 피로는 다음의 몇 가지 원인에 의하여 유발된다.

① 지나친 근육노동

작업의 강도가 크고 지속시간이 길 때 근로자의 신체적 컨디션은 악화되기 쉽다. 심한 근육운동(muscle motion)을 해서 작업을 수행할 때 에너지 소모는 더욱 커지고, 결국은 신체적 피로(physiological fatigue)를 느끼게 된다.

② 지나친 정신노동

작업에 있어서는 그것이 육체노동이라도 심리적 반응이 필수적으로 따른다. 지루함(boredom), 싫증, 짜증, 주관적 피로(subjective fatigue) 등이 이에 속한다. 지루함이나 싫증은 흥미를 상실하는 작업태도를 보여 작업능률에 직접적인 영향을 미친다. 짜증이나 주관적 피로는 심리적 피로로 갈등이나 공포 그리고 욕구좌절 등에서 많이 기인된다.

③ 불량한 환경

작업장의 환기, 소음, 기타 조명 등 작업환경조건이 지나치게 불량할 경우 생기는 육체적 · 정신적 피로이다.

(3) 피로의 예방과 회복

① 피로의 예방

피로를 예방하는 방법으로 작업 시와 작업 이외의 경우로 구분할 수 있으며 작업 시의 방법으로는 다음을 들 수 있다.

- 적재적소 배치
- 이상적인 작업자세와 작업 방법
- 사용시설의 적정배치와 조작 방법의 개선

- 적절한 작업환경조건
- 적절한 작업복장과 작업시간, 휴식시간의 배정
- 작업교대의 효율화

작업 이외의 일반적인 피로예방을 위해서는

- 생활에 리듬을 준다.
- 피로의 축적원인 제거
- 적절한 운동이나 레크레이션
- 스트레스 해소

② 피로회복

피로회복을 위해서는

- 우선 쉬는 방법이 가장 이상적이므로 휴식시간 활용
- 단전호흡, 적절한 운동 등으로 신체 이완
- 비타민, 포도당, 칼슘 등 영양제 섭취
- 안마, 마사지, 목욕, 산보
- 안면(安眠)운동
- 커피나 음료를 적당히 섭취

산업고도화와 더불어 기업의 유해환경은 더욱 악화될 우려가 있으며, 이에 대한 문제도 더욱 복잡하고 어려워질 것이 예상된다. 뿐만 아니라 산업사회의 복잡한 조직 속에서 업무의 과중, 성과달성에 대한 압력 그리고 조직체와 구성원 간의 여러 가지 갈등, 정신적 스트레스의 증가 등에 대한 관리자의 배려가 더욱 요구된다.

3. 직업병

직업병은 근로자의 건강장애 가운데 직업과 관련된 노동이 원인이 되어 일어난 질병을 뜻하며, 돌발적 사고로 인한 중독 및 외상 등은 재해에는 속하나 직업병은 아니다. 그러나 근로기준법 시행령 제44조제1항에는 업무상 질병과 요양범위가 열거되어 있다.

직업병은 근로자의 체질, 작업의 종류, 환경, 작업 방법에 따라 다르다. 직업병은 도의적인 면에서나 보상적인 면에서 책임의 소재가 어디에 있느냐 하는 문제가 생길 때 업무와 질병과의 인과관계가 항상 문제가 될 수 있다. 근로자가 취업된 이상 일정기간이 경과하여 발병한 병의 경우 설령 업무와는 관계 없는 성질의 것이라 하더라도 업무에 의해 현저한 악화가 촉진되었다면 사용자 측에서는 책임을 당연히 져야 한다.

또한 사용자는 근로자의 채용 시는 물론 정기적으로 반드시 건강진단을 실시하여야 할 의무가 있으며(산업안전보건법 제43조제1항), 아울러 각종 안전보건에 대한 조치의무가 있다(산업안전보건법 제23조 안전조치, 제24조 보건조치, 제31조 안전 · 보건교육, 제43조 건강진단 등). 더구나 근로로 인하여 병세가 악화될 우려가 있는 질병자는 취업을 금지시켜야 하기 때문이다(산업안전보건법 제45조 질병자의 근로금지 · 제한). 중요한 직업병과 작업에서 오는 질병 및 직업병 예방은 다음과 같다.

(1) 작업환경에서의 오는 질병

① 진폐증: 주물공, 채석공, 연마공

② 납중독: 인쇄공, 도장공, 전자제품 등

③ 금속 증기열: 용접공, 주물공

④ 벤젠중독: 염료 제조공, 도장공

⑤ 일산화탄소중독: 자동차운전사, 연탄을 사용하는 곳, 철공소

⑥ 난청: 제관공, 조선공, 중장비 운전

⑦ 생식불능: X선 취급공

⑧ 안염: 용접공

⑨ 백내장: 단조공

⑩ 신경통, 동상: 냉동 작업자

⑪ 심장병, 열사병: 제철공, 조선공, 단조공

(2) 작업 방법에 의한 것

① 불면증: 야간작업을 하는 근로자

② 위장병: 야간근로자, 무리한 작업, 무리한 작업시간

③ 편평족: 항상 서서 작업하는 근로자

④ 정맥류: 앉은 자세에서 계속 작업하는 근로자

⑤ 요통: 대장공, 무거운 짐을 움직일 때

(3) 직업병을 예방하는 방법

① 유해물질은 독성이 없거나 적은 물질로 대체

② 오염원의 피복

③ 오염원의 격리

④ 환기시설 설치

⑤ 개인보호구 사용

⑥ 개인위생 철저

제4절 컴퓨터 노동과 건강

1. 정보화사회의 도래

피터 드럭커(P. F. Drucker)는 그의 저서 『단절의 시대』에서 미래사회는 전혀 새로운 기술에 의한 새로운 산업이 생기고, 그러한 산업이 성장산업으로 각광을 받게될 것이며, 지식혁명이 일어나서 지식이 사회의 가장 중요한 자원이 될 것이라고 예견한 바 있다.

또한 다니엘 벨(D. Bell)은 그의 저서 『탈산업화사회의 도래』에서 미래의 사회는 경제의 서비스화가 이루어질 것이고, 전문직과 기술직이 대폭적으로 증가할 것이며, 지식체계가 사회의 중요한 기초가 되고, 새로운 지적 기술이 발전하여 전자공학이 급격히 발전할 것으로 전망하였다.

한편, 앨빈 토플러(A. Toffler)는 그의 저서 『제3의 물결』에서 미래는 농업이라는 제1의 물결과 산업혁명의 제2의 물결에 이어, 정보화사회라는 제3의 물결과 우주개발과 생명공학을 핵심기술로 하는 제4의 물결이 도래할 것으로 예상했다.

미국의 존 나이스비트(J. Naisbitt)도 그의 저서 『거대한 물결』에서 앞으로는 정보과학기술의 급격한 발달에 따라 산업사회가 정보화사회로 옮겨가고, 그 결과로 정보산업과 관련한 지식노동자의 비중이 커질 것이며, 노동가치설 대신에 지식가치설이 대두되고, 정보산업의 비중이 커지며, 정보의 유통시간이 단축되어 정보량이 급증하고, 나아가서 정보가 과

잉되어 지식의 기근현상이 일어날 것으로 예견하였다.

또한, 미국 MIT대학의 레스터 더로우(L. C. Thurow)는 21C에는 두뇌산업이 세계를 지배하게 될 것으로 예견하면서, 유망한 두뇌산업으로 정밀전자공업, 생명공학, 신소재산업, 장거리통신산업, 민간항공산업, 로봇과 기계산업 그리고 컴퓨터와 소프트웨어산업을 들고 있다. 이렇게 종래 자연과 역사에 의해 비교우위가 결정되던 시대로부터 인간의 두뇌에 의해 비교우위가 결정되는 시대로 옮겨가게 될 것이라고 하였다.

이러한 여러 학자들이 예견한 바와 같이 우리나라에도 정보혁명 · 지식혁명 · 기술혁명으로 정보와 지식과 기술이 사회의 중요한 자원이 되어 정보화사회, 컴퓨터화사회가 도래하였다. 이것은 컴퓨터노동이 급격히 증가하고 있음을 말해 주는 것이다.

이러한 컴퓨터노동은 능률이 증진되고, 생산성과 품질이 향상되며, 조직의 진취적 풍조를 조성할 수 있는 등 여러 가지 긍정적인 측면이 있는 반면, 작업자의 신체적 · 정신적인 면에 여러 가지 질병 내지 장애를 일으킬 수 있다는 부정적인 측면도 지니고 있다.

이제 우리나라에서도 이러한 컴퓨터노동의 부정적인 측면, 즉 여러 가지 반생리적이고 비인간적인 문제점에 대한 대책을 강구해야 할 시기가 도래했다.

2. 새로운 형태의 직무환경

오늘날 우리나라에서도 공장자동화(FA)라든지 판매자동화(SA), 사무자동화(OA), 가정자동화(HA)라는 낱말들이 이제 더 이상 생소한 용어가 아니다. 모든 방면에서 컴퓨터의 활용이 일반화 · 보편화되고 있다.

이러한 컴퓨터화는 산업구조와 고용구조를 비롯하여 노동 형태와 노동기능체계, 근로조건과 근로환경 등 비교적 광범위한 방면에 걸쳐서 변혁을 가져왔다. 그 중에서 컴퓨터화가 근로 형태와 고용구조 측면에 미친 영향을 다음과 같이 요약할 수 있다.

① 노동에 있어 협력과 숙련노동의 해체

컴퓨터화가 이루어짐으로써 각자 자기 컴퓨터를 활용하여 주어진 업무를 단독으로 수행하게 된다. 이것은 곧 기존의 협동작업이나 공동작업의 형태가 줄어들고 있다. 즉, 협동노동이 해체되는 것이다.

한편, 컴퓨터화는 인간의 숙련노동을 컴퓨터에 흡수시킴으로써 이를 해체시킨다. 즉, 과거에 근로자 개개인의 경험이나 훈련을 통하여 얻거나 축적하여 왔던 지식이나 기술의 대부분이 오늘날에는 이미 컴퓨터에 입력되어 있고, 자료의 처리나 의사결정도 대개 컴퓨터 시스템이 수행해 주기 때문에, 과거에 많은 지식과 숙달된 기술을 필요로 하던 일을 간단한 컴퓨터 조작으로 할 수 있게 되었다.

② 노동의 타율화와 단순화

작업의 순서나 속도, 자료의 처리나 의사결정 등이 컴퓨터 시스템에 의해 이루어지고, 작업자는 컴퓨터의 지시에 따라 작업을 하게 된다. 이것은 곧 노동의 타율화를 의미하고, 따라서 인간이 컴퓨터 시스템에 예속되어 있음을 의미한다.

이러한 노동의 타율화는 노동의 부담과 강도를 증대시켜서 근로자의 정신적 · 육체적인 피로를 가중시키고, 근로의 단순화로 업무내용에 관해 많은 지식을 필요로 하던 일들이 컴퓨터화됨으로써, 단지 자료를 입력하고 그 처리와 결과는 컴퓨터 시스템에 맡기면 되는 단순작업이 되어 버렸다. 이러한 정형화된 단순작업은 일에 대한 권태감이나 싫증을 유발할 수도 있다.

③ 노동 수급의 불균형

컴퓨터화로 어떤 직종은 없어지고 새로운 직종이 생기기도 하는데, 그 변화가 급격할 때 새로운 직종의 노동수요가 공급을 따라가지 못하는 현상이 일어나게 된다.

예를 들어, 일본의 경우, 기계기술자, 전기기술자, 정보처리기사, 정밀기계조립 및 수리기사 등 컴퓨터 관련 전문기술직의 수요가 급증하고 있는데, 이러한 전문기술직의 수요가 공급을 따라가지 못하고 있는 실정이다. 우리나라의 경우도 1990년대 초에 이와 유사한 현상이 일어났다.

한편 컴퓨터화는 앞에서 살펴본 바와 같이 작업을 단순화시킴으로써 파트타임과 인력리스를 대폭적으로 증가시킨다. 뿐만 아니라 컴퓨터 조작을 주로 하는 업무가 증대됨에 따라 여성의 직장진출을 활성화하기도 한다.

3. 새로운 직업병

1) VDT 증후군

VDT(video display terminal)에서 방사되는 전자기파가 인체에 일으키는 육체적 · 심리적 각종 장해로 영상표시 단말기 증후군이라고도 부르며, 주로 컴퓨터 사용자들에게서 많이 발견되어 컴퓨터 단말기 증후군이라고도 한다. VDT란 컴퓨터, 워크스테이션, CRT (음극관 표시기) 디스플레이 등 브라운관이 장착된 표시장치 전반을 말한다. 장기간에 걸쳐 VDT 작업을 수행하면 VDT에서 발생하는 전자파, 자외선, 방사선 등으로 인해 눈의 피로 · 따끔거림, 어깨 뭉침 등의 육체적 장해와 가슴이 답답하고 구토를 하는 등의 심리적 장해가 발생한다. 한국에서도 대다수 기업이 컴퓨터로 업무를 처리하기 때문에 VDT 증후군(VDT syndrome)을 호소하는 직장인이 늘어나고 있다. 이에 따라 노동부에서는 VDT 증후군을 업무상 재해로 인정하여 산업재해보상보험법에 따라 보상받을 수 있도록 하고 있다.

CASE STUDY

엄지혹사증후군

엄지혹사증후군은 블랙베리 증후군이라고 한다. 이 명칭은 미국의 스마트폰인 블랙베리에서 유래되었는데 스마트폰으로 E-메일이나 문자 메시지를 보낼 때 엄지손가락을 많이 쓰게 되면서 생기게 된 현상이다. 주로 엄지손가락에 통증을 느끼거나 떨리는 등의 증세가 나타나게 된다.

우리나라에서도 최근 청소년들이 휴대폰으로 문자 메시지를 하루 수십 건을 보내는데 이런 행위가 지속되면 엄지혹사증후군에 걸릴 확률이 높아진다. 그런데 우리나라의 휴대폰이 미국의 스마트폰에 비해 크기가 작고, 영어자판보다 한글자판이 누르는 횟수가 적어서 상대적으로 손을 덜 혹사시키게 된다.

2) 반복사용 긴장성 증후군

반복사용 긴장성 증후군(Repetitive Strain Injury)이란 같은 동작을 반복하는 물리적인 운동에 의해 잘 생기는 질환이다. 최근에는 컴퓨터 게임 마니아를 비롯한 컴퓨터 작업이 많은 사람에게 생긴다. 빠른 속도의 타이핑이나 마우스 사용, 피아노나 바이올린 연주자, 트럭운전자, 정육점 종사자, 악수 등과 같은 반복 작업에 의해 신경, 근육, 건초나 다른 연부 조직 등에 손상을 일으켜 생기는 증상들이다.

반복사용 긴장성 손상의 대표적인 질환인 손목 터널 증후군은 골절이나 절단보다도 실제 노동력 상실이 심하다. 이와 같이 반복사용 긴장성 손상은 해가 없는 기계라도 반복적 사용으로 인해 누구든지 장애가 되게 할 수 있는 위험성이 있다는 것이다.

RSI의 원인으로는 전신적인 건강상태, 비타민 결핍, 근육긴장, 개인적 작업습관, 정신건강과 스트레스, 장시간 휴식 부족, 좋지 않은 인체 공학적 작업환경, 나쁜 자세, 팔목의 형태, 목과 척추의 상태, 타이핑 기계로 취급받는 인간의 기계화 현상, 신체 활동의 위험인자 등이 있다.

RSI를 일으키는 가장 위험한 요인 중 하나는 반복적 사용 중에 발생하는 근육 건초, 신경에 대한 혈액순환의 장애이다. 적당한 휴식이 없이 근육이나 연부조직의 과도한 사용은 충분히 회복할 기회가 없어진다. 따라서 작은 손상은 항상 일어날 수 있으며 정상적으로는 이러한 손상은 대개 하루 내에 회복되어진다.

반복사용 긴장성 손상증후군의 경고 증후에는 손이나 팔뚝의 힘이 약해짐, 피로, 저리고 감각이 무디거나 없어짐, 무거운 느낌, 손을 펴고 오므리는데 어려움, 손사용이 어려워짐(책장을 넘기거나 문고리, 수도꼭지를 돌릴 때, 커피 잔을 잡을 때), 악수하기가 싫어지고, 통증(목, 어깨, 등 위쪽, 상박, 전박, 주관절, 팔목, 손가락), 경련, 옷의 단추를 끼우거나 보석을 끼는 것이 어렵고, 손을 무의식중에 떨어뜨린다.

3) 컴퓨터 노동과 질병

장시간 컴퓨터 노동이 가져오는 질병 내지 장애 중에서 두드러진 몇 가지를 살펴보면 다음과 같다.

(1) 시각장애

오늘날 우리가 사용하는 컴퓨터 모니터는 대개가 음극선관을 사용하는데 모니터 화면에서 문장을 읽는 것이 서류의 문장을 읽는 것보다 훨씬 큰 부담을 눈에 준다. 그러한 화면을 오랫동안 주시하면 눈의 부담이 증가되어 눈이 침침하고 아프고 충혈이 되며 이물질이나 뜨거움을 느끼며, 눈이 가물거린다. 눈이 부시다든가 눈물이 난다는 등의 증상도 높은 비율로 나타난다. 특히, 눈이 뻑뻑해지는 안구건조증은 일본에서 4백만 명, 미국에는 1천만 명의 환자가 있을 정도로 발생빈도가 높은 것으로 알려져 있다.

(2) 근육 · 관절 · 신경계통 장애

허리와 어깨와 목이 결리고 팔이 아프며, 손가락과 관절이 저리고 아리기도 한다. 어떤 경우에는 손가락의 힘이 없고 떨리기도 한다.

미국에서는 이런 증상을 RSI로 널리 알려져 있다. 미국에서는 매년 18만 5천 명씩이 RSI에 이환된다고 한다. 이제 RSI는 미국 전체 직업병의 절반 이상을 차지하며, RSI에 의한 생산성 저하로 초래되는 손실액과 RSI의 치료비가 매년 70억 달러에 달하고 있다.

이 밖에도 온몸이 나른하고 졸음이 오며, 끈기가 없어지고, 주의가 산만해지며, 집중력이 없고, 건망증도 생기며, 두통과 위장장애 증상도 높은 비율로 조사 · 보고되고 있다.

(3) 전자파에 의한 장애

모니터에서 나오는 전자파(electromagnetic radiation)에 노출되면 인체의 신진대사 전반에 지장을 주고, 백내장이나 암 혹은 위장장애를 유발하는 것으로 알려져 있다.

(4) 심적 · 정신적 스트레스 증대

미국의 브로드(C. Brod)는 컴퓨터 관련 직종 종사자들에게서 나타나는 심리적 병리현상을 테크노스트레스(technostress)라고 명명하고 그 특징으로, 지적 노동부하의 증대감 및 컴퓨터 시스템에 사역당하는 느낌과 욕구불만 그리고 컴퓨터만을 상대하게 됨으로써 오는 인간관계의 단절과 사회적 고립감, 시간에 쫓기는 느낌과 직장과 가정의 심리적 · 시간적 구별의 어려움 등을 들고 있다.

그리고 브로드는 이러한 테크노스트레스를 테크노 의존병과 테크노 불안병으로 구분하였는데, 테크노 의존병은 컴퓨터 시스템에 지나치게 의존하고 지나치게 몰두하는 경우를 말하는데, 주로 시스템 엔지니어나 프로그래머, 책임감과 집작성이 강해 완전무결을 추구하는 사람, 사교성이 적은 사람들에게서 흔히 볼 수 있는 증상 내지 태도이다.

이와 반대로 테크노 불안병은 컴퓨터 시스템에 대한 과민한 거부감이나 불안감을 느끼고 주눅이 들어서 컴퓨터 시스템을 회피하거나 나아가서 여러 가지 심신의 증상을 일으킨다.

테크노 불안병은 흔히 컴퓨터 도입에 따른 변화에 적응하기 어려운 중 · 고령자나 컴퓨터 관련 연구직 종사자나 기사 중에서도 컴퓨터 관련 기술이 너무나 빠르고 급격하게 발전하기 때문에 기존의 지식이나 기능 또는 기술이 진부화되어 시대에 뒤떨어지지 않을까 하는 걱정에서 오는 것으로 알려져 있다.

4. 직무환경의 인간화

컴퓨터 노동의 인간화란 근로생활의 질(QWL: quality of working life) 또는 노동의 인간화(humanization of work) 개념을 컴퓨터 노동에 응용한 것이다.

그러므로 컴퓨터 노동의 인간화는 컴퓨터 노동에 있어 부정적인 측면에 주목하여 여러 가지 반생리적이고 비인간적인 조건을 개선함으로써 이른바 RSI를 방지하고, 나아가서 컴퓨터 작업자가 일에서 기쁨과 보람을 느끼며, 자아실현의 욕구를 충족할 수 있도록 하는 개념으로 이해할 수 있다.

이것은 근로자의 건강권 · 생활권 · 노동권을 중요시하는 개념으로 기술의 논리, 능률의 논리 못지 않게 인간의 논리, 생활의 논리를 중요시하는 개념으로 이해할 수도 있다.

컴퓨터 노동의 인간화에 대하여 미국, 독일, 스웨덴, 일본 등 선진 여러 나라에서는 활발한 논의와 연구가 이루어지고 있지만 우리나라에서는 아직 이에 관한 연구가 제대로 이루어지지 않고 있다.

컴퓨터 노동의 인간화 방안으로는 컴퓨터 자체, 작업환경과 작업조건의 관리, 그리고 작업자세의 차원에서 제시할 수 있다.

① 컴퓨터 자체의 측면

키보드나 의자, 책상 등의 인간공학적 설계를 비롯하여 키보드 대신에 종이에 글씨를 써서 입력시키는 광학문자판독시스템의 응용과 키보드 대신에 음성으로써 입력하고, 모니터 대신에 음성으로 출력하는 음성입 · 출력 시스템의 응용도 고려해야 한다. 그리고 모니터의 방향과 경사도가 작업자의 눈 위치에 맞게 자동적으로 조절되고, 또한 모니터 조도가 작업장의 밝기에 맞춰 자동적으로 조절되도록 설계하는 것도 좋은 방안이다.

② 작업환경과 작업관리의 측면

안전하고 쾌적한 물리적 작업환경을 조성하고 작업자의 재량으로 작업시간과 속도를 조절하고 적절한 휴식을 취할 수 있도록 작업자에게 자율성을 부여하여야 한다. 컴퓨터와의

'대화'에서 초래되는 고독감을 해소하기 위하여 휴식시간에 동료들과 따뜻한 대화를 나눌 수 있는 공간과 분위기를 조성해 주어야 한다.

③ 작업자세 측면

RSI의 방지를 위해서 작업자의 바른 자세가 중요하다는 점에 유의하여 일의 부담과 피로를 최소화할 수 있는 자세를 취하도록 해야 한다.

따라서 컴퓨터 노동의 인간화는 보다 세밀한 이론연구와 실증연구에서 축적된 성과를 바탕으로 정리하여야 한다.

제5절 환경관리의 대책

생산성 증대를 통한 건강하고 문화적인 생활향상을 기대하고 작업을 실행하는 과정에서 부상당하거나 또는 생명을 잃는 것은 매우 불행한 일이다. 그러나 산업의 발달에 따라 근로재해의 발생률은 안전기준강화와 안전기법 개발의 노력으로 크게 줄어들고 있다.

그러나 아직도 안전의식의 결여로 자동제어장치를 부착하지 않은 기계 · 기구를 제조 · 사용하고 있기 때문에 동일장소에서 똑같은 유형의 재해가 반복적으로 발생하고 있다.

이와 같은 반복재해는 작업장에서의 안전보건관리체제가 경영자들의 참여가 없는 가운데 운영되고 있거나, 안전관리투자가 미흡하므로 근원적인 안전이 보장되지 못하고 있으며, 근로자 역시 안전보건의식이 부족하여 보호용구 착용의 기피 및 안전수칙의 무시 등이 문제점 중의 하나이다.

따라서 이와 같은 문제점을 해소하기 위한 개선점은 다음과 같다.

① 노동 및 작업관리의 과학적 · 합리적 실시

노동에 있어서의 인간의 생리 · 심리적 요인을 존중하고, 합리적인 근로시간, 휴식제, 노동량, 교대제를 합리적으로 설정하고 또한 작업 방법을 개선하여 위험한 작업이나 불필요한 노동부담을 줄이도록 해야 한다.

② 설비의 인간화

작업에 있어서의 안전대책은 작업 자체의 합리화만으로는 완전할 수 없다. 일상작업자들이 작업 활동을 전개하는 작업설비 자체에도 합리화해야 한다.

③ 불완전한 상태 제거

각종 시설의 안전장치, 제분장치(除粉裝置), 표준 조명도, 표준 온 · 습도의 유지 및 유해공정의 무해공정화 등을 끊임없이 이루어야 한다.

④ 교육훈련 실시

사내 기술교육과 병행하여 인체생리에 미치는 영향 등 전체적인 인체유해환경의 상태와 유해원인에 관한 지식을 습득하게 하여 스스로 방호함은 물론 그 방호요령 등에 관해 충분히 교육하여야 한다.

⑤ 안전 · 위생 · 방재의 조직기구 설치

최고경영자로부터 일선감독자에 이르기까지 책임과 권한을 부여하여 각종 유해환경제거에 대처하고 한편 특별부서를 설치 · 운영하는 방안도 유효하다.

⑥ 사고 · 질병에 대한 충분한 사후대책 강구

관계입법규정의 저촉에 의한 피동적 대책강구보다는 적극적으로 관심을 가져 근로자들의 불안감을 해소시켜야 한다.

⑦ 각종 방호구, 방진마스크 등 비치 · 활용

특히, 개인방호기구를 비치 · 활용하도록 하며 건강진단을 연 1회 반드시 실시해야 한다.

13

복리후생과 여가관리

1절 - 복리후생의 개념

2절 - 복리후생의 역사적 변천

3절 - 복리후생의 내용

4절 - 복리후생의 관리와 설계

5절 - 복리후생관리제도의 효과

6절 - 여가관리

제1절 복리후생의 개념

1. 근로시간의 의의

근로자에게 직접적으로 제공하는 급여를 임금이라고 한다면 간접적인 형태로 제공되는 부가보상을 복리후생이라고 한다. 따라서 복리후생을 '제2의 임금' 또는 '보이지 않는 급여'라고도 한다.

전통적 의미에서의 복리후생은 근로자의 생활안정과 생활의 질을 향상시키기 위하여 근로조건에 부가적 또는 보충적으로 사용자의 자유의사에 따라 기업 자체의 부담과 책임 하에 추가적으로 베푸는 혜택이라고 간주할 수 있다.

최근 복리후생비율이 30%가 넘는 상황에서는 부가급부적 개념에서 정당한 근로대가로서의 성격으로 변모함에 따라 포괄적인 의미에서 복리후생(employee benefits and service programs)이라고 부르고 있다.

그러므로 복리후생, 복지후생, 후생복지, 근로복지 등 각기 다른 용어를 사용되더라도 그 의미는 기업이 주체가 되고, 객체는 근로자로 근로자의 복지증진의 일환이다. 그러므로 복리후생은 "기업이 주체가 되어 경영능률 향상과 근로자의 복지증진을 위하여 실시하는 임금 이외의 비용뿐만 아니라 관련된 제도 및 프로그램의 총칭"이라 정의할 수 있다.

최근 복리후생비율이 증가하는 이유는 이해관계자들의 공통된 필요성 때문이다. 기업은 근로자와 그 가족의 생활안정과 건강증진 그리고 생활 수준의 향상, 문화생활로 만족감을 주어서 사기를 증진시키고, 작업능률 증대, 노동력의 조달 · 유지 · 개발 · 안정을 기대한다.

근로자는 근로생활의 기쁨과 보람, 안정과 조화, 생활의 질적 향상, 인격 도야와 같은 물질적 · 정신적 행복의 이상적 상태를 원하기 때문이다.

복리후생은 이러한 의미 외에도 임금과 근로시간 같은 기본적인 근로조건을 보완하는 경영공동체 의식의 향상과 아울러 복지국가 건설을 위한 사회정책적 측면의 국가기능이 미흡한 점을 보완하려는 기능도 가지고 있다. 따라서 복리후생정책은 조직의 협동단결을 유도하고 사회시스템으로서 기업의 공동체 의식 형성에 중요한 역할을 하게 된다.

그러므로 새로운 개념의 복리후생은 현대산업사회에 있어서 올바른 노사관계의 바탕 위에서 생산성향상과 기술혁신이라는 시대적 요구에 부응할 수 있다.

제2절 복리후생의 역사적 변천

기업의 복리후생 내용은 일반적으로 사회 · 경제의 변화, 노동조합의 발달 정도에 의해 기업에 따라 다르고 시대와 더불어 변천해 왔다.

산업화 초기에는 주로 노동력을 확보하고 유지하려는 의도에서 또는 근로자의 생활을 보호한다는 온정적 · 은혜적 의미에서 사용자의 일방적 의사에 의해 이를 마련하여 운영해 왔으나, 산업사회의 성장과 노동조합의 발전에 따라 근로자 측의 요구와 국가의 사회정책적 요구에 의해 온정적 단계에서 민주적 단계로 발전하고 있다. 이를 인적자원관리 역사적 발전단계에 따라 고찰해 보기로 한다.

1. 온정적 인적자원관리와 복리후생

산업혁명에 의한 급격한 생산 방법의 변화는 종래의 수공업적 노동자의 몰락을 가져왔고, 이를 미숙련 부녀노동과 연소 · 유년노동자에 의해 대체됨에 따라 상대적으로 근로조건은 더욱 열악하게 되었다.

이에 대해 근로자들은 직업별 노동조합을 결성하여 사용자의 전제적 통제에 의한 노동강화에 대항하게 됨에 따라 지금까지의 자의에 의한 일방적인 위협적 방법은 통제수단으로서의 기능을 점점 상실하게 되고, 강압적 관리 대신 회유의 수단으로 은혜적 · 온정적인 관리 방법이 등장하게 되었다.

영국의 로버트 오웬(R. Owen)은 기업의 비인도적인 노동착취에 대해 동정을 나타내고 자신의 공장근로자의 근로시간을 14시간에서 12시간으로 단축하고 동시에 교육시설, 도서실, 매점, 병원과 같은 복리후생제도와 시설을 만들어 운영하였다.

그러나 근로조건에 관한 입법이나 사회제도가 없었던 당시로서는 근로조건의 개선이 근로자들의 충성심을 얻기 위해 오로지 기업가의 일방적인 의사에 의해 은혜적으로 베푸는 온정이나 선심이었고, 근로자들은 그것을 소극적으로 받아들이는 데 그쳤다.

2. 근대적 인적자원관리와 복리후생

제1차세계대전(1914~1918)으로 산업사회는 노동력이 크게 부족하게 되었고, 노동조합의 협력이 필요했으며, 과학적 관리법이 보급됨에 따라 큰 변화를 가져왔다. 전통적인 전제적 · 온정적인 관리 방법으로는 이 변화하는 산업사회 속에서 기업의 존속이 불가능하게 되었다.

따라서 근로자나 노동조합을 사용자와 대등한 인격 내지 상대로 인정하여 대화하는 산업민주주의의 이념을 실현시키려는 근대적 인적자원관리가 형성됨에 따라 근로조건의 결정 방법도 개인으로서의 근로자와 사용자의 단순한 관계를 떠나 사회적인 성격이 점차 뚜렷하게 되었다.

이로 인해 기업이 직접적인 근로조건을 개선하는 것은 복리후생시설의 개념에서 제외되었으며, 공장 내 · 외에서 근로자의 생활을 좀더 쾌적하고 윤택하게 할 수 있는 시설 및 제도가 관심의 대상이 되었다. 즉, 근로조건의 결정에 있어 단체교섭이나 노동입법의 영향을 받게 된 것이다.

3. 민주적 인적자원관리와 복리후생

미국 펜실베니아대학의 패터슨(S. H. Patterson) 교수는 "복지시설은 사용자가 근로자를 관리하기 위해 공장의 담을 넘어 주택시설, 레크레이션, 사회서비스 및 번영 프로그램을 내용으로 하고 있다"고 하여 기업 내 복지시설의 개념도 직접 생산과 관계가 없는 공장 내 · 외의 근로자 생활의 충실에 유효한 시설에 한정되는 사회적 성질을 가진다고 생각하게 되었다.

그리하여 종래의 "welfare works"라는 용어는 은혜적인 이념을 내포하는 것이라고 하여 근로자들이 기피하게 되었고, 그 결과 생산에 직접 관계가 없는 공장 내 · 외의 생산시설에 대해서는 "personnel service" 또는 "employee service"라는 용어로 대치하게 되었으며, 또한 정부의 노동조합 활동의 보호(Wagner 법제정, 1935) 및 CIO(congress of industrial organization)의 출현 등에 의하여 민주적 노사관계가 자리를 잡게 되었다.

그리하여 복리후생이 생산 활동이나 작업과 직접 관계가 없는 것으로 간주되어 근로자의 생활을 풍요롭게 하는데 유용한 직장 내의 시설관련 제도를 의미하는 경향을 보이게 되었다.

오늘날은 "human relation plan"의 일환으로서 사용자 혹은 회사가 '준다'든가 혹은 '대여한다'든가 하는 식의 생각은 완전히 불식되고 어디까지나 독립인으로서의 근로자의 생활을 풍요하게 하는 데 유용한 관계시설이나 제도를 원조 내지 협력하는 것, 즉 대등한 입장에서의 상호협력적 관계가 "personnel service"의 본질적 개념으로 보편화되었다.

제3절 복리후생의 내용

복리후생시설과 제도는 기업의 규모나 업종에 따라 다르고 경제사회의 성장과 변천에 따라 다종다양하며, 그 종류와 범위도 점점 확대되어 가고 있는 실정이다. 그리고 분류하는 사람과 분류기준에 따라서도 여러 가지 형태로 유형화할 수 있다.

복리후생을 직접복리후생과 간접복리후생, 법정 복리후생과 법정외 복리후생으로 대별하여 다음과 같이 분류하여 고찰하기로 한다.

직접복리후생은 구성원 개인에게 직접 급여되며 현금급여가 중심이 된다. 조직에서 구성원 각자에게 직접 지급되는 경우와 조직에서 사회 전체 내지 국가공동기관의 개별구성원을 위해 급여하는 경우가 있다.

그림 13-1 | 복리후생의 분류

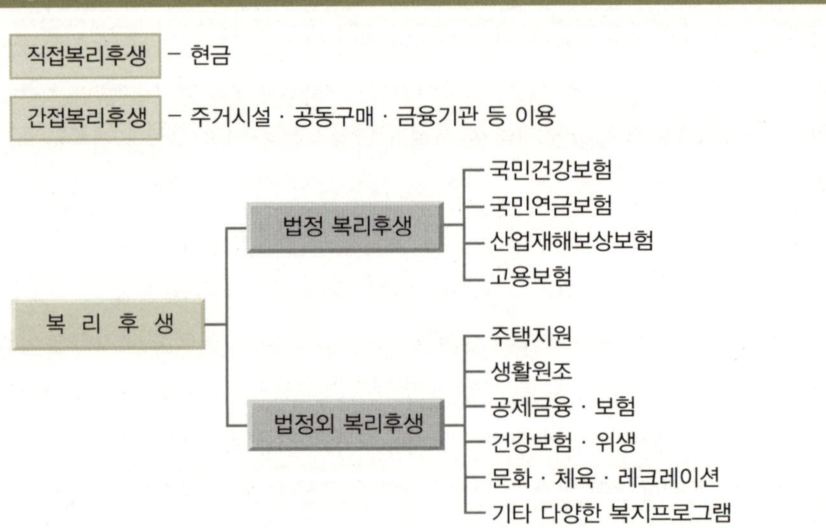

간접복리후생은 구성원에게 주거시설, 공동구매, 금융기관을 이용할 수 있게 하는 것으로 간접급여가 된다.

1. 법정 복리후생제도

법정 복리후생이란 국가 · 사회적 또는 산업적 차원에서 법률로서 기업에 대해 복리후생 시설의 설치 · 운영을 의무화하는 사회보장 내지 사회정책적 제도로서 강제적 성격을 지닌다.

이것은 예고 없이 닥치는 질병, 재해, 실업과 노령의 위협으로부터 근로자와 그 가족의 생활을 보호하기 위해 실시하는 국민건강보험, 연금보험, 산업재해보상보험, 고용보험 등을 말한다.

일반적으로 근로자들은 뜻하지 않은 질병이라든가 갑작스러운 산업재해 및 예기치 못한 실업으로부터 자신과 가족의 일상생활을 염려하게 되고, 노후의 생활을 걱정하게 된다. 따라서 질병, 재해, 실업, 노령으로부터 생활을 보호하려는 근로자의 4대 안전에 대한 욕구를 충족시키기 위해 법적 제도로서 마련된 것이 법정 복리후생제도이다.

근로자의 4대 안전의 욕구는 [그림 13-2]와 같다.

그림 13-2 근로자의 4대 안전의 욕구

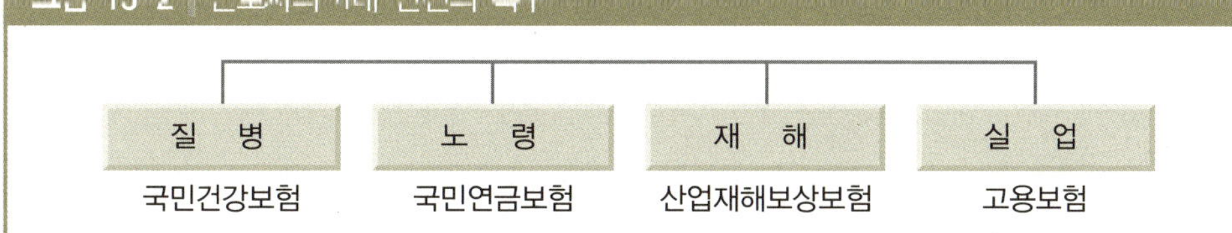

1) 국민건강보험

국민건강보험은 피보험자의 업무 외의 이유로 인한 질병, 부상, 사망에 대하여 보험급부를 함과 동시에 피부양자에 대해서도 사회보장을 증진하기 위해 보험급부를 하는 것을 목적으로 하는 제도이다. 종업원과 그 가족이 업무 외의 사유로 인한 질병, 부상, 사망에 대하여 진료비 보장, 질병치료, 건강진단, 재활 및 질병예방 등 국민의 건강과 생활의 안정을 도모하는 데 목적이 있다. 이는 기업의 의무로 종업원 복리후생관리의 중요한 과제가 된다. 우리나라는 종전의 의료보험을 2000년 7월부터 국민건강보험으로 명칭을 변경하여 실시하고 있다.

적용대상은 전국민으로 임금소득자는 직장의료보험, 비임금소득자는 지역의료보험으로 구분 · 적용하였으나 1998년 10월부터 기존의 공무원 및 사립학교 교직원 의료보험과 지역의료보험을 단일기구인 국민의료보험관리공단에서 관리하고 있다. 2000년 1월부터 직장의보를 포함한 완전통합이 이루어졌다. 2019년 건강보험요율은 〈표 13-1〉과 같다. 2011년 1월부터 보험료는 직장가입자는 월소득액의 5.64%의 범위 내에서 노사가 각각 절반씩 2.82% 부담하게 된다. 지역가입자는 소득과 평가소득에서 연령 · 재산 등을 고려해 부과하며 공무원 · 사립학교 교직원도 직장가입자와 마찬가지로 절반은 본인부담이며 나머지는 정부 · 재단이 부담한다.

표 13-1 2019년 건강보험요율

기준	보험요율	근로자	사업주
건강보험료 (보수월액 기준)	6.46%	3.23%	3.23%
장기요양보험료 (건강보험료 기준)	8.51%	가입자부담 50%	사업주부담 50%

2) 국민연금보험

국민연금보험은 국민의 노령, 폐질 또는 사망과 같이 노동시장에서 노동력의 사용가치의 상실에 대비한 보험으로서 우리나라에는 국민연금, 공무원연금, 사립학교 교원연금, 군인연금이 법률화되어 있다.

일반적으로 노후의 소득보장체계는 3층 보장이론(three-tried system)으로 설명되고 있다.

첫 번째 층은 사회보장으로서 국가에 의한 보장이고, 공적 연금과 공적 부조가 중요한 수단이 되고 있다.

두 번째 층은 직장보장으로서 기업의 사회적 책임의 원칙에 입각하여 기업보장이 강조되고 있고, 구체적인 수단으로서 퇴직일시금, 기업연금, 단체보험이 주축이 되고 있다.

세 번째 층은 개인보장으로서 생활에 대한 자기 책임의 원칙에 입각한 보장이며, 구체적인 수단은 저축과 생명보험이다.

기업에 종사하는 종업원은 신분상 국민연금에 가입하거나 기업연금제도의 혜택을 받아야 한다. 이러한 국민연금은 위의 3층 보장이론 가운데 첫 번째에 해당되는 것으로서 국민의 일상생활 중 노후생활과 불구, 폐질, 사망 등의 예기치 않은 위험 때문에 발생하는 소득의 상실이나 중단 시를 대비하는 소득보장수단이며, 기업은 국민연금에 사업장 가입자로 가입하여야 하며 그것을 통하여 종업원의 소득보장에 앞장서야 한다.

우리나라의 국민연금은 1988년 1월 1일부로 상시근로자 10인 이상 사업장을 대상으로 실시된 이래 1995년도에 농어촌 지역으로 확대 적용되었으며, 1999년 4월 1일부로 도시 지역으로 확대되어 전 국민 국민연금시대를 열었다. 또한, 2003년 7월 1일부터 5인 미만 법인 · 전문직종 사업장의 사업주와 근로자 및 월 80시간 이상 일하는 근로자가 의무가입대상으로 확대되었으며, 2006년 1월부터는 모든 사업장이 의무가입대상이 된다. 2019년도 국민연금 부담률을 보면 직장가입자의 경우 근로자는 4.5%, 사업주 부담분 4.5%하여 총 9.0%를 납부해야 한다.

표 13-2 2019년 국민연금요율

보험요율	근로자	사업주
기준소득 월액	4.5%	4.5%

3) 산재보험

산업사회의 구성원은 누구나 산업재해의 위험에 노출되어 있다. 산업사회가 발전할수록 이러한 위험은 더욱더 증가한다. 산업재해는 기업 외부에서 발생하는 산업활동재해와 기업 내부에서 발생하는 노동재해(업무재해)로 크게 구분할 수 있는데, 본장에서는 후자인 노동재해를 중심으로 설명하고자 한다.

산재보험제도는 기업의 업무수행과 관련하여 발생한 부상, 질병, 사망 등의 재해에 대하여 경제적 보상을 하는 제도이다. 종업원의 부담은 없으며, 일반적으로 기업이 비용의 전액을 부담하여 보험에 가입한다.

산재보험이 부상, 질병, 사망을 대상으로 하는 점에서는 의료보험 등의 다른 사회보험과 차이가 없지만, 그 원인인 산업재해가 자본주의적 고용관계에서 기인되었다는 점에서는 크게 다르다. 산업재해는 근로자 개인의 주관적인 주의력의 한계를 넘어서 발생하는 사회적 현상이며, 자본주의적 생산양식으로 인해 기업에 내재되어 있는 위험의 발현이라는 특성을 갖고 있다.

우리나라의 산업재해보상보험은 사회보장제도의 효시로 1963년에 제정된 산업재해보상법에 근거해서 1964년부터 종업원 500명 이상의 광업 및 제조업 부문에만 강제 적용되었다. 이후 산업화의 진전과 함께 수십 차례의 적용확대 개정을 거쳐 2000년 7월 1일부터는 1인 이상의 전 사업장으로 적용범위가 확대되었다. 또한 산재보험료는 기업이 전액 부담하도록 되어 있고 요율은 업종에 따라 상이하다. 2019년도 산재보험요율은 〈표 13-3〉과 같다.

표 13-3 2019년 산재보험요율

업종분류	보험요율	업종분류	보험요율
1. 광업	7.25% ~ 28.25%	6. 임업	9.15%
2. 제조업	0.85% ~ 4.35%	7. 농업	3.65%
3. 전기 · 가스 · 상수도업	1.05%	8. 어업	2.65%
4. 건설업	4.05%	9. 기타의 사업	0.85% ~ 3.15%
5. 운수 · 창고 · 통신업	1.05% ~ 2.95%	10. 금융 및 보험업	0.85%

4) 고용보험

고용보험은 국가의 사회보장 차원에서는 근로자가 비자발적 사유로 실직한 경우 근로자와 그 가족의 생활안정을 도모하기 위하여 일정 기간 동안 실업급여를 지급해서 생계를 지원해주는 실업보험에서 비롯되었다.

우리나라에서의 고용보험은 1995년 7월부터 시행되어왔는데, 사후 구체적 · 소극적 개념인 전통적인 실업보험뿐만 아니라 실업을 사전에 예방하고 고용의 안정을 실질적으로 보장하는 보다 적극적인 인력정책수단으로서 실직 시 생계안정을 위한 실업급여 외에 고용안정사업, 직업능력개발사업의 3개 사업을 시행하고 있는 바, 그 구체적 내용은 다음과 같다.

① 실업급여

실직자의 생계안정(구직급여)과 조기 재취직 수당, 직업능력개발수당, 광역구직활동비 및 이주비 등

② 고용안정사업

고용창출지원과 고용조정지원(전직훈련 · 인력배치지원금, 휴업수당지원금)과 고용촉진지원 등

③ 직업능력개발사업

실직자 재취직훈련 및 수강장려금 지원, 교육수강비용 대부, 근로자의 생애직업능력개발 지원 및 사업 내 직업훈련 지원 등

고용보험의 적용대상을 살펴보면 1998년 10월 1일 법개정 후 전 사업장으로 범위가 확대되어 전 사업장 상용근로자는 물론, 65세 이후에 새로이 고용된 자와 월간 소정근로시간이 60시간(주간 수정근로시간 15시간) 미만인 근로자를 제외하고는 임시 · 시간제 근로자에게도 적용되도록 하였다.

실업급여(구직급여)는 실직 전 평균임금의 50%를 지급하고 있다. 그리고 고용보험료의 경우 2011년 기준 근로자(임금의 0.45%)와 사업주(임금액 0.7%)가 공동으로 부담한다. 2019년도 고용보험요율은 〈표 13-4〉와 같다.

표 13-4 2019년 고용보험요율

보험요율		근로자	사업주
실업급여		0.65%	0.65%
고용안정, 직업능력 개발사업	150인 미만 기업	–	0.25%
	150인 이상 우선지원 대상기업	–	0.45%
	150인 이상 ~1,000인 미만 기업	–	0.65%
	1,000인 이상 기업, 국가지방자치단체	–	0.85%

2. 법정외 복리후생제도

앞에서 언급한 법정 복리후생제도는 국가가 근로자의 최저생활을 보장하기 위해 실시하는 사회보험이고, 그 비용은 기업에 강제하는 제도이기 때문에 기업 간 정도에 있어서 그다지 차이가 나지 않는다.

근로자에 대한 부리후생시설 및 활동은 기업의 성격과 사업종류에 따라 다르지만, 복리후생시책의 중점은 인간관계개선, 노동력 충원, 종업원의 생활의 질 향상, 종업원의 건강관리 등에 있다

그러나 법정외 복리후생은 기업이 자율적으로 성과의 논리에 의해 실시되는 복리후생 프로그램이기 때문에 내용과 정도가 다양하고, 운영의 기법과 특성의 차이도 각양각색이다.

또한 적용대상도 해당 기업의 근로자와 그 가족에게만 한정시키는 폐쇄성이 있다. 기업에서는 근로자의 주거생활의 안정을 위하여 사택설치 운영과 자기 주택을 가지도록 지원한다. 이를 위한 주택대부금제도, 주택의 알선, 택지분양, 사원주택 등 근로자의 자기 집 마련을 위한 여러 가지 지원책이 강구되고 있다.

교육시설에는 근로자 자신과 자녀들에 대한 것이 있다. 이를 위해 학자금 지급, 학자금 대여 등의 교육지원과 자녀들을 위한 유치원 · 보육원을 설치하여 운영하기도 한다.

경제생활을 위해서는 임금 이외에 금전이나 일용품 등의 물품을 지급하여 근로자의 생활향상을 도모하고 불의의 재난에 대비하기 위한 저축이나 보험가입 같은 저축을 장려하고 적극적인 상호부조의 방법을 강구한다. 회사 내에 의무실과 휴양실을 설치하여 근로자와 그 가족에게 무료로 진단하고 투약을 행하기도 한다. 교통이 불편한 지역에는 병원을 세워 근로자와 그 가족의 질병을 치료받게 한다. 그리고 근로자의 여가시간을 대상으로 스포츠와 레크레이션의 기회와 장소를 제공한다. 스포츠 시설로는 체육관, 종합운동장, 테니스장, 풀장 등이 있으며 레크레이션 시설로는 장기, 바둑, 당구, TV, 노래방 등을 갖춘 오락실과 휴양실이 있다. 그 주요 내용은 다음과 같다.

1) 생활시설

① 주거시설: 사택, 기숙사, 가족아파트 분양 및 셋방 · 셋집 알선
② 생활원조: 급식, 통근서비스, 피복 · 생활물자 및 식료품 지급

P사의 '무한감동 복리후생제도' 눈길

P사는 최대 3,000만 원까지 의료비를 전액 무료로 지원하는 등 폭넓은 '무한감동 복리후생제도'를 실시하고 있어 눈길을 끌고 있다.

P사에 따르면 직원들의 생활안정을 위해 직급과 직책에 따라 주택자금 대출 최대 1억 원, 결혼자금 대출 1,000만 원, 의료장례비 대출 500만 원 등 총 1억 원까지 2%의 저금리로 지원하고 있다.

특히 '임직원 및 가족의 건강은 회사가 책임진다'는 경영방침에 따라 본인뿐 아니라 배우자와 자녀가 암, 백혈병, 심장병 등 3대 중병에 걸렸을 때에는 회사에서 최대 3,000만 원까지 무료로 전액 지원한다.

또한 매년 과장급 이상 또는 10년 이상 근속인 직원에게 본인은 물론 가족까지 국내 최고 종합병원에서 300만 원 상당의 종합건강검진을 전액 무료로 실시하며, 임대차계약, 교통사고처리 등 생활법률 서비스까지도 제공하는 등 생활편의 서비스 제도도 운영하고 있다.

이 밖에도 직원들의 여가선용 및 자기계발을 위해 ▲외국어 교육비 지원 ▲사내 교육기관운영 ▲사내 동호회 운영비 및 특별 행사비 지원 ▲제주도, 설악산 등 전국 주요 지역에 콘도 및 휴양시설을 상시 지원하고 있다.

현재 P사는 애니메이션동호회, 사진동호회, 포켓볼동호회 등 30여 개의 각종 스포츠 및 취미동호회가 회사의 후원을 받아 활발하게 운영되고 있다.

또 임직원 자녀들을 대상으로 매년 방학 중에 약 2주간 원어민들과 함께 생활하는 영어캠프를 개최하고, 매년 어린이날에는 인라인스케이트, 자전거 등 다양한 선물을 제공하고 있다.

P사 관계자는 "다양하고 섬세한 복리후생제도를 통해 임직원과 그 가족들에게 경제적 안정을 줄 뿐 아니라 정신적 안정과 삶의 질에 대한 만족감을 높여주고 있다"며 이는 향후 기업들이 지향해야 할 가장 선진화된 복지제도라고 자부한다"고 말했다.

③ 기　　타: 자동차 주차장, 생활상담 등

2) 경제시설

① 구매시설: 매점, 협동조합, 소비조합, 사내제품 염가판매

② 금융시설: 주택 · 전세금 대여, 경조관계대금, 대금대부 및 예금 · 저금제도
③ 공제제도: 경조관계부금, 재해위문금 등
④ 기 타: 탁아운영, 결혼식장 · 장의시설 알선 등

3) 보건 · 위생시설

① 보건건강시설: 병원 · 진료소, 의무실, 해양 · 산간휴양소, 요양소
② 위생시설: 목욕탕, 빨래방, 이 · 미용실, 환경위생 · 집단위생, 편의실
③ 기 타: 건강진단, 건강상담, 질병 · 전염병 예방대책 등

4) 문화 · 체육 · 오락 · 레크레이션 시설

① 문화교양시설: 학교, 도서관, 문화회관, 전시회, 강연회, 강습회
② 체육시설: 체육관, 운동장, 풀장, 테니스코트
③ 오락 · 레크레이션: 오락실, 각종 서클활동, 연극 · 영화회, 야유회, 각종 취미 동호회, 레저 컨설턴트제도 등

제4절 복리후생의 관리와 설계

복리후생의 내용으로는 그 경영체가 가지는 구체적인 특수성이나 조건, 즉 규모, 업종, 입지, 노조의 힘, 기업의 목표와 정책 등의 요인과 기업이 처해 있는 사회적 · 경제적 · 기술적 및 정치적 환경에 따라 운영 프로그램이 달라진다.

이러한 복리후생시설을 타산적으로 생각하여 비용이 수익으로 회수될 것이라고 생각하기 쉬우나 복리후생 그 자체는 노동력의 확보, 노동력의 안정, 근로에 대한 보람촉진, 기업능률 등을 도모하는 만큼 선심을 베푸는 온정적 · 은혜적으로 생각하거나 해석해서는 안 된다.

그러므로 복리후생시설의 필요성은 노동력의 재생산적인 면, 당면한 피로와 긴장감의 해소, 나아가 인간으로서의 기본적인 생활보장 면에서 찾아야 한다.

따라서 근로자의 직장생활은 모든 생활 영역의 대부분을 점하고 있기 때문에 기업은 복

리후생제도를 개선하는 동시에 목표달성에 기여할 수 있는 효율적인 복리후생 프로그램을 설계하여야 한다. 이를 위해서 고려될 수 있는 몇 가지 사항들은 다음과 같다.

1. 조직체 성과의 분석

복리후생제도가 근로자의 동기부여에 얼마나 작용하고 있고, 조직체의 성과에 기여하고 있는지를 정확하게 말하기는 어렵다. 근로자의 적극적인 동기유발과 사기 앙양에는 금전적 내지 물질적인 직접급여도 필요하겠지만, 이에 못지않게 복리후생제도를 통해 근로자를 위한 서비스나 근로자의 정신적 만족감을 충족시킬 수 있는 여러 대책이 필요하다. 이러한 현상의 이론적 근거로는 허즈버그(F. Herzberg)의 '동기 · 위생이론'(motivation-hygiene theory)에서도 찾아볼 수 있다. 허즈버그는 동기유발을 위해서는 근로자의 사회적 내지 정신적 차원의 자아발전의 욕구충족을 위한 자극이 필요하다고 하였다.

즉, 이는 위생적인 측면에서의 양적인 금전 내지 물질적인 급여를 중심으로 구조적 측면에서 동기유발적인 서비스 내지 정신적인 욕구충족으로의 전환을 의미한다.

2. 욕구 수준의 파악

복리후생의 근본적인 문제는 복리후생의 프로그램이 근로자 욕구를 충족시킬 수 있도록 설계되어야 한다는 것이다.

조직의 구성원은 성별, 연령, 교육, 소득 수준, 결혼 여부, 자녀의 수, 가치관 등 경제적 및 사회 · 문화적인 수준에 따라 각각 다르게 구성되어 있고, 그들이 바라는 복리후생 프로그램도 각기 다르다. 이를테면 일반근로자들은 복리후생보다는 직접 임금을 선호하지만, 고학력자와 상위계층에 있는 사람들은 임금보다는 복리후생을 선호하는 경향을 보인다.

또한 연장자들은 연금, 자녀장학금, 주택 등에 비교적 높은 선호를 보이는 반면, 젊은 세대는 휴가, 휴일, 근로시간단축, 레크레이션 등에 대한 욕망이 강하다.

이와 같이 근로자의 복리후생에 대한 욕구는 그들이 처해 있는 배경에 따라 다르기 때문에 조직체는 이에 대한 욕구내용을 정확히 파악하여 적절한 복리후생 프로그램을 설계해야 한다.

3. 카페테리아 복리후생

복리후생제도는 비슷한 수준에 있는 근로자들에게 같은 혜택을 부여하는 것이 일반적이다. 현실적으로는 구성원의 나이 · 자녀의 수 · 소득 수준 · 결혼 여부 · 생활 스타일 등에 따라 각각 다른 복리후생시설을 필요로 한다. 근로자와 저소득층은 직접 임금이나 교육비 보조를 선호할 것이고, 나이가 많은 근로자들은 연금이나 건강보험 등을 선호한다. 이렇게 다양한 개별 근로자들의 욕구를 충족시키기 위해서는 기업의 복리후생시설과 제도 중에서 일정한 비용의 범위 내에서 자신이 원하는 것을 선택하게 하는 것이 카페테리아 프로그램(cafeterial program)이다.

즉, 식당 메뉴 중에서 자기가 원하는 음식을 선택하는 것과 같이 근로자에 할당한 복리후생비용의 범위 내에 주어진 여러 가지 복리후생 옵션(option) 중에서 자기에게 가장 적합한 프로그램의 옵션을 선택하는 개념이다.

따라서 이는 근로자 개인의 욕구나 선호를 보다 적절하게 충족시킬 수 있기 때문에 보상의 가치에 대한 인식의 제고와 만족감의 증대, 조직유효성의 상승, 기업 이미지 제고 등의 이점을 얻을 수 있다.

반면, 관리의 복잡성, 비용증대 등의 단점도 있어 중소기업에서는 실시하기가 어렵다. 현재 GS유통, CJ그룹, LG화학 등의 기업에서 실시하고 있거나 도입하기로 노사가 합의했다.

카페테리아식 복리후생을 실시하는데 있어 문제점으로는 다음과 같은 것들이 있다.

① 관리의 복잡성과 비용의 증가로 운영의 어려움
② 각 개인이 이용할 수 있는 복지비의 총액설정의 어려움
③ 단체실시의 경우 신청자가 적으면 비용이 오히려 크게 증가

이렇게 볼 때, 카페테리아식 복리후생은 중소기업에서는 실시하기가 어렵고, 대기업에서도 점진적으로 확대실시하는 것이 바람직하다.

카페테리아 복리후생의 프로그램

주택제공 · 여행경비 · 보험 · 교육비 · 주차장이용권 · 식당이용권 · 보육시설 · 휴가비용 · 세금부담 · 체육시설 · 휴양시설 · 도서실 · 구내매점 등

4. 복리후생의 범위와 한계

복리후생은 근로자의 경제적 안정과 사기향상에 크게 공헌하는 것은 사실이다. 그러나 무조건 시설이나 제도를 확대하는 것만이 바람직한 것은 아니다. 기업의 경비부담력에 한계, 근로자 개인주의적 성향에 따라 오히려 직접적인 임금의 증액을 바라는 경향이짙을수도있다.

사회적 관점에서도 조직체의 지나친 복리후생은 경제적 혜택의 불공정한 분배와 비효율적인 자원배분 그리고 결국에는 사회비용(social cost)의 상승효과를 가져올 수도 있다. 따라서 기업은 복리후생을 제공하는 데 있어서 개인의 임금과 정부의 역할을 감안하고 복리후생에 대한 비용 · 수익을 단순한 추측으로서가 아니라 과학적이고 계수적인 수단을 갖추어서 관리할 필요가 있다.

그렇게 함으로써 복리후생에 대한 투자효율을 높이고 근로자로부터 깊은 이해와 신뢰를 얻을 수 있다.

제5절 복리후생관리제도의 효과

복리후생관리제도는 근로자와 사용자 쌍방에게 다음과 같은 효과 내지 이익이 있다.

먼저 근로자에게 주는 이익으로는 일하는 기쁨과 생활의 즐거움을 누릴 수 있게하고, 수입이 증가되어 생활을 안정되게 하며, 사용자와의 관계가 개선되고 경영참가의 기회가 늘어나며, 기업의 방침 및 목적의 이해도가 높아지고 근로자의 동기부여가 촉진되어 직장분위기가 좋아지게 된다.

① 사기진작
② 고충감소
③ 노사관계 개선
④ 고용안정과 수입 증가
⑤ 회사방침에 대한 의욕고취
⑥ 회사에 대한 소속감 강화

다음으로 사용자에게 주는 이익으로는 팀워크의 정신이 왕성해져 생산성의 향상과 원가절감, 결근 · 지각 · 조퇴 · 이직 등 노동이동을 줄일 수 있으며, 사기가 향상되어 태업이나 재해를 예방할 수 있고, 기업과 근로자 간의 공동체 의식이 형성되며, 기업의 방침과 목적을 과시할 기회가 많아진다. 뿐만 아니라 기업의 PR을 할 기회가 많아져 인간관계가 원활해지며 노사관계도 개선될 수 있다.

① 생산성향상과 원가절감
② 팀워크 의식의 강화
③ 인간관계 개선
④ 이직률 감소
⑤ 종업원의 긍정적 자세와 자발적 업무
⑥ 목표달성 의식 강화
⑦ 기업 이미지 개선

CASE STUDY

영원한 '맞수' 매일과 남양유업

유가공업계의 영원한 라이벌인 매일유업과 남양유업이 시장에서 치열하게 경쟁해 왔다. 그런데 최근에는 남양유업이 점차 '맞수'로서의 위상을 잃어가고 있다. 남양유업은 매출이 매일유업에 뒤진 것을 비롯해 직원근속연수, 평균급여 수준에서도 2년 연속 판정패했다.

남양유업이 시장에서 소비자들로부터 점차 소외되고 관심 밖으로 밀려나게 된 결정적인 계기가 된 것은 '갑질' 경영에 따른 이미지 추락이다. 최근에는 허술한 품질관리로 아동용 음료에서 곰팡이가 발견되는 대형 식품사고에도 늑장대응까지 한 것으로 드러나면서 소비자들의 싸늘한 시선은 경영타격으로 이어지고 있다.

금융감독원 공시시스템과 데이터뉴스 분석에 따르면 2018년 3분기 누적 기준 매출액은 매일유업이 9,744억 원으로 남양유업이 8,049억 원에 비해 21%가 더 많다. 수익성 면에서 '빅2'는 더 큰 격차를 보이고 있다. 2018년도 1분기의 경우 매일유업이 전년 동기보다 46억 원이 늘어난 164억 원의 영업이익을 올렸지만 남양유업은 2억 원이 증가하는 데 그쳤다. 영업이익률은 남양유업이 0.15%, 매일유업이 5.1%로 크게 밑돌고 있다. 매일유업은 제품

1만 원어치를 팔아서 500원의 영업이익을 남기지만, 남양유업은 15원 밖에 벌지 못하는 셈이다. 자연 남양유업 직원들의 급여 수준은 매일유업을 따르지 못하고 회사를 떠나는 사람들도 많아지고 있다. 남양유업과 매일유업의 직원 평균 근속연수를 보면 남양유업 직원 1인의 근속연수는 매일유업보다 2.5년 짧은 것으로 나타났다. 남양유업 직원 2,504명의 평균 근속연수는 9.0년이나 매일유업 직원 2,131명은 11.5년으로 훨씬 길다. 급여에서도 매일유업 직원의 급여가 남양유업의 직원보다 더 많이 받고 있다.

직원들에 대한 복지도 매일유업이 훨씬 다채롭게 갖춰져 있다. 양사의 복리후생 프로그램 수를 보면 매일유업은 7개로 남양유업 3개의 두 배 이상에 달한다. 매일유업이 운영하는 프로그램은 본인 및 배우자 출산 지원, 근로자 자녀 양육 지원, 근로자 건강관리 지원, 유연근무제, 가족관계 증진 및 여가 지원, 복리 및 가족 경조사 지원, 사내근로복지기금 운영 등이다.

남양유업은 전 임직직원의 32% 정도가 여성인력이고, 이중 절반이 기혼으로 여성인력이 많은 탓인지 출산전 · 후휴가와 육아휴직이 대종을 이루고 이 밖에 요가교실 및 최고급 피트니스룸 운영, 음악회 · 전시회 등이 있을 정도로 비교적 단순해 매일유업에 못 미친다.

50년 이상의 역사를 자랑하는 두 분유업체는 영원한 라이벌 관계를 유지해 오고 있다. 지난 2012년 까지만 하더라도 남양유업이 약간의 우위를 차지했지만 2013년 남양유업의 '대리점 밀어내기 갑질'이 알려지면서 일대 판도 변화가 일기 시작했다.

소비자들이 갑질경영에 비난을 퍼부으면서 남양유업제품에 대한 불매운동을 벌이면서 남양유업은 직격탄을 맞았다. 이 때문에 지난 2013년 매일유업은 매출 1조 3,644억 원, 영업이익 347억 원을 기록해 남양유업(매출 1조 2,300억 원, 영업손실 175억 원)을 뛰어넘었다. 그 이후에도 남양유업은 간혹 갑질 논란을 일으켜 온데 더해 최근엔 아이들 음료수에서 곰팡이가 발견된 등 품질관리에 구멍이 난 것으로 드러나면서 남양유업의 경영상황은 한층 어려워질 것으로 전망되면서 매일유업의 경쟁상대에서 더욱 멀어지고 있다.

기업이 지속적인 경쟁우위를 유지하기 위해서는 정도경영과 구성원들을 위한 다양한 복지정책을 바탕으로 인간중심의 경영이 자리를 잡고, 구성원들이 서로 단합하여 하나의 목표로 나아갈 때 가능하게 될 것이다.

제6절 여가관리

1. 여가관리의 중요성

개인이 조직에 참여하여 근로를 제공하고 그 대가로 경제적 보상을 받으며 직무를 수행함으로써 인정을 받아 승진을 하기도 한다. 그러나 그 모든 것은 생활의 인간화를 위한 수단이지 그 자체가 목적은 아니다.

생활의 인간화에 이르는 단계를 살펴보면 다음과 같다.

① 기본적 생활의 충족추구
② 물질적 생활의 풍요추구
③ 정신적 생활의 윤택추구

로 구분할 수 있다. OECD 회원국 대부분의 국가들은 이미 세 번째 단계에 진입하여 복지국가라고 불리고 있지만 아직 많은 나라들이 첫 번째와 두 번째 단계에 머물러있는 것이 현실이다.

그러나 이 과정에서 세 번째 단계인 복지국가에 미처 진입하기도 전에 물질적인 생산성 증대를 너무 중요시하고 빠르게 추진하는 데서 오는 사회적 · 경제적 문제들이 발생하는 경우가 많이 있다. 그리고 이러한 문제들은 비인간적인 요소로서 보다 인간답게 살아가는 '생활의 인간화'에 대해서 부정적인 효과를 가져다 주는 경우가 대부분이다.

21세기 우리 사회가 지향하고 있는 사회는 생활의 인간화(humanizing of living), 선한 삶의 사회(good life society)로 가치의 다원화가 이루어지는 사회이다. 또한 인간과 인간이 서로 조화를 이루며 생활의 쾌적함을 향유하는 사회이다. 이런 사회를 측정하는 구성 요인에는 건강, 자연과의 접촉, 여가의 증대, 인간 본연의 기쁨, 사랑과 믿음, 자존심 등이 중요시되고 있는데, 특히 여가시간은 개인이 직접 향유할 수 있는 시간으로서 선한 삶의 중심이 되는 요인이다.

오늘날 근로자들이 추구하는 삶은 더 이상 과거 일중심의 사회에서 중시되었던 가치관으로는 수용될 수 없다. 지나치게 단조롭고 반복적인 일, 매일 아침부터 늦은 밤까지 자기의 의사에 반하여 한 가지 노동을 반복해서 강요받는 것보다 더 지긋지긋한 일은 없을 것이다.

심리적 무력감, 무의미감, 자기소외, 사회적 고립 등으로 대표되는 소외된 근로생활에서 탐구적이고 창의적이며, 자기 발전이나 자기 성취를 위해 자발적인 노력, 다양한 자기 의지의 표현이라는 여가를 통해 삶의 균형을 찾으려는 하나의 문화적 욕구가 나타나게 된다.

지금까지 산업체에 종사하는 근로자에 대한 연구는 대부분 생산성과 조직의 유효성에 공헌하기 위한 것이었다. 즉, 근로자들을 주로 능률향상을 위한 수단으로 간주하여 연구하였다.

그러나 이제부터는 이에 대한 반성으로서 근로자 자체가 목적인 연구를 해야 한다. 따라서 오늘날 여가의 본질은 근로자를 노동 후 휴식이라는 의미를 넘어서 소외된 인간성의 회복과 생활의 자유와 풍요로운 삶을 실현하고자 하는 보다 의지적이고 적극적인 의미로 이해해야 한다.

2. 여가의 기능

듀마제디어(J. Dumazedier)는 여가의 어원상 의미를 선택의 자유라는 뜻으로 실질적으로는 남는 시간이라는 의미를 가진다고 하였다.

그렇다면 여가는 노동이 아닌 것, 개인이 자유롭게 수행하는 일련의 활동으로서 즐거움과 만족을 주고, 그 자체를 위해 종사하는 활동과 자기 존재의 핵심을 표현하는 활동이 여가인 것이다.

등산은 등산을 안내하는 사람의 입장에서는 노동이지만 아마추어 등산가의 입장에서는 여가이다. 식사, 수면 등과 같은 활동은 노동은 아니지만 생명을 가진 사람은 누구나 수행하여야 하는 일이기 때문에 이것은 노동이 아니라고 해서 여가로 볼 수는 없다. 노동이 아니면서 외부로부터 아무런 제약도 받지 않는 활동이 그야말로 순수한 여가인 것이다.

이러한 의미에서 볼 때 여가 활동을 심리적인 동기가 무엇이냐에 따라 듀마제디어가 3가지 기능과 함께 사회적 교제기능을 살펴보기로 한다.

1) 휴식기능

우리 인간은 매일 일만 하고 살 수는 없다. 대부분의 사람들은 자신과 가족들과 함께 보낼 수 있는 시간을 원한다.

매일 홍수처럼 쏟아지는 새로운 지식과 정보, 과도한 업무량으로 직장인들을 항상 긴장시키기도 하지만 숙련을 요하지 않고 단조롭고 단순한 작업도 있다. 상사와 동료 간의 불편한 관계, 자율권이 결여된 지나친 간섭, 의사결정에 참여하지 못하는 소외감, 교통혼잡과 각종 범죄에 대한 경각심, 가치관의 결여, 재정적 어려움, 피로와 권태감 등으로 근로자의 정신건강은 악화되고 있다.

따라서 근로자들의 건강한 정신상태를 유지하고 조화롭고 균형된 삶을 위해 여가를 통한 휴식과 회복은 기본적으로 필요하다.

2) 기분전환기능

근로자들은 정신건강을 바탕으로 직무를 수행한다. 정신이 건강해야만 직무수행능력을 향상시킬 수 있다. 이것이 인간노동력의 기본조건이 된다. 보다 의미 있는 일을 바라는 현대산업사회에 있어서의 여가는 근로자의 몸과 마음을 온전하게 보전하는 데 있어서 필수기능으로 부각되고 있다.

3) 자기개발기능

일이 매우 도전적이고 흥미 있는 사람은 일과 여가의 긴밀한 관계를 경험할 수 있다. 자신의 일을 지루하고 따분하게 여기는 사람들에게 여가는 삶의 활력을 불어넣어 주어 자신을 재창조할 수 있는 시간을 제공해 준다. 여가는 개인이 가장 자유롭게 선택할 수 있는 시간으로 자발적으로 자유스럽게 육체, 감정, 이성을 도야하고 새로운 가능성과 잠재력을 개발하여 능력을 향상시킴으로써 참다운 인간성이 실현될 수 있는 것이다.

4) 사회적 교제기능

여가는 인간의 사회적 활동과 관계 있다. 여기서 사회적 활동이란 친구를 방문하거나 새로운 사람을 만난다든가 지역사회나 종교활동, 전문 봉사단체 등에 참가하는 것도 포함된다. 즉, 사회적 상호작용(social interaction)이 여가동기로서 중시되는 것이다.

3. 여가관리의 필요성

앨빈 토플러(A. Toffler)는 『제3의 물결』에서 현대문명의 '세 가지 떼죽음'(triple mass death)에 관해서 피력한 바 있다. 첫째, 핵무기의 위협이고, 둘째 공해 문제이며, 셋째 경영관리에 의한 인간의 인격과 정신의 떼 죽음이라는 것이다. 이 중 가장 무서운 것이 인간성 상실, 즉 비인간화로 인한 인간정신의 죽음이다. 오늘날 문제시 되고 있는 근로자의 정신건강이란 근로자의 정서적 성숙을 뜻하는 것으로 이는 양적인 문제가 아니라 질적인 문제인 것이다. 정서적 성숙은 비교적 정확한 현실감을 갖게 하고 현실에 맞게 느끼고, 사고하고, 행동하는 융통성을 낳게 한다.

이성(reason)과 감정(feeling) 및 의지(will)가 균형 있게 발달하고, 상황에 따라 적절히 표출된다는 것은 매우 어렵다. 때로는 이성을 내세우기도 하고(지성주의), 때로는 감정을 앞세우며(반지성주의), 때로는 고집스러운 의지로 버티기도 한다. 이 중에서 어느 것이든 건강한 정신을 가진 인간이라면 상황에 따라 희노애락의 감정을 적절히 표출할 줄 알아야 하는 것이 정신건강의 개념이다. 슬픈 일에는 슬퍼할 줄 알고, 기쁜 일에는 기뻐할 줄 아는 성격이 건강한 정신이라 할 수 있다.

자신의 문제를 스스로 해결하면서 타인의 도움을 받을 줄도 알고, 도움을 줄줄도 안다는 것은 상황적합적 문제해결능력을 가진 성숙한 인간이라고 볼 수 있다. 인간이 인간다운 건강한 삶을 살기 위한 일은 창조적이고, 가치있고, 사랑하는 일이 되어야 한다.

일이 없다는 것은 삶의 의미가 없는 사람이다. 일은 인간의 생명이다. 인간은 생존욕구의 진화에 따라 각종의 생존 영역을 분화하면서 스스로 많은 것을 산출해 왔다. 원래는 인간을 위한 것이었음에도 우리 인간이 스스로 산출한 것이 더욱더 강화됨에 따라 오히려 인간이 그러한 것들을 위한 존재로 지배되기에 이르렀다.

오늘날 근로생활은 힘든 일은 많이 줄어들었지만 지나치게 분화되고 전문화되어 원래 노동이 갖는 성질을 감지할 수 있고, 만져서 뚜렷이 알 수 있는 성격은 상실되었다. 노동과 여가의 의미와 그것으로부터의 만족을 얻기 위한 통합윤리가 지배적인 것이 되도록 하여야 한다.

이제 산업사회에 있어서의 여가는 근로자의 몸과 마음을 온전하게 보전하는 데 없어서는 안될 존재이기 때문이다. 그러므로 기업으로서는 근로자들의 여가를 건전하게 즐길 수 있는 시설이나 제도가 필요하다는 인식에서 연구하고 노력해야 한다.

14

인간관계론

1절 - 인간관계론의 의의

2절 - 인간관계론의 생성배경과 발전

3절 - 조직과 인간관계

4절 - 인간관계론의 중요성

5절 - 인간관계 개선 방안

제1절 인간관계론의 의의

1. 인간관계론의 대두

인간관계는 대인관계로 조직내 · 외 구성원들의 상호관계에 관련된 제반 문제를 의미한다. 특히 지식정보사회에서 인간관계에 대한 관심이 크게 증대되었다. 인간관계론은 특정 조직의 목표달성을 위한 구성원의 협동과 능률증대를 위한 생산 및 작업상의 만족을 추구하여 목표지향적인 협동체계를 확립하고자 하는 데 목적이 있다.

이전의 인간관리의 기반은 조직의 기능을 우선으로 하여 조직 내의 직위를 체계적으로 파악하는 과학적 수단의 합리성에 있었다. 그 결과 조직 내부의 직위는 전문성에 따라 세분화되고 그에 따라 인간은 이 세분화된 일(직무, job)을 수행하는 것으로 충분하다고 생각하였다.

이러한 사고는 테일러(F. W. Taylor)의 과학적 관리법의 진전에 따라 더욱 심화되었고, 생산 과정의 기계화는 인간노동의 강도를 기계에 의해 규제하게 됨으로써 노동자의 창의성과 자율적 판단은 생산 과정으로부터 배제되어 작업의 비인간화는 노동자의 근로의욕을 저하시키고 불평과 불만의 누적으로 생산성이 떨어지는 원인이 되었다. 뿐만 아니라 시장규모의 확대와 기술의 진보에 의한 기업규모의 거대화는 경영계층을 다단하(多段化)시켜 상사와 부하 사이의 인간적 접촉을 어렵게 만들어 조직으로부터의 인간성 소외현상을 초래하였다.

이와 같은 경영환경의 변화에도 불구하고 노동능률은 물적 조건에 비례한다는 경제인적 인간관의 가설에 의한 기존의 관리 방법은 사실상 무의미하게 되어, 변화에 적응할 수 있는 새로운 관리 방법이 호손실험(Hawthorne Experiment)에서 찾아졌다고 할 수 있다.

인간관계라는 용어가 하나의 학술용어로서 사용된 것은 1930년대 초에 이루어진 호손실험의 결과에서 유래되었다.

보통 인간관계라고 할 때 넓은 의미로는 대인관계, 좁은 의미로는 조직 내에 있어서의 구성원 상호 간의 관계와 상하 간의 관계를 의미한다.

기업경영에서 인간관계가 인식되게 된 것은 미국의 시카고 교외에 있는 서부전기 회사의 호손공장(Hawthorne Factory)에서 비롯되었다는 것은 학회의 일반화된 정설이다.

미국은 언어와 풍습이 상이한 다 인종으로 구성되어 있기 때문에 인종 간의 문화적인 이질적 요소로 인해 사회적으로 많은 문제가 발생하거나 혼란이 생기기 쉽다. 그러므로 이러한 문화적 갈등과 사회적 혼란을 줄이고 질서를 유지하기 위해서는 제도와 법규가 엄격하여야 한다. 따라서 이웃 간의 사소한 분쟁도 인간적인 해결보다는 제도나 법에 호소하는 경향이 많다.

인간의 노동능률 향상을 위하여 물적 근로조건만을 개선해 온 결과, 능률향상은 벽에 부딪히게 되었다. 이러한 원인을 밝히기 위한 연구의 결과를 보면 노동능률은 물적 근로조건에 비례하는 것이 아니라, 심리적인 인간 상호 간의 작용관계가 보다 더 중요한 영향을 미친다는 결론에 이르러 기업의 인간조직인 비공식조직(informal organization)을 경영관리의 대상으로 삼게 된 것이다.

따라서 미국의 경영관리에서 인간관계란 조직체 내에 있어서 구성원의 상호관계나 상하관계를 중심대상으로 하며, 종업원 개개인의 인간적 행동에 대해서는 관심이 적고, 집단적인 인간관계 기법만을 중시했던 것이다.

인간관계는 제2차세계대전 이후에 더욱 발전하여 인사 및 조직관리의 기본적인 원리가 되었고, 산업의 발달로 인한 생산성향상과 관리의 민주화 및 능률화의 요청에 따라 인간관계관리의 합리화 및 과학화를 기하기 위한 노력의 결실로 학문의 체계를 갖추게 되었다.

인간관계는 "인간과 인간의 관계" 또는 "인간과 인간 사이를 좋게 하는 것으로, 집단 내에서 진실한 휴머니즘에 기초를 두고 집단의 협동관계를 구축하는 방법과 기술"이라고 할 수 있다.

미이(J. E. Mee)는 경영관리에서의 인간관계는 종업원의 근로의욕을 향상시키는 중요한 목적을 가지고 있다. 종업원이 높은 사기 및 협동정신을 가지고 있는 경우 기업 전체의 근로의욕은 높아지고 협동체계가 확립되어 노사협력으로 집단목표를 달성하게 되며, 동시에 근로자의 수입은 증대된다. 그러므로 인간관계란 종업원과 기업이 높은 사기(morale)를 통하여 보다 많은 생산성을 올리기 위하여 상호협동하는 수단이라고 정의하고 있다. 따라서 인간관계라고 하면 고도의 사기를 통해서 자발적으로 집단목표지향적인 협동체제를 확립하기 위한 수단 및 기술이라고 정의할 수 있다.

따라서 인간관계는 동기부여를 통해서 인간의 욕구불만을 해소하고 합리적인 직장분위기를 조성하여 자발적이고 자생적인 협력체계를 이루는 것이다.

CASE STUDY

카네기의 인간관계론

데일 카네기는 카네기재단의 설립자이며 동서양의 문화를 접목시켜 인간경영 분야에 기념비적인 업적을 남긴 인물로 평가받고 있다. 그의 저서 『카네기 인간관계론』은 각 나라 언어로 번역되어 전 세계 수천만 독자들에게 깊은 감동을 심어준 인간경영의 최고 바이블로 통한다.

이 책에서 카네기가 제시하는 성공적인 인간관계를 인간경영 리더십으로 정리하면 다음과 같이 4단계로 나누어 볼 수 있다.

- 1단계 – 우호적인 사람이 되라.
  자기 자신을 이해하고 감정을 조절하는 능력을 키워라.
- 2단계 – 열렬한 협력을 얻어내라.
  타인과 그들의 감정을 이해하고 커뮤니케이션 하는 능력을 키워라.
- 3단계 – 리더가 되라.
- 4단계 – 감동-커뮤니케이션 능력이 뛰어난 사람이 되라.
  비전을 공유하고 열정을 불어 넣은 능력을 키워라.

데일 카네기는 사람의 마음을 열고, 그 마음을 움직이게 하여 스스로의 의지에 따라 따르게 만드는 인간관계의 영원한 숙제에 대해 명쾌하고 실제적인 해답을 전하고 있다.

인간관계에 대한 수많은 사례와 그것들을 풀어가는 원칙들에 대해 이야기한 카네기 인간관계론 책이 오랜 세월이 지난 지금에도 전세계 수많은 사람들에게 꾸준한 관심과 애정을 받고 있는지에 대한 대답이 될 것이다.

2. 인간관계론의 영역

조직은 합리적인 직무의 배분체계인 동시에 다른 한편 각 직무를 담당하는 인간의 집단이므로 조직 내부의 다양한 인간관계를 관리하는 데 있어서도 조직이 인간에게 주는 영향과 인간이 조직에 끼치는 영향을 동시에 고려하여야 한다. 인간관계관리는 많은 구성원의 협동을 통해 목적을 추구하려는 조직체에는 전부 관련되기 때문에 거시적으로 볼 때 조직구조의 변화, 지역사회나 사회 변동과의 관계 등에까지 문제 영역이 확대되어 인간관계관리 영역은 끝이 없다.

과학적 관리법에 의하면 근로자는 경제적 동기에 의해 일한다는 전제 하에 분업을 철저히 하고, 각 직위에 명확한 작업목표와 필요한 권한을 규정하는 것이었다.

이와 같은 개념은 공식조직의 이론으로서 분업원리 외에도 전문화의 원칙, 명령통일의 원칙, 관리통제범위의 원칙 등을 확립하였으나 기계론적인 조직관을 벗어나지 못했다.

인간관계론은 비공식조직을 중시하여 조직 내에 있는 인간행동의 감정적인 측면을 강조하고, 조직 내의 커뮤니케이션과 리더십 및 의사결정에의 참가 등에 대한 인간관계의 조정에 의해 조직의 목적을 용이하게 달성할 수 있다고 보는 것이다. 조직구성원 간에 있어 상호작용은 직무에만 한정되는 것이 아니라 다면적인 인간접촉을 수반하는 것이다.

이와 같은 다면적인 인간접촉은 조직 내부에 있어서 제도적으로 설정된 것과는 다르게 독자적으로 자연발생하여 사회적인 역할과 지위의 발생을 촉구하게 된다. 그리하여 공식조직의 내면에 독자적인 집단규범을 가진 비공식조직이 형성되며, 비공식 리더가 생기게 된다.

비공식조직의 구성원들은 자발적으로 규범에 충실하고, 리더에게 복종하려고 한다. 때에 따라서는 공식조직의 규칙이나 관리자의 지시에 위배되더라도 비공식조직의 규범에 충실하려 한다.

그렇기 때문에 우선 조직은 개별 근로자의 태도와 의식을 파악하기 위한 사기조사(morale survey)와 같은 기법이 개발되어야 하고, 사기관리를 위한 관리자의 리더십이 중시되어야 한다.

관리자의 리더십은 근로자의 경영참가와 커뮤니케이션이 문제가 된다. 따라서 인간관계관리는 경영자가 경영에 대한 전통적인 생각을 바꿔 직장에 있어 공식조직의 존재의의를 인식하는 동시에 민주적 · 참가적 커뮤니케이션을 원활히 할 수 있는 리더십을 육성하여 근로자의 직무만족과 생산성향상을 가져올 수 있도록 해야 한다.

제2절 인간관계론의 생성배경과 발전

1. 인간관계론의 생성배경

1) 과학적 관리법의 비판

영국에서는 18세기 후반의 산업혁명(industrial revolution)을 계기로 수공업에서 기계공업으로 생산양식이 변천하여 대량시장(mass market)을 위한 대량생산(mass product)이 촉진되었다. 이와 같은 기계중심의 공정에서는 자연히 인간의 노동력 자체도 기계화되어 인간의 존엄성 또는 인간성은 상실되었으며 심지어 노동자를 비인격화하는 경향이 농후하였다. 다시 말하면 기계화는 직장이나 작업 과정 또는 인간상호 간의 협력관계 등 모든 면에서 인간성을 상실시켜 인간을 비인격화시켰다.

테일러의 과학적 관리법은 근대산업의 기계화 과정에서 인간노동력을 과학적으로 합리화시켜서 생산능률 향상에 이바지하였으나 인간을 지나치게 기계시함으로써 노동자와 노동조합으로부터 강력한 반발을 받았다. 1911년 과학적 관리에 대한 회의적 · 부정적 태도가 격화되어 워터타운의 병기창에서는 과학적인 관리의 배격운동이 일어났고, 그해 8월에는 이 문제로 인해 의회에 특별위원회를 설치하게 되었다. 이것이 테일러시스템 및 기타 공장관리의 제반 제도 조사에 관한 의회특별위원회이다.

이 위원회의 주요 임무는 소위 과학적 관리가 노동자에게 부과하는 제반 조건과 또 그것이 미치는 영향을 규명하고 정부 차원에서 과학적 관리를 금지할 것인가의 여부를 조사하게 되었다. 그 후 미국노동총연맹(AFL: American Federation of Labor)이 1913년과 1914년의 연차대회에서 과학적 관리의 배격을 결의하여 1915년에는 과학적 관리 방식의 채택을 금지하였을 뿐만 아니라, 1917년 산업의 전체 분야에서 과학적 관리의 실시를 금지하게 되었다.

이러한 결과를 얻기까지 1914년 4월 미국정부의 노사관계위원회는 과학적 관리에 관한 의회의 증언을 위해서 혹시(R. F. Hoxie)를 주심으로 하고 경영자 대표로서 발렌타인(R. G. Valentine)과 노동자 대표로서 프레이(J. P. Frey)를 위원으로 하는 3인 소위원회를 구성하였다.

이 위원회를 혹시위원회(Hoxie committee)라고 하며, 당시 조사결과를 혹시리포트

(Hoxie report)라고 하는데, 이 보고서에 의하면 과학적 관리를 노동조합(labor union)이 반대하는 이유를 14종목으로 열거하였다. 이들 모두를 고려할 가치는 없지만 요더(D. Yoder)가 주장한 과학적 관리법을 반대하는 이유를 중심으로 요약 · 정리해 보기로 한다.

첫째, 과학적 관리는 노동자의 능률촉진에 의하여 얻은 이익이 노동자에게 균등하게 배분되지 않는다(이익분배의 불균형성).

둘째, 과학적 관리는 노동자를 기계시하여 생산 과정에서 인적 요소를 무시한다(인적 요소의 무시성).

셋째, 과학적 관리는 모든 계획이 경영자에 의해서 실시되어 노동자는 단순히 지시에 따라야 하므로 독재의 원천이 된다(경영의 독재성).

넷째, 과학적 관리는 노동조합의 반대 요소이다(노동조합의 상반성).

테일러의 과학적 관리는 노동자를 오직 임금이라는 경제적 동기에서 일하는 기계로 봄으로써 결국 노동자의 근로의욕은 감퇴되고 목표지향적인 협력체의 확립이 어려워 생산능률이 저하된다. 이러한 관점은 테일러의 후계자들이 발전시킨 과학적 관리의 형태와 포드 시스템(Ford system)의 경우도 비슷하다.

따라서 대량시장을 위한 대량생산의 경영합리화를 위해서는 인간 상호간의 관계를 중시하여 인간행동과 욕구간에 부합되는 모티베이션을 고려하고 개인의 차이를 전제로 하는 상호이해를 합리적으로 조정하며, 근본적으로 인간을 기계시하는 것에서 탈피하여 인간의 존엄성을 인정함으로써 인간의 목표지향적인 협력체계가 확립되는 인간관계의 필연성이 나타나게 되었다.

이상과 같은 비판적 견해가 산업사회에서 수용되고, 이론적 타당성이 인정됨으로써, 비로소 인간관계론이라는 학문이 출현되었다. 이로써 인간관계론의 기본개념으로 ① 모티베이션(motivation), ② 개인 차이(individual differences), ③ 상호이해(mutual interests), ④ 인간 존엄성(huaman dignity) 등이 정립되게 되었다.

2) 사회 · 경제적 배경

인간관계론이 생성하게 된 사회 · 경제적 배경으로는 여러 가지를 들 수 있다.

① 기업규모의 거대화

수 천명, 수 만명을 고용하고 있는 대규모기업의 경우에는 경영조직의 계층이 많아져서 상부와 하부와의 인간적 접촉이 어려우며 수직적 · 수평적인 커뮤니케이션도 원활하지 못해서 문제의 발생소지가 많으며, 일단 문제가 발생하면 그 해결도 쉽지 않다. 그러므로 여기에 인간관계와 같은 사회적 기능을 향상시킬 연구가 필요하게 되었다.

② 생산 과정의 기계화

기술의 발달에 의하여 종래 근로자들이 기계를 이용하여 자기의 기능을 발휘하던 것이, 생산 과정이 기계화됨에 따라 기계노동이 주가 되고 인간노동은 기계에 예속하게 되어 노동의 강도마저도 기계에 의해 규제됨에 따라 근로자의 창의와 자주적인 판단은 생산 과정으로부터 배제되었다.

③ 인적자원관리 방식의 개선

종래의 인적자원관리 방식은 능률이 높은 근로자에게는 고임금과 승진에 의해 많은 보상을 주는 반면, 능률이 낮거나 게으른 근로자에 대해서는 저임금과 해고라는 위협을 주어 능률향상을 기하려는 권위적 · 위압적인 관리, 즉 당근과매(stick and carrot)에 의한 관리가 행해졌다.

이 방식은 단기적으로는 효과가 있어서 근로자들이 표면적으로는 일하고 있는 것 같으나, 내면적으로는 조직적 태업(systematic soldiering)으로 대항하여 관리의 효과를 상실시킬 뿐 아니라, 나아가 노력하려는 의욕을 저하시킴으로써 결국 생산성이나 제품 질의 저하를 초래하게 된다. 여기에 새로운 관리 방법의 모색이 요청되기에 이르렀다.

④ 노동조합의 발달

노동조합의 발달에 의한 노동세력의 강화는 종래 경영자의 독선적 또는 온정적 관리에 대해 공격을 하게 되었다. 경영 내에 노사의 대립관계를 어떻게 조종하느냐가 경영의 과제가 되었다.

⑤ 경영자의 근로자관의 변화

종래의 경영자들이 근로자들에게 기대한 것은 그들의 자주적인 협력보다는 단순한 복종과 근로였다. 그들은 단지 경영자의 명령대로 일하는 것이라고 생각하였다.

테일러가 근로자의 선발과 훈련의 중요성을 지적한 이래 경영자는 근로자의 소질과 능력에 관심을 가지고 근로자가 일에 대한 자부심과 사회적 지위를 인정받고 싶어하는, 즉 근로자의 작업동기를 인식하게 된 것이다. 여기에 인간의 욕구 변화와 관리 시스템과의 관리가 형성되었다.

이와 같이 기업규모의 확대와 작업의 기계화에 의해 조직 내 구성원 간의 사회적 거리가 멀어지고, 작업이 비인간화되는 동시에 종래의 인적자원관리 방식의 기능이 상실되고, 노동조합의 발전에 의한 노동세력의 강화는 경제민주주의 사상에 의한 경영자의 근로자관 변화와 조직 내 인간관계를 개선하는 새로운 관리 방법이 요청되게 된 것이다.

3) 호손실험

이전과 비교하여 전혀 새로운 인간중심적 접근 방법은 시카고 교외에 있는 서부전 기회사의 호손공장(The Hawthorne Works of Western Electric Company)에서의 장기간의 실험으로부터 얻어진 것이다.

당시의 호손공장은 종업원저축제도, 주식매입제도, 공장 내 매점, 식당, 사택 등 비교적 우수한 근로조건과 기업복지를 베풀고 있었음에도 불구하고 근로자들 간에는 불평과 불만이 누적되고 생산능률은 저조하였다.

이 원인을 규명하기 위하여 회사의 조사부장인 딕슨(W. J. Dickson)과 하버드대 경영대학 산업조사연구소와의 협력으로 록펠러재단(Rockefeller Foundation)의 재정적 후원을 얻어 메이요(E. Mayo) 교수가 중심이 되어 실시한 조사연구가 이른바 호손실험이다. 호손실험은 메이요 교수가 뢰슬리스버거(E. J. Roethlisberger)의 협조를 얻어 1924년부터 1932년까지 근로자의 작업능률에 영향을 미치는 다양한 요인을 밝히려는 조사실험이었다.

이 실험의 구체적인 단계와 내용 및 시기를 요약 표시하면 [그림 14-1]과 같다.

(1) 조명실험

이 실험은 조명도(illumination level)와 생산성과의 상관관계를 연구하기 위한 것이었다.

이 실험은 같은 수준의 생산능률을 올리고 있는 근로자들을 실험집단과 통제집단으로 나누어 실시하였다. 실험집단은 조명도를 변화시켰고, 통제집단은 조명도를 일정한 수준으로 통제시켰다.

그림 14-1 | 호손실험의 단계와 기간

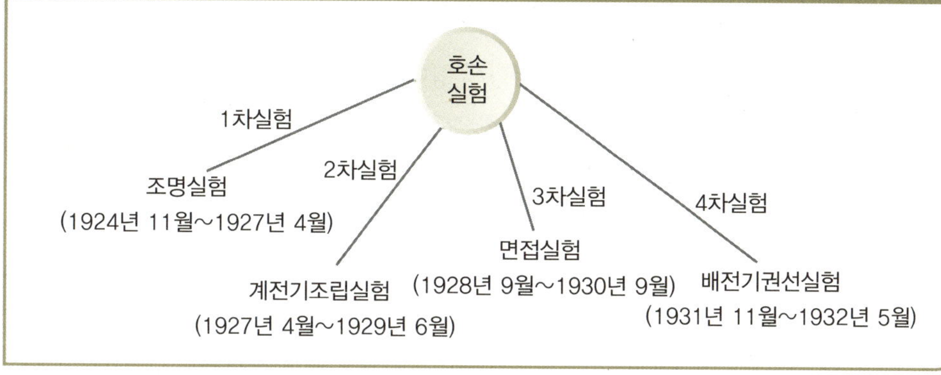

실험결과 실험집단의 생산성은 조명도를 올림에 따라 상승하였다. 그러나 통제집단에서도 생산성은 상승했다. 더욱 의외였던 것은 실험집단의 생산성은 조명도를 내려도 여전히 노동능률이 상승하였다는 사실이다.

이러한 결과는 종래의 전통적인 산업심리학에서 주장해오던 물적 작업환경조건과 근로자의 생산능률 사이에 직접적인 함수관계가 있다는 노동기계적인 견해를 완전히 뒤집어 놓았다.

따라서 작업환경의 물적 변화가 노동에 대해 어떤 인간적 의미를 갖는가를 규명하기 위하여 제 2차실험을 실시하였다.

(2) 계전기조립실험

이 실험은 메이요를 주축으로 하는 연구조사단이 계전기조립작업에 종사하는 여성 근로자 6명을 선발하여 휴식시간, 임금지급 방법, 급식, 근로시간 등의 변화를 통해 어떤 작업조건이 근로자들에게 피로와 권태증을 최소로 하며, 반면에 생산능률을 최대로 할 수 있는가를 발견하기 위하여 여러 가지 작업조건에 나타나는 생산량의 변화를 관찰한 실험이다.

이 실험에서 나타난 결과를 정리하여 보면 다음과 같다.

① 생산량은 휴식시간의 변화에 상관없이 계속적인 증가추세를 보였으며, 이것은 휴식이 주는 자극과는 무관한 것으로 보인다.
② 근육의 피로를 덜어주는 것이 생산을 증가시키는 일차적 요인은 아니다.
③ 실험대상인 여성 근로자들의 심리적 만족감은 계속적으로 증가되었다.

④ 실험대상이었던 여성 근로자들은 실험이 시작된 이래 결근율이 약 80%가 감소되었다.
⑤ 생산량은 주당 작업일수보다 작업상황의 형태에 더욱 간접적인 관계가 있다.
⑥ 생산에 있어 보다 중요한 요인은 엄격한 감독이나 징계를 줄이고 자유와 변화를 주는 것 등이다.

이와 같이 계전기조립실험에서의 일련의 실험결과를 통하여 연구자들은 조직 또는 집단 내에서 물리적 작업조건보다는 인간의 인정감 · 책임감 · 만족감 등의 감정적 · 심리적 요인이 더욱 중요하다는 결론을 얻고 지금까지 간과되었던 근로자의 감정, 태도 등에 관한 문제를 새로운 연구과제로 삼고 제3차실험에 들어갔다.

(3) 면접실험

이 실험은 면접 프로그램을 통하여 회사의 감독 방법, 작업조건, 작업환경 등에 관하여 불만과 의견을 연구하기 위해 2년 동안 근로자 약 4만 명 중 2만1천여 명을 면접하여 다음과 같은 사실을 발견하였다.

① 근로자의 마음 속에 묻혀 있는 고충을 토로하는 기회가 주어지면 그만큼 불만이 적어진다.
② 근로자의 근로의욕은 마음 속에 품고 있는 감정을 떠나서 이해할 수 없다.
③ 근로자의 만족과 불만은 객관적인 판단보다 오히려 자신이 회사 내에 있어서 자기의 지위를 스스로 어떻게 보고 있는가와 같은 주관적 판단에 따라 좌우된다.

이와 같은 존재로서 근로자의 구체적인 존재내면을 파악하기 위하여 제4차실험을 하게 되었다.

(4) 배전기권선실험

이 실험은 3차에 걸쳐 실시한 실험결과를 조사하기 위하여 14명의 남자 근로자들이 선발되어 면접 및 관찰에 의한 조사연구가 시작되었다. 여기서 공식적 조직구조에 나타나지 않는 자생적인 집단이 형성되고 있음을 발견하였다. 이 집단은 성별, 거주지, 출생지, 경력, 종교, 취미 기타 원인에 의하여 형성되었고, 근로자의 근무의욕은 개인의 감정에 의하여 움직이지만 그가 속해 있는 사회적인 집단에 영향받고 있음을 알게 되었다.

이와 같은 자연발생적인 조직이 공식조직보다 더 강한 통제력을 갖고 있는데, 그 내용은 다음과 같은 집단감정(group's sentiments)에 대한 것이었다.

① 일을 너무 열심히 해도 안 된다. 이런 자는 파괴자이다.
② 일을 너무 게을리해도 안 된다. 이런 자는 사기자이다.
③ 동료의 난처한 일을 상사에게 고자질해서도 안 된다. 그런 자는 배신자이다.
④ 남에게 쓸데 없는 참견을 해서도 안 된다.

(5) 호손실험의 결과

이 실험의 결과 근로자의 태도는 감정에 따라 변화하며, 개인적인 상황과 직장의 상황에 따라 변함을 발견하게 되었다. 따라서 인간조직은 사회적인 조직으로서 공식조직과 비공식조직으로 구성되며, 비용의 논리(logic of cost)와 능률의 논리(logic of efficiency)를 강행하려 하면 비공식조직의 감정의 논리(logic of sentiment)의 저항을 가져오게 되어 생산능률의 저하를 초래한다는 것이다.

호손실험의 결과는 다음과 같이 요약할 수 있다.

첫째, 인간은 단순히 임금이라는 경제적 욕구에 의해서만 움직이는 경제적 동물이 아니라, 심리적 · 사회적 조건에서 좌우되는 다면적인 존재임을 알게 되었다.

둘째, 비공식조직(informal group)이 개인의 행동에 대해 커다란 통제력을 갖고 있다는 사실을 인식하였다.

셋째, 작업능률을 좌우하는 것은 물적 조건만이 아니라 근로자의 태도나 감정이 중요하다는 것을 발견하여 인적 요인의 중요성을 인식하였다.

넷째, 근로자의 근로의욕은 물적 · 비인간적 요인보다는 인적 요인, 즉 근로자의 참여 의식과 감정의 논리에 더 의존하고 있음을 발견하였다.

다섯째, 근로자의 태도나 감정은 그가 속한 집단 내의 인간관계와 밀접한 관계가 있다.

이상의 연구결과가 『경영관리와 노동자』(Management and Worker)로 메이요의 제자인 뢰슬리스버거와 딕슨에 의해 1936년에 발간되자 미국의 산업계와 학계는 인간관계 붐이 일어나게 되었다.

2. 인간관계론의 성립과 발전

호손실험을 통하여 인간의 노동능률은 물적 조건 그 자체보다도 오히려 인간관계(특히, 비공식조직과 모럴의 존재)에 의해 보다 많은 영향을 받는다는 사실을 알게 되었다.

인간의 노동능률을 좌우하는 조건은 물적 요인이 아니라 근로자들이 회사나 관리자들에 대해서 품고 있는 감정이나 기분, 태도와 같은 인적 요인으로 직장에 있어 좋은 인간관계를 확보하는 것이 중요시된다는 이론을 확립하게 된 것이다. 그러므로 과학적 관리법의 아버지를 테일러라고 한다면 인간관계론의 아버지는 메이요라고 할 수 있다.

과학적 관리법에서 호손실험에 의한 인간관계론의 성립까지의 과정을 요약하면 [그림 14-2]와 같이 나타낼 수 있다.

그림 14-2 과학적 관리법으로부터 인간관계론의 성립 과정

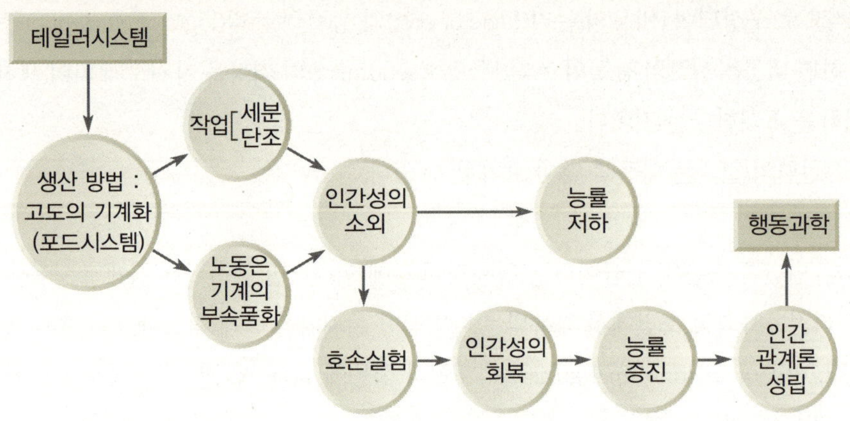

이와 같이 인간관계론은 성립된 초기에 강조되어 온 능률의 논리, 비용의 논리를 등한시하고, 근로자가 인간으로서 갖는 비합리적인 감정의 논리가 인간관계를 통하여 작용한다는 점을 중시하였으며, 경제인의 가설을 부인하고, 근로자를 소속집단에 대한 소속감과 심리적인 안정감 등 사회적인 욕구를 갖는 사회인으로 규정하였다.

그러나 초기 인간관계론이 기업 내 인간의 경제적 욕구와 공식조직을 경시하고, 비공식조직에 의한 인간행동의 비합리성 측면을 연구중심으로 하였으며, 근로자의 감정의 논리만을 강조한 것은 현실적으로 비판의 대상이 되고 있다.

따라서 공식조직을 인식대상으로 인간의 사회적 상호작용이 행하여지는 사회 과정으로

보아 조직의 목적을 달성하는 합리적 인간행동의 고찰이 필요하게 되었다. 그러므로 인간행동을 사회학적 · 심리학적 · 정신위생학적 등 여러 과학적 분야에 걸쳐 이를 종합적으로 연구하려는 행동과학론이 탄생하게 되었다.

초기의 인간관계론은 조직에 있어서 비공식적 측면(비공식적 인간관계), 즉 조직의 사회적 상호작용 과정에서 자생적으로 생성된 모든 유형의 행위와 규범에 초점을 둔 것이었으나, 행동과학은 조직의 공식적 측면과 비공식적 측면을 다같이 포함하여 조직 전체를 인간의 조직 활동 내지 집단 과정으로 보고 그것을 객관적으로 측정하고 연구하려는 것이다.

이러한 행동과학은 현재 인간관계중심의 행동과학과 의사결정중심의 행동과학의 두 방향으로 발전되고 있다. 전자는 메이요의 인간관계론을 기초로 해서 발전된 것으로 동기부여의 문제가 중요시되고 있다. 이에 반해 후자는 근대조직이론의 흐름으로서 조직에 있어서 의사결정과정을 행동과학으로 해석하고 설명하려는 것이다. 즉, 조직 내의 인간행동에서 비공식조직인 인간관계가 중요한 것이 아니고 공식적 목표달성을 위한 의사결정이 중요하다는 것이다.

또한 인간관계 중심의 행동과학에서는 경제적 인간관을 중시했던 과학적 관리론이나 의존적 인간관을 강조했던 초기의 인간관계론과는 달리 자립적 인간관을 중시한다. 그리하여 행동과학에서는 자기성취욕구에 기초를 둔 동기이론을 강조하고 있다.

3. 인간관계론의 비판

경영관리 측면에 있어 인간관계론은 새로운 관점에서 문제를 제기하여 일대 변화를 가져왔지만 반면에 제도적으로 다음의 비판을 받고 있다.

1) 경영자의 일방적 사고의 편중

합리적인 인간관계의 원활화를 위해서는 근로자가 '감정의 논리'와 '제도적 규범'에 순응해야 하는 데도 이에 역행하기 때문에 산업사회의 대립이 발생한다고 생각하는 경영자의 일방적인 사고의 편중 경향이 있다.

인간관계론적인 접근 방법에 있어서도 경영자와 종업원 상호 간 서로의 견해를 존중하고 또한 상호 인간존엄성을 인정하는 범위 내의 사고 방식에서 합리적인 체계확립이 필요하다.

2) 노동조합과의 관계 경시

기업에 있어 노동조합은 당연한 것이며 근로기준법이나 사회적 제도에 의한 그 존재가치를 법적으로 보장받고 노동자의 권익보호는 물론 노동자의 대변기관으로서 존재한다. 그러나 인간관계 연구의 선구자인 메이요와 뢰슬리스버거 등의 연구에서는 사회적 노동조합에 대해서 언급이 없었다.

노동조합의 존재는 노동자의 행동과 권익에 중대한 영향을 미칠 뿐만 아니라 기업에도 영향을 미치고 있음을 부인할 수 없다. 노사 쌍방이 대등한 입장으로 제도적인 단체교섭(collective bargaining)을 할 수 있는 노동자의 대표기관인 노동조합(labor unions)과의 관계를 중시하고 이를 효율적으로 활용하는 방안을 모색하는 것이 바람직하다.

3) 전체 사회와의 관계성 경시

인간관계론은 조직을 사회집단의 일부분으로 한정시키고 사회 전체와의 관련성을 경시하고 있다는 비판을 받고 있다. 산업사회의 존립은 지역사회의 변동과 유기적인 연관성을 맺고 있음에도 불구하고 메이요의 연구·실험은 산업사회의 중대한 변화를 외면하고 있다.

현대 사회는 다원화사회로 전통적 규범이 주류를 이루었던 사회와는 근본적으로 상이하며 개인에게는 선택의 자유와 단결의 자유가 있기 때문에 어떤 유형의 충돌이라해도 해결할 수 있다.

4) 공식적인 관계 경시

인간관계론은 조직 유형 중에서 비공식집단에 대해서 지나치게 역점을 두었고 조직의 공식적인 관계를 경시하고 있다는 점을 비판받고 있다.

이상 인간관계론에 관한 주요 비판의 내용을 살펴보았다. 메이요와 뢰슬리스버거가 인간관계 측면에서 연구한 내용을 비판하는 것은 인간관계론적 연구의 범위를 확대시켜 약점과 결점을 보강하고자 하는 것이다. 그리고 인간의 행동을 사회학 및 심리학의 관점에서만 한정치 않고 다양한 인접과학 분야에 대해 연구하고자 하는 것이다.

제3절 조직과 인간관계

1. 조직과 인간

조직은 인위적으로 제한된 장소, 시간, 규범 속에서 어떤 특정 업무가 이루어지는 곳이다. 그 업무는 조직 내 모든 구성원의 상호관련된 활동에 의해 이루어지는데, 이러한 활동의 주체인 인간의 연구 없이는 조직은 규명될 수 없다.

개인이 조직에 일정한 공헌을 하고, 조직은 그 대가로 개인의 공헌에 따른 보상을 한다. 이때 공헌에 따른 보상을 개인의 입장에서는 경제적 보상 그 자체를 위한 목적이 아니라 일을 통해 보다 성숙한 인간으로서 자아를 실현할 수 있는 수단으로 개인의 목표달성에 합치되는 것이어야 한다.

반면에 기업의 입장에서는 개인의 공헌 그 자체를 위한 목적이 아니라 달성해야 할 목적을 기능화하고, 조직의 유효성을 확보하여 생존하기 위한 수단으로 조직의 목표달성에 적절한 것이어야 한다.

따라서 이상적인 개인과 조직의 관계는 공헌과 보상, 개인의 목표와 조직의 목표, 욕구충족과 유효성, 만족과 기능화 그리고 자아실현의 방향과 동기부여의 방향이 균형을 이루는 것이다.

이러한 관계에서는 인간은 인간다운 존재가 되어 자아를 실현하고 조직은 조직다운 존재가 되어야 그 사명을 달성할 수 있는 것이다. 이것이 개인과 조직의 통합인 것이다. 개인과 조직의 관계가 이상과 같이 설명될 때 조직의 활력은 활동의 협력체계에 공헌하려고 하는 개인의 의욕에 달려 있다고 하겠다. 이것은 곧 인간관계의 연구가 조직 활동과 관련하여 인간적 요소를 중시하고 있음을 뜻한다.

2. 인간관계관리론의 기본개념

인적자원관리 차원에서의 인간관계는 조직의 내·외적 요인에 영향을 받고 있기 때문에 관계의 원활화와 효율화를 기하는 데에는 많은 노력이 필요하다. 조직의 내적인 면에서의 긍정적인 사고는 적극적인 행동을 유발하면서 성취욕구 충족의 필수요건이 된다. 그러나 부정적인 사고는 소극적인 행동을 유발하고 비판과 비교의식으로 개인의 성취욕구를 저해하는 요인으로 작용하게 된다.

개인의 인간관계는 수직적 · 수평적 관계에서 항상 긍정적인 사고로 개인의 과업을 수행하면서 평가를 받아야 하며 적극적인 사고의 원천으로 활용하여야 한다. 적극적인 행동은 조직인의 기본적인 태도이면서 의무이다. 적극적인 행동은 결과를 낙관할 수 있기 때문에 성과증대를 통한 성취욕구와 직무를 통한 만족을 느낄 수 있으며 개인의 공헌도와 기여도를 증대시키는 원천이 된다.

조직 외적인 차원에서 종업원의 긍정적인 사고는 조직의 신뢰성과 공신력을 증대시킬 뿐만 아니라 조직 간의 경쟁력을 강화시켜 성장의 기초를 확립하게 된다. 그러므로 긍정적인 사고는 기업을 발전시키고 성장하게 하는 원동력이 된다.

또한 종업원의 적극적인 행동은 기업을 역동적 조직으로 변화시키고 미래 기업성장의 원천이 되게끔 한다. 따라서 조직의 내 · 외적인 면에서 종업원의 긍정적인 사고와 적극적인 행동은 조직 발전에 필수적인 요건이 된다.

조직이 인간에 의해 구성되는 이상, 직무를 중심으로 한 모든 제도적 측면에 못지 않게 그 이상의 관심을 인간행동의 유인이라는 인간적 측면에 기울여야 하는 것은 당연한 것이다.

그러므로 조직 속의 사람을 관리하기 위해서는 집단 속에 항상 존재하고 있는 인간의 행동과 그 특성도 아울러 분석되어야 한다.

데이비스(K. Davis)는 인간관계의 기초개념의 핵심 요소로 ① 동기부여, ② 개인 차이, ③ 상호이해, ④ 인간의 존엄 등 네 가지를 들고 있다.

1) 동기부여

경영에 있어서 동기부여, 즉 모티베이션의 원리는 심리학에서 유래된 것으로 인간의 행동을 유발하고, 유발된 행동을 유지하며, 나아가서 그를 일정한 방향으로 유도해 가는 과정이라 할 수 있다.

따라서 인간관계에 있어서 동기부여는 인간행동을 유발하는 수단 · 방법을 문제로 하며, 경영관리자가 그에 의하여 계획된 목표를 달성하기 위하여 종업원의 욕구를 창조하고 유지하는 것이다.

인간의 제반행동은 내적 또는 외적 자극에 의하여 유발되고 있으며 이러한 인간행동의 기본모델의 가정을 도시하면 [그림 14-3]과 같다.

그림 14-3 인간행동의 모델

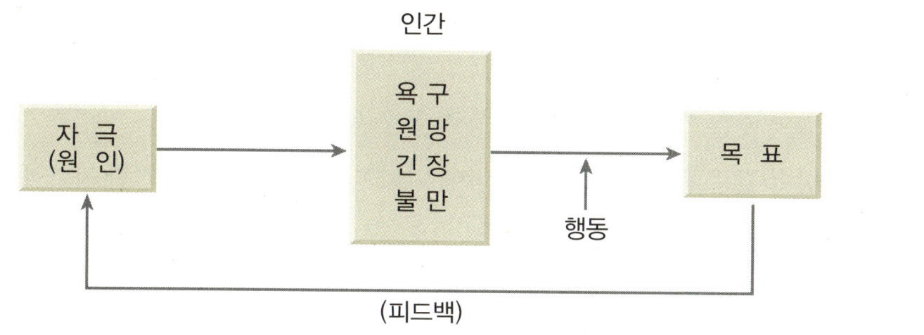

이러한 자극은 인간의 욕구충족을 위하여 나타나는 긴장감, 불쾌감 또는 불균형상태 등을 해소하기 위하여 행동으로 옮겨지게 된다. 이때에 인간행동의 목표는 자신의 긴장감, 불쾌감 또는 불균형상태를 제거하려는 욕구충족에 있다. 그리고 모든 인간은 자신의 욕구충족을 위하여 행동하는 목표지향적 성질을 갖고 있다. 그러므로 개인은 두 가지 이유 중의 하나를 위하여 특정한 활동방향으로 자극된다. 그 하나는 욕구만족의 증대를 추구하는 것이며, 다른 하나는 욕구만족의 감소를 회피하는 것이다.

따라서 경영관리자에게 개인의 활동을 자극하기 위하여 요구되는 행동은 종업원들에게 대해 그들의 욕구를 만족시킨다는 것을 알리는 것이며, 동시에 그들의 욕구만족의 저하를 회피하려고 하는 행동의 방향에 따라야 한다는 것을 납득시켜야 한다.

2) 개인 차이

데이비스에 의하면 인간관계는 개인으로부터 출발하고 개인 각자는 각기 독특한 특징을 가지고 있다는 것이 전제되고 있다. 즉, 개인은 각자가 자기의 고유한 신체적 특징을 지니고 있을 뿐만 아니라 지식과 기술, 취미와 관심 그리고 성격과 가치관 등 여러 면에 있어서 서로 다르다는 것이다.

그러므로 개인은 주어진 상황 하에서도 각기 다른 태도를 보이고 다른 행동을 취함으로써 행동상의 차이를 나타낼 수 있다는 것이다. 이러한 행동상의 차이가 개인의 성과는 물론 나아가서는 조직체의 성과에도 큰 영향을 주는 것은 당연한 것이다.

스콧트(W. D. Scott) 등은 "모든 사람은 육체적으로 서로 상이한 특징을 갖고 있는 것과 같이 정신적 자질에 있어서도 서로 다른 개인적 특질을 갖는다"라고 하여 개인차의 소재를 명백히 하고 있음과 동시에 나아가서 개인차의 문제에 관하여 주목할 점을 다음과 같이 요약하고 있다.

첫째, 사람이 갖는 개인적 적성 내지 능력은 사람에 따라 다르다.

둘째, 사람이 갖는 관심 및 동기도 사람에 따라 다르다. 따라서 특정한 자극에 대한 개인 반응의 방식도 사람에 따라 달라진다.

셋째, 동일한 인간도 그 능력의 정도와 종류 및 관심은 시간에 따라 변화한다.

넷째, 작업의 종류가 다르면 이를 수행하는 사람에게 요구되는 개인적 능력의 종류도 자연히 달라진다.

다섯째, 만약 능력이 동등하다면 그 작업에 대하여 특별한 관계를 갖는 사람이 가장 잘 이것을 수행한다.

여섯째, 각 직위의 내용도 시간에 따라 변화한다.

일곱째, 작업환경, 예를 들면 작업조건, 감독 방법, 경영자 및 동료와의 관계, 승진의 기회 등도 개인적 능률에 커다란 영향을 주며, 결과적으로 전체 생산에도 영향을 미친다.

그러므로 관리자는 조직구성원 각자의 행동을 이해하고 각자의 차이점도 인정함으로써 이에 적절한 상황여건을 마련해 주어 각자의 성과는 물론 조직체 전체의 성과도 높일 수 있게 된다.

3) 상호이해

조직사회의 인간관계에 있어서 상호이해의 균형과 조정은 기업과 조직구성원인 종업원 상호간에 이해의 공통성을 모색하여 효율성을 증대시키는 것으로 집약할 수 있다.

이를 위한 노력은 목표지향적인 인간관계의 유지를 주축으로 하고 있다. 메이요에 의하면 사회는 원래 협력체계이며, 인간조직사회에도 자연적인 질서가 존재한다고 주장하였다. 그가 말하는 질서란 많은 개인이 공통의 목적을 달성하기 위하여 다같이 협동하여 일한다면, 그 사이에 이해의 조화가 이루어져 개인의 이해는 그 조화에 종속하게 된다.

사실 비교적 자유스러운 조건 하에서는 인간은 어느 조직에 소속될 것인가, 또는 그 조직에 남아 있을 것인가는 자신이 선택할 수 있다. 그리고 그의 선택은 자신의 이익 또는 욕구를 그 조직에 소속함으로써 충족할 수 있다는 생각 여하에 달려 있다.

이와 마찬가지로 조직도 똑같은 선택권을 갖고 있다. 즉, 조직은 그가 조직의 이익 또는 목적에 유익하다고 믿는 범위 내에서만 그를 구성원으로서 받아들이고, 또 그를 보유할 것이다. 이러한 관계는 자발적인 조직의 형성이나 유지가 그에 포함되는 이해관계자의 공통의 이해 또는 목적에 달려 있다는 것을 명백히 말해 준다.

따라서 경영자와 근로자가 상호 공통의 이해로 결합되고 있을 때에만 그들은 그들의 목표를 달성할 수 있다.

4) 인간의 존엄

데이비스는 모든 개개인들은 타인이 자신을 존경과 존엄으로 대해 주기를 바라는 욕구를 가지고 있다고 주장했다.

개인 각자는 각기 독특한 개성을 가지고 있으며, 그들은 각자의 책임 범위 내에서 행복을 추구하는 것이 자유라고 인정한다. 이것은 인간관계의 도덕적 기초로서 종교개념에서 나온 것이다. 인간관계의 원리는 인간의 존엄을 그의 기초적 개념으로 용인하고 있으며, 오늘날 민주주의의 기본원리이기도 하다. 만일 인간이 동물과 같이 취급된다고 하면 그것에는 어떠한 인간관계도 존재하지 않는다.

인간존엄의 이념은 곧 하나의 완전한 인간이 고용되고 있는 것이지 그의 육체적 힘(노동력) 또는 그의 기능만이 고용되고 있다고 인정하는 것이 아니다. 인간의 존엄이란 전부가 경영자에 의하여 주어지는 것이 아니라 오히려 어느 정도까지는 적당한 환경 속에서 근로자의 개인적 성장에 의하여 그들 자신의 힘으로 획득되어야 한다.

5) 기본적인 인간관계 요인

인간관계는 이를 실제 경영에서 효과적으로 사용하기 위해서는 앞에서 기술한 네 가지 기본개념에 의해 우선 종합적인 프로그램을 편성하여야 한다.

인간관계 프로그램은 경영목적, 방침 및 계획, 조직, 활동 그리고 통제의 다섯 가지의 중요한 부분으로 구성된다. 그리하여 인간관계관리는 이 프로그램의 목적에 따라 방침이 설정되고, 이 방침에 따라 계획이 수립되며, 이 계획에 의하여 통제할 수 있다.

따라서 인간관계 프로그램을 이해하기 위해서는 우선 인간관계의 전체 구조를 논리적으로 파악할 필요가 있다. 즉, 경영에 있어서 인간관계 프로그램을 작성하기 위해서는 프로그램을 관리하는 사람들이 그 상황에 영향을 미치는 기본적인 인간관계의 요인을 인식하는 것이 필요하다.

여기서 말하는 기본적 인간관계 요인이란 조직단위 안에서 상호작용을 하고 있는 이념과 목표를 갖고 있는 개개인이며, 또한 어떠한 상황 하에서 특정한 사람을 위하여 특정한 모티베이션을 야기시키는 통제체계(system of control)에 귀착되고 있는 이념과 목표를 갖고 있는 개개인이다.

이들 요인의 상호작용에 대하여 데이비스는 인간관계 프로그램의 골격을 다음과 같이 나타내고 있다.

(1) 이념과 목표

우선 이 프로그램의 모든 관계자들은 이념과 목표를 가지고 시작하며, 이들의 이해는 다 같이 조직 내에서 통합된다. 개인은 그 심리적 · 사회적 및 경제적 욕구를 집단에 갖고 들어오나 집단은 그 구성원 중의 누구의 욕구와도 다른 것을 발전시키는 경향이 있다.

(2) 조직단위

조직에서 개인이 갖는 여러 가지 욕구는 경영자의 리더십에 의하여 조화되며 또한 통합된다. 리더십이란 공통의 목표달성에 따르도록 사람들에게 영향을 주는 것으로, 조직단위는 의도적으로 형성된 공식조직과 자연발생적으로 형성된 비공식조직으로 분류되고 있으나 개개인은 동시에 양 조직의 구성원이 될 수 있다.

(3) 통제체계

공식조직, 자생조직 및 외부조직(노동조합) 등의 영향력은 한 집단 내의 구성원들과 상호작용을 한다. 통제란 행동에 대한 자극인 것이다.

(4) 태도, 상황 및 모티베이션

사회적인 통제체계는 인간의 태도와 상호작용을 하고, 또한 어느 것이나 하나가 변화하여도 모티베이션은 달라질 것이다. 이와 같이 모티베이션은 통제, 태도 및 상황의 상호작용에 의하여 결정된다.

이상에서 알 수 있는 바와 같이 인간관계론이란 근로자로 하여금 협동과 만족을 토대로 하여 최고의 성과를 내도록 모티베이트시키는 길을 발견하는 것이다. 그리고 이 모티베이션은 통제와 태도 및 상황에 따라서 영향을 받는다는 것이 명백하다.

제4절 인간관계론의 중요성

1. 대인관계로서의 중요성

대인관계로서의 인간관계란 인간행동과 인간행동의 상호작용관계라고 할 수 있다. 왜냐하면 개개인의 행동이 자신에게만 국한될 때에는 인간관계가 형성될 수 없기 때문이다. 즉, 타인과의 관계를 갖지 않는 자기에게만 한정된 행동은 인간관계를 형성할 수 없다.

인간은 오랜 역사 속에서 살아오고 있으며 앞으로도 살아갈 것이다. 흔히 20세기는 인간성 상실의 시대였고, 21세기는 인간성 회복의 시대로 더불어 사는 사회의 삶의 질을 향상시키는 것이 과제가 되고 있다.

인간이 긴 역사를 통해 살아오는 동안에 생각하는 방법과 행동하는 태도가 형성화될 때 그것이 문화가 되고, 이러한 문화 속에서 인간이 태어나고 성장해 오는 동안에 그 문화는 인간의 사고와 행동에 영향을 미치게 된다.

서양의 인간관계는 제멋대로 생긴 자연석(自然石)으로 담장을 쌓는 데 비유한다면 동양의 인간관계란 하나 하나의 자연석을 다듬는 것에 비유될 수 있다. 제멋대로 생긴 돌로 담장을 쌓으려면 시멘트 반죽이 필요한 것처럼 문화가 서로 다른 다양한 인종이 모여 사는 미국과 같은 사회를 더불어 살게 만들기 위해서는 많은 법률과 강력한 법의 권위가 유지되지 않으면 안 된다.

그러나 우리나라는 말과 풍습이 같은 단일민족으로 오랜 역사 속에서 함께 살아오는 동안 이웃사촌이란 말과 같이 법보다는 윤리와 도덕이 인간관계에 더 중요한 영향을 미치게 되었다. 그렇기 때문에 규칙이나 법률보다는 개개인의 인성을 중심으로 한 인품이 인간관계 형성에 보다 중요한 요인으로 작용하였던 것이다.

인간행동의 상호작용관계가 인간관계라고 한다면, 인간의 행동은 마음(心性)의 표현이기 때문에 마음이 착하면 그 착한 마음의 표현인 행동도 착할 것이고, 마음이 진실하면 진실한 마음의 표현인 행동도 진실할 것이다. 착한 행동의 상호작용은 착한 인간관계를 형성하고, 진실한 행동의 상호작용은 진실한 인간관계를 형성하게 된다. 그러므로 성실한 마음의 성실한 행동, 아름다운 마음의 아름다운 행동의 상호작용관계는 성실한 인간관계와 아름다운 인간관계를 형성하게 된다.

사람이 어질고(仁), 옳고(義), 예의 바르고(禮), 슬기로운(智) 네 가지 인간의 본성은 전통문화에 의하면 어버이에게 효도하고, 나라에 충성하고, 어른에게 공손하게 하는 것은 사람의 도리로서 그 본성에 따를 뿐이라고 한다. 사실 오늘날 우리 사회가 물질적으로 풍요해지면서도 인간적인 삶의 환경은 날로 메말라 혼란스럽게 되는 것은 사람이 사람의 마음을 버리고 가야 할 길을 가지 않기 때문이다.

사람이 생활하는 데 있어서 그 범위를 기준으로 생각해본다면 가족의 일원으로서의 생활과 이웃 주민으로서의 생활, 나아가 한 나라의 국민으로서의 생활로 나누어 볼 수 있다.

가족으로서의 생활관계를 가정적 차원에서 보면 부모 · 형제 · 자매 등의 혈연관계를 기초로 하기 때문에 무엇보다도 서로가 생각하는 마음의 뿌리는 사랑에 바탕을 두어야 한다. 왜냐하면 내가 내 자식을 진실로 사랑하지 않고, 내가 내 부모를 진실로 섬기지 못하며 인간관계 중에서 가장 밀접해야 하는 가족관계마저도 원만해질 수가 없다.

주민으로서의 생활관계를 이웃이라는 차원에서 볼 때 어른과 아이, 남자와 여자, 선배와 후배, 상사와 부하, 친구와 친구관계가 기반이 되기 때문에 이들이 더불어 사는 관계가 원만해지기 위해서는 무엇보다도 서로 생각하는 마음의 바탕이 서로 사양하고 공경하는 예에 두어져야 한다.

국민으로서의 생활관계는 국가적 차원에서 볼 때 개인과 집단, 집단과 집단의 공적 관계가 주가 되기 때문에 공적 질서가 원만히 유지되기 위해서는 무엇보다도 마음가짐의 근본이 수오지심(羞惡之心)인 정의로움(義)에 두어야 한다. 자신이 정의롭지 못한 일을 할 때는 부끄러워할 줄 알고 남이 정의롭지 못한 일을 할 때에는 미워할 수 있어야 공적 생활관계가 원만해진다. 이와 같이 가족 간에는 사랑을, 이웃 간에는 예의를, 공적 관계에서는 정의를 기반으로 지혜롭게 생각하고 행동할 때 좋아질 수 있다.

이러한 관점에서 볼 때 인의예지(仁義禮智)가 심리학적으로 인간의 본성이라고 할 수는 없지만 인간이 남과 더불어 생활하는 데 있어서 그 관계를 원만히 하기 위한 생각의 바탕이 되어야 한다.

마음의 핵심을 인성(人性)이라고 할 때, 性이라는 글자를 풀어보면 心의 生, 즉 마음을 낳는 데서 성이 표현되는 것이다. 마음을 성실하게 쓰면 성도 성실하게 되고 마음을 어질게 낳으면 성도 어질게 된다는 견지에서 볼 때 오늘날 남과 더불어 함께 살기 위해서는 마음을 쓰는 기준으로서 인의예지를 다시 찾아서 인간성을 회복하는 데 노력해야 한다. 이상의 내용을 정리하면 〈표 14-1〉과 같다.

표 14-1 인간의 생활관계와 철학적 기초

	생활적 측면	관계적 측면	구성내용	마음씀의 바탕	통합 · 조정
인간생활의 관계	가족으로서의 생활	혈연관계	부부, 부모, 자녀, 형제	사랑과 어짐(仁)	슬기로움(智)
	주민으로서의 생활	이웃관계	남녀, 장유노소, 동료, 상하	예의(禮)	
	국민으로서의 생활	국민관계	개인, 집단, 공과 사	바르고 의로움(義)	

이같이 개개인의 심성이 다듬어지고, 다듬어진 심성에 의하여 표현되는 인간행동의 상호작용관계가 조화된 인간관계를 형성하게 된다. 그러나 남을 비판하기는 좋아 하면서 자신을 돌아볼 줄 모르는 사람이 많다. 자성하지 않으므로 수양이 부족하고, 수양이 모자라기 때문에 자기의 분수를 모르며, 분수를 모르면서 행동하니까 사회가 어지러워진다. 따라서 무엇보다도 인간관계에 있어서 가장 기본적인 것은 자성수기(自省修己)라고 할 수 있다.

2. 인간관계론으로서의 중요성

종래 산업계에서 생산능률의 향상책으로 이용된 기법은 능률급제도에 의한 임금정책이었으며, 과학적 관리법에 의한 작업의 합리적인 추진이었다고 할 수 있다.

인간의 노동력을 하나의 생산 요소로 간주하는 한, 인간의 노동력은 기업에서 볼 때 기계나 재료와 같은 물적 조건으로 인식되기 쉽다. "인간의 노동률은 물적 작업조건의 함수"라는 경제인적인 인간관이 확립되었다.

기업에 고용된 종업원의 노동력을 최대로 발휘하게 하기 위해서는 하루의 작업량을 확정하여 명시해 놓고, 그 작업의 수행성과에 따라 보상을 하는 것은 당연한 것이다.

이러한 능률급이나 기타의 자극임금제도에서의 인간은 경제적인 이익 때문에 일 한다고 하는 인간관을 찾아볼 수 있다.

그러나 경제인적 인간관에 대한 사상은 인간존재의 전체 모습을 완전하게 반영한 것은 아니다.

호손실험도 처음에는 산업심리학적인 실험으로부터 시작되었다. "종업원의 생산능률은 임금, 노동시간, 작업환경 등과 같은 물적 작업조건의 함수이다"라는 전통적인 산업심리학의 가설검증을 목표로 했던 것이다. 그러나 실험 과정에서 그 가설은 입증되지 못하고 지금까지 생각하지 못했던 사회적 욕구에 대한 의의가 중시되게 된 것이다.

인간집단은 공식적(formal)인 것 이외에도 다양한 비공식적(informal)인 관계로 맺어진 수많은 소집단으로 형성되며, 이 소집단을 구성하는 각 개인을 결합시키는 것은 합리적인 기준으로 추측하기 어려운 비논리적이고 비합리적인 인간의 감정이 크게 작용하고 있다.

호손실험 이후 산업계에서는 사회학이나 사회심리학에 기초한 현실적인 사회적인 인간관이 수용되게 되었다. 사회적인 인간관은 고립된 인간이 아니라 직장이라는 인간집단 속에 있는 사회적인 인간에 관한 것이다.

인적자원관리의 대상이 인간의 집단인 이상, 직무를 중심으로 한 제도적 측면 못지 않게 그 이상의 관심을 인간행동의 유인이라는 인간적 측면에 기울여야 하는 것은 당연한 것이다.

그러므로 직장에서 근로자를 고용하여 과업을 수행하는 책임을 가진 관리자가 행해야 하는 인적자원관리의 실질적 측면은 제도적인 면보다도 인간적인 면이 중요하다는 것이 호손실험에 의하여 입증되었으며, 이것은 당시의 산업문명사회에 새로운 해결 방법을 제공해 주었다.

특히 현대사회는 조직사회로 우리 인간은 조직인으로서 자기의 의사와는 관계 없이 조직 내에서 생활하고, 이 조직을 중심으로 인간관계가 성립된다. 따라서 조직과 개인의 목적을 효율적으로 달성하기 위해서는 조직 내에 훌륭한 인간관계가 수립되어야 한다. 그러므로 경영조직이나 인적자원관리에 있어서 인간관계가 중시되는 것이다.

제5절 인간관계 개선 방안

이상과 같은 갈등과제를 해결함으로써 조직의 인간관계를 개선하기 위해서는 다음과 같은 인간관계 개선을 위한 관리기술이 강구되어야 한다.

1. 제안제도

1) 의의와 목적

제안제도(suggestion system)란 종업원에게 경영에 관한 아이디어나 불평, 기타 건의사항 등을 제안하도록 함으로써 경영을 보다 창의적이고 민주적으로 이끌어나 갈 수 있도록 하려는 인간관계 개선의 제도이다.

현대 경영은 종업원들로부터 보다 많은 의견과 아이디어 그리고 고충을 끌어낼 수 있도록 하기 위해선 제안함(suggestion box)을 중심으로 적극 활용하고 있다. 제안 제도가 갖는 목적을 요약해 보면 다음과 같다.

첫째, 종업원 하의상달의 커뮤니케이션을 활성화시킴으로써, 종업원들의 창의력을 활용한다.

둘째, 종업원 경영참가제도(employee participation system)의 의의를 가지게 되어 종업원들이 사기(morale)를 제고시킨다.

셋째, 조직에 대한 종업원의 귀속의식과 일체감을 키움으로써 조직에 대한 충성심(loyalty)을 높일 수 있다.

넷째, 종업원은 보다 창의적인 업무수행을 할 수 있다. 자신의 직무에 대해서 더 큰 관심을 나타낼 수 있도록 하는 기회가 된다.

다섯째, 개인의 성장을 확보한다. 제안제도의 효율적인 운영을 통하여 제안을 받아들이고 자료로 활용할 때 개인적 성장의 자극제가 된다.

2) 제안제도의 요건

제안제도의 성공적 실시를 위해서는 다음의 제요건을 갖추어야 한다.

(1) 제안이 용이하도록 제도화

제안의 내용을 정당하게 평가하고, 다양한 제안이 나올 수 있도록 제안제도를 효율적으로 운영해야 한다.

(2) 제안에 대한 신중한 처리

제안된 내용에 대해 최대의 관심을 가지고 이를 신속하고 타당성 있게 처리하여야 한다. 또한 공정한 심사기준에 의하여 객관적으로 심사함으로써 그 결과를 신속하게 제안자에게 알려야 한다.

(3) 제안에 대한 보상

보다 적극적인 제안을 유도하기 위해서는 제안에 대해서는 적절한 대가를 보상으로서 치루어야 한다. 훌륭한 아이디어로 인하여 기업이 막대한 이익을 얻었을 경우 제안자에게 충분한 보상을 해 주어야 한다.

(4) 제안을 제도화하여 계속 유지

제안을 1회에 한정한다거나, 회사가 꼭 필요할 때에만 이를 실시하는 등 단기적으로 실시 · 운영하기보다는 상시 계속하여 유지되게끔 제도화하여야 한다.

CASE STUDY

제안제도를 활성화하라!

많은 회사들이 사무실이나 공장 내에 제안함을 비치해 두고 직원들 스스로 경비절감이나 기술향상, 생산성증진 등 그 밖에 어떠한 형태로든지 회사 운영에 도움이 되는 제안을 하도록 동기부여해 왔다. 이 제안제도를 통해 많은 조직이 혁신적인 아이디어를 얻었고 상당한 경비를 줄일 수 있었다. 그러나 이 제안제도는 우리가 바라는 만큼 효과적으로 활용되지 못하고 있다.

처음에는 거창하게 시작되었다가도 서서히 그 취지가 흐려지고 마는 것이 바로 제안제도이다. 많은 회사에서 CEO는 전략적인 위치에 제안함을 비치해 놓고 채택된 제안에 대해서는 포상을 하겠다고 제안제도를 홍보한다. 처음 5개월 동안은 많은 제안들이 쏟아지지만 정작 실행에 옮겨지는 제안은 몇 안 되고 나머지는 모두 휴지조각이 된다. 이렇게 시행이 되면서 직원들은 제안제도의 중요성을 인식하지 못하게 되고 자연 제안 횟수도 현저히 줄어든다. 그나마 제안된 의견들은 건설적이라기보다는 골칫거리인 경우가 많다.

회사 한 구석이나 게시판에 간단한 공지사항을 올리는 것만으로는 불충분하다. 각 부서별로 제안제도를 담당하는 직원이 그 제도에 대한 의견을 수렴하는 미팅을 가져야만 한다. 물론 이 미팅은 체계적이고 조직적이어야 한다. 회사가 직원들 스스로 생각하고 있는 것보다 훨씬 더 그들이 창조적이라고 믿고 있다는 사실을 직원들이 알게 해야 한다.

제안을 한 직원에 대한 포상은 회사가 그 제안으로 인해 절감된 비용이나 향상된 성과를 근거로 해야 한다. 비용절감이 어느 정도 되었는지 측정할 수 없는 경우에는 합당한 포상을 할 수 있는 기준을 마련해야 한다. 제안된 사항에 대해서는 즉각적인 반응을 하고 신속한 조치를 취해야 한다. 포상을 할 때에는 일종의 시상식을 만들어 거행하도록 하라. 그리고 회사 전체에 공개적으로 알려라. 시상식 장면은 사진으로 찍은 뒤, 수상한 직원에게 나눠주고 게시판에 포스터를 붙이거나 사보에 실어라. 이렇게 함으로써 제안을 한 직원에게 정당한 포상을 할 수 있을 뿐아니라 다른 직원들에게는 새로운 아이디어를 개발하도록 동기부여할 수 있다. 대부분의 직원들은 자신의 이름이나 사진이 사보에 실리는 것을 좋아한다. 이러한 인정은 종종 포상 그 자체보다도 동기부여의 의미를 지닌다.

제안제도를 강화하고, 아이디어 미팅도 실시한다. 아이디어 미팅은 특정한 문제 또는 참가자 자신이 당면한 문제를 제시한 뒤, 미팅에 참가한 그룹원들로부터 그 해결책을 구하는 브레인스토밍 방식으로 진행되기도 한다. 이러한 미팅을 통해 경영진들이 간과했던 문제점들을 미팅에 참여한 참가자들은 심도있게 논의한다.

이러한 미팅의 변형된 형태에는 "T"미팅이라는 것이 있다. 미팅에 참석한 그룹원 모두 한 가지씩의 idea를 제시해야 한다. 이렇게 제시된 아이디어에 대해 전 그룹원이 토의를 하고 그 중에서 꼭 필요하거나 논의할 가치가 있다고 판단되는 아이디어는 심층토론을 거쳐 채택된다. 몇몇 회사에서는 채택된 아이디어에 대한 포상제도를 운영하기도 한다.

제안제도는 이러한 직원들에게 해결책을 제시할 기회와 동기를 제공한다. 제안제도를 흥미진진하고 쓸모 있게 만듦으로써 회사는 가치 있지만 종종 드러나지 않았던 좋은 아이디어를 발굴해 낼 수 있는 것이다.

2. 커뮤니케이션의 개선

1) 커뮤니케이션의 의의

기업에 있어서 커뮤니케이션(communication)은 조직구성원 간의 의사소통이다. 정보가 없는 경영자는 인적자원에 관한 효과적인 의사결정을 할 수 없다. 불충분한 정보는 종업원 간의 의혹과 불신으로 불만족이 쌓이게 될 수도 있다. 그러므로 정보에 대한 욕구는 조직의 의사소통체계에 의해 충족될 수 있으므로 인간관계 개선의 중요한 요소가 된다. 조직에 있어서 협동적 분위기의 조성 여부는 그 조직에서 유지되고 있는 커뮤니케이션의 분위기를 보면 알 수 있다.

커뮤니케이션은 단순한 의사전달이 아닌 전달되어진 의사내용을 피전달자가 이해하고 또 그것에 대한 자신의 태도와 견해를 밝힘으로써 그것의 수용 여부를 밝혀야하기 때문에 의사소통이라고 표현하게 된다.

2) 커뮤니케이션의 개선방향

커뮤니케이션 개선의 기본방향은 각종 커뮤니케이션의 원칙을 준수함으로써 전 조직을 통하여 그것이 골고루 유지 · 전달될 수 있는 네트워크를 가져야 한다는 점이다.

3) 커뮤니케이션의 유형

커뮤니케이션에는 다음의 3가지 유형이 있다.

(1) 하향식 커뮤니케이션(top-down communication)

상사의 의사가 부하에게 전달되는 커뮤니케이션을 말하며, 명령과 복종으로 이어지는 커뮤니케이션 방법이다. 명령에는 구두와 문서의 방법이 있다. 다음과 같은 점에 유의하여야 한다.

첫째, 명령을 내리기 전에 스스로 자신에게 그 내용과 전달 방법을 설명해 볼 것.

둘째, 감정을 내세우지 말고 이성으로서 명령하고 부드럽게 할 것. 명령보다는 지시가, 지시보다는 부탁이 더 좋다.

셋째, 명령은 피명령자의 입장에 그가 실행할 수 있는 입장에서 할 것.

이 외에도 편람(mannual), 핸드북, 게시판, 구내방송, 사내보 등의 방법이 있다.

(2) 상향식 커뮤니케이션(buttom-up communication)

이것은 부하의 의사가 상사에게 전달되는 것으로서 보고제도, 제안제도, 태도조사, 의견

조사, 품의제도, 인사상담제도 등이 이에 속한다.

(3) 수평적 커뮤니케이션(side-ward communication)

수평적 커뮤니케이션 방법으로 심사와 회의 등이 있다.

3. 종업원 태도 · 사기조사

1) 태도 · 사기조사의 의의

종업원이 회사나 회사의 정책, 상사나 상사의 리더십 등에 대해서 갖는 태도는 경영의 성패를 가늠하는 지표가 될 수 있다. 바람직스러운 태도를 나타낼 때 기업에 대한 행동도 바람직스럽게 된다. 반대로 기업에 대해서 바람직스럽지 못한 태도, 예컨대 비협조적이고 저항적인 태도를 보일 때 기업에 대한 행동도 바람직하지 못하게 된다.

개인이 갖는 욕구가 충족되어지는 정도를 사기(morale)라 할 수 있다. 사기의 수준은 기업의 생산성에 영향을 미치므로 종업원의 태도와 사기의 수준을 조사함으로써, 조직의 생산성을 향상시키기 위한 노력을 제고시키도록 하여야 한다. 종업원의 높은 사기는 자발적인 협력을 유도하며 조직에 대한 충성심을 기대할 수 있고 조직에 대한 자부심과 창의성을 키울 수 있다.

2) 사기앙양의 기법

종업원의 사기를 높일 수 있는 방법은 다음의 관리기술이 적용되어야 한다.

① 훌륭한 상사의 지원적 리더십 발휘
② 능력과 취미에 맞는 일 부과
③ 합당한 경제적 보수지급
④ 원만한 커뮤니케이션 이행
⑤ 적절한 교육훈련 적용
⑥ 일에 대한 사명감

⑦ 육체적 건강상태

⑧ 사기에 관한 관리자의 관심

등이 이루어질 때 사기가 높아지게 된다.

4. 종업원 상담제도

1) 상담의 의의

상담이란 상담대상자가 인격적 성장을 할 수 있도록 하기 위하여 그들의 직장생활에 대한 적응불능 문제를 같이 상의하고 적응능력을 개발하기 위해서 상담요원이 행하는 활동이다.

상담요원을 카운슬러 또는 인사상담가라고 하고, 상담대상자를 클라이언트(client)라 한다.

2) 카운슬링의 종류

카운슬링의 종류에는 지시적 카운슬링, 비지시적 카운슬링, 절충형인 협동적인 카운슬링이 있다.

(1) 지시적 카운슬링

지시적 카운슬링이란 카운슬러 주도적인 카운슬링(directive techniques is counsellor-centered)을 말한다. 즉, 상담 과정에서 카운슬러가 대화의 주도권을 쥐고 상담사항을 문의하고 지도하는 방법이다.

(2) 비지시적 카운슬링

이것은 내담자 주도적 카운슬링 방법으로 상담요원은 상당한 상담기술을 갖추고 있어야 한다.

(3) 협동적 카운슬링

이것은 지시적 카운슬링과 비지시적 카운슬링을 결합한 것이다.

15

인사감사

제1절 인사감사의 의의

인사감사(personnel auditing)는 일정한 기간 동안에 수행된 인적자원관리의 기능이 계획과 성과를 전제로 얼마나 잘 발휘하고 있는가를 종합적으로 평가 · 검토함으로써 기업경영의 건전성을 확보 · 유지하려는 활동이다.

그러므로 인사고과가 종업원능력을 중심으로 조직성원 개개인이 갖는 종업원의 현재적(顯在的) · 잠재적 유용성을 체계적으로 평가하는 데 목적이 있다면, 인사감사는 인적자원관리 제도와 활동 그리고 방침과 절차가 잘 설정되어 있고 잘 준수되고 있는지, 기대하는 결과가 달성되고 있는지를 확인하고, 그 과정에서 발견된 성과와 문제점을 평가함으로써 보다 효과적인 인사정책의 합리적 수립이 목적이기 때문에 인사고과와는 다르다.

이러한 인사감사의 대상이 되는 인적자원관리 제도와 활동은 일반적으로 인적자원관리 부서가 중심이 되어 이루어진다. 인사 부문의 활동을 체크해 봄으로써 인적자원관리상의 문제가 심각한 상태에 이르기 전에 문제점을 찾아내어 해결하고자 하는 것이다.

이와 같이 인사감사란 조직 내에서 이루어지고 있는 활동을 평가하는 것으로 경영의 일부분 또는 전사적(全社的) 측면을 모두 포함하는데, 이는 인사전담 부서나 전반 관리자에게 인사기능에 대한 피드백 정보를 제공하게 된다.

아울러 인사감사는 경영자에게 인적자원을 잘 이용하고 있는지를 알려주게 되어, 기업 전체에 있어서 인사기능에 대한 전반적인 질적 수준을 검토할 수 있다.

이러한 인사감사의 유용성에 대해 살펴보면 다음과 같다.

① 전체 조직에 대한 인적자원관리 부서의 공헌도를 명확히 한다.
② 인적자원관리 부서의 전문적 이미지를 증진시킨다.
③ 인적자원관리 부서 구성원들의 책임감을 증진시킨다.
④ 인적자원관리 부서의 의무와 책임을 명확히 한다.
⑤ 인사정책과 그 실제의 동일성을 확보한다.
⑥ 중요 인사문제를 발견한다.
⑦ 관련 법규의 준수 정도를 측정한다.
⑧ 효율적 인사절차를 통한 인적자원비용을 절감할 수 있다.

⑨ 개별구성원의 욕구 변화를 확인할 수 있다.

또한 인사감사는 기업에 있어서 각 부문의 역할을 명확하게 하며 통일성을 기할 수 있게 한다.

원래 감사란 부정을 방지하기 위해 재무관리 분야에서 주로 사용되는데, 이를 인사 부문에서 원용하여 사용하게 된 동기는 소극적으로 인사상의 부정을 방지하기 위해 사용되기보다는 오히려 인사제도와 운영상의 효과성과 경제성을 평가하는 데 관심을 갖는다.

그러나 인사감사가 인간노동과 관련되는 것이므로 재무감사의 경우와 같이 모든 것을 양적으로 표현하지 못하는 경우도 많으므로 최근의 인력관리정책이 갖는 불개성적 · 획일적 · 모방적 성격을 문제로 삼아 효과측정의 평가척도나 평가 방법에 더 관심을 기울이는 경향이 있다.

따라서 인사감사가 무엇을 어떻게 평가할 것인가에 따라 일반적으로 조직의 규모가 크고 근로자 수가 많거나 조직체의 각 부서가 지역적으로 널리 분산되어 있을수록 인사감사는 더욱 공식적인 성격을 띠게 된다. 그리고 경제적 환경이 불황에 처해 있고 조직체의 전략이 경제적인 목표달성을 강조할수록 공식적인 인사감사를 하는 경향이 있다.

제2절 인사감사의 내용

인사 부서의 성공적 업무수행은 조직에 있어서 다른 부문과의 유기적 작용을 전제로 한 종합적 프로그램을 통하여 이루어진다. 따라서 인사감사는 인사 부서의 여러 측면의 내용과 관련 업무 분야를 대상으로 하기 때문에 인적자원관리의 문제는 단순히 인사 부서만의 문제에 국한되지 않는다. 따라서 유효한 인사감사가 되려면 인사기능은 물론 관리자에 의한 적절한 인사활동의 수행 정도, 인사기능의 종업원 목표와 만족감에 대한 영향 정도 등도 평가되어야 한다.

1. 인사기능감사

인사감사는 그 목적에 따라 실시단계가 상이하지만, 일반적으로 인사 부서의 업무를 중심으로 전개된다. 〈표 15-1〉은 이러한 인사업무의 주요 분야를 나타내고 있다.

〈표 15-1〉에 나타난 각 항목에 대하여 인사감사의 주체는 다음과 같은 내용에 따라 감사를 행하게 된다.

표 15-1 인사감사의 주요 분야

인적자원관리 정보시스템	
■ 실제 행동계획 • 이용과 집중의 정도 • 실제 행동목적 • 목적달성에의 진전 ■ 직무분석정보 • 직무표준 • 직무기술서 • 직무명세서	■ 인적자원계획 • 수요와 공급의 예측 • 기술축적 • 재배치계획 ■ 보상관리 • 임금수준 • 프린지 베니핏츠 • 사용자가 제공하는 각종 서비스
채용 · 배치 및 개발	
■ 채 용 • 채용의 기준 • 채용의 유용성 • 배치 ■ 교육훈련 • 오리엔테이션 계획 • 훈련목표와 절차 • 학습목표	■ 선 발 • 선발비율 • 선발절차 • 동등한 기회제공 ■ 경력개발 • 적정배치의 정도 • 경력개발계획 • 인적자원개발의 노력
조직통제와 평가	
■ 성과평가 • 성과의 표준과 측정 • 성과평가기술 • 평가면접 ■ 인적자원통제 • 종업원 커뮤니케이션 • 원칙적 절차 • 변화와 개발 과정	■ 노사관계 • 법적 순응도 • 경영의 권한 • 문제점의 논의 ■ 인사감사 • 인사기능 • 관리자의 순응도 • 종업원 피드백

① 개별 활동의 책임자를 확인한다.
② 개별 활동의 궁극적 목표를 결정한다.
③ 이들 목표달성을 위해 사용되는 정책이나 그 절차를 검토한다.
④ 인사정보시스템으로부터 감사대상자를 선별한다.
⑤ 적절한 목표, 정책 그리고 그 절차에 대한 보고서를 준비한다.
⑥ 적절한 목표, 정책 그리고 그 절차를 통하여 문제를 해결할 수 있는 구체적 행동계획을 개발한다.

그러나 실제로 모든 인사 활동에 대한 감사는 상당한 시간이 걸리게 되므로 비교적 규모가 큰 조직에서는 재무감사와 마찬가지로 일정한 조직기구의 형태로서 인사감사기관을 두는 경우도 있다. 이 경우는 특히 인사 부서가 지역적으로 분산되어 있을 때 더욱 유용하게 된다.

2. 관리적 순응도의 감사

이는 관리자가 얼마나 인사정책이나 그 절차에 잘 따르고 있느냐 하는 것을 감사하는 것이다. 만약 관리자가 인사정책을 무시하거나 종업원관계 법규를 위반한다면 종업원들의 단체행동을 유발시키고, 경영목표의 달성에 커다란 장애를 일으킬 수도 있다. 특히 각종 법규의 준수는 매우 중요한 것으로서 동등한 기회제공, 안정, 보상 등 노동관계법을 어겼을 경우 정부는 기업에 책임을 묻게 된다.

3. 종업원 만족 감사

효과적인 인사감사가 되기 위해서는 기업 전체의 목표는 물론 종업원의 욕구도 고려해야 한다. 근로자의 욕구가 전체 조직의 목표와 일치하지 않을 때 이직, 결근, 노조 활동이 활발하게 된다. 따라서 인사감사 내용의 중요한 부분의 하나가 근로자의 욕구를 정확히 파악하는 것이다.

즉, 근로자가 느끼는 임금이나 부가급부의 수준, 감독 형태에 대한 만족 정도, 경력개발의 지원 정도, 성과달성에 대한 보상 정도 등에 대한 정보를 수집해야 한다. 이에 대한 구체적 예로 불평 · 불만조사, 태도 · 사기조사 등이 있다.

제3절 인사감사의 기준

기준이란 성과의 질을 측정하는 공인된 규칙으로서, 인사감사도 기준의 일종이므로 감사의 기준을 이용하게 된다. 이러한 감사의 기준은 일반기준, 실사기준, 보고기준으로 나눌 수 있다.

1. 일반기준

① 적절한 기술훈련을 받음으로써 숙련된 기법과 기술을 갖고 있는 사람에 의해 감사가 수행되어야 한다.

② 감사인들은 정신자세 면에서 독립적 태도를 가져야 한다.

③ 조사를 수행하고 보고서를 준비할 때 전문가적 주의를 기울여야 한다.

2. 실사기준

① 실사는 치밀하게 계획되어야 하고, 만약 보조원이 수행하게 될 경우 적절한 감독을 해야 한다.

② 현재 시행되고 있는 내부통제에 대해서 적절한 연구와 평가가 있어야 한다.

③ 조사 중인 인사 프로그램에 관한 의견은 충분한 검사, 관찰, 조회, 확인을 통하여 제시되어야 한다.

3. 보고기준

다음의 내용들이 각각 공통적인 부문과 개별적인 부문으로 구분되어 제시되어야 한다.

① 현재의 인사정책 및 관리상의 특징과 문제점 파악
② 문제점에 대한 원인분석
③ 개선을 위한 목표제시
④ 목표달성을 위한 구체적인 변화의 영역과 수단의 제시

제4절 인사감사의 절차

인사감사의 절차는 기업의 인사정책과 제도의 개선을 위하여 자료를 비교 · 검사하고 설명하는 일이다.

이것은 조직이 처해 있는 특수성에 입각하여 감사주체(내부감사, 외부감사)나 대상(경영면, 경제면, 효과면) 그리고 시기(정기적, 비정기적)에 따라 그 목적과 내용 그리고 방법과 절차가 정해지기 때문에 모든 조직에 적합한 일반적인 절차라는 것은 있을 수 없다.

그러므로 인사감사의 절차는 감사목적이 뚜렷하고, 평가기준을 구하는 데 시간과 노력이 적게 들며, 어느 정도 과학적인 근거에 입각한 것이어야 한다. 따라서 인적자원관리 기능을 평가하고 감사하는 데 필요한 과학적 접근 방법은 [그림 15-1]과 같이 4단계로 요약할 수 있다.

[그림 15-1]에서와 같이 인적자원관리 제도와 활동을 평가하기 위한 과학적 접근 방법은 실제상황과 사실들을 관찰하고 분석해서, 분석된 상황과 사실들을 추론하여 해석해서 문제점을 도출하고 개선 방안을 제시하는 과정이다.

이러한 접근 방법을 통해 인적자원관리가 가질 수 있는 주관적 편견이나 선입견, 인적자원관리 정책이 범하기 쉬운 오류를 시정하고, 환경 변화나 미래에 닥쳐올 것으로 예상되는 위험을 감소시킬 수 있는 정보를 제공함으로써 인사감사기능에 하나의 사이클을 형성해 주는 중요한 역할이 될 것이다.

일반적으로 인사감사는 다음과 같은 절차를 포함한다.

그림 15-1 인사감사를 위한 과학적 접근 방법

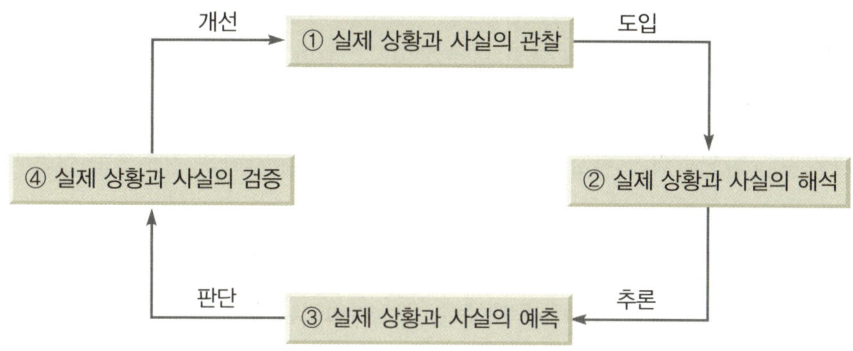

1) 인사감사의 목적설정

인적자원관리는 인적자원을 확보 · 유지하고 이를 개발하여 활용함으로써 기업이 가진 목표-성취, 성원의 목표-만족을 보다 잘 실현하려는 데에 그 주요 목적이 있다.

이러한 인적자원관리 기능에 관한 감사는 인적자원관리의 기본이념과 원리, 목적 그리고 방침과 절차가 명백하고 다른 경영 분야의 목적, 방침과 일관성을 지니고 있으며, 인적자원관리의 목적달성을 위하여 방침과 절차가 잘 준수되고 있는지를 확인하는 것이다.

그러므로 인사감사의 실시와 제도는 그 기업이 갖는 상황에 따라 감사의 목적과 내용 그리고 대상의 범위를 명확히 규정하여야 한다.

2) 인사감사의 기준설정

인사감사기준이라 함은 인사기능을 중심으로 유효성의 개선을 도모하기 위하여 계획(plan)과 집행(do) 그리고 통제(see)하는 과정에서 성과의 질을 측정하는 공인된 규칙이라 할 수 있다.

그러므로 인사감사를 위한 평가기준은 인적자원관리의 총체적 성과를 측정하기 위한 것이기 때문에 목표, 기능, 구조를 중심으로 하나의 시스템으로서 통합될 수 있어야 한다.

이러한 감사기준의 설정 방법에는 여러 가지가 있는데, 일반적인 경험비율이나 엄밀한 기준 하에 요구하는 조건을 충족하는 통계를 선정한다든지, 각 공장의 이익, 각 집단의 능률 · 불량률 · 감독자의 평점 등의 분류와 종업원관계지수(ERI: employee relations index)

와의 관계를 계획적으로 산출하여 그 비율을 기준으로 설정하는 경우도 있다.

이론적인 면에서는 이 방법이 최선이지만 실제로는 최적기준을 설정하기가 어렵고 기업의 환경이 변화하기 때문에 여러 가지 문제가 있다. 그러나 실제 가장 많이 이용되는 기준은 외부의 다른 유사한 조직체의 인사통계나 비율을 비교한다든지, 아니면 과거의 내부감사결과와 비교함으로써 인적자원관리의 현황과 성과를 평가하는 기준으로 삼는 방법이 있다.

그러나 인적자원관리의 기준으로 사용되는 인사통계나 비율은 과거 단위당 실행 정도를 판단하는 척도로써 비교하는 것이기 때문에 어느 기업이나 적용할 수 있는 절대적이고 최선의 비율은 아니다. 다만 지침으로 사용할 수 있는 데 불과하다.

지침이라는 것은 자료를 객관적으로 분석하기 어렵고, 객관적인 의사결정기준을 설정하기가 곤란할 경우, 혹은 많은 비용이 필요하게 될 때, 과거의 경험, 과거의 기준 또는 직관에 의하여 설정되는 의사결정기준인 것이다. 따라서 지침은 어떤 유형의 의사결정이 반복적일 때 유효한 기준이 되는 것이다.

3) 인사감사의 범위

인사감사는 인사기능의 모든 운영에 관하여 체계적 조사와 분석을 하는 것이다. 그러므로 인사감사의 대상과 범위는 전반적인 인사기능에 대해 일정한 방법을 기계적으로 적용하는 것이 아니고, 기업이 갖는 특수성에 입각하여 감사의 내용과 범위가 결정된다.

표 15-2 인사감사에 사용되는 주요 자료

1. **인력계획**: 인적자원관리 예산 모집비용 2. **선 발**: 면접자료 탈락지원자서류 전직요청서류 3. **교육훈련**: 교육훈련비용 생산실적 사고통계 품질관리자료 4. **노사관계**: 고충처리통계 및 자료 중재서류 및 자료	5. **업적평가**: 인사고과자료 생산통계 불량품통계 업적평가 · 면접자료 6. **임금관리**: 임금 및 복지후생자료 임금조사자료 연장작업자료 7. **직무조건**: 이직률 결근율 사고율 태도 및 사기

예컨대, 전반감사와 부분감사, 일반감사와 특수감사, 정기감사와 임시감사 등과 같이 그 목적에 따라 세부적인 인사기능에 따른 각 프로그램은 달라진다. 중요한 인사 프로그램을 예시하면 〈표 15-2〉와 같다.

1. 감사위원회의 구성

인사감사의 실시주체를 기업 내부의 인사스탭을 중심으로 구성할 것인지 또는 기업 외부의 인사전문가에게 위촉할 것인지를 결정한다.

내부감사는 기업의 인적자원관리 제도나 활동에 관한 정보를 쉽게 수집할 수 있어서 실태파악이 용이하기는 하나 독립성이 약하고, 기업 내의 관행이나 전통에 대하여 새로운 감각을 가지고 비판할 수 없다는 약점이 있다.

반면에 외부감사는 외부의 전문인에 의뢰하여 실시하기 때문에 독립성이 있고 새로운 기법의 적용이나 타기업과의 비교는 용이하나, 기업 내부의 사정에 정통하지 않아서 정확한 정보를 획득하고 해석 · 판단하는 데 시간과 비용 면에서 문제점이 있다.

이러한 양자의 약점을 보완하기 위하여 내부스탭과 외부 전문인으로 구성되는 합동위원회를 구성하는 방법이 있으나 특별한 경우를 제외하고는 내부감사가 일반적이다.

2. 감사의 실시

인사감사의 실시는 세부적인 조사 프로그램에 따라 인적자원관리 문서와 서류의 검증, 각종 인적자원관리 비율과 통계분석, 관리자와 인사업무 담당자와의 면접, 업무수행관찰 등을 통하여 실시된다.

3. 감사결과의 분석 및 토의

수집된 자료를 사전에 파악한 문제점과 비교하거나 감사기준과 비교함으로써 효율성을 분석할 수 있다. 또한 부서 간 비교와 추세비교를 통해 객관적으로 판단하여야 한다. 이 경우 인적자원관리 스탭이나 종업원, 감사원 간에 통일된 의견을 갖기위하여 충분한 협의를 거쳐서 종합적으로 검토하고 조정해야 한다.

4. 감사보고서 작성

일반적으로 인사감사의 절차는 감사에서 발견된 사실과 문제점, 개선되어야 할 사항 등의 내용을 간결하게 문서화 내지 도표화하여 최고경영층 및 관계 부서에 제출함으로써 종결된다.

그러나 궁극적인 감사보고서의 작성은 기업환경에 적합한 평가가 이루어져야 하며, 이런 관점에서 최종적인 권고안이 작성되어야 한다.

5. 현행 인적자원관리 체제와 업무 개선

인사감사에서 권고한 개선 방안의 실시, 지도, 관리 과정의 조사, 효과의 측정은 감사실시 후 극히 중요한 사항으로서 사후지도에 의해서 비로소 감사효과를 얻을 수 있다.

제5절 인사감사의 방법

인적자원관리를 평가하고 감사하는 데 필요한 정보를 수집하는 방법에는 여러 가지가 있다.

여기서는 조직구성원들의 심적 상태와 태도를 조사하여 분석하는 인사조사(personnel research)와 인사기능이나 예산 및 효과를 분석하여 평가하는 인사평가(personnel evaluation)의 두 측면으로 나누어 설명하기로 한다.

인사조사는 인간의 행위를 중심으로 계량화하기 힘든 사상(事象)을 인적자원관리와 관련된 문제들 사이의 근원적 관계를 밝힘으로써 조직체의 인사기능의 평가에 기본적 관심을 둔다.

이에 반해 인사평가는 인사정책의 경영 면에 대한 기능을 체크리스트 식으로 평가하는 방법과 경제 및 효과 면을 비율분석이나 통계적으로 평가하는 방법이다.

이러한 감사실시의 방법에는 기존 자료를 조사 · 분석하는 자료분석법과 적극적으로 일정한 방식으로 실태를 감사하는 실태조사법이 있는데, 가장 이상적인 방법은 두 가지 방법을 적절하게 병용하는 것이 바람직하다.

1. 인사조사

조직체의 인적자원관리의 효율적 평가를 위해서는 먼저 인적자원의 이해는 물론 조직구성원들의 심적 상태와 태도 그리고 조직체로부터의 기대를 파악할 필요가 있다.

이를 위해서는 근로자의 불평과 불만, 태도와 사기를 조사하여 근로자의 불만이 무엇이며, 조직체의 어느 부서에서 문제가 많이 일어나고 있는가를 체계적으로 분석하고 논리적으로 해석함으로써 인사기능의 평가에 유용한 자료가 된다.

따라서 고도의 전문적인 설문조사와 면접기술이 요구되며, 수집된 자료를 분석하고 최종적인 진단과 결론을 내리는 데 있어서도 자료의 신빙성을 중심으로 이에 타당한 판단이 적용되어야 한다.

근로자의 태도조사를 예시하면 [그림 15-2]와 같다.

그림 15-2 근로자의 태도조사 - 예시

	저 ←		보통	→	고
1. 작업시간에 대한 만족도 2. 보상에 대한 만족도 3. 직속상관의 공정성 4. 경영층의 공정성 5. 조직분위기 6. 직무 간의 상호연결성 7. 참여와 의사소통 8. 회사에 대한 자부심 9. 회사방침의 공정성 10. 중식시설에 대한 만족도					

1) 불평 · 불만조사

근로자의 불평 · 불만은 직무와 직무조건, 환경, 인사방침 등 조직구성원들의 태도와 행동에 영향을 주는 요소들에 기인되는 수가 많다.

이러한 불합리한 사례들을 그대로 방치하면 사기 · 협동심 · 생산성 저하를 초래하므로 종업원의 심리상태를 조사 · 분석하여 조직체의 인사정책과 기능을 진단 내지 개선하는 데 도움을 줄 수 있도록 감사가 이루어져야 한다.

이와 같은 방법 중에 가장 유용한 것은 조직구성원들과의 직접 면접을 통한 조사자료를 토대로 인적자원관리 제도 및 활동에 관한 정보를 수집하여 평가하는 것이다.

이를 위해서는 인적자원관리의 기능과 종업원의 태도를 분석 · 진단하는 데 유효한 면접기술과 면접자가 있어야 한다.

종래의 면접기술은 경험에 의해서 자연히 체득되었던 것이 최근 행동과학의 연구가 진전됨에 따라 면접의 중요성이 재인식되고 조사결과의 신빙성이 높기 때문에 인적자원관리 방침과 일상업무에 많은 도움이 되고 있다.

따라서 불평 · 불만을 조사하기 위한 면접조사는 일반적으로 다음과 같은 점들을 특히 유의해야 한다.

① 면접시기는 감사 측의 편의만을 고려해서 강제적 · 일방적으로 결정할 것이 아니라 관계 관리자나 감독자 편의를 고려해서 결정한다.
② 문제의 한 부분보다는 전체적인 면을 파악할 수 있는 질문요령을 강구한다.
③ 상대방에게 안정감과 신뢰감을 주고 평안한 마음으로 이야기하도록 유도한다.
④ 용어는 명확하고, 태도는 부드럽고 침착하게 조용한 장소에서하도록 해야 한다.
⑤ 비밀은 반드시 지키도록 한다.

2) 태도 · 사기조사

태도와 사기(士氣)조사는 종업원의 태도와 조직체의 분위기를 측정하여 인사기능과 불평 · 불만의 원인, 나아가서는 조직의 건전성을 저해하는 요인을 분석 · 진단하는 데 유효한 방법이다.

그러므로 수집된 자료는 종업원의 심적 상태와 조직체에 대한 증상을 분석하여 타당한 진단과 대응책을 강구함으로써 보다 효과적인 인적자원관리가 실현될 수 있어야 한다.

이를 위한 방법으로는 여러 가지가 있으나 일반적으로 설문조사가 많이 이용된다. 설문조사는 조사기술이 간단하고 많은 사람을 한꺼번에 조사할 수 있다는 장점이 있으나, 종업원은 자신의 감정, 특히 조직체나 관리자 그리고 동료관계에 대하여 솔직한 의사표시를 꺼리는 경향이 있다. 따라서 설문지의 유용성은 응답자의 비밀을 보장하고, 질문사항에 대해 주의 깊고 진실하게 대답하는 데 달려 있다는 것을 구성원들에게 주지시켜야 한다.

그리고 설문에 의한 회답 방식에는 자유응답법, 가부식 방법(dichotomous choice type) 및 택일식 방법(multiple choice type) 등이 있지만, 가장 적합한 방법은 기업에 적절한 설문항목을 종합하여 혼용하는 것이다.

설문형식의 예를 제시하면 〈표 15-3〉과 같다.

표 15-3 모럴 서베이 질문표(II)

1. 귀하는 이 회사에서 근무하고 있는 것을 자랑으로 생각합니까?	예	아니오	모르겠다
2. 회사에서는 종업원의 처리가 잘 되어가고 있다고 생각합니까?	〃	〃	〃
3. 회사의 간부는 명령과 지시 등을 잘 알게끔 설명해 줍니까?	〃	〃	〃
4. 귀하의 상사는 부하를 공평히 취급해 줍니까?	〃	〃	〃
5. 이번의 급여조정은 좋았다고 생각합니까?	〃	〃	〃
6. 타회사에서 일하고 있는 동급생이나 같은 연령의 분과 비교해서 귀하의 수입은?	좋다	나쁘다	〃
7. 근무시간은 지켜지고 있습니까?	예	아니오	〃
8. 시간외근무를 한 경우 수당은 꼭 지급받고 있습니까?	예	아니오	모르겠다
9. 회사의 간부는 회사의 내용에 관해서 알려줍니까?	〃	〃	〃
10. 이 회사는 발전해 가고 있다고 생각합니까?	〃	〃	〃
11. 귀하의 상사는 귀하의 뒤를 보아줍니까?	〃	〃	〃
12. 회사의 복리후생은 귀하를 위해 되어 있다고 생각합니까?	〃	〃	〃
13. 귀하는 매일 근무에서 피로를 느끼십니까?	〃	〃	〃
14. 교체휴일은 꼭 주어지고 있습니까?	〃	〃	〃
15. 이 회사에서 장기근속할 만한 조건이 있다고 보십니까?	〃	〃	〃
16. 타회사와 비교해서 복리후생은 좋은 편이라고 생각합니까?	〃	〃	〃
17. 일에 관해서 동료는 상호 협조합니까?	〃	〃	〃
18. 동료 중에는 직장분위기를 저해하는 사람은 없습니까?	있다	없다	〃
19. 귀하의 직장에서는 일에 필요한 설비가 정비되어 있다고 생각합니까?	예	아니오	〃
20. 할당된 일을 잘하고 있으면 파면될 염려는 없다고 생각합니까?	있다	없다	〃

21. 귀하는 일을 하는 데 귀하의 판단으로써 하는 자유를 가지고 있습니까?	예	아니오	〃
22. 귀하는 직장규칙을 잘 준수하고 있습니까?	〃	〃	〃
23. 귀하는 자기의 일이 단순하고 보잘 것 없는 것으로 생각하여 싫증이 나는 수가 있습니까?	없다	있다	〃
24. 현재 자기가 속해 있는 곳이 일하기 쉽게 되어 있습니까?	예	아니오	〃
25. 현재 부여된 당신의 일은 1일 실제노동 8시간 만에 충분히 처리할 수 있습니까?	〃	〃	〃
26. 귀하는 현재의 근무(실제근로 8시간, 휴식 45분, 주 40시간)가 적당한 근로시간이라 생각합니까?	〃	〃	〃
27. 귀하의 직장에서는 이렇게 하면 좋겠다는 것을 상사에게 누구든지 건의합니까?	〃	〃	〃
28. 또 그러한 생각과 의견을 귀하의 상사는 잘 채택합니까?	〃	〃	〃
29. 귀하의 근무처에서는 즐거운 레크레이션을 하고 있습니까?	〃	〃	〃
30. 귀하는 건강을 고민하는 일은 없습니까?	없다	있다	〃
31. 귀하의 집은 통근과 교통이 편리한 곳에 있습니까?	예	아니오	〃
32. 귀하의 가족은 평화롭게 살고(생활하고) 있습니까?	〃	〃	〃

2. 인사평가

인적자원관리의 평가에는 여러 가지가 있으나 여기에서는 일본의 인사연구회 · 인사감사위원회에서 개발한 3중감사 방식(triple audit system: ABC감사)의 '인사감사실시요령서'를 중심으로 설명하기로 한다.

1) 인사기능평가

이것은 인사정책 · 시책 및 관계시설을 경영의 전체적 입장에서 사실을 조사하고 정책과 시책과의 관계, 시설의 기능 및 운영의 적부 등에 대해서 평가를 하고 인적자원관리 기능 면에 있어서의 계획적 통제자료로 삼으려는 데 목적이 있다.

그러므로 인사기능은 변화하는 환경과 미래의 불확실성에 대처하기 위해 탄력적이고 미래지향적이어야 한다.

평가 방법으로는 인적자원관리 정책에 대한 12가지 기능을 다시 2차분류(39항목), 3차분류(142항목)로 세분하고, 체크리스트식으로 평가한다. 아주 나쁘다, 나쁘다, 보통이다, 좋다, 아주 좋다로 평가하여 1점, 2점, 3점, 4점, 5점과 같은 방법으로 점수를 환산, 그 평균점으로 인사정책을 평가하는 것이 있다. 이를 A감사(administration survey)라고 하며, 관리내용 측면(administrative phase)의 인사감사라고도 한다.

그 일부를 소개하면 〈표 15-4〉와 같다.

2) 인사예산감사

이것은 인적자원관리에 필요한 비용 및 인사담당요원의 적정성을 분석함으로써 인적자원관리의 전반적 규모 및 직능별 구성의 적부를 해석 · 평가하고, 인사정책의 조정, 적절한 인사계획 및 인사예산 입안의 자료로 삼으려는 것이다.

그러므로 인적자원관리비분석, 인사담당요원비분석 및 인건비분석 등을 통하여 소요경비의 많고 적음에 따라 예산할당의 적부를 검토한 다음 관리효과의 발휘에 적합한 예산의 합리적 재분배를 목적으로 한다.

이를 B감사(budget analysis)라고 하며 경제 측면의 인사감사라고도 한다.

3) 인사효과감사

이것은 인사 관련 정책들의 실제효과를 대상으로 이를 측정하고 검토하여 그 연차별 경향이나 파행성(跛行性)의 유무 또는 균형 등을 인사통계나 비율분석을 통하여 해석하고 그것의 종합판단에 의한 새로운 정책의 수립을 목적으로 한다.

평가 방법으로는 인적자원관리의 효과를 직 · 간접으로 나타낸다고 생각되는 경영의 성과측정에서부터 손실측정에 이르기까지 비율 및 지수 6종목 36항목을 시계열적으로 조사해서 경향을 파악, 정량적 · 정성적으로 분석하는 감사 방법이다.

이를 C감사(contribution survey)라고 하며, 관리효과측면의 인사감사라고도 한다.

표 15-4 인사내용감사 척도의 구성

1차 분류	2차 분류	3차 분류 항목 수
1. 인사정책	1.1 인사정책의 확립 1.2 인사정책의 철저, 실시 1.3 인적자원관리조직	3 3 5
2. 인적자원관리조직	2.1 인사 부문의 성격 2.2 인사 부문의 구성 2.3 현장 인적자원관리조직	3 3 5
3. 노사관계	3.1 노사 간의 제도적 관계 3.2 노사 간의 협약 3.3 노사관계의 운영	4 4 3
4. 채용배치	4.1 고용계획 4.2 채용 방법 4.3 신규채용자의 수입 4.4 현장배치	5 6 3 4
5. 인사이동	5.1 인사기록 5.2 승진제도 5.3 전임배치전환 5.4 이직제도	2 3 4 3
6. 복 무	6.1 취업규칙 6.2 근로시간의 관리 6.3 인사고과제도 6.4 표창 · 징계제도	4 7 4 3
7. 급 여	7.1 급여 7.2 임금체계 7.3 승급제도 7.4 상여제도 7.5 퇴직금, 연금제도	4 3 3 3 2
8. 교육훈련	8.1 교육훈련계획 8.2 교육훈련계획의 실시	5 3
9. 안전위생	9.1 위생관리 9.2 안전관리	6 5
10. 복리후생	10.1 사회보험제 10.2 복지활동 10.3 문화 · 체육 활동	2 4 3
11. 공보활동	11.1 근로자와의 의사소통 11.2 회사의 사고방침전달	4 4
12. 조사연구	12.1 인적자원관리의 조사연구 12.2 직무조직의 조사연구 12.3 인사 제기능의 분석연구 12.4 인적자원관리 효과의 조사연구	3 2 2 2

표 15-5 인사예산감사 척도의 구성

<table>
<tr><td>1. 인적자원관리비 분석</td><td colspan="3">1-1 노사관계비
1-2 고용관리비
1-3 급여관리비
1-4 교육훈련비
1-5 안전위생관리비
1-6 기업복지관리비
1-7 홍보활동비
1-8 조사연구비
1-9 인적자원관리비</td></tr>
<tr><td>2. 인사요원비 분석</td><td colspan="3">2-1 노사관계요원비율
2-2 고용관리요원비율
2-3 급여관리요원비율
2-4 교육훈련요원비율
2-5 안전위생관리요원비율
2-6 기업복지관리요원비율
2-7 홍보활동요원비율
2-8 조사연구요원비율
2-9 인적자원관리요원비율</td></tr>
<tr><td rowspan="3">3. 인건비분석</td><td>3-1 인건비구성비율</td><td>구성비</td><td>급여지수
상여지수
법정복지비지수
법정외복지비지수
퇴직금지수</td></tr>
<tr><td>3-2 인건비</td><td>내 용</td><td>급여월액(종업원 1인당)
상여월액(종업원 1인당)
법정복지비월액(종업원 1인당)
법정외복지비월액(종업원 1인당)
퇴직금월액(종업원 1인당)
인건비합계월액(종업원 1인당)</td></tr>
<tr><td>3-3 부가가치분배율</td><td>분배비</td><td>급여지수
상여지수
법정복지비지수
법정외복지비지수
퇴직금지수
인건비(합계)지수</td></tr>
</table>

표 15-6 인사효과감사 척도의 구성

경영	1-1	매출지수 Ⅰ	① $\frac{\text{매출액}}{\text{근로자 수}}$
	1-2	생산지수 Ⅱ	② $\frac{\text{생산액}}{\text{근로자 수}}$
	1-3	생 산 지 수	③ $\frac{\text{생산액}}{\text{실근로시간}}$
	1-4	판매이익률	④ $\frac{\text{이익}}{\text{매출액}}$
	1-5	총자본이익률	⑤ $\frac{\text{이익}}{\text{총자본}}$
요원	2-1	간접요원비	① $1-\frac{\text{직접생산근로자 수}}{\text{평균근로자 수}}$
	2-2	생산근로책임자비	② $\frac{\text{직접생산근로자 수}}{\text{생산근로책임자 수}}$
	2-3	피관리자비율	③ $\frac{\text{관리사무 및 기술근로자 수}}{\text{책임자 수}}-1$
	2-4	조합원비율	④ $\frac{\text{조합원 수}}{\text{특정 월말의 근로자 수}}$
	2-5	노무관리요원비	⑤ $\frac{\text{근로관리담당자 수}}{\text{특정 월말의 근로자 수}}$
	2-6	입 직 률	⑥ $\frac{\text{입직자 수}}{\text{근로자 수}}$
	2-7	퇴 직 률	⑦ $\frac{\text{퇴직자 수}}{\text{근로자 수}}$
	2-8	배치전환율	⑧ $\frac{\text{배치전환자 수}}{\text{근로자 수}}$
	2-9	임시직비율	⑨ $\frac{\text{임시근로자 수}}{\text{근로자 수}}$
복무	3-1	근 무 율	① $\frac{\text{취업근로자 수}+\text{휴가근로자 수}}{\text{취업일 근로자 수}}$
	3-2	출 근 율	② $\frac{\text{취업근로자 수}}{\text{취업일 근로자 수 연간합계}}$
	3-3	소정내 1인당 근로자 수	③ $\frac{\text{소정내 근로시간 수}}{\text{취업일 근로자 수 연간합계}}$
	3-4	소정외 1인당 근로자 수	④ $\frac{\text{소정외 근로시간 수}}{\text{취업일 근로자 수 연간합계}}$
	3-5	지각조퇴율	⑤ $\frac{\text{지각 및 조퇴근로자 수}}{\text{취업일 근로자 수 합계}}$
	3-6	징 계 율	⑥ $\frac{\text{규정위반근로자 수}}{\text{취업일 근로자 수 연간합계}}$

	3-7	태 도 지 수	⑦ 태도지수
급여·급부	4-1	급여지수 I	① $\frac{\text{현금급여액}}{\text{생산액}}$
	4-2	급여지수 II	② $\frac{\text{현금급여액}}{\text{매출액}}$
	4-3	급여지수 III	③ $\frac{\text{현금급여액}}{\text{근로자 수}} \times \frac{1}{10,000}$
	4-4	급여지수 IV	④ $\frac{\text{임시급여액}}{\text{근로자 수}} \times \frac{1}{10,000}$
	4-5	현금급여구성지수	⑤ $\frac{\text{현금급여액}}{\text{총원가}}$
	4-6	복리후생비지수	⑥ $\frac{\text{복리후생비}}{\text{현금급여액}}$
	4-7	퇴직금지수	⑦ $\frac{\text{퇴직금지급총액}}{\text{현금급여액}}$
손실	5-1	불 량 률	① $\frac{\text{불량품}}{\text{생산액}}$
	5-2	분 쟁 률	② $\frac{\text{쟁의참가에 의한 연손실시간 수}}{\text{취업일 근로자 수 연간합계}} \times 1,000$
	5-3	재해도수율	③ $\frac{\text{휴업재해 연건수}}{\text{총연근로시간 수}} \times 1,000,000$
	5-5	재해강도율	④ $\frac{\text{재해손실일 수}}{\text{총연근로시간 수}} \times 1,000$
	5-6	노임보상률	⑤ $\frac{\text{노임금부총액}}{\text{노임봉급료}}$
기타	6-1	제 안 율	① $\frac{\text{제안건 수}}{\text{평균근로자 수}}$
	6-2	교육훈련수락자수율	② $\frac{\text{교육훈련수락자 연수}}{\text{근로자 수}}$
	6-3	교육훈련시간율	③ $\frac{\text{교육훈련 연시간 수}}{\text{평균근로자 수}} \times 1,000$

3. 문제점과 대응책

인적자원관리가 조직체의 목적달성에 얼마만큼 기여하고 있는지를 알기 위해서는 인적자원이 얼마나 잘 활용되고 있고, 잠재능력이 어떻게 개발되고 있으며, 인적자원관리 부서의 기능이 어느 정도 발휘되고 있는지를 측정할 수 있어야 한다. 이러한 측정의 결과 미래에 무엇을 하여야 하고, 하지 말아야 하는지를 결정하게 된다.

그러나 인사평가의 측정대상이 산물이 아니라 사람 또는 사람의 집단이기 때문에 인사기능의 효과에 대해 평가하기란 어렵다. 또한 평가에 대한 어려움은 측정 방법에도 문제가 있지만 기업의 경영이념이나 인사시책의 부재, 또는 기업에 의한 자주적이고 실천적인 개선력 등이 부족하기 때문에 이에 대처하는 대책을 마련하기가 어렵다.

인사감사의 문제점과 그 대응 방안을 제시하면 다음과 같다.

첫째, 조직은 목적달성을 위해 여러 가지 인사기능을 수행하게 된다. 모든 활동이 저마다 독립적으로 수행되어 유기적인 관련을 맺지 못하게 되므로 인사시책의 실시가 복잡하고 그 효과의 측정이 어렵다.

이를 방지하기 위해서는 인사 프로그램과 인사시책의 상호의존성을 파악하기 위해 종합인사 시스템(TMS: total manpower system)을 구체화할 필요가 있다.

둘째, 인사감사는 주로 인사 프로그램과 활동의 효율성을 측정하는 것이지만 그 대상이 인간의 사상(思想)이고, 그 자체가 의지와 감정을 가지고 있기 때문에 이론만으로는 되지 않는다.

그러나 전략적인 인사시책의 효율적 관리를 위해서는 인사평가에 대한 조직적 · 체계적인 검토와 주관적 판단의 범위를 벗어난 합리적인 조정 방법의 설계에 과학적인 노력을 기울여야 한다.

셋째, 인간의 행위와 모티베이션은 매우 복잡하며, 각 계층 간의 주장 · 주관이 다르므로 이에 대해서는 구체적 · 수량적으로 구명하기가 어렵다. 따라서 불안전한 인사체계에서 도출된 인사평가의 결과가 한계를 지니고 있다는 사실은 부인할 수 없다. 그러므로 인사감사는 부문관리자와 인적자원관리자가 같이 협동해야 하며, 인사 부문의 지원을 받아 부문관리자에 의해 실행되어야 한다.

넷째, 인사감사결과에 대한 활용상 한계가 있다. 각 기업에서 실시한 감사결과가 그 기밀성의 요구 때문에 기업 내부에서 사장(死藏)될 가능성이 많다는 것이다.

그러므로 감사결과는 체계적인 분석을 통하여 모든 성원에게 피드백되어 검토와 토의가 이루어져야 하고, 그렇게 함으로써 필요한 변화를 초래하는 바탕을 만들어야 한다.

참고문헌

국내문헌

1. 강석인, 노사관계론, 일조각, 1984.
2. 강정대, 현대인사관리론, 세영사, 1986.
3. 권수길, 인적자원관리, 삼성실업, 1999.
4. 권인호 외 5, 인적자원관리, 명경사, 2000.
5. 김규태, 인적자원관리론, 진영사, 1998.
6. 김도경, 신인사관리론, 한일도서출판, 1992.
7. 김도경, 현대경영인사관리론, 경진사, 1981.
8. 김승수, 신인사관리론, 법경사, 1998.
9. 김승혜, 원시유교, 민음사, 1990.
10. 김식현, 인사관리론, 무역경영사, 1985.
11. 김석회, 인적자원관리론, 무역경영사, 1998.
13. 김성수, 신인적자원관리, 삼영사, 2003
14. 김윤환, 한국노동운동사, 청사, 1982.
15. 김종관 · 오종석, 인적자원관리, 삼영사, 2004.
16. 김진목, 인사관리론, 진성사, 1981.
17. 김영재 외 2인, 인적자원관리, 삼영사, 2005.
18. 나윤기, 인적자원관리, 학문사, 1999.
19. 노동부, 노동백서, 2000.
20. 대우인력개발원, 인사조직, 1996.
21. 박경문 외 1, 신인적자원관리론, 무역경영사, 2001.
22. 박경규, 신인사관리, 홍문사, 2001.
23. 박내회, 인사관리, 박영사, 1997.
24. 백석현, 현대인적자원관리론, 법문사, 1996.
25. 삼성문화재단학술부, 근로시간조사보고서, 1988.
26. 신철우, 인적자원관리, 삼영사, 2003.
27. 성동호, 한비자, 홍신문화사, 1993.
28. 세계의 대사상, 순자 · 한비자, 휘문출판사, 1979.
29. 양참삼, 인적자원관리, 법문사, 1998.
30. 오종석, 인적자원관리, 삼영사, 1996.
31. 유기현, 인사자원관리론, 무영경영사, 2000.
32. 이재규 외 1, 인적자원관리론, 문영사, 1997.
33. 이재훈 외 1, 신인적자원관리, 삼영사, 1999.
34. 이학종, 인사관리론, 세경사, 1995.
35. 정수영, 신인사관리론, 박영사, 1997.

36. 정장철, 순자, 혜원출판사, 1993.
37. 정종진 외 1, 인적자원관리, 법문사, 1996.
38. 조기호 역, 한비자의 경영철학, 민성사, 1991.
39. 최대림, 순자, 홍신문화사, 1991.
40. 한국경영자총협회, 노동경제연감, 2000.
41. 한국경영자총협회, 우리 나라 근로자의 임금수준과 실질구매력, 2001.
42. 한국노동조합총연맹, 한국노동조합운동사, 1979.
43. 한국사회구조연구회, 한국근로청소년연감, 1998.
44. 황대석, 인사관리, 박영사, 1996.

■ 논 문

1. 강용수, 한국기업에 있어 능력의 평가와 연공과의 조화방안에 관한 연구, 서울대, 석사학위 청구논문, 1997.
2. 김영환, 노사관계의 심리학적 대응, 인사관리학회, 인사관리연구 제11집, 1987.
3. 김윤환, 한국경제의 근대화와 노동운동, 고려대학교 노동문제연구소, 노동운동논집, 제3집, 1972.
4. 김장호, 고학력 인력과잉 근본대책 시급하다, 매일경제신문사 주간매경, 통권 제372호, 1986.
5. 박성수, 한국기업 퇴직금의 연금화 방안에 관한 연구, 고려대학교 박사학위논문, 1985.
6. 서균석, 기업발전과 능력개발, 안동대 논문집, 제2집, 1980.
7. 송준호, 고용안정과 기업복지, 한국인사관리학회, 인사관리연구, 제11집, 1987.
8. 신유근, 한국기업의 전통문화적 특성과 조직유효성에 관한 연구(Ⅱ), 서울대학교 한국경영연구소경영논집, 1979.
9. 오문완, 단시간근로에 관한 외국의 법, 제도연구, 한국노동연구원, 1997.
10. 이규창, 한국적 노사관계론, 단국대학교 논문집, 제14집, 1980.
11. 이준범, 인간관계와 행동과학, 고려대학교 경영논총, 제12집, 1966.
12. 이훈구, 인력경쟁시대의 교육훈련, 정경연구, 1978.
13. 최경수, 단시간근로의 실태와 정책과제, 한국노동연구원, 1997.
14. 최해진, 인사고과의 운용 · 개선에 관한 제언, 동의대 동의논집, 제8집, 1983.
15. 한국정신문화원, 공업화의 사회적 충격과 미래의 과제, 1980.

외국문헌

■ 미국문헌

1. Baumol, W.J. and R.E. Quandt,"Rules of Thumb and Optimally Imperfect Decision," *American Economic Review*, March, 1964.
2. Bell, D., *The Coming of Post-Industrial Society*, Basic Books, 1973.
3. Blum, L. and C. Naylor, *Industrial Psychology*, Harper & Row, 1968.

4. Boulding, K.E., *Conflict and Defense: A General Theory*, Harper Row, 1962.
5. Brod, *Technostress*, Addison-Wesley, 1984.
6. *Business Week*, July 8, 1985.
7. Chruden, H.J. and A.W. Sherman, *Personnel Management: The Utilization of Human Resoures*, 6th ed., South-Western Publishing Co., 1980.
8. Cole, A.Jr.,"Flexible Benefits Are a Key to Better Employee Relations," *Personnel Journal*, January 1983.
9. Commons, J.R., *Industrial Goodwill*, 1919.
10. Crandall, R.,"Social Interaction, Affect and Leisure," *Journal of Leisure Research*, vol. 11, no. 3, 1979.
11. Davis, K., *Human Relations in Business*, McGraw-Hill, 1957.
12. Dessler, G., *Personnel Management*, Englewood Cliffs: Prentice-Hall, 1978.
13. Drucker, P.F., *Management: Tasks, Responsibilities, Practices*, Harper & Row, 1974.
14. Drucker, P.F., *The Age of Discontinuity: Guide lines to Our Changing Society*, Harper & Row, 1968.
15. Drucker, P.F., *The Practice of Management*, Harper & Row, 1954.
16. Dumazedier, J., *Toward a Society of Leisure*, Free Press, 1967.
17. Dunlop, J.T., *Industrial Relations Systems*, Holt, 1958.
18. Faunce, W.A., Problems of an Industrial Society, McGraw-Hill, 1981.
19. Fiedler, F.E.,"Personality and Situational Determinants of Leadership Effectiveness,"D. Cartwright and A. Ivin Zander (eds.), *Group Dynamics Research and Theory*, Harper & Row, 1968.
20. Flippo, Edwin B., *Principles of Personal Management*, 5th ed., NY: McGraw-Hill, 1980.
21. Flippo, E.B., *Principles of Personnel Management*, McGraw-Hill, 1976.
22. Flippo, E.B., *Principles of Personnel Management*, 5thed., Kogakusha, McGraw-Hill, 1980.
23. Franch, J.R.P., *Organixed and Unorganixed Groups Under Fear and Frustration*, 1994.
24. Friedman, M.,"The Social Responsibility of Business is to Increase It's Profits," *The New York Times Magazine*, September 30, 1970.
25. Gibson, J.L., J.M. Ivancevich and J.H. Donnelly, Jr., *Organizations, Business Publications*, Inc., 1982.
26. Givry, J.D.,"The ILO and the Quality of Working Life," *International Review*, vol. 117. no. 3, May~June 1978.
27. Glaser, R.O., *The Management Training*, Addison-Wesley, 1970.
28. Glueck, W.F., *Foundations of Personnel, Human Resource Management*, Plano, Texas: Business Publications, Inc., 1983.
29. Glueck, W.F., *Personnel: A Diagnostic Approach*, Business Publications, Inc., 1978.
30. Hall, D.T. and M.A. Morgan,"Career Development and Planning"in Mariann Jelinek(ed.), *Career Management for The Individual and Organization*, Clair Press, 1979.

31. Heckman, I.L. and S.G. Huneryager, *Human Relations in Management*, South-Western Publishing Company, 1960.
32. Heneman, H.G., *Personnel/Human Resource Management*, Richard D. Irwin, Inc., 1980.
33. Hersey, P. and K. Blanchard, *Management of Organizational Behavior*, Fourth Edition, Prentice-Hall, 1982.
34. Herzberg, F., B. Mausner, and B.B. Snyderman, *The Motivation to Work*, John Wiley & Sons, 1967.
35. Human, H.G., *Resource Management*, Homewood, Richard D. Irwin, Inc., 1980.
36. ILO,"Consultation and Cooperation Between Employers and Workers at the Level of the Enterprise: Outline of the Regulations Force in European Countries,"Labour-Management Reations, Series No. 13, 1962.
37. Jelinek, M., Career Management for the Individual and Organization, St Clair Press, 1979.
38. Katz, R.L.,"Skills of An Effective Administrator," *Harvard Business Review*, Jan-Feb. 1955.
39. Kim, Kyong-Dong,"The Human Element Social Organization and Growth in Korea," Paper presented at the Multidisciplinary Conference on Korean Industrialization, Korean Studies Center, University of Hawaii, June 14~17, 1977.
40. Koontz, H. and C. O'Donnell, *Management*, McGraw-Hill, 1964.
41. Koontz, H. and C. O'Donnell, *Principles of Management*, McGraw-Hill, 1968.
42. Krossories, D.,"Hours of Work & Output," U.S.Department of Labor, Bureau of Labor Statistics Bulletin, No. 917, 1947.
43. Lawler, E.E., Ⅲ, *New Approach to Pay: Innovation that Work, Current Issues in Personnel Management*, Boston: Allyn & Bacon, 1980.
44. Lewis, A.W., *Economic Development with Unlimited Supplies of Labour*, Manchester School Economics and Studies, May 1954.
45. Luthans, F., *Organizational Behavior*, McGraw-Hill, 1981.
46. Mandt, E.J.,"A Basic Model of Manager Development," *Personnel Journal*, June, 1979.
47. March, J.G. and H. Simon, *Organizations*, John Wiley & Sons, 1958.
48. Maslow, A.H., *Motivation and Personality*, N.Y.: Harper & Row, 1953.
49. McGregor, D., *The Human Side of Enterprice*, McGraw-Hill, 1960.
50. McGregor, D., *The Human Side of Enterprise*, McGraw-Hill, 1971.
51. Megginson, Leon C., *Personal Administration: A Behavioral Approach*, New York: Irwin Inc., 1969.
52. Meigs, W.B., E.J. Larsen, and R.F. Meigs, *Principles of Auditing*, Richard D. Irwin. Inc., 1973.
53. Milton, C.R., *Human Behavior in Organization*, Englewood Cliffs, Prentice-Hall, 1981.
54. Naisbitt, J., Megatrends, *Warner Communications*, 1982.
55. Ouchi, W., Theory Z, Reading, Mass.: Addison-Wesley Publishing Co., 1981.
56. Patterson, S.H., *Social Aspects of Industry*, 1935.

57. Pigors, P. and C.A. Myers, *Personal Administration: A Point of View and Method*, 9th ed., McGraw-Hill, 1981.
58. Reynolds, L.G., *Labor Economics and Labor Relations*, 8th ed., Englewood Cliffs: Prentice-Hall, 1982.
59. Robbins, S.P., *Managing Organization: A Nontraditional Approach*, Englewood Cliffs: Prentice-Hall, 1974.
60. Saxberg, B.O. and R.A. Sutermeister, "Human Motivation in the Smaller Enterprise," *Journal of Small Business Management*, July 1973.
61. Scott, W.D., R.C. Clothier, and W.R. Spriegel, *Personnel Management*, McGraw-Hill, 1954.
62. Simon, H.A., *Administrative Behavior*, Macmillan Co., 1959.
63. Smith, M., *An Introduction to Industrial Psychology*, 1952.
64. Szilagyi, A.D., Jr. and Wallace, Jr., *Organizational Behavior and Performance* 3rd ed., Glenview. Scott, Foresman and Company, 1983.
65. Taylor, F.W., *Principles of Scientific Mamagment*, N.Y.: Harper & Brothers, 1991.
66. Toffler, A., *The Third Wave*, William Morrow, 1980.
67. Walton, R.E., "Quality of Working life: What is it," *Sloan Management Review*, Fall, 1974.
68. Watkins, G.S., P.A. Dadd, W.L. Mcnaughton, and P. Prasow, *The Management of Personnel and Labor Relations*, McGraw-Hill, 1950.
69. Webb, B., *The History of Trade Unionism*, Langmans, 1920.
70. Werther, W.B., Jr. and K. Davis, *Personnel Management and Human Resources*, McGraw-Hill, Inc., 1981.

찾아보기

[ㅇ]

변 상 우
- 부산대학교 경영학박사
- 신라대학교 겸임교수 역임
- 부산가톨릭대학교 조교수 역임
- 현) 부산대학교 교육인증원 강의전담교수

〈저서 및 논문〉
- 신 경영학원론(형설출판사, 2002)
- 경영조직론(형설출판사, 2005)
- 리더십개발과 훈련(도서출판 청람, 2010)
- 리더십(도서출판 청람, 2016)
- 노사관계론(피앤씨미디어, 2017)
- 조직행동론(피앤씨미디어, 2019)
- 지식정보화시대의 노동운동방향과 신노사관계
- 지적자본의 체계적 관리가 조직유효성에 미치는 영향에 관한 연구
- HRM 유형과 조직특성이 조직유효성에 미치는 영향에 관한 연구
- 한국 노동운동의 뉴 패러다임에 관한 연구 등 다수

윤 두 열
- 인하대학교 대학원 졸업(경영학박사)
- 신안산대학교 세무회계과 교수
- 조직관리론(공저), 학문사
- 인사관리론(공저), 학문사
- 인사관리론, 무역경영사
- 창업과 경영(공저), 무역경영사

저자와의
협의하에
인지생략

인적자원관리 【정가: 28,000원】

2019년 8월 10일 1판 1쇄 인쇄
2019년 8월 20일 1판 1쇄 발행

저 자 변 상 우 · 윤 두 열
발행자 채 규 호

발행처 **무 역 경 영 사**

서울특별시 영등포구 양평로 21길
26(2504호)
전화: (719) 3621 ~ 4
FAX: (719) 3 6 2 5
E-mail: muyok@unitel.co.kr
홈페이지: www.muyokpub.co.kr
등록: 1992년 2월 19일 제10-675호

ISBN: 978-89-468-0693-1